tous les repères historiques
e et à mémoriser au cours
années du collège :

ndes dates de la classe de 6e :
nières civilisations au début du Moyen Âge

ndes dates de la classe de 5e :
t du Moyen Âge à la fin du XVIIe siècle
os modernes)

ndes dates de la classe de 4e :
siècle (le siècle des Lumières) à la fin
ècle (l'âge industriel)

ndes dates de la classe de 3e :
le depuis 1914

Caroline John
réalisation : Jean-Luc Guérin
en Gougne

: tous les documents proviennent de la Base Images Sejer, except
ents de la République française. Charles de Gaulle : Ph. Jean-Mar
TION FRANÇAISE – Georges Pompidou : Ph. François Pagès / Par
ON FRANÇAISE – Valéry Giscard-d'Estaing : Ph. Jacques-Henri Lartig
ANÇAISE – François Mitterrand : Ph. Gisèle Freund © DOCUMENTATIO
rac : Ph. Bettina Rheims © DOCUMENTATION FRANÇAISE.

Formulaire de

CW01637157

Polygones particuliers

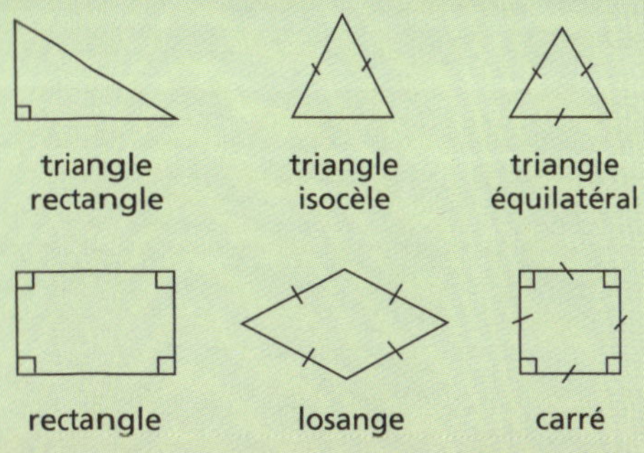

Axes … ie

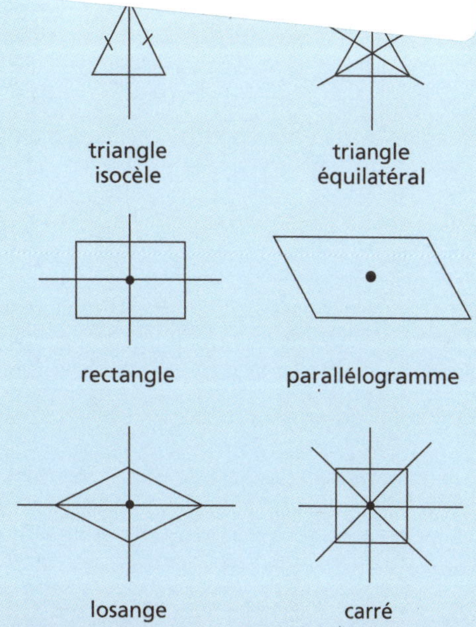

Périmètre

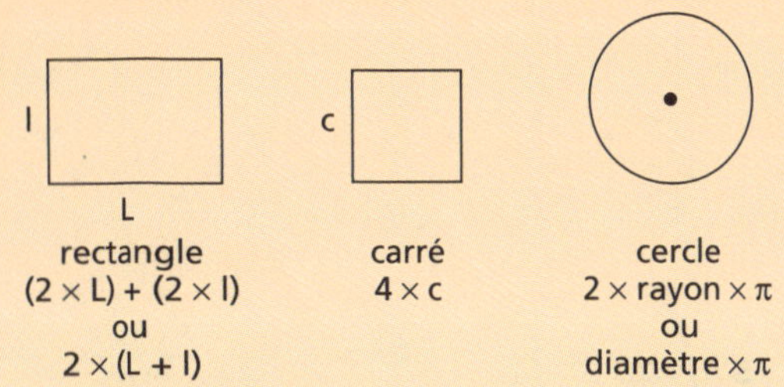

Aire

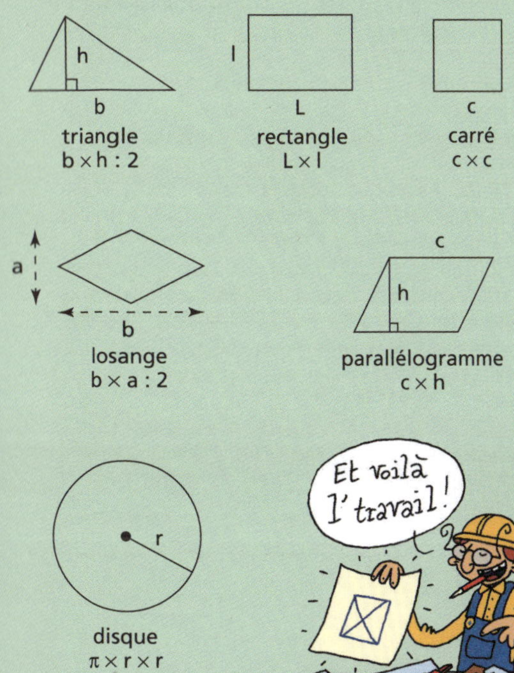

Volume

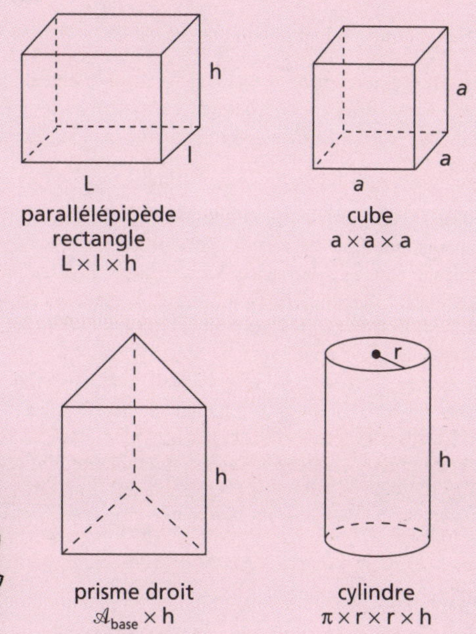

Crédits photographiques : p. 64 Chapelle Sixtine, Vatican, Rome. BIS/Ph. Coll. Archives Nathan – p. 65 h Bibliothèque nationale de France, Paris. BIS/Ph. Coll. Archives Larbor – p. 65 bas g Ph. © AKG-images – p. 65 bas m © T/Marc RIBOUD – p. 65 bas d DR – p. 118 Ph. © T/M. Durazzo/Agence ANA – p. 121 Bibliothèque nationale de France, Paris. Bis/Ph. Coll. Archives Bordas – p. 124 Ph. © T/A. Hornak/CORBIS – p. 127 Archives nationales, Paris. BIS/Ph. Jeanbor © Archives Bordas – p. 129 Bibliothèque nationale de France, Paris. BIS/Ph. Coll. Archives Nathan – p. 130 BIS/Ph. Jeanbor © Archives Larbor – p. 131 Ph. © T/Electa/AKG-images – p. 133 ht Musée Lapérouse Albi. Ph. © T/Gianni Dagli-Orti/THE PICTURE DESK – p. 133 m ht Bibliothèque nationale de France, Paris. BIS/Ph. Coll. Archives Nathan – p. 133 m bas Ph. © T/PHOTO12/ARJ – p. 133 bas Bibliothèque nationale de France, Paris. BIS/Ph. Coll. Archives Larbor – p. 134 Ph. © CDA/Guillemot/AKG-images – p. 135 g Musée Condé, Chantilly. BIS/Ph. L. Joubert © Archives Larbor – p. 135 m Musée du Louvre, Paris. BIS/Ph. H. Josse © Archives Larbor – p. 135 d Musée du Louvre, Paris BIS/Ph. Hubert Josse © Archives Larbor – p. 139 © Ministère de l'Écologie, de l'Énergie, du Développement durable et de la Mer – p. 141 Ph © T/S. Fiore/Explorer/EYEDEA – p. 143 © World Health Organization n° autorisation : 41633 – p. 145 g Ph. © T/P. BUCHAUDON – p. 145 d Ph. © T/R. Wallis/Panos/REA – p. 148 DR – p. 149 © fgeoffroy-Fotolia.com – p. 157 g Ph. © T/Lapi/ROGER-VIOLLET – p. 157 d Ph. © T/I. Berry/MAGNUM – p. 160 © LOWE STRATEUS www.securite-routiere.gouv.fr – p. 217 g BIS/Ph. Jeanbor-Archives Larbor – p. 217 m BIS/Ph. Coll Archives Larbor – p. 217 bas Ph. © CNRI/SPL/Cosmos/T – p. 217 d Ph. © CNRI/SPL/COSMOS/T – p. 223 R.C. Kessel & R.H. Kardon/DR – p. 229 Ph. © PETZOLD Michel/T – p. 230 g Ph. © FABRE Claude/T – p. 230 d Ph. © NATURE – p. 236 Ph. © CETE de LYON – p. 265 g Ph. © M. Weigand/CIEL ET ESPACE – p. 265 m Ph. © M. Weigand/CIEL ET ESPACE – p. 265 d Ph. © M. Weigand/CIEL ET ESPACE.

Création maquette : Dimitri Maj, Josiane Sayaphoum
Création couverture : Nathalie Cagnat, Josiane Sayaphoum
Mise en page : Lasergraphie
Révision des textes : J. Moreau (Maths), C. Leplae et S. Gendel (Anglais), N. Bonnechère (SVT et Physique-Chimie)
Infographie : Vincent Landrin
Cartographie : Légendes cartographie
Iconographie : Clémence Zagorski

L'année de la 5e

Cet ouvrage a été rédigé par une équipe de professeurs de collège.

Français
Fabienne Pegoraro
Sophie Pailloux-Riggi
Illustrations : Laurent Kling

Maths
Géraud Chaumeil
Patricia Hennequin
Illustrations : Guillaume Dumont

Histoire-Géographie Éducation civique
Josy Arpillière
Marie-Caroline John
Dominique Rouppillard
Illustrations : Christophe Verdenal

Anglais
Lyliane Lajoinie
Illustrations : Pascal Baltzer

Sciences de la vie et de la Terre
Christian Robert
Illustrations : Virginie Fréchuret et François Martin

Physique-Chimie
Marc Pihouée
Illustrations : Volker Theinhardt

éco responsable
Bordas
www.annees-de.fr

Mode d'emploi

Le livre

Toutes les notions de la classe de 5e, discipline par discipline.
Chaque matière est identifiée par une couleur.
Chaque thème est présenté sur une double page en trois étapes.

Les objectifs du cours

Savoir

Les notions essentielles du cours à apprendre et à **mémoriser**

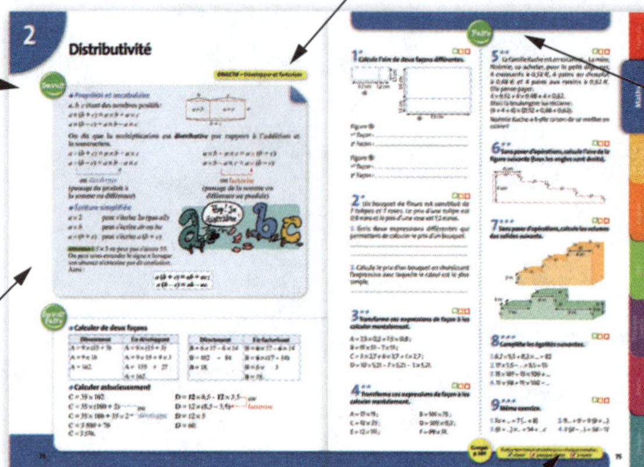

Faire

Des exercices variés et progressifs pour s'entraîner. Ils sont tous corrigés.

Savoir faire

Des méthodes concrètes pour mettre en œuvre les connaissances acquises

Un système d'autoévaluation

En plus : pour chaque matière, des bilans.

Le site de révisions www.annees-de.fr

Inscrivez-vous gratuitement et accédez à des contenus interactifs inédits !

Réservé aux lecteurs
inscription gratuite

Des activités en anglais

Des exercices interactifs supplémentaires en français et en maths

Des dictées enregistrées

Un espace parents avec de nombreux conseils

Accessible à tous
sans inscription

Des fiches de conseil et de méthode à lire et à télécharger

Pour chaque classe, un grand quiz pour réviser tout le programme en s'amusant !

En partenariat avec
PARASCHOOL
Solutions éducatives
soutien scolaire en ligne

© Bordas/SEJER, Paris, avril 2010 – ISBN 978-2-04-731522-4

Sommaire

Français

1

Les consignes d'un énoncé

OBJECTIF • Comprendre un énoncé

Savoir

- Dans toutes les matières, pour réussir un exercice, la première condition est de savoir lire un énoncé.
- Pour **comprendre les consignes**, tu dois :

1. obligatoirement lire plusieurs fois l'énoncé **jusqu'au bout** ;
2. repérer les termes à valeur impérative :
– impératif : **Faites** un résumé dans ce texte ;
– infinitif : **Faire** un résumé de ce texte ;
– futur : Vous **ferez** un résumé de ce texte ;
3. délimiter les différentes étapes (ou temps) d'un exercice ;
4. établir l'ordre dans lequel tu dois effectuer ces étapes.

Savoir faire

Savoir lire un énoncé

Énoncé

[Classez dans un tableau, selon leur groupe, les verbes conjugués du texte] [que vous aurez tout d'abord soulignés.]

Analyse

- On relève d'abord les termes à valeur impérative : classez ; vous aurez [...] soulignés.
- L'exercice doit donc être exécuté en deux phases ; celles-ci sont mises entre crochets.
- L'ordre dans lequel tu dois travailler est l'inverse de celui que présente l'énoncé, comme le signale l'expression « tout d'abord ».

Conclusion

Tu dois donc :

1. souligner les verbes ;
2. classer les verbes selon leur groupe.

1 ★

Combien de tâches les énoncés suivants demandent-ils d'exécuter ? Coche la bonne colonne du tableau.

	1 tâche	2 tâches	3 tâches
1. Souligne tous les verbes conjugués du texte, puis indique le groupe auquel ils appartiennent et le temps auquel ils sont conjugués.			
2. Indique sur cette carte de l'Europe le nom de la capitale des pays dont le nom et les frontières apparaissent en rouge.			
3. Après avoir mesuré, avec une règle, la distance en centimètres qui sépare, sur cette carte, Lille et Marseille, tu calculeras, en te servant de l'échelle donnée, cette distance en km.			
4. Dans le texte suivant, deux champs lexicaux dominent : celui de la musique et celui de la nature. Trouve le terme qui appartient aux deux champs lexicaux.			
5. Calcule de deux façons différentes l'expression $A = 3 \times (5 - 2)$.			

2 ★★

Dans les énoncés ci-dessous :

1. souligne les termes à valeur impérative ;

2. mets entre crochets les différentes étapes de l'exercice à effectuer ;

3. puis numérote les étapes selon l'ordre dans lequel tu dois les effectuer. (Attention : cet ordre peut être différent de celui dans lequel l'énoncé les présente.)

☐ **a.** Relevez dans le texte suivant les verbes conjugués. Tracez une flèche entre le verbe et son sujet avant de reporter les infinitifs dans un tableau selon leur groupe.

☐ **b.** Soulignez en rouge les propositions subordonnées après avoir encadré le mot subordonnant.

☐ **c.** Employez dans une phrase où il sera sujet, chaque groupe nominal que vous aurez préalablement enrichi.

☐ **d.** Soulignez les procédés comiques que vous classerez dans un tableau selon qu'ils appartiennent au comique de situation ou au comique de mots.

☐ **e.** Remplissez le tableau suivant après avoir souligné les mots ou expressions décrivant le caractère et le physique de Cosette.

3 ★★★

Voici le travail d'un élève. Observe attentivement ses réponses. Essaie de retrouver quelle est la question qui lui a été posée. A-t-il bien répondu ? Coche la bonne réponse.

Le médecin sortit son stéthoscope et ausculta le petit malade. La mère, elle, observait la scène. L'enfant respirait péniblement et des taches rouges recouvraient tout son corps.

Sujet	COD
Le médecin	son stéthoscope
La mère	le petit malade
L'enfant	la scène
Des taches rouges	tout son corps

Question posée : ....

....

....

....

L'élève a bien répondu :

❑ oui ❑ non

Corrigés p. 278

Évalue ton travail et coche pour chaque exercice : ☑ réussi ☑ presque réussi ☑ à revoir

2

Les classes de mots

OBJECTIF • Reconnaître la nature grammaticale des mots

Savoir

- **Le verbe** exprime une action ou un état et s'accorde avec le sujet.
- **Le nom** désigne un être, une chose ou une notion abstraite : *un homme, une table, la liberté.*
- **Le pronom** remplace le nom. Il existe plusieurs catégories de pronoms :
  – pronoms personnels : *je, tu, il, …, me, te, se…* ;
  – pronoms relatifs : *qui, que, quoi, dont, où…* ;
  – pronoms possessifs : *le mien, la mienne, le tien…* ;
  – pronoms démonstratifs : *celui, celle…* ;
  – pronoms interrogatifs : *qui ?…*
- **Le déterminant** introduit les noms ou groupes nominaux (GN).
  Il en existe plusieurs catégories :
  – articles : *le, la, les, un, une, des, du…* ;
  – déterminants démonstratifs : *ce, ces, cette* ;
  – déterminants possessifs : *mon, ma, ton, ta, son, sa…* ;
  – déterminants interrogatifs et exclamatifs :
  que… ? quel… !

- **L'adjectif qualificatif** accompagne le nom avec lequel il s'accorde en genre et en nombre.
- **L'adverbe** donne une information concernant le verbe : Il combat **courageusement**.
- **La préposition** introduit un complément : *à, de, par, dans, avant…*
- **La conjonction** réunit deux mots ou deux propositions de même nature :
  – conjonction de coordination : *mais, ou, et, donc, or, ni, car.*
  – conjonction de subordination introduisant une proposition subordonnée : *quand, lorsque, bien que, parce que…*

Savoir faire

Distinguer un nom et un verbe

- Pour reconnaître un nom, vérifie si le mot est précédé d'un déterminant :
  Une **pousse** apparaissait sur la branche. Ici, *pousse* est un nom.
- Pour reconnaître un verbe, vérifie si on peut changer le temps :
  Le vent **pousse** les feuilles mortes. Ici *pousse* est un verbe : le vent poussait…

Distinguer un adverbe et un adjectif qualificatif

- L'adverbe accompagne un verbe : Il parle **fort**.
- L'adjectif qualifie un nom : Pierre est **fort**.

1 ★ Dans ces listes de mots appartenant à la même classe, souligne le ou les intrus.

☐☐☐

1. marcher – retenir – aboyer – vendre – étranger – humilier – loyer
2. heureusement – divinement – courageusement – ameublement – violemment

2 ★★ Inscris les mots soulignés dans le tableau et coche la case correspondant à la classe de mots à laquelle ils appartiennent.

☐☐☐

1. Ce <u>scientifique</u> possède un <u>savoir</u> très étendu.
2. La <u>marche</u> est un sport agréable.
3. Il s'est livré à une expérience <u>scientifique</u> dangereuse.
4. Je <u>marche</u> vite : je <u>parcours</u> huit kilomètres en une heure.
5. Le <u>parcours</u> que l'autobus effectue fait un long détour.
6. Il respire <u>fort</u> quand il dort.
7. Cette <u>tâche</u> est au-dessus de mes forces.
8. C'est un homme <u>fort</u> : il fait de la musculation.
9. <u>Tâche</u> de t'appliquer : cet exercice exige de la concentration.

	Mots soulignés	Verbe	Nom	Adj.	Adv.
1.	....				
2.	....				
3.	....				
4.	....				
5.	....				
6.	....				
7.	....				
8.	....				
9.	....				

3 ★★★ Classe les mots suivants dans les cases selon qu'ils appartiennent à la classe des noms, adjectifs, verbes à l'infinitif ou conjugués, adverbes.

☐☐☐

demande – peureux – vert – laboureur – mange – fort –
savoir – rose – regarder – cours – généreusement – hurlement

Attention ! Un même mot peut appartenir à deux classes différentes. Dans ce cas, tu dois l'inscrire dans l'une ou l'autre intersection.

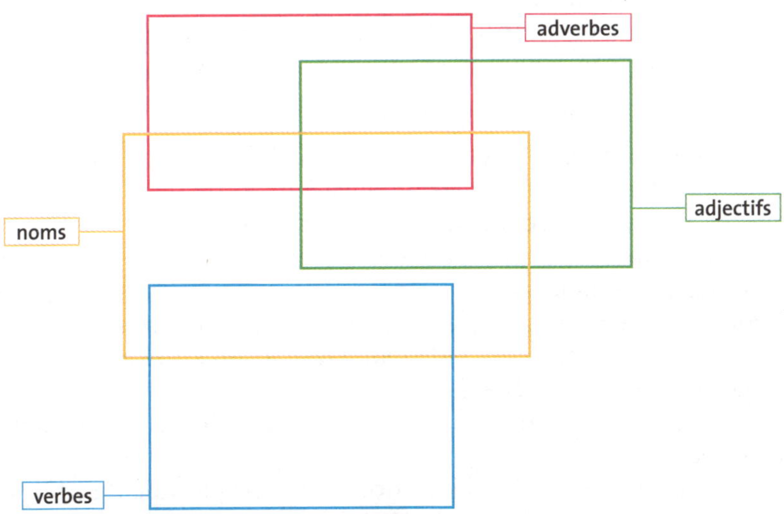

Corrigés p. 278

Évalue ton travail et coche pour chaque exercice :
☑ réussi ☑ presque réussi ☑ à revoir

3 Les homonymes

OBJECTIF • Orthographier correctement les homophones

Savoir

• Définitions

• On appelle **homonymes** des mots ayant même prononciation ou même orthographe, mais dont les sens diffèrent.

• Les **homographes** sont des mots ayant la même orthographe mais pas forcément la même prononciation : La façade du **couvent** est très décorée. / Les poules **couvent** un œuf.

• Les **homophones** sont des mots dont la prononciation est identique, mais pas l'orthographe : J'aime regarder la **mer**. / Sa **mère** est gentille.

• L'accent

Il arrive que seul un accent permette de distinguer deux homographes. Au cours de l'histoire de la langue, un accent a été volontairement ajouté pour que des homographes puissent être distingués : Il va **à** l'école. / Il **a** mangé.

Autre exemple : Il part **dès** l'aube. / Il regarde **des** enfants jouer.

Savoir faire

• Distinguer les homophones par leur classe

Pour distinguer des homophones et bien les orthographier, il faut comprendre à quelle classe grammaticale les mots appartiennent.

Sa est un déterminant possessif / **ça** est un pronom démonstratif équivalent à *cela*.

Sur est une préposition / **sûr(e)** est un adjectif qualificatif.

• Distinguer les homophones par substitution

Pour distinguer des homophones, on peut faire des substitutions.

• Pour reconnaître un verbe, on le conjugue à un autre temps :

C'**est** moi qui **ai** accepté. / C'**était** moi qui **avais** accepté.

→ La conjugaison est possible : donc ***est*** est un verbe.

Paul **et** toi êtes arrivés tard.

→ La conjugaison est impossible : donc ***et*** n'est pas un verbe.

• Pour reconnaître un adjectif, on le remplace par un autre adjectif :

Il est **sûr** de lui. / Il est **content** de lui.

→ Le remplacement est possible : donc ***sûr*** est un adjectif qualificatif.

Il avance **sur** la route.

→ Le remplacement est impossible : donc ***sur*** n'est pas un adjectif qualificatif.

Faire

1★ Complète les phrases en choisissant l'un des homonymes de chaque liste.

☐☐☐

1. des – dès – dés

a. .... fleurs couvrent les branches du cerisier .... l'arrivée du printemps et nous cueillons .... fruits .... qu'ils sont bien mûrs.

b. Il jeta les ...., ferma les yeux et pria pour qu'un 6 sortît. .... qu'il entendit .... camarades s'exclamer, il ouvrit les yeux : les 4 .... s'ornaient d'un 6 !

2. sur – sûr – sûre

.... de son bon droit, Jérôme pénétra dans le bureau de son chef, posa .... lui un regard de triomphe et jeta son tablier .... le sol. Il était .... et certain que quelqu'un l'avait manipulé.

3. a – as – à

a. ....-tu remarqué combien Marie .... maigri ? Elle n'......... plus que la peau sur les os.

b. Nous avons rencontré Rifka .... Marrakech. Elle .... été généreuse et nous .... accueillis .... bras ouverts.

4. près – prêt(e)

a. Le chat se tenait .... du trou, ... à attraper l'animal qui en sortirait.

b. Es-tu .... Antoine ? Dépêche-toi, je t'attends .... du portail !

5. plutôt – plus tôt

« Viens vers 18 heures », lui dit Fantine. « Non, je viendrai ...., répondit Sonia. Vers 15 heures, ..., car j'ai un rendez-vous à 18 heures. »

6. l'ai – les

a. .... as-tu trouvées ? Je .... ai laissées dans ta chambre.

b. Je .... surpris, endormi, la tête posée parmi .... cubes avec lesquels il jouait.

2★★ Même exercice.

☐☐☐

1. ni – n'y – nid

a. .... va pas ! Tu ne verras .... Papy .... Mamie. Tu risques de .... trouver qu'un .... de vipères : les cousins que tu détestes .... seront pas tous mais presque !

b. « .... a-t-il pas quelqu'un ici ? » Il n'entendit rien : .... réponse .... aucun bruit.

c. Je sais, je sais ! Tu .... peux rien ! .... toi .... ta sœur .... pouvez rien.

2. sans – c'en – s'en

a. « .... est fait de moi », songea le chevalier face au dragon. Pourtant il sortit du combat .... une égratignure. Il .... félicita.

b. Il marchait .... regarder où il mettait les pieds ; il .... repentit quand il tomba.

3. si – s'y – ci

a. Il était dans l'allée devant la tombe, ... accroupit et lut : ....-gît un pauvre diable. Il fut .... étonné qu'il resta bouche bée. Une telle formule : il ne .... était pas attendu !

b. .... tu rentres tard, prends tes clefs, je suis .... fatigué que je risque de ne pas t'entendre frapper.

4. on – on n'

.... a frappé, mais .... a entendu personne. Alors .... a poussé la grille. .... avait pas l'intention de se montrer grossier, ... avait juste envie de se reposer un peu sur l'herbe.

3★★★ Choisis la forme qui convient dans les listes proposées entre parenthèses.

☐☐☐

Farid aperçut un (peu – peut – peux) .... de (cent – s'en – sans – sang – c'en) .... (sur – sûr(e)) .... (ses – ces – c'est – s'est) .... baskets. « (Cent – S'en – Sans – Sang – C'en) .... (ai – es – est – et) .... fini de mes belles baskets, (ce – ceux – se) .... lamenta-t-il. (Et – Ai – Es – Est) .... maman va me gronder. » Il (ce – ceux – se) .... demanda (ou – où) .... il avait bien pu (ce – ceux – se) .... tacher.
Il était (sur – sûr) de ne pas avoir saigné. Tout (a – as – à) coup, il comprit : (ce – ceux – se) .... n'était pas du (cent – s'en – sans – sang – c'en) .... ! (Ses – Ces – C'est – S'est) .... en cueillant des (murs – mûrs(es) – mûres) .... qu'il (s'était – c'était) .... taché !

Corrigés p. 278

Évalue ton travail et coche pour chaque exercice : ☑ réussi ☑ presque réussi ☑ à revoir

4

La phrase complexe

OBJECTIF • Reconnaître les différentes propositions subordonnées

Savoir

Il faut distinguer la **proposition principale** des **propositions subordonnées**.

• La proposition subordonnée relative

• Elle est introduite par un **pronom relatif** : *qui, que, quoi, dont, où, lequel…*

• Elle détermine le nom qu'elle a pour antécédent et appartient au GN.

Le livre **dont vous m'avez parlé** est intéressant.

• La proposition subordonnée conjonctive

Elle est introduite par une **conjonction de subordination** :

– *quand, dès que, parce que, afin que, bien que…*, quand elle est circonstancielle ;

Dès que le jour se lève, les randonneurs quittent le refuge.

– *que*, quand elle est COD et complète un verbe de déclaration, de perception, d'opinion (*croire*, *dire*, *penser*, *estimer*, *entendre…*), ainsi que les verbes exprimant la volonté, l'ordre (*vouloir*, *exiger*, *attendre…*).

Je crois **que son père est maçon.**

• La proposition subordonnée interrogative

• Elle permet de faire passer une interrogation directe en interrogation indirecte.

• Elle complète des verbes exprimant un questionnement (*(se) demander…*) ou une ignorance (*ne pas savoir*, *ignorer…*).

• Elle est introduite par :

– la conjonction *si* : Paul viendra-t-il ? → Je me demande **si Paul viendra**.

– un adverbe interrogatif : Comment va Luc ? → Il ignore **comment Luc va**.

– un déterminant interrogatif : Quelle heure est-il ? → Je me demande **quelle heure il est**.

Savoir faire

• Délimiter les propositions

Le nombre de verbes conjugués permet de délimiter les propositions.

Je **pense**	que Paul **a compris**.	L'enfant	qui **chante**	**semble** joyeux.
prop. ppale	prop. subordonnée	prop. ppale	prop. subordonnée	prop. ppale

• Ne pas confondre *que* pronom relatif et *que* conjonction de subordination

• Le pronom relatif ***que*** remplace un nom : il a donc un sens et une fonction grammaticale.

L'homme **que j'observe** semble bizarre.

prop. subordonnée relative :
que remplace *l'homme* et est COD du verbe *observe*

• La conjonction de subordination ***que*** est un simple outil.

Il croit **que papa est occupé**.

prop. subordonnée conjonctive :
que relie simplement les deux propositions

1★ Quelle est la nature de *que* dans les phrases suivantes ? Coche la bonne colonne du tableau.

	Pronom relatif	Conjonction de subordination
1. Je pense que nous irons pique-niquer demain.		
2. Éric, que je vois tous les dimanches, est très drôle.		
3. Mon père, que j'ai revu récemment, a perdu la mémoire.		
4. La colline qui domine la ville et que nous arpentons souvent est parfumée au printemps.		
5. Sandrine pensait que son devoir était réussi.		

2★★ Délimite les différentes propositions par des crochets, puis souligne :

– en bleu les propositions relatives ;
– en rouge les propositions subordonnées conjonctives ;
– en vert les propositions subordonnées interrogatives.

1. Il se demanda toute la journée comment il avait pu se perdre malgré son sens de l'orientation.
2. Il soupira d'aise : son cousin que l'ambition dévorait s'en allait enfin !
3. Céline ne savait vraiment pas pourquoi Franck ne lui parlait plus.
4. Marie n'avait jamais imaginé que sa sœur bouderait aussi longtemps.
5. Quand elle aura fini de déménager, tout ira mieux.

3★★ Remplace chaque GN complément circonstanciel en gras par une proposition subordonnée conjonctive de même sens.

1. **Le soir,** la ville allume les lampadaires.

....

....

2. **Dès la sonnerie du réveil,** il saute de son lit.

....

....

3. Les caves sont inondées **en raison du violent orage.**

....

....

4. **Malgré son grand âge,** il reste sportif.

....

....

4★★★ Remplace chaque groupe en gras par une proposition subordonnée conjonctive de même sens.

1. Je crois **à sa réussite.**

....

....

2. J'entends **le claquement de la pluie sur le toit de la voiture.**

....

....

3. Le Président annonce **une augmentation des prix.**

....

....

4. Les fans attendent **la sortie de leur chanteur préféré.**

....

....

Corrigés p. 278

Évalue ton travail et coche pour chaque exercice : ☑ réussi ☑ presque réussi ☑ à revoir

5 Le groupe nominal

OBJECTIF • Reconnaître les constituants d'un GN

Savoir

Le GN regroupe le nom, son déterminant ainsi que les expansions du nom qui enrichissent ce dernier.

Les déterminants

Aux déterminants étudiés en 6e, s'ajoutent :

- les **déterminants numéraux cardinaux** : ils définissent un nombre exact (**dix-huit** élèves, **quatre** pommes…) et sont invariables (sauf vingt et cent) ;
- les **déterminants numéraux ordinaux** : ils précisent le rang (le **premier** jour, la **douzième** ligne…) et s'accordent en genre et en nombre avec le nom qu'ils accompagnent.

L'expansion du nom

Elle peut être :

- un adjectif qualificatif épithète : L'élève **studieux**…
- un participe passé ou un adjectif qualificatif épithète détachée (c'est-à-dire séparé du nom par une virgule) : **Assis à son bureau,** l'élève…
- un complément de détermination : L'élève **de Terminale**…
- une proposition subordonnée relative : L'élève **dont les résultats sont en progrès**…

Savoir faire

Orthographier les déterminants numéraux

• Le pluriel de *vingt* et *cent*

Cent et *vingt* prennent un ***-s*** quand ils sont multipliés et s'ils ne sont pas suivis par un autre chiffre : cent pommes, deux cent<u>s</u> pommes mais deux cent trois pommes ; vingt ballons, quatre-vingt<u>s</u> ballons mais quatre-vingt-trois ballons.

• Le trait d'union

Les **numéraux composés inférieurs à cent** prennent un trait d'union sauf s'ils sont liés par la conjonction *et* : soixante-dix-huit, vingt et un, quatre cent, cent soixante-treize…

Reconnaître un groupe nominal

- Un GN peut être enchâssé dans un autre GN.

[La femme dont j'ai connu [le dernier fils]] est gravement malade.

[ ] = délimitation d'un GN
— = nom
— = expansion du nom

- N'oublie pas d'accorder les participes passés ou adjectifs qualificatifs quand ils sont épithètes détachées.

Abandonn<u>és</u> par des maîtres ingrats dont la cruauté n'avait pas de borne, les chatons miaulaient.

1★ Écris en lettres les nombres suivants.

☐☐☐

1. 427 : ....
2. 71 : ....
3. 800 : ....
4. 722 : ....
5. 97 : ....
6. 1 900 : ....
7. 612 : ....

2★ Enrichis les noms en respectant les consignes.

☐☐☐

1. une robe (deux adjectifs qual. épithètes) :

....

2. un bruit (complément de détermination) :

....

3. l'enfant (participe passé épithète détachée) :

....

4. un navire (adj. qual. épithète + prop. sub. relative) :

....

5. le manteau (adj. qual. épithète + compl. de détermination) :

....

6. les spectateurs (participe passé épithète détachée + adj. qual. épithète + prop. sub. relative) :

....

3★★ Accorde, quand il le faut, les adjectifs et les participes passés épithètes détachées.

☐☐☐

1. **Irrité**.......... par le bruit incessant que faisaient les deux enfants depuis le début de l'après-midi, Marie les chassa dans le jardin.

2. **Assommé**.......... par la chaleur des tropiques, les deux vacanciers s'endormirent sur la plage **ombragé**.......... par les cocotiers.

3. **Attentif**.......... à tous les bruits, le visage **tendu**.......... et les muscles **bandé**.........., les policiers s'avancèrent dans le couloir sombre.

4. **Endormi**.......... par le chant que fredonnait sa mère, l'enfant respirait calmement.

5. **Arrivé**.......... tôt, Sophie et Georges attendirent dans le jardin que leurs parents se réveillent.

4★★★ Souligne les noms et reporte les expressions dans le tableau ci-dessous en cochant la case correspondant à leur catégorie grammaticale.

☐☐☐

1. Le chien qui gardait la propriété aboya furieusement.

2. Le vase de Chine a été brisé par Marc.

3. Appuyée à la balustrade de son balcon, la jeune femme qui fumait rêvassait.

4. L'homme dont le chapeau était rabaissé sur le front marchait rapidement dans la rue sombre.

Expansions du GN	Adjectif qualificatif épithète	Participe passé ou adjectif épithète détachée	Complément de détermination	Proposition subordonnée relative
....				
....				
....				
....				
....				
....				
....				
....				

Corrigés p. 278

Évalue ton travail et coche pour chaque exercice : ☑ réussi ☑ presque réussi ☑ à revoir

6

L'accord de l'adjectif

OBJECTIF • Accorder les adjectifs qualificatifs en genre et en nombre

Savoir

L'adjectif s'accorde en genre et en nombre avec le nom qu'il accompagne.

Accord en genre

• Certains adjectifs ont la même forme au masculin et au féminin : un chapeau pratique, une casquette pratique (confortable, rare...).

• L'opposition entre le masculin et le féminin peut n'être marquée qu'à l'écrit. Dans ce cas, la marque du féminin à l'écrit est *-e*.

Adjectifs terminés par : – une voyelle : un joli manteau, une jolie robe ;
– le son [r] : un lit dur, une chaise dure.

Appartiennent à cette série : extérieur, inférieur, intérieur, majeur, meilleur, mineur, postérieur, supérieur.

Adjectifs terminés par : *-c* → *-que* : public–publique ;
-l → *-lle* : nul–nulle ;
-t → *-tte* : coquet–coquette.

• L'opposition peut être marquée à l'oral comme à l'écrit : grand–grande ; paresseux–paresseuse ; long–longue ; brun–brune ; blanc–blanche ; séducteur–séductrice ; menteur–menteuse...

Accord en nombre

La marque du pluriel est *-s*, mais :

• Certains adjectifs ont la même forme au masculin singulier et au pluriel.
C'est le cas des adjectifs en *-x* : heureux, peureux, doux ;
-s : gras.

• Les adjectifs beau, jumeau, nouveau, hébreu ont un pluriel en *-x*.

• Les adjectifs en *-al* ont un pluriel en *-aux* : amical, amicaux sauf bancal, fatal, glacial, natal, naval qui ont un pluriel en *-als*.

Les adjectifs de couleur

L'adjectif de couleur est invariable :
– quand il est issu d'une chose dont la couleur est caractéristique (sauf rose, bien que l'adjectif vienne de la fleur) : des chaussettes **orange**, des robes **cerise** ;
– quand il est précisé par un 2e adjectif : des chemises **jaune pâle**, des sapins **vert foncé**.

Savoir faire

Bien accorder l'adjectif

• Dans un groupe nominal, tu dois veiller à accorder **tous** les adjectifs :
Les gentil**s** petit**s** **enfants** blond**s** étaient attentif**s**.

• Si tu hésites sur la terminaison d'un adjectif au masculin, pense au féminin :
muet (car muette), gras (car grasse), étranger (car étrangère).

1★

Complète les phrases suivantes en accordant correctement les adjectifs proposés entre parenthèses.

1. Marie a offert deux chemises (*blanc*) .... à pois (*rose*) (*vif*) ....
2. Ces chaussettes (*marron*) .... ne me plaisent pas, je préfère la paire (*bleu*) ....
3. Cette robe (*blanc*) (*cassé*) .... te va à ravir.
4. Ces jupes (*noir*) .... seront portées avec des chemises (*rouge*) (*éclatant*) .... par les musiciennes lors du concert.
5. Ces meubles (*orange*) .... sont affreux !
6. Ces vestes (*crème*) .... sont parfaites pour les beaux jours !
7. Elle posa ses yeux (*émeraude*) .... sur lui.
8. Cette voiture (*bleu*) (*foncé*) .... me plaît.

2★

Parmi les adjectifs proposés, choisis ceux qui conviennent pour compléter chacune des phrases suivantes.

1. **beau – belle – bel – belles – beaux**

C'est un .... édifice entouré de .... statues et de .... parterres de fleurs.

2. **vieux – vieille – vieil – vieilles**

Ce .... homme s'efforce malgré son âge de soutenir sa .... femme quand elle se déplace : c'est un .... couple charmant.

3. **nouveau – nouvelle – nouvelles – nouvel – nouveaux**

La .... année est arrivée ! Chacun veut prendre de .... résolutions, se lance dans de .... projets ; chacun souhaite entamer une .... vie. Toutes ces promesses seront bien vite oubliées ! Mais c'est un rituel du .... An !

3★

Replace ces adjectifs dans le texte : bleue – gris – sombres – noirs – fleuries – noir – vives.

Depuis plusieurs heures déjà, Marie déambulait dans le dédale du marché aux Puces et fouillait dans des cartons pleins de vêtements aux couleurs .... ou .... Elle essaya quelques gilets......................, une robe......................, des chemises .... et enfin se laissa séduire par un chapeau .... entouré d'un ruban ....

4★★

Dans le texte suivant, souligne les adjectifs et corrige les fautes d'accord, s'il y en a.

Les nouveaux élèves attendaient dans la cour après avoir franchi le grand portail bleue. Les conversations étaient tantôt gais tantôt anxieuse. Le Principal, un homme grand et carré, s'avança au milieu des élèves et fit un geste théâtral pour demander le silence. Le joyeu brouhaha cessa aussitôt : les regards attentif, timide ou excitées se tournèrent vers le visage barbu du Principal.

5★★

Construis un GN masculin en reprenant l'adjectif utilisé dans le GN féminin. Attention à la lettre finale !

Ex. : une crème fraîche – un gâteau frais

1. une joue arrondie
2. une enfant pâlotte
3. une pâte molle
4. une rue interdite
5. une robe salie
6. une assemblée dissoute
7. une chevelure rousse
8. une peau douce
9. une séance publique
10. une pièce unique
11. une potion amère
12. une plante verte

6★★★

Relie chaque adjectif au(x) nom(s) qu'il peut qualifier.

	• habile
	• efficace
homme •	• glaciale
	• célèbre
femme •	• public
	• énergique

Corrigés p. 279

Évalue ton travail et coche pour chaque exercice : ☑ réussi ☑ presque réussi ☑ à revoir

7

Les degrés de l'adjectif

OBJECTIF • Distinguer comparatif et superlatif

Savoir

Le comparatif

• Il permet de comparer deux éléments grâce à un adjectif qualificatif précédé d'un adverbe d'intensité. Trois formes existent :
– le comparatif d'**infériorité** : la pièce est **moins sombre** ;
– le comparatif d'**égalité** : la pièce est **aussi sombre** ;
– le comparatif de **supériorité** : la pièce est **plus sombre**.

• Le **complément du comparatif** désigne l'élément par rapport auquel se fait la comparaison. Il est introduit par *que* : Cette pièce est plus sombre **que l'autre**.

Le superlatif relatif

• Il se compose d'un déterminant, d'un adverbe d'intensité et d'un adjectif. Deux formes existent :
– le superlatif relatif de **supériorité** : **le plus grand** (de tous) ;
– le superlatif relatif d'**infériorité** : **le moins grand** (de tous).

• Il exprime le degré le plus haut ou le plus bas d'une qualité par rapport à un ensemble, exprimé ou non. Quand l'ensemble est exprimé, il s'agit du **complément du superlatif** : Il est l'élève le plus agréable **de la classe.**

Le superlatif absolu

Il exprime une qualité à son plus haut degré, sans comparaison avec autre chose. Il se construit grâce à un adverbe d'intensité : Il est **extrêmement gentil**.

Savoir faire

Reconnaître les comparatifs et les superlatifs irréguliers

Certains adjectifs ont un comparatif et un superlatif de supériorité irréguliers :

Adjectif	Comparatif de supériorité	Superlatif de supériorité
bon	meilleur	le meilleur
mauvais	pire	le pire
petit	moindre	le moindre

1★ Complète les comparatifs suivants avec l'adverbe d'intensité qui convient. Souligne : en bleu ceux qui expriment la supériorité, en vert ceux qui expriment l'égalité, en rouge ceux qui expriment l'infériorité.

1. Ces deux enfants me paraissent .... turbulents l'un que l'autre.
2. Les pamplemousses sont .... amers que les oranges.
3. Les oranges sont .... acides que les citrons.
4. Les élèves trouvent souvent .... agréable de bavarder que de travailler.
5. Un chien est .... heureux dans une maison que dans un petit appartement.
6. Il fait .... froid que je ne le pensais, je me suis trop couverte.

2★ Classe les phrases suivantes en ordre croissant selon le degré d'intensité de l'adjectif.

1. Il s'est montré extrêmement chaleureux.
2. Cette pièce est vraiment peu chaleureuse.
3. Cet homme m'a paru assez chaleureux.
4. Ce chalet est fort chaleureux.

Ordre : ....

3★★ Construis une phrase comparant les deux éléments proposés à l'aide des adjectifs au comparatif entre parenthèses.

1. cigale / fourmi (comparatif de supériorité)
....
....
2. chêne / roseau (comparatif d'infériorité)
....
....
3. rose / tulipe (comparatif d'égalité)
....
....
4. chien / chat (comparatif d'infériorité)
....
....

4★★ Complète les phrases suivantes en mettant les adjectifs entre parenthèses au superlatif de supériorité ou d'infériorité.

1. Parmi les musiciens, Mozart n'est-il pas (*connu*) .... ?
2. Certains airs qu'il a composés sont parmi (*célèbre*) .... qui existent.
3. L'araignée fait partie des insectes (*apprécié*) ....
4. Il est déjà arrivé ! C'est le coureur (*rapide*) .... du groupe.
5. Antoine est (*paresseux*) .... de la classe, il s'est mis au travail alors que les autres préféraient bavarder encore un peu.

5★★★ Construis une phrase avec chaque adjectif proposé en respectant le degré indiqué entre parenthèses.

1. délicieux (superlatif absolu)
....
....
2. grand (comparatif de supériorité)
....
....
3. avare (superlatif relatif d'infériorité)
....
....
4. célèbre (comparatif d'égalité)
....
....
5. féroce (superlatif relatif de supériorité)
....
....
6. drôle (superlatif absolu)
....
....
7. facile (comparatif d'infériorité)
....
....

Corrigés p. 279

Évalue ton travail et coche pour chaque exercice : ☑ réussi ☑ presque réussi ☑ à revoir

8 Les GN compléments dans la phrase

OBJECTIF • Distinguer complément circonstanciel et complément d'agent

Savoir

• Les compléments circonstanciels (CC)

Ils sont le plus souvent facultatifs et déplaçables. Ils indiquent les **circonstances** de l'action (temps, lieu ou manière, étudiés en 6e) ou :

– la **cause** : **En raison de la pluie**, le match a été interrompu.
– le **but** : Il s'entraîne **pour réussir son examen**.
– la **conséquence** : Il neige **au point de retarder notre départ**.

• Le complément d'agent

• Le mot *agent* appartient à la famille étymologique de *agir*, *agissement*…

• Dans une phrase à la voix passive, le complément d'agent indique celui qui fait l'action subie par le sujet du verbe.
L'homme a été renversé **par une voiture**.

• Il est introduit par *par* ou *de*.
Il est aimé **par ses parents / de ses parents**.

Savoir faire

• Comprendre la relation entre cause et conséquence

Cause et conséquence sont inséparables car elles représentent les deux faces complémentaires d'une relation entre deux faits : toute cause a une conséquence, toute conséquence a une cause. La phrase met l'accent sur l'un ou l'autre aspect.
Il neige **au point de retarder notre départ**. → L'accent est mis sur la conséquence.
Notre départ a été retardé **à cause de la neige**. → L'accent est mis sur la cause.

• Exprimer la cause

• Par une conjonction de coordination : Je reste chez moi **car** il pleut.
• Par une proposition subordonnée conjonctive : Je reste chez moi **parce qu'il pleut**.

• Exprimer la conséquence

• Par une conjonction de coordination : Il pleut **donc** je ne sors pas.
• Par une proposition subordonnée conjonctive : Il pleut **si bien que je ne sors pas**.

• Reconnaître le complément d'agent

Ne pas confondre le complément d'agent avec d'autres compléments introduits par les mêmes prépositions :

• le CCL : Il est tombé **par la fenêtre. / De ma fenêtre**, j'observe la rue.
• le CC de manière : Je l'ai rencontré **par hasard**.
• le COI : Il parle **de son travail**.

Faire

1★ Quelle est la fonction des compléments en gras ? Coche la bonne colonne du tableau.

	CCL	CC de manière	Compl. d'agent	COI
1. Il est sorti **par la porte du garage**.				
2. Ce livre a été lu **par des millions de personnes**.				
3. Il n'a pas gagné **par malchance**.				
4. Il se souvient **de ses vacances** avec nostalgie.				
5. Ce chanteur est admiré **de tous**.				
6. Il a reçu des félicitations **de tous les coins de France**.				

2★★ Souligne et identifie les compléments circonstanciels dans les phrases suivantes.

1. En raison du mauvais temps, il n'est pas sorti. → CC de ....

2. Il reste chez lui cet après-midi afin de finir ses exercices de mathématiques. → CC de ....

3. Il s'est cassé le bras en glissant sur une plaque de verglas. → CC de ....

4. De la lucarne du grenier, il observe la lune. → CC de ....

5. Puisque tu es de mauvaise humeur, je m'en vais ! → CC de ....

6. Il a bu un litre d'eau d'un trait tellement il avait soif ! → CC de ....

7. Elle aime tant les roses que tout son jardin en est recouvert. → CC de ....

3★★ *Tellement* et *tant* peuvent exprimer la cause ou la conséquence selon la construction de la phrase. Pour chacune des phrases suivantes, coche la bonne réponse.

	exprime la cause	exprime la conséquence
1. Il s'est effondré sur la ligne d'arrivée à la fin de son marathon tant il était fatigué.		
2. Il s'est tant fatigué lors du marathon qu'il s'est effondré sur la ligne d'arrivée.		
3. Il était tant affamé qu'il dévora toute la tarte.		
4. Il dévora toute la tarte tant il était affamé.		

4★★★ Relie les deux faits proposés dans deux phrases distinctes : la 1re phrase doit exprimer la cause, la 2e phrase doit exprimer la conséquence. Varie les moyens d'exprimer cause et conséquence.

Ex. : avoir faim / se jeter sur le plat
→ Comme il a faim, il se jette sur le plat.
→ Il avait tellement faim qu'il s'est jeté sur le plat.

1. neiger / descendre la butte en luge
→ ....
→ ....

2. être de bonne humeur / être patient
→ ....
→ ....

3. être en retard / se dépêcher
→ ....
→ ....

Corrigés p. 279

Évalue ton travail et coche pour chaque exercice : ☑ réussi ☑ presque réussi ☑ à revoir

9 Les temps composés de l'indicatif et leurs valeurs

OBJECTIF • Maîtriser l'expression de l'antériorité

Savoir

Formation

Les temps composés de l'indicatif sont formés avec les auxiliaires ***être*** ou ***avoir*** conjugués aux temps simples.

- **Passé composé**
  être ou *avoir* au **présent** + participe passé du verbe
- **Plus-que-parfait**
  être ou *avoir* à **l'imparfait** + participe passé du verbe
- **Passé antérieur**
  être ou *avoir* au **passé simple** + participe passé du verbe
- **Futur antérieur**
  être ou *avoir* au **futur** + participe passé du verbe

L'auxiliaire

- Les verbes **transitifs** se conjuguent avec l'auxiliaire ***avoir***.
  Il **a vu** un loup affamé.
  COD
- Les verbes **intransitifs** se conjuguent soit avec l'auxiliaire ***être*** soit avec l'auxiliaire ***avoir***.
  Il **est parti** ce matin. Il **a soupiré** profondément.
- Les verbes **pronominaux** se conjuguent toujours avec l'auxiliaire ***être***.
  Elle **s'est levée** de bonne heure.

Savoir faire

Employer les temps composés

Les temps composés servent à exprimer une action achevée et antérieure à l'action exprimée par le verbe conjugué au temps simple.

- Le **passé composé** exprime l'antériorité par rapport au présent.
  Quand il **a fini** de travailler, il **écoute** de la musique.
- Le **plus-que-parfait** exprime l'antériorité par rapport à l'imparfait.
  Quand il **avait fini** de travailler, il **écoutait** de la musique.
- Le **passé antérieur** exprime l'antériorité par rapport au passé simple.
  Quand il **eut fini** de travailler, il **écouta** de la musique.
- Le **futur antérieur** exprime l'antériorité par rapport au futur.
  Quand il **aura fini** de travailler, il **écoutera** de la musique.

Faire

1 ★ Corrige les erreurs commises dans l'emploi des temps composés.

1. Quand il aura rangé sa chambre, il sortit rendre visite à un ami.

....

2. Dès que ma moto est réparée, je partirai en balade.

....

3. Grand-père arrosait ses plantes dès qu'il s'est levé.

....

4. Il bricole quand il eut fini sa journée de travail.

....

5. Dès qu'il eut terminé ses devoirs, il téléphonera à son ami pour aller au cinéma.

....

2 ★★ Conjugue les verbes suivants au temps composé qui convient. Pour cela, souligne le verbe conjugué au temps simple et sers-toi de la concordance des temps de la rubrique Savoir faire.

1. Il *(achever)* .... ses devoirs quand tu arriveras.
2. Tous les soirs, il faisait une partie de poker quand il *(revenir)* .... du bureau.
3. Quand le valet *(entendre)* .... les consignes, il se retira pour les exécuter.
4. J'ai l'autorisation d'organiser une boum lorsque j'*(obtenir)* .... de bons résultats.
5. Il *(ne pas finir)* .... les travaux quand le déménagement aura lieu !

3 ★★★ À l'aide des éléments proposés, compose des phrases suivant le schéma ci-dessous. Attention ! Choisis, pour chaque exemple, l'un des quatre temps composés vus dans la rubrique Savoir faire. Tu dois employer un temps différent à chaque fois.

QUAND temps composé + temps simple
ou
temps simple + QUAND temps composé

Ex. : Il mange trop vite. / Il a mal au ventre.
→ Quand il a mangé trop vite, il a mal au ventre. (passé composé)
ou → Quand il avait mangé trop vite, il avait mal au ventre. (plus-que-parfait)
ou → Quand il eut mangé trop vite, il eut mal au ventre. (passé antérieur)
ou → Quand il aura mangé trop vite, il aura mal au ventre. (futur antérieur)

1. Il finit son année scolaire. / Il part en vacances.
→ Quand ....
....

2. Il travaille mal. / Sa mère le punit.
→ Quand ....
....

3. Il se lève. / Il éteint son réveil.
→ ....
quand ....

4. Mardi gras arrive. / Ils se déguisent.
→ Quand ....
....

Corrigés p. 279

Évalue ton travail et coche pour chaque exercice : ☑ réussi ☑ presque réussi ☑ à revoir

10

L'accord du participe passé

OBJECTIF • Accorder le participe passé selon les auxiliaires

Savoir

• Avec l'auxiliaire *être*

Le participe passé s'accorde toujours avec le sujet.

Pierre est parti.
sujet

Marie et Fatima sont parties.
sujet

• Avec l'auxiliaire *avoir*

Le participe passé est invariable, sauf si le COD est placé avant le verbe. Dans ce cas, le participe passé s'accorde avec le COD.

Karim a mangé une pomme.
COD

La pomme que Karim a mangée était sucrée.
COD

• Verbes pronominaux

Le participe passé s'accorde avec le sujet, sauf si le verbe est suivi d'un COD.

Elles se sont lavées.
sujet

Elles se sont lavé les cheveux.
COD

Savoir faire

• Bien accorder le participe passé

• Tu dois tout d'abord repérer et identifier l'**auxiliaire** :

– s'il s'agit de l'auxiliaire ***être***, tu dois repérer le sujet et accorder le participe en genre et en nombre avec le sujet ;

Ils sont tombés amoureux au premier regard.
sujet

– s'il s'agit de l'auxiliaire ***avoir***, tu dois repérer le COD et accorder le participe avec le COD si celui-ci est placé avant le verbe. Seuls le pronom relatif et le pronom personnel peuvent être des COD placés avant le verbe.

La femme que j'ai rencontrée est sympathique, je l'ai trouvée charmante.
COD COD

• Pour les verbes pronominaux, tu dois regarder s'il y a un **COD**.

Ils se sont jeté un regard.
COD

1★ ☐☐☐

Reconstitue le texte en plaçant au bon endroit les participes passés qui ont été déchirés. Prends garde aux marques de genre et de nombre du participe.

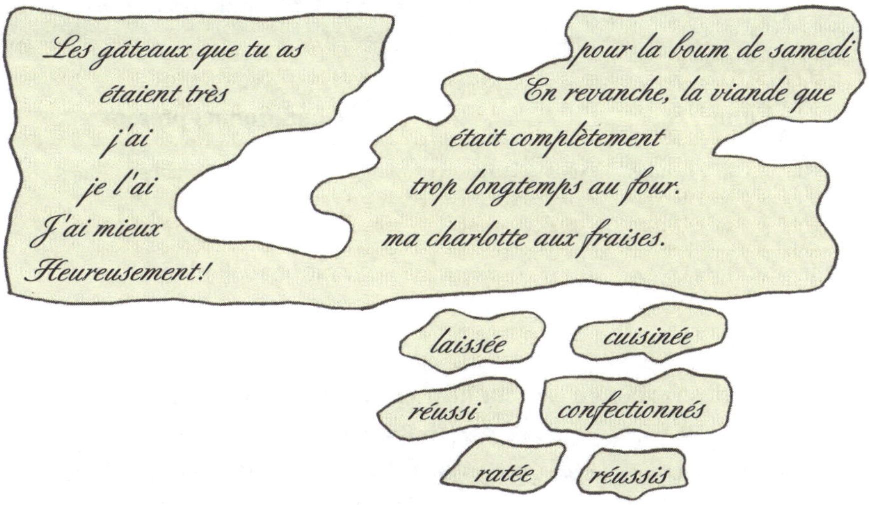

....

....

....

2★★ ☐☐☐

Accorde, si besoin est, les participes passés et souligne, dans les phrases utilisant l'auxiliaire *avoir*, le COD quand il y en a un.

1. Elles sont arrivé....... tôt ce matin et ont réveillé....... leurs parents qui les ont accueilli....... en les bombardant de questions concernant leur voyage à Pékin. Malgré leur fatigue, elles ont répondu....... de bon cœur.

2. Je rangerai les assiettes et les couverts qu'elles auront lavé....... .

3. Je reçus la lettre de Marie : elle était arrivé....... à destination, elle avait été émerveillé....... par la végétation.

4. Les enfants que j'ai surveillé....... étaient turbulents.

5. Ma sœur a regardé....... la télévision toute la soirée.

6. Le match qu'ils ont remporté....... était palpitant. Ils ont admirablement joué........ Ils ont mérité....... leur victoire.

3★★★ ☐☐☐

Souligne le COD, quand il y en a un, puis transpose les phrases au passé composé.

1. Elle se leva et elle se lava les mains.

....

2. Ils se blessèrent en bricolant une moto : ils se brûlèrent les mains et le visage.

....

3. Elle s'effondra en apprenant la triste nouvelle.

....

4. Karim et Fatima se perdirent dans la forêt.

....

5. Le prisonnier s'échappa.

....

6. Les élèves se réunirent pour organiser les fêtes de fin d'année.

....

7. Un coup de feu retentit, les oiseaux s'envolèrent.

....

8. Les deux guenons se cherchaient des poux.

....

Corrigés p. 279

Évalue ton travail et coche pour chaque exercice : ☑ réussi ☑ presque réussi ☑ à revoir

Français
Maths
Hist.-Géo. Éd. civique
Anglais
SVT
Physique Chimie
Bilans
Corrigés

11

Futur et conditionnel

OBJECTIF • Conjuguer et employer futur et conditionnel

Savoir

• Conjugaison

Futur

je	tu	il	nous	vous	ils
-rai	-ras	-ra	-rons	-rez	-ront

Demain je prendrai....

Conditionnel présent

je	tu	il	nous	vous	ils
-rais	-rais	-rait	-rions	-riez	-raient

S'il faisait beau j'irais....

• Cas particuliers

• Conjugaison des verbes en *-er* : **infinitif entier + terminaison**

parler → je parler-ai | marcher → je marcher-ais

Verbes en *-uer*, *-ouer*, *-yer*, *-ier*, *-éer* : ne pas oublier le *-e* muet.

je créerai | je créerais

Verbes en *-yer* : le *-y* se transforme en *-i* devant le *-e* muet.

appuyer → j'appuier-ai | essuyer → j'essuier-ais

• Cinq verbes et leurs composés doublent le *-r* : *courir* (et *accourir*...), *mourir*, *pouvoir*, *quérir* (et *acquérir*, *conquérir*), *voir* (et *revoir*).

je courrai | je conquerrais

Savoir faire

• Employer le futur

Pour exprimer :

• une action à venir dont la réalisation est certaine : Demain, je viendrai te voir.

• l'ordre (dans ce cas, il équivaut à un impératif) : Tu rangeras ta chambre dès ton retour.

• Employer le conditionnel

Pour exprimer :

• le futur dans le passé :

Le médecin déclare (présent) qu'il viendra (futur).

→ Il déclara (passé simple) qu'il viendrait (conditionnel).

• une action dont la réalisation est soumise à une condition ou un souhait :

Si j'étais riche, je voyagerais.

• une information dont on n'est pas certain :

Un incendie se serait déclaré à la mairie.

• une demande polie :

M'accompagnerais-tu ? Cela me ferait plaisir.

1★ Conjugue au futur les verbes entre parenthèses.

Papa m'a promis d'être là à 18 h, je suis sûr qu'il *(tenir)* .... sa promesse. Il *(arriver)* .... à la gare, je *(être)* .... là pour l'accueillir. Je le *(voir)* .... arriver : il *(bondir)* .... du train, *(parcourir)* .... à grandes enjambées les quelques mètres qui le *(séparer)* .... de moi. Je *(sourire)* .... et me *(jeter)* .... à son cou, je *(nouer)* .... mes bras autour de sa nuque. Je *(pouvoir)* .... surprendre son émotion : il *(essuyer)* .... furtivement une larme et j'*(appuyer)* .... ma tête contre son épaule. Nous *(quitter)* .... la gare, heureux.

2★★ Transpose le texte suivant au passé.

Le médecin déclare qu'il repassera plus tard et qu'il verra à ce moment l'évolution de la rougeur. Je lui dis que je serai certainement absente mais que le père du malade pourra s'entretenir avec lui. Il m'indique aussi qu'il faudra surveiller la température et que le malade devra boire régulièrement.

3★★ Lis le texte suivant.

Si j'étais plante, je ne **voudrais** pas être une de ces plantes utiles. [...] Ni avoine, ni blé, ni orge parqués, sans pouvoir en sortir dans un champ [...] ni surtout ces légumes soumis et rangés, ces carottes alignées, ces haricots qu'on dirige à la baguette [...].
J'accepterais encore d'être herbe à tisane, serpolet ou mauve [...]. Mais **j'aimerais** mieux être bruyère, gentiane bleue [...] sur une lande abandonnée.

Sur le modèle de ce texte de Marie Noël, compose un court texte commençant par :
- Si j'étais oiseau, je **refuserais** d'être canari ou perruche...
- Si j'étais musique, ...
- Si j'étais animal, ...

4★★★ Complète les phrases en utilisant le futur ou le conditionnel présent.

1. Demain, je t'*(accompagner)* .... à l'aéroport. Tu *(voir)* ...., je suis sûr que tu *(aimer)* .... la Guadeloupe.
2. Si j'étais un animal, je *(vouloir)* .... être un dauphin.
3. Mon père m'informa qu'il *(voir)* .... mon professeur de mathématiques lors de la réunion.
4. Quand il *(être)* .... grand, il *(choisir)* .... un métier qui lui *(permettre)* .... de voyager.

5★★★ Indique la valeur du (ou des) conditionnel(s) employé(s) dans chaque phrase en reportant les verbes dans la bonne colonne du tableau.

1. J'accepterais ta proposition si tu avais accepté la mienne hier.
2. Il expliqua à la vieille dame qu'il ne pourrait pas l'aider ce jour-là car il avait cours, mais qu'il le ferait volontiers le lendemain.
3. Les rescapés de l'accident d'avion se trouveraient en sécurité dans une grotte.
4. « Le corbeau, honteux et confus,
   Jura, mais un peu tard, qu'on ne l'y prendrait plus. » (La Fontaine)
5. Paul voudrait que son fils s'investisse plus dans son travail.
6. Pourriez-vous fermer la fenêtre ? Je ne supporte pas les courants d'air.

Futur dans le passé	Action soumise à une condition / souhait	Information non certaine	Demande polie
....	....	....	....
....	....	....	....

Corrigés p. 280

Évalue ton travail et coche pour chaque exercice : ☑ réussi ☑ presque réussi ☑ à revoir

12

Le subjonctif présent et ses valeurs

OBJECTIF • Conjuguer et employer le subjonctif

Savoir

• Conjugaison

Pour former le subjonctif présent, on ajoute, au radical du présent de l'indicatif de la 3e personne du pluriel, les terminaisons suivantes :

je	tu	il	nous	vous	ils
-e	-es	-e	-ions	-iez	-ent

Finir ⟶ 3e pers. de l'indicatif présent : ils finissent
⟶ subjonctif présent : que je finisse, que tu finisses, qu'il finisse, ...

• Quelques verbes usuels irréguliers

	avoir	être	faire	vouloir	aller	pouvoir
que je/j'	aie	sois	fasse	veuille	aille	puisse
que tu	aies	sois	fasses	veuilles	ailles	puisses
qu'il	ait	soit	fasse	veuille	aille	puisse
que nous	ayons	soyons	fassions	voulions	allions	puissions
que vous	ayez	soyez	fassiez	vouliez	alliez	puissiez
qu'ils	aient	soient	fassent	veuillent	aillent	puissent

• L'emploi du subjonctif

Alors que l'indicatif est le mode de la réalité et de la certitude, le subjonctif s'emploie :

– pour exprimer le doute, la crainte : Je ne pense pas **qu'il vienne**.
– pour exprimer l'ordre, la volonté et l'interdiction : J'exige **que tu sois** là tôt !
– pour exprimer le souhait : J'aimerais tant **qu'il vive** encore longtemps !
– après certaines conjonctions de subordination : *en attendant que*, *jusqu'à ce que*, *avant que*, *bien que*, *afin que*…

Savoir faire

• Reconnaître l'indicatif et le subjonctif

Pour distinguer l'indicatif du subjonctif, il faut remplacer le verbe par *être* :

• verbes du 1er groupe :

Il faut que je **rentre** vite. / Il faut que je **sois** rentré tôt.
⟶ *rentre* est donc au subjonctif présent.
Je vois que tu **rentres** tôt. / Je vois que tu **es** là tôt.
⟶ *rentres* est donc à l'indicatif présent.

• autres cas :

Je pense qu'il **court** vite. / Je pense qu'il **est** rapide.
Je doute qu'il **coure** vite. / Je doute qu'il **soit** rapide.

1 ★ Conjugue les verbes aux temps et aux personnes demandés.

Infinitif	Présent de l'indicatif	Présent du subjonctif
chanter	il .... vous	qu'il .... que vous ....
finir	tu .... ils	que tu .... qu'ils ....
jouer	je .... nous	que je .... que nous ....
venir	nous .... ils	que nous .... qu'ils ....
mourir	il .... ils	qu'il .... qu'ils ....
croire	je .... vous	que je .... que vous ....
être	nous .... ils	que nous .... qu'ils ....
entendre	tu .... il	que tu .... qu'il ....

2 ★★ Conjugue les verbes entre parenthèses au subjonctif présent.

1. Ils regrettent que tu (*écrire*) .... en t'appliquant si peu.

2. Ils aimeraient bien que tu (*s'appliquer*) .... davantage.

3. Ils ne pensent pas que tu (*faire*) .... vraiment exprès d'écrire aussi mal mais ils souhaitent que tu (*progresser*) ....

4. Il est possible que les chiens (être) .... inquiets. Je voudrais que Papa et toi (*aller*) .... voir ce qui se passe.

5. Paul et Mariette se sont mariés sans que leurs parents (*connaître*) .... ce projet.

6. Bien que les parents en (*vouloir*) .... à leurs enfants et (*être*) .... vexés, ils ne leur ont pas fait de reproches.

7. Afin que je (*pouvoir*) .... m'installer, il faut que tu (*nettoyer*) .... un peu la chambre.

8. Son père aimerait qu'elle lui (*dire*) .... ce qu'elle a sur le cœur.

3 ★★★ Les verbes en gras sont-ils au présent de l'indicatif ou du subjonctif ? Coche la bonne colonne du tableau.

	Présent de l'indicatif	Présent du subjonctif
1. Ses parents préfèrent que Paul **travaille**, il te rejoindra plus tard.		
2. Il faut que tu **trouves** la réponse seul !		
3. Je pense que tu **triches** !		
4. Le père se demande si son fils lui **cache** quelque chose.		
5. Il est important que la police **arrête** le coupable.		
6. Marie progressera à condition qu'elle **s'entraîne** régulièrement.		
7. Je préfère que tu ne **regrettes** rien.		

Corrigés p. 280

Évalue ton travail et coche pour chaque exercice : ☑ réussi ☑ presque réussi ☑ à revoir

13 Voix active, voix passive

OBJECTIF • Reconnaître les voix / Transposer d'une voix à l'autre

Savoir

• La voix active

Dans une phrase à la voix active, c'est le **sujet** du verbe qui **fait l'action**.
Le verbe est au **présent actif**.

L'enfant (sujet) **feuillette** (verbe au présent actif) un livre.

Temps	Voix active	Voix passive
présent	il mange	elle est mangée
passé simple	il mangea	elle fut mangée
futur	il mangera	elle sera mangée
imparfait	il mangeait	elle était mangée
passé composé	il a mangé	elle a été mangée
passé antérieur	il eût mangé	elle eut été mangée
futur antérieur	il aura mangé	elle aura été mangée
plus-que-parfait	il avait mangé	elle avait été mangée

• La voix passive

• Dans une phrase à la voix passive, le **sujet** du verbe **subit l'action**, et celui qui fait l'action apparaît dans le **complément d'agent**. Le verbe est au **présent passif** :

Le livre **est feuilleté** (verbe au présent passif) par l'enfant (complément d'agent).

Attention ! Seuls les verbes transitifs directs admettent une construction à la voix passive.

• L'auxiliaire de la voix passive est l'auxiliaire ***être***.

• Transformation

Le sujet de la voix active devient complément d'agent de la voix passive. Le COD de la voix active devient sujet de la voix passive.

L'enfant (sujet) feuillette un livre (COD).

Le livre (sujet) est feuilleté par l'enfant (complément d'agent).

Savoir faire

• Reconnaître le temps du verbe de la voix passive

Le temps d'un verbe conjugué à la voix passive est celui du seul auxiliaire *être*.
La souris **avait été mangée** par le chat. → L'auxiliaire *être* est conjugué au plus-que-parfait. Le verbe *avait été mangée* est donc au plus-que-parfait **passif**.

• Distinguer temps composé de l'indicatif et voix passive

L'auxiliaire *être* est commun à la voix active (pour les temps composés de certains verbes) et à la voix passive.
Je suis tombé : passé composé actif. → Je suis bousculé : présent passif.

Faire

1 ★

Parmi les phrases suivantes, lesquelles sont à la voix passive ? Reporte les numéros correspondant dans l'encadré.

1. Un lapin a creusé son terrier dans notre jardin.
2. J'ai été agréablement surpris par cette nouvelle présence.
3. J'ai décidé d'observer les allées et venues de ce nouveau locataire.
4. Hier matin, une carotte a été traînée par mon nouveau voisin jusqu'à son terrier.
5. L'après-midi, une nouvelle carotte a été apportée et enfouie dans le terrier.
6. Le soir, mon père s'est étonné de voir les carottes de son jardin potager disparaître.
7. Je lui ai expliqué où elles disparaissaient.
8. Aujourd'hui, un civet de lapin a été préparé par maman.
9. J'ai compris et j'ai pleuré ! Je n'ai bien évidemment pas mangé !

Phrases à la voix passive
N° ....

2 ★★

À quel temps sont conjugués les verbes au passif des phrases suivantes ? Complète le tableau.

	Temps du verbe passif
1. Le fromage sera dévoré par la souris.	....
2. Paul avait été surpris par l'averse.	....
3. Elle était brisée par le chagrin.	....
4. Il fut intrigué par son manège.	....
5. Mamie a été agacée par le bruit.	....
6. Martin n'aura pas été suivi longtemps par eux.	....
7. Il eut certainement été interpellé par la police.	....
8. Il est apprécié de ses élèves.	....

3 ★★

Parmi ces compléments en gras souligne en rouge ceux qui sont compléments d'agent d'un verbe à la voix passive.

1. Le furet du bois joli est passé **par ici**, puis **par là**.
2. Je suis trempé **par l'averse**.
3. Les sauterelles se sont abattues **par milliers** sur les champs cultivés et ont tout dévoré.
4. Le parc est traversé **par un ruisseau bordé de fleurs multicolores**.
5. Ma mère est revenue **par le parc**.
6. Le rôle de Robin des Bois sera joué **par Vincent**.

4 ★★★

Transpose les phrases suivantes à la voix active. Attention aux temps !

1. Le muret avait été défoncé par la voiture.

→ ....

....

2. Cette succulente salade de fruits a été préparée par Amélie et son petit frère.

→ ....

....

3. Quelques contes ont été composés par lui.

→ ....

....

5 ★★★

Transpose les phrases suivantes à la voix passive. Attention aux temps et aux accords du participe passé !

1. J'ai envoyé tous les documents demandés par la mairie ce matin.

→ ....

....

2. Ce projet aura demandé de la patience et de l'obstination.

→ ....

....

3. Il a bon appétit, il engloutit tout ce qu'on lui présente.

→ ....

....

4. Paul avait envoyé des fleurs à sa mère.

→ ....

....

Corrigés p. 280

Évalue ton travail et coche pour chaque exercice : ☑ réussi ☑ presque réussi ☑ à revoir

14 Les modes non personnels du verbe

OBJECTIF • Reconnaître les différentes formes en *-ant*

Savoir

• L'infinitif

• L'**infinitif présent** envisage l'action de manière générale et en cours de réalisation : **Travailler** est nécessaire.

• L'**infinitif passé** envisage une action comme accomplie : Il est puni pour **avoir copié**.

• L'infinitif peut prendre diverses fonctions dans la phrase :
– sujet : **Fumer** est interdit dans les lieux publics.
– COD : J'aime **nager**.
– complément du nom : la joie **de vivre**.

• Le participe présent

Infinitif	Participe présent (forme simple)	Participe présent (forme composée)
partir finir manger	partant finissant mangeant	étant parti ayant fini ayant mangé

• Le participe présent est invariable. Seul le participe passé de la forme composée s'accorde :
J'ai retrouvé les deux petites filles **dormant** profondément. **Étant endormies**, elles ne m'entendirent pas.

• Le gérondif

• On appelle **gérondif** la forme verbale constituée par un participe présent précédé de la préposition ***en***.

• Il exprime la simultanéité de deux actions et est toujours complément circonstanciel du verbe :
Il a perdu son argent **en jouant** au loto. → CC de cause

Savoir faire

• Distinguer participe présent et adjectif verbal

• Participe présent et adjectif verbal ont la même forme en ***-ant***.

• Le participe présent exprime une **action** et il est **invariable**. L'adjectif verbal exprime un **état** et il s'accorde en **genre et en nombre** :
– une crème **démêlant** les cheveux = participe présent invariable ;
– une crème **démêlante** = adjectif verbal accordé.

• Dans le cas d'un masculin singulier, pour savoir s'il s'agit du participe présent ou de l'adjectif verbal, on remplace par un nom féminin :
– un livre **amusant**, une BD **amusante** → *amusant* est adjectif verbal ;
– un livre **amusant** les enfants, une BD **amusant** les enfants → *amusant* est participe présent.

1 ★ Complète les phrases suivantes avec la forme simple ou composée du participe présent.

Ex. : Le sac qui a été retrouvé sur la plage appartient à Cécile. → Le sac **ayant été retrouvé** sur la plage appartient à Cécile.

1. Cécile n'a pas retrouvé ses papiers ni son argent, elle a porté plainte pour vol.
→ .... ni ses papiers, ni son argent, Cécile a porté plainte pour vol.
2. Comme elle porte peu d'argent dans son sac, elle n'a pas perdu grand chose.
→ .... peu d'argent dans son sac, elle n'a pas perdu grand chose.
3. Le frère de Magali est marié à une Espagnole qui s'appelle Paloma.
→ Le frère de Magali est marié à une Espagnole .... Paloma.
4. Je ne saurais la décrire précisément parce que je ne l'ai vue qu'une fois voilà longtemps.
→ .... qu'une fois voilà longtemps, je ne saurais la décrire précisément.
5. Parmi les arbres qui poussent dans mon jardin, on trouve des citronniers.
→ Parmi les arbres .... dans mon jardin, on trouve des citronniers.
6. La cueillette qui a eu lieu l'année dernière ne pourra jamais être égalée.
→ La cueillette .... lieu l'année dernière ne pourra jamais être égalée.
7. Les fillettes qui s'étaient aspergées d'eau grelottèrent quand le vent souffla.
→ .... d'eau, les fillettes grelottèrent quand le vent souffla.
8. La citerne qui contient 400 litres d'eau s'est renversée !
→ La citerne .... 400 litres d'eau s'est renversée !

2 ★ Accorde si nécessaire.

1. Nous allons à une soirée dansant..... .
2. Il faut se méfier des eaux dormant..... .
3. Dans cette région pauvre, les habitants n'ont pas l'eau courant..... .
4. L'horloge parlant..... est utile si ta montre est en panne.
5. Ce film amusant..... fait l'unanimité !

3 ★★ Récris les phrases suivantes en remplaçant le groupe en gras par un gérondif.

1. **Lorsqu'il a chaussé ses skis**, il a glissé et s'est blessé.
→ ....
2. **Au moment où Marie rentrait chez elle**, elle a rencontré Anne.
→ ....
3. **Si on regarde souvent des films en VO**, on peut améliorer son anglais.
→ ....
4. **Parce qu'ils ont confronté différents témoignages**, les policiers ont trouvé un suspect.
→ ....
5. Il sentit quelque chose de gluant **quand il mit sa main dans le sac.**
→ ....
6. **Si nous nous installons sur la terrasse**, nous verrons bien mieux le feu d'artifice.
→ ....

4 ★★★ Le mot en gras est-il un participe présent ou un adjectif verbal ? Coche la bonne colonne du tableau.

	Participe présent	Adjectif verbal
1. C'est un diamant **valant** cher.		
2. Le rosier **grimpant** embaume le jardin.		
3. **Connaissant** le problème, il a hésité.		
4. Ce fakir **charmant** ses serpents nous a impressionnés.		
5. Ce **charmant** garçon est apprécié de tous.		

Corrigés p. 280

Évalue ton travail et coche pour chaque exercice : ☑ réussi ☑ presque réussi ☑ à revoir

15

L'histoire et le sens des mots

OBJECTIF • Connaître l'étymologie, comprendre la polysémie

Savoir

• L'histoire des mots

• **L'étymologie** est la science qui étudie l'origine et l'histoire des mots.

• L'essentiel du vocabulaire français est issu du latin, mais on trouve aussi des mots d'origine grecque (*pharmacie*, *technique*…), de l'italien (*alerte*…), de l'arabe (*chiffre*, *zéro*…), etc.

• Il arrive que des mots changent de sens au cours de l'histoire. Par exemple, *caput* signifie « tête » en latin et a donné *chef*. Mais ce dernier mot a peu à peu cessé de désigner la tête du corps humain pour désigner celui qui dirige un groupe, une collectivité.

• Le sens des mots

• Un mot peut avoir plusieurs sens : dans ce cas, on parle de **polysémie** (*poly* : « plusieurs » ; *sémie* : « sens »).

• Il peut avoir un **sens propre** et un **sens figuré** : le sens propre est le sens premier d'un mot (le café est trop chaud) ; le sens figuré est le sens imagé d'un mot (le rouge est une couleur chaude).

• Un mot a des **synonymes** et des **antonymes** : le synonyme est un mot de même nature grammaticale et de sens proche : crainte, peur, inquiétude ; l'antonyme est un mot de même nature grammaticale et de sens contraire : peureux et courageux.

• Les sons des mots

• Des mots dont les sonorités sont identiques sont des **homonymes** : vers et vert.

• Des mots dont les sonorités sont proches sont des **paronymes** : converser et conserver.

Savoir faire

• Bien utiliser le dictionnaire

• Le dictionnaire est un outil dont tu dois te servir régulièrement pour vérifier le sens des mots : tu y découvres si un mot présente une polysémie, un sens propre et un sens figuré. Le dictionnaire propose aussi des synonymes, des antonymes et des exemples pour illustrer les différents sens des mots.

• Il existe diverses sortes de dictionnaires : des noms propres, des synonymes, des rimes, etc.

• Les mots sont toujours classés par ordre alphabétique. Pour les trouver, tu t'aides des deux mots repères écrits en haut de la double page : ils signalent ainsi que s'y trouve la définition de tous les mots compris entre ces deux mots par ordre alphabétique. Par exemple, dans *Le Petit Robert*, on trouve le mot *amplifier* sur la double page dont les mots repères sont *ample* et *amusette*.

1 ★

Souligne les mots en gras : en bleu quand ils sont employés au sens propre, en rouge quand ils sont employés au sens figuré.

1. Le **feu** s'est déclaré dans la grange.
2. Il a dit « bonjour » au dentiste, s'est installé et a ouvert la **bouche**.
3. Cette femme est **froide**, elle ne sourit jamais.
4. Il se moqua tellement de ma maladresse que la honte me fit monter le **feu** aux joues.
5. Ils se sont quittés devant la **bouche** du métro.
6. Le bleu est une couleur **froide**.
7. Dans le **feu** de l'action, le pompier a oublié de brancher la pompe à eau, quelques minutes ont été perdues mais l'incendie a été rapidement éteint.
8. Le boucher rangea la viande dans la chambre **froide**.
9. Il n'a pas **froid** aux yeux.

2 ★★

En consultant si besoin la rubrique étymologique du dictionnaire, relie chacun des mots suivants à la langue dont il est issu.

1. orange •
2. cheval •
3. véhicule •
4. cacao •
5. clown •
6. abricot •
7. alphabet •
8. algèbre •
9. alarme •
10. physique •
11. pudding •

• a. anglais
• b. arabe
• c. italien
• d. grec
• e. latin
• f. espagnol

3 ★★

Classe les termes suivants par couples de synonymes. Utilise le dictionnaire pour les mots dont tu ne connais pas le sens.

certainement – étreindre – insolence – angoisse – manœuvrer – assurément – peureux – contrôler – embrasser – clair – craintif – actionner – surveiller – peur – impertinence – limpide

4 ★★★

Construis, avec les mots en gras employés au sens propre dans les phrases suivantes, une phrase où ils seront employés au sens figuré.

1. Il est atteint d'une terrible maladie qui lui fait perdre peu à peu la vue : il devient **aveugle**.

....

....

2. Les feuilles **tombent** en automne.

....

....

3. Papa **aiguise** les couteaux.

....

....

4. Paul mourait de faim, il a **dévoré** son repas en quelques minutes.

....

....

5 ★★★

Donne un synonyme et un antonyme des mots suivants.

	synonyme	antonyme
habile	....	....
paix	....	....
pareil	....	....
mouiller	....	....
courage	....	....
violemment	....	....

Corrigés p. 280

Évalue ton travail et coche pour chaque exercice : ☑ réussi ☑ presque réussi ☑ à revoir

16

Savoir définir un mot

OBJECTIF • Définir un verbe, un nom, un adjectif, un adverbe de manière

Savoir

● Pour définir correctement **un mot**, il faut d'abord distinguer à quelle **catégorie grammaticale** il appartient (nom, adjectif, verbe…).

● Ensuite tu pourras le remplacer par un **mot demême catégorie** : un verbe par un autre verbe, un nom par un autre nom…

Savoir faire

● Définir un verbe

Par exemple, ***lire*** est un verbe à l'infinitif. La phrase qui le définit doit **obligatoirement** commencer par un verbe à l'infinitif :

lire = – suivre des yeux en identifiant une écriture ou des caractères d'imprimerie ;

ou bien :

– être capable de déchiffrer un texte.

● Définir un nom

• Le nom se définit par un (ou des) nom(s) synonyme(s) : inquiétude = souci, angoisse.

• Il est utile de faire la différence entre les noms qui évoquent une action et ceux qui désignent la personne qui fait l'action :

– lecteur = **personne qui** déchiffre et comprend un texte ;

– lecture = **action de** déchiffrer et comprendre un texte.

● Définir un adjectif

L'adjectif se définit par un adjectif synonyme ou par une proposition subordonnée relative :

gentil = – aimable ; (adjectif)

– qui sait se montrer aimable ;

– dont l'amabilité est la qualité principale. } (propositions subordonnées relatives)

● Définir un adverbe de manière

L'adverbe de manière se définit par un adverbe synonyme ou par une expression commençant par ***avec*** :

gentiment = – aimablement ;

– avec amabilité.

1 ★

Relie les mots à leurs définitions en utilisant une couleur différente à chaque fois. Attention, il peut y avoir jusqu'à 3 définitions pour un même mot !

	• dont le goût pour le travail n'est pas la qualité principale
paresser •	• ne rien faire
	• fainéant
paresse •	• avec lenteur
	• absence d'effort
paresseux •	• qui n'aime pas travailler
	• se laisse aller à la paresse
paresseusement •	• manque de goût pour le travail
	• lentement

2 ★★

Relie chaque mot à sa définition et à son exemple. Attention, un même mot peut avoir 2 définitions, 2 exemples. Indique dans les cases par D ou E s'il s'agit d'une Définition ou d'un Exemple.

nuire •	• 1.	☐	Dire une histoire imaginaire pour amuser.
	• 2.	☐	La liberté consiste à faire tout ce qui ne nuit pas à autrui.
	• 3.	☐	Affliction extrême et sans remède.
rouillé •	• 4.	☐	Couvert de rouille.
	• 5.	☐	« Si *Peau d'Âne* m'était conté, j'y prendrais un plaisir extrême. » (La Fontaine)
	• 6.	☐	Faire du tort à quelqu'un.
	• 7.	☐	Des liens attachaient les chiens au poteau.
désespoir •	• 8.	☐	Cette clef est rouillée.
	• 9.	☐	Qui a perdu son agilité faute d'entraînement.
	• 10.	☐	« Ô rage, ô désespoir, ô vieillesse ennemie. » (Corneille)
conter •	• 11.	☐	Toute chose flexible et allongée servant à lier, à attacher plusieurs objets.
	• 12.	☐	Il tenta de gambader comme ses camarades mais il se sentit rouillé.
lien •	• 13.	☐	Sombrer dans le désespoir.

3 ★★★

Complète cette grille de mots croisés.

	1	2	3	4	5	6	7	8
a								
b								
c					■		■	
d				■	■			
e			■	■				
f				■				
g					■			

Horizontalement

a. Trouver une solution à un problème.
b. Excitées.
c. Petit appareil contenant de l'énergie et servant à faire fonctionner une radio.
d. Interjection lancée par les spectateurs de corridas – Partira.
e. Pronom personnel – Peur, angoisse que l'on éprouve avant de présenter un exposé à la classe ou avant le contrôle de mathématiques.
f. Période de longue durée – Où l'air circule.
g. Qui ne porte ni barbe ni moustache – Première partie de rez-de-chaussée.

Verticalement

1. Poser à nouveau.
2. Expulsera, obligera quelqu'un à émigrer.
3. Qui n'est pas propre – Petit mot signifiant « en matière de » que l'on trouve dans les diplômes.
4. Interjection lancée par les spectateurs de corridas.
5. Note de musique – Adjectif possessif.
6. Souhaiter vivement quelque chose.
7. Note de musique – Qui n'existe qu'en petit nombre.
8. Laissez un intervalle !

Corrigés p. 281

Évalue ton travail et coche pour chaque exercice : ☑ réussi ☑ presque réussi ☑ à revoir

17

Familles étymologiques

OBJECTIF • Constituer une famille de mots

Savoir

- Une **famille étymologique** (ou famille de mots) est constituée par tous les mots appartenant à des catégories grammaticales différentes et qui ont la même racine. Par exemple, peur, peureux, apeuré… constituent une famille. Peureux et apeuré sont des **dérivés** de peur.
- À la racine (appelée aussi radical), s'ajoutent **préfixe** et **suffixe**.
  - Le **préfixe** est un élément qui se fixe au début du mot pour former un dérivé ; il ne peut pas changer la nature du mot. Un verbe reste un verbe : porter → **ap**porter.
  - Le **suffixe** est un élément qui se fixe à la fin du mot pour former un dérivé ; il change, en général, la nature du mot. Un nom peut devenir un verbe : plomb → plomb**er**.

Savoir faire

Constituer une famille de mots

Attention ! Une même famille peut être constituée à partir de deux ou trois racines légèrement différentes.

La famille de feuille connaît 2 radicaux : → feuill- / → foli-

Exprimer une nuance par un suffixe

Certains suffixes ont pour fonction d'apporter une nuance au mot et non de le faire changer de catégorie grammaticale.

- Nuance péjorative : ***-âtre, -ard, -aud…***
  blanc → blanch**âtre**, court → court**aud**, riche → rich**ard**.
- Nuance diminutive : ***-elle, -et, -ette…***
  fille → fill**ette**, rue → ru**elle**, garçon → garçonn**et**.

1 ★ Décompose les mots suivants en séparant du radical par un trait vertical le préfixe et le suffixe, quand il y en a un.

renvoi – attendrissement – français

hélicoptère – jaunâtre – héroïque

désertique – désespérément

2 ★★ Compose des noms dérivés des adjectifs suivants.

bon : ....

généreux : ....

haut : ....

libre : ....

musical : ....

bas : ....

gourmand : ....

poli : ....

3 ★★ Compose des noms dérivés des verbes suivants.

agrafer : ....

déménager : ....

assembler : ....

skier : ....

pendre : ....

chamailler : ....

4 ★★★ Compose des adjectifs dérivés des noms suivants. Attention, il te faudra parfois modifier totalement le radical.

mois : ....

cheval : ....

main : ....

école : ....

enfer : ....

pied : ....

5 ★★★ Complète les deux familles de mots en indiquant d'abord les deux radicaux.

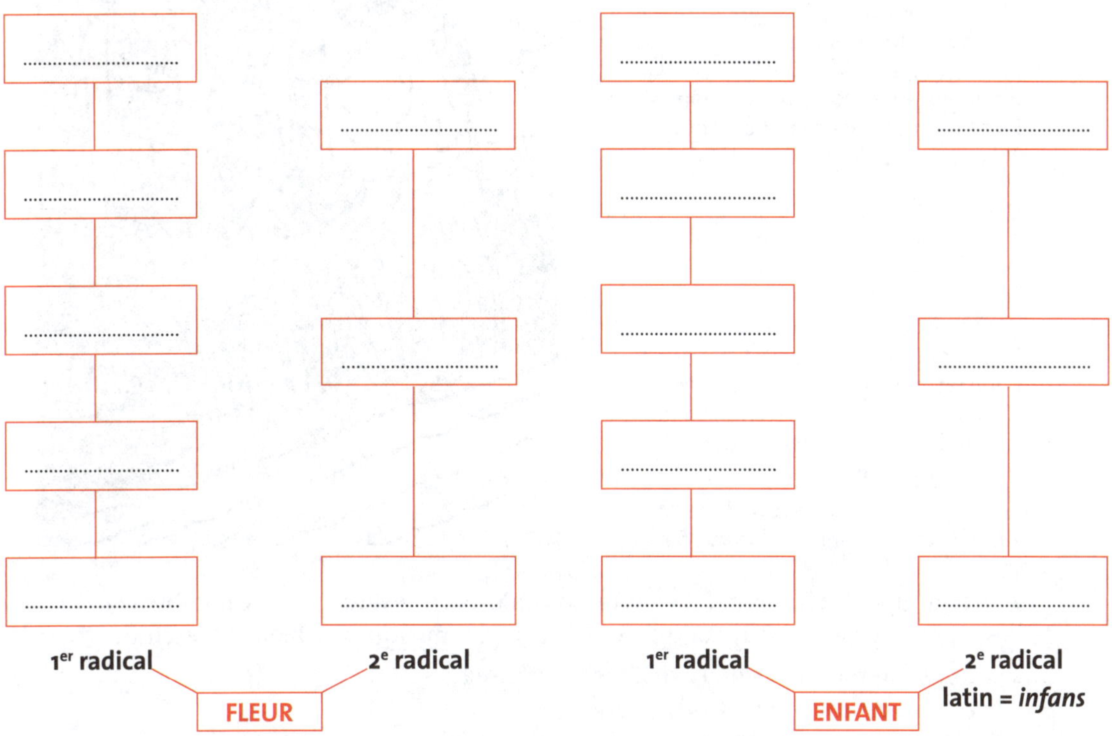

Corrigés p. 281

Évalue ton travail et coche pour chaque exercice : ☑ réussi ☑ presque réussi ☑ à revoir

18

Le champ lexical

OBJECTIF • Reconnaître les thèmes d'un texte

Savoir

- Savoir **établir un champ lexical** est une étape essentielle de la **lecture méthodique** d'un texte.
- Un **champ lexical** est constitué par **l'ensemble des mots** (appartenant à toutes les catégories grammaticales : verbe, adjectif, nom, adverbe) liés à une **même idée**.

Savoir faire

Savoir établir un champ lexical

Un petit roseau m'a suffi
Pour faire frémir l'herbe haute
Et tout le pré
Et les deux saules
Et le ruisseau qui chante aussi :
Un petit roseau m'a suffi
À faire chanter la forêt.

Ceux qui passent l'ont entendu
Au fond du soir, en leurs pensées.
Dans le silence et dans le vent
Clair ou perdu
Proche ou lointain…
Ceux qui passent en leurs pensées
En écoutant au fond d'eux-mêmes,
L'entendront encore et l'entendent
Toujours qui chante.

Il m'a suffi
De ce petit roseau cueilli
À la fontaine où vint l'Amour
Mirer, un jour,
Sa face grave
Et qui pleurait
Pour faire pleurer ceux qui passent
Et trembler l'herbe et frémir l'eau :
Et j'ai du souffle d'un roseau
Fait chanter toute la forêt.

Henri de Régnier,
Les Jeux rustiques et divins, 1897.

- En regroupant les mots par thème, on constate que le texte compte de nombreux termes liés au thème de la nature et que le thème de la musique est bien représenté.
- Le mot qui réunit ces deux thèmes est « roseau » :
– le roseau est un élément de la nature ;
– il peut être transformé en petite flûte, c'est-à-dire en instrument de musique.

1 ★ Élabore le champ lexical du bord de mer.

□□□

....

....

....

2 ★★ Classe les mots suivants en trois champs lexicaux que tu dois identifier.

□□□

indigent – champagne – guenilles – frayeur – mendiant – chair de poule – charité – frissonner – musique – danser – faim – serpentin – pauvre – terrifié – ombre inquiétante – confetti – rires – ruelle – sombre – gaieté – masques – sans-abri

Champ lexical de	Champ lexical de	Champ lexical de ....
....	....	....
....	....	....
....	....	....
....	....	....
....	....	....
....	....	....
....	....	....
....	....	....

3 ★★★ Lis le texte suivant et remplis le tableau ci-dessous.

□□□

Le Dormeur du val

C'est un trou de verdure où chante une rivière
Accrochant follement aux herbes des haillons
D'argent ; où le soleil, de la montagne fière,
Luit : c'est un petit val qui mousse de rayons.

Un soldat jeune, bouche ouverte, tête nue,
Et la nuque baignant dans le frais cresson [bleu,
Dort ; il est étendu dans l'herbe, sous la nue,
Pâle dans son lit vert où la lumière pleut.

Les pieds dans les glaïeuls, il dort. Souriant [comme
Sourirait un enfant malade, il fait un somme :
Nature, berce-le chaudement : il a froid.

Les parfums ne font pas frissonner sa narine ;
Il dort dans le soleil, la main sur sa poitrine
Tranquille. Il a deux trous rouges au côté [droit.

Arthur Rimbaud, *Poésies*, 1870.

Mots appartenant au champ lexical de la nature	Mots appartenant au champ lexical de la mort
....	....
....	....
....	....
....	....
....	....
....	....
....	....
....	....
....	....
....	....
....	....
....	....
....	....
....	....
....	....

Corrigés p. 281

Évalue ton travail et coche pour chaque exercice : ☑ réussi ☑ presque réussi ☑ à revoir

19 Lire un sujet

OBJECTIF • Comprendre les contraintes d'un sujet

Savoir

- Voici un exemple de sujet :

Vous avez fait une promenade nocturne. Racontez cette expérience, en évoquant votre peur.

- Ce sujet, comme tous les sujets de rédaction, t'indique :

• Le thème, c'est-à-dire ce que tu dois raconter : une promenade nocturne, mais aussi le sentiment de la peur.

• Les contraintes, c'est-à-dire la façon dont tu dois rédiger :
– le type de rédaction : tu dois savoir si le sujet t'invite à rédiger un récit, à faire une description, ou à composer un dialogue. Ici, tu dois rédiger un récit, comme te l'indique le mot « racontez » ;
– la personne grammaticale à laquelle tu dois rédiger ta rédaction. Ici, tu utiliseras la première personne du singulier.

Savoir faire

Comprendre les contraintes d'un sujet

• **Lire plusieurs fois** le sujet.

• **Repérer les mots clefs** indiquant le thème.

Attention ! Un sujet peut inviter à aborder plusieurs thèmes.

• **Comprendre les contraintes**, c'est-à-dire :
– repérer le verbe à l'impératif car c'est souvent lui qui indique si l'on doit raconter, décrire ou faire un dialogue.

Attention ! Un sujet peut demander de mélanger les différents types de rédaction (on peut être amené à introduire, par exemple, un dialogue dans un récit) ;

– déterminer la personne grammaticale à laquelle sera rédigée la rédaction :
JE si le sujet invite à parler d'une expérience personnelle ou à se mettre dans la peau d'un personnage.
IL si l'on doit rapporter les faits et gestes de quelqu'un.

Faire

1★ Dans les sujets ci-dessous, souligne en rouge les éléments du thème, puis complète le tableau en cochant les cases concernant les contraintes.

Sujet exemple : Vous avez fait une promenade nocturne. Racontez votre expérience en évoquant votre peur et décrivez les paysages que vous découvrez.

Sujet 1 : Vous allez interroger un vieil Indien. Faites le compte-rendu de cette rencontre.

Sujet 2 : Votre taille a considérablement rétréci, ce qui vous permet de pénétrer à l'intérieur d'un objet. Racontez votre périple en décrivant ce que vous découvrez et en évoquant vos impressions.

Sujet 3 : Deux vieux amis se rencontrent après une longue séparation et évoquent leurs souvenirs d'école. Rapportez les circonstances de leurs retrouvailles et imaginez leur conversation.

	Type de rédaction			Personne grammaticale	
	Récit	Description	Dialogue	Je	Il
Sujet exemple	✗	✗		✗	
Sujet 1					
Sujet 2					
Sujet 3					

2★★ Voici quelques extraits de rédaction. Coche le sujet auquel correspond l'extrait.

Extraits	Sujets
1. La vie d'un billet de banque est harassante : tous les jours, je vole de mains en mains. À peine ai-je le temps d'entamer un dialogue avec les pièces brillantes que je côtoie qu'il me faut partir. On me froisse, on me plie, sans souci pour ma coquetterie.	Imaginez la vie d'un billet de banque. ❑ Vous êtes un billet de banque. Racontez quelques épisodes de votre vie. ❑ Imaginez le dialogue entre un billet de banque de 100 € et une pièce de 20 c. ❑
2. Marie et Sonia se retrouvèrent en cette belle matinée qui sentait encore l'été . « Je meurs de peur ! s'exclama Sonia. J'espère que nous serons dans la même classe. – Oh oui ! Tu me manquerais si nous étions séparées. J'ai du mal à croire que nous allons changer de prof toutes les heures. »	Racontez votre première journée de 6e en évoquant vos sentiments. ❑ Marie entre en 6e. Sur le chemin de l'école, elle croise une grande de 3e. Imaginez leur conversation. ❑ C'est la rentrée. Imaginez le dialogue de deux élèves qui entrent en 6e. ❑

3★★★ Formule le sujet qui correspond à cet extrait.

Le vent s'engouffrait dans les voiles qui claquaient, le navire sautait sur les vagues en furie et des paquets de mer nous éclaboussaient. Soudain, j'entendis un craquement terrible.

....

....

....

Corrigés p. 281

Évalue ton travail et coche pour chaque exercice : ☑ réussi ☑ presque réussi ☑ à revoir

20 Structurer une narration

OBJECTIF • Reconnaître les étapes d'un récit

Savoir

- Lorsque tu composes un récit, tu dois éviter de simplement juxtaposer les différentes actions mais veiller à les relier par un mot ou par une expression situant ces actions dans le temps.

- Deux actions peuvent :

– soit **être simultanées** (se dérouler en même temps) ;

– soit **se succéder** (la première action étant antérieure à la deuxième qui lui est postérieure) ; la succession de deux actions peut être logique ou brutale.

Savoir faire

Situer les étapes d'un récit dans le temps

- **Exprimer la simultanéité** avec :
durant, au moment où, pendant, pendant que, lorsque, quand…

- **Exprimer la succession** avec :
après, après que, avant que, puis, ensuite, alors…

- **Indiquer un surgissement brutal de la deuxième action** avec :
soudain, brusquement, tout à coup…

Des erreurs à éviter

- Veiller à relier les différentes actions mais éviter absolument de commencer systématiquement une phrase par un lien temporel car cela alourdit les phrases.
- Éviter surtout d'abuser de *et* et de *alors*.

1★ Reporte les numéros des phrases dans la bonne colonne du tableau.

1. Il écoute de la musique tout en travaillant.
2. Il travaille avant d'écouter de la musique.
3. Quand il a fini son travail, il écoute de la musique.
4. Il travaille, puis il écoute de la musique.
5. Pendant son travail, il écoute de la musique.
6. Il travaille, ensuite il écoute de la musique.
7. Lorsqu'il travaille, il écoute de la musique.

Simultanéité de deux actions	Antériorité d'une action par rapport à l'autre
N°	N° ....

2★ Donne une suite inattendue aux phrases suivantes en variant les mots de liaison.

Ex. : L'homme traversa la cour ; tout à coup il reçut un seau d'eau sur la tête.

1. Elle ouvrit la porte de son appartement ;
....
....
....

2. Le dompteur fit claquer son fouet ; ....
....
....
et ....
....

3. Le coureur s'apprêtait à franchir la ligne d'arrivée ; ....
....

3★★ Décris les actions illustrées ci-dessous en utilisant les liaisons temporelles qui conviennent pour passer d'une image à une autre.

4★★★ Voici deux actions : il lit – il mange. En t'aidant de l'exercice 1, exprime de deux façons différentes la simultanéité, puis la succession de ces deux actions.

Simultanéité

1. ....
....
....

2. ....
....
....

Succession

1. ....
....
....

2. ....
....
....

Corrigés p. 281

Évalue ton travail et coche pour chaque exercice : ☑ réussi ☑ presque réussi ☑ à revoir

21 Les temps dans un récit au passé

OBJECTIF • Employer passé simple et imparfait dans un récit

Savoir

Un récit au passé fait alterner passé simple et imparfait selon des critères précis.

• Valeurs de l'imparfait

En règle générale, l'imparfait exprime une certaine durée.

- C'est le temps de la **description** : Le soleil **brillait**, le bleu du ciel **était** pur.
- Il exprime la **répétition**, l'**habitude** : Tous les soirs, il **regardait** dans la boîte aux lettres.
- Dans les propositions subordonnées conjonctives introduites par ***si***, l'imparfait exprime la **condition** : Si j'**étais** riche, je voyagerais.

• Valeurs du passé simple

- Ce temps exprime des **actions**, des **faits passés** délimités dans le temps.
- Il s'agit souvent d'actions brèves ou bien d'actions dont la durée n'est pas l'aspect principal : Il **regarda** à droite et à gauche, puis **traversa** la rue.

Savoir faire

• Employer le passé simple et l'imparfait

Pour savoir quel temps employer, il faut être attentif au contexte et repérer les mots ou expressions exprimant :

- la **répétition** ou la **durée** qui exigent l'**imparfait** :
tous les jours, chaque semaine, souvent, régulièrement, de temps en temps, depuis plusieurs jours…
- le **surgissement d'un événement** qui exige le **passé simple** : *tout à coup, soudain, brusquement, ce jour-là…*

1 ★

Remplis le tableau en indiquant la valeur des imparfaits employés dans les phrases suivantes.

1. Sa grand-mère, malade et alitée, s'ennuyait. Marie lui rendait donc visite chaque fois qu'elle trouvait un peu de temps.

2. Ses yeux bleu ciel éclairaient son visage.

3. Si le temps le permettait, nous irions nous promener.

4. La pluie tombait sans discontinuer depuis trois jours.

5. Il installa l'échelle contre le tronc du poirier et grimpa. Il tendait la main vers une belle poire dorée quand un barreau céda.

Verbes à l'imparfait	Valeur de l'imparfait
....	....
....	....
....	....
....	....
....	....
....	....
....	....

2 ★★

Emploie correctement passé simple ou imparfait dans les phrases suivantes. Souligne, quand il y en a, les mots ou expressions qui peuvent te guider dans le choix des temps.

1. Les nuages *(assombrir)* .... le ciel, soudain un rayon de soleil *(déchirer)* .... la masse nuageuse.

2. À chacune de ses visites, il *(apporter)* .... une brassée de marguerites car grand-mère *(adorer)* .... ces fleurs. Ce jour-là, il *(arriver)* .... les mains vides.

3. Il *(s'apprêter)* .... à s'installer dans son fauteuil pour lire un bon roman quand le téléphone *(sonner)* ....

3 ★★★

Transpose ce texte au passé en étant attentif à l'alternance passé simple / imparfait.

Il est sept heures, par un soir très chaud, sur les collines de Seeonee. Père Loup s'éveille de son somme journalier, se gratte, bâille et détend ses pattes l'une après l'autre pour dissiper la sensation de paresse qui raidit encore les extrémités. Mère Louve est étendue, son gros nez tombé parmi ses quatre petits qui se culbutent en criant, et la lune luit par l'ouverture de la caverne où ils vivent tous.

Rudyard Kipling, *Le Livre de la jungle*, 1894.

4 ★★★

Dans ses *Exercices de style* (1947), Raymond Queneau s'amuse. Voici deux textes racontant la même histoire. Les deux sont « incorrects » : le premier car il n'utilise que l'imparfait ; le second car il n'utilise que le passé simple. Récris l'histoire correctement.

Texte 1

C'était midi. Les voyageurs montaient dans l'autobus. On était serré. Un jeune monsieur portait sur sa tête un chapeau qui était entouré d'une tresse et non d'un ruban. Il avait un long cou. Il se plaignait auprès de son voisin des heurts que ce dernier lui infligeait. Dès qu'il apercevait une place libre, il se précipitait vers elle et s'y asseyait. Je l'apercevais plus tard, devant la gare Saint Lazare. Il se vêtait d'un pardessus et un camarade qui se trouvait là lui faisait cette remarque : il fallait mettre un bouton supplémentaire.

Texte 2

Ce fut midi. Les voyageurs montèrent dans l'autobus. On fut serré. Un jeune monsieur porta sur sa tête un chapeau qui fut entouré d'une tresse, et non d'un ruban. Il eut un long cou. Il se plaignit auprès de son voisin des heurts que ce dernier lui infligea. Dès qu'il aperçut une place libre, il se précipita vers elle et s'y assit. Je l'aperçus plus tard, devant la gare Saint Lazare. Il se vêtit d'un pardessus et un camarade qui se trouva là lui fit cette remarque : il fallut mettre un bouton supplémentaire.

© Éditions Gallimard, 2009.

Corrigés p. 281

Évalue ton travail et coche pour chaque exercice : ☑ réussi ☑ presque réussi ☑ à revoir

22 Le dialogue

OBJECTIF • Présenter et ponctuer un dialogue

Savoir

Il faut savoir différencier le **récit** et le **discours** (= paroles prononcées).
On repère les moments de dialogue par les éléments suivants :

• La ponctuation

Quand le dialogue (la parole) surgit dans le récit, il est signalé par **quatre** signes :

- les deux points **:**
- les guillemets « … »
- l'alinéa (= le fait d'aller à la ligne)

Marc se leva et s'écria :
« Mais tu es trempé ! Approche-toi du feu. »

- une suite de tirets dans le cas d'une succession de répliques :

Caroline appela Stéphane :
« Que fais-tu pour les vacances ?
– Je ne sais pas encore...
– Moi, je vais en Italie. »

• L'incise

- Elle fait partie du récit et non du dialogue ; elle est composée par le verbe et son sujet et précise l'identité de celui qui parle et le ton employé.
- Elle est encadrée par des signes de ponctuation.

« Rien, dit François d'une voix sourde, absolument rien. »

(dit François d'une voix sourde) — incise

Savoir faire

• Présenter un dialogue

Il faut IMPÉRATIVEMENT :

- aller à la ligne ;
- utiliser le tiret à chaque changement de locuteur (celui qui prononce les paroles) ;
- retourner à la ligne quand le dialogue est achevé et que le récit recommence.

Marc se leva et s'écria :
« Mais tu es trempé ! Approche-toi du feu. Que t'est-il arrivé ?
– Rien, dit François d'une voix sourde, absolument rien.
– Comment ça, rien ?
– Enfin presque rien, je me promenais sur les berges de la Seine quand un fou furieux m'a, sans raison, poussé à l'eau. »
Tout en parlant, François s'était approché du feu qui crépitait dans la cheminée.

1 ★

Le texte suivant est disposé correctement, mais la ponctuation a partiellement disparu. Rétablis les deux points (:), les guillemets (« ») et les tirets (–).

Cet homme était un bandit […].
Il s'approcha de Fortunato et lui dit.
Tu es le fils de Mateo Falcone ?
Oui.
Moi, je suis Gianetto Sanpiero. Je suis poursuivi par les collets jaunes [= les policiers]. Cache-moi car je ne puis aller plus loin.
Et que dira mon père si je te cache sans sa permission ?
Il dira que tu as bien fait.
Qui sait ?
Cache-moi vite ; ils viennent.
Attends que mon père soit revenu.
Que j'attende ? Malédiction ! Ils seront là dans cinq minutes. Allez cache-moi ou je te tue.
Fortunato lui répondit avec le plus grand sang froid.
Ton fusil est déchargé et il n'y a plus de cartouche dans ta carchera [= réserve de cartouches].
J'ai mon stylet.
Mais courras-tu plus vite que moi ?
Il fit un saut et se mit hors d'atteinte.

Prosper Mérimée, *Mateo Falcone*, 1829.

2 ★

Souligne en rouge le discours et en bleu tout ce qui appartient au récit. (N'oublie pas les incises.)

Il arriva épuisé mais radieux :
« Maman, je suis embauché, je pars dans trois semaines en Corée ! ».
La mère le regarda d'un air songeur. Elle était heureuse que son fils ait la possibilité de mener sa vie comme il l'entendait mais son cœur se déchirait à l'idée de perdre son seul fils.
« En Corée, murmura-t-elle.
– Oui, il riait comme un enfant, je n'y crois pas encore, j'ai l'impression de rêver.
– La Corée, c'est loin. »
La joie disparut du visage du jeune homme.
« Oui mère, je sais, c'est très loin. Nous nous manquerons. »

3 ★★

Complète ce dialogue.

« Allo Marie ?
– ……………………………………………
– Non, c'est Caroline
– ……………………………………………
– Bien. Et toi ?
– ……………………………………………
– Ça tombe bien, j'ai une proposition à te faire pour cet après-midi.
– ……………………………………………
– Ça te dit d'aller au cinéma ?
– ……………………………………………
– Inutile. Je l'ai appelé juste avant de te téléphoner. Son père m'a dit qu'il était parti en week-end.
– ……………………………………………
– Impossible, elle est en panne.
– ……………………………………………
– D'accord, je t'attends. »

4 ★★★

Recopie ce texte en respectant la disposition et la ponctuation du dialogue.

Je l'attendais avec inquiétude. Il m'avait promis d'être là dès le coucher du soleil. Or la nuit était tombée depuis longtemps. Je tendais l'oreille à chaque bruit de moteur. Te voilà enfin m'écriais-je en courant vers lui. Je suis tombé en panne. Tu aurais dû m'appeler pour me prévenir protestai-je. J'étais folle d'inquiétude. Il se laissa tomber dans un fauteuil. Il me regarda d'un air las. J'ai voulu t'appeler mais la batterie de mon téléphone était déchargée. Je me décidai à lui sourire et lui proposai de passer à table.

5 ★★★

Transforme le texte suivant en dialogue.

Comme je lui demandais s'il voulait retourner là-bas, il me répondit en souriant qu'il ne pouvait pas nager jusque-là. Je lui promis alors de lui faire un canot, ce qui l'enchanta, à la condition que je fusse de la partie ; et il m'assura que, bien loin de me manger, ses frères feraient grand cas de moi, lorsqu'il leur aurait conté que j'avais sauvé sa vie et tué ses ennemis.

Daniel Defoe, *Robinson Crusoé*, 1719.

Corrigés p. 282

Évalue ton travail et coche pour chaque exercice : ☑ réussi ☑ presque réussi ☑ à revoir

23

Le discours direct et le discours indirect

OBJECTIF • Transposer un discours direct en discours indirect

Savoir

Si tu dois rapporter les paroles d'un personnage, tu peux le faire de deux façons :
- en utilisant le **discours direct** : Pierre me dit : « Tu as oublié ton parapluie. »
- en rapportant les paroles dans un **discours indirect** : Pierre me dit que j'ai oublié mon parapluie.

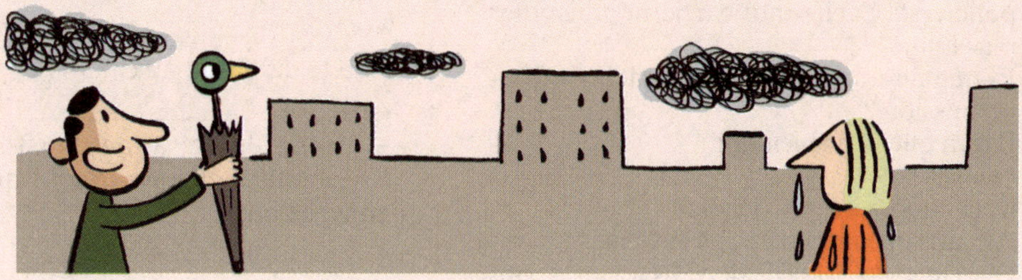

Savoir faire

Passer du discours direct au discours indirect

Pour passer du discours direct au discours indirect, tu dois veiller à un certain nombre de transformations :

	Paroles rapportées au discours direct	Paroles rapportées au discours indirect
Temps	Elle annonça : « Je viendrai. » **Futur** Elle annonça : « J'ai fini. » **Passé composé** Elle annonça : « J'arrive. » **Présent**	Elle annonça qu'elle viendrait. **Conditionnel** Elle annonça qu'elle avait fini. **Plus-que-parfait** Elle annonça qu'elle arrivait. **Imparfait**
Pronom personnel Adjectif possessif	Il me dit : « **Tu** as oublié ton parapluie chez **moi**. »	Il me dit que j'avais oublié **mon** parapluie chez **lui**.
Adverbe de temps	Elle déclara : « Je viendrai **demain**. »	Elle déclara qu'elle viendrait le **lendemain**.
Ponctuation	Il me demanda : « À quelle heure arriveras-tu ? »	Il me demanda à quelle heure j'arriverais .

Faire

1 ★

Complète les phrases suivantes avec les pronoms personnels et les déterminants possessifs qui conviennent à la transposition au discours indirect.

1. « C'est Tenn, notre bon chien, répondit Robinson. Je l'ai reconnu aussitôt avec son poil fauve, son aboiement, sa fidélité, ses crocs aigus et ses yeux noisette. »

→ Robinson répondit que c'était Tenn, ... bon chien qu'.......... avait reconnu aussitôt avec .... poil fauve, ... aboiement, ... fidélité, ... crocs aigus et .... yeux noisette.

2. « C'est bien la première fois depuis notre arrivée que je suis gêné par des bruits de voix ! » s'écria Robinson.

→ Robinson s'écria que c'était bien la première fois depuis .... arrivée qu' .... était gêné par des bruits de voix.

Extraits de Michel Tournier,
Vendredi ou la vie sauvage,
© Éditions Gallimard, 1987.

2 ★

Complète la phrase suivante avec les verbes qui conviennent à la transposition au discours indirect.

« N'ayez aucun doute à cet égard monsieur, lui dis-je, je suis réellement un homme. Je n'ai avec moi qu'un esclave, mais nous disposons d'armes. »

→ Je lui dis de n'avoir aucun doute, que j'.......... réellement un homme, que je n'.......... avec moi qu'un esclave mais que nous .... d'armes.

3 ★★

Dans les phrases au discours indirect suivantes se cachent des erreurs. Corrige-les.

1. Elle se demandait où elle a mis le beurre.
2. Nous apprîmes qu'il est arrivé depuis trois jours.
3. Elle leur demanda pourquoi étaient-ils en retard ?
4. Ils lui demandèrent si leur voiture est réparée.

4 ★★★

Justine, Pierre, Sophie et Elsa sont dans la même classe, mais ne s'apprécient pas tous ! Justine surprend une conversation entre Pierre et Sophie à propos d'Elsa. Elle décide de rapporter à son amie Elsa tout ce qu'elle a entendu.
Lis la conversation entre Pierre et Sophie, puis complète le compte-rendu que Justine fait à Elsa. Varie les verbes introducteurs que tu conjugueras au passé simple.

Conversation entre Pierre et Sophie

Pierre dit :
« Je déteste Elsa, je la trouve prétentieuse. Elle prend toujours son petit air supérieur pour me parler. Je ne le supporte pas. Elle m'a invité à son anniversaire, mais je n'irai pas. Je lui dirai demain que je refuse d'être l'ami d'une crâneuse comme elle. »

Sophie répondit :
« Tu n'as pas tort Pierre, mais je ne la connais pas encore assez bien pour savoir si j'accepte ou si je refuse d'être son amie. J'irai à son anniversaire. De toutes façons, j'aime les fêtes et aller chez elle me permettra de mieux savoir qui elle est. »

Compte-rendu de Justine à Elsa

« Figure-toi que j'ai surpris une conversation entre Pierre et Sophie qui parlaient de toi. Pierre affirma à Sophie qu'il te ....
....
....
....
....
....
....
....
....
....
....
....
....

Corrigés p. 282

Évalue ton travail et coche pour chaque exercice : ☑ réussi ☑ presque réussi ☑ à revoir

24

Les verbes introducteurs

OBJECTIF • Choisir des verbes appropriés dans un dialogue

Savoir

● Dans le dialogue, la proposition incise (voir chap. 22) permet d'identifier le locuteur et surtout de donner une indication sur la façon dont les paroles sont prononcées.

● Il est donc important de choisir le verbe avec soin en évitant d'abuser du verbe ***dire***, trop banal, trop peu expressif.

Savoir faire

● Choisir le verbe

Pour choisir le verbe qui introduit la parole, tu dois penser à :

- l'intensité de la voix (murmure ou cri) ;
- la situation de parole (dialogue amical, situation de réprimande, affrontement…) ;
- l'état d'esprit du locuteur (mauvaise humeur…).

colère, mécontentement	crier, hurler, gronder, maugréer, rugir, marmonner, brailler, tonner, vociférer
rire	s'esclaffer, pouffer, ricaner
surprise	s'exclamer, s'étonner, s'interroger, s'émerveiller
ton volontaire, dispute	répliquer, rétorquer, argumenter, décider, insister, réclamer, exiger
ton hésitant	bégayer, bredouiller, balbutier, bafouiller, hésiter
prière	implorer, prier, exhorter, supplier
à voix basse	chuchoter, murmurer, susurrer, souffler, glisser à l'oreille
interrogatif	interroger, demander, questionner, s'enquérir, s'informer
ordre	exiger, ordonner, intimer, sommer, commander
réponse – **violente ou insolente**	rétorquer, répliquer
– **polie**	proposer, suggérer, informer
explication	expliquer, informer, exposer

Faire

1★
Remplace chaque verbe souligné par un verbe plus expressif.

« Maman m'a demandé d'aller chercher des pommes de terre à la cave ; je lui ai dit que j'avais peur mais elle n'a rien voulu savoir, dit Samia.
– Et alors ? dit Paul, pourquoi me dis-tu tout cela ?
– Ben... heu..., dit Samia, j'aimerais que tu m'accompagnes. »
Paul la regarda d'un air moqueur, il adorait taquiner sa petite sœur.
« Une grande fille comme toi a peur d'aller à la cave ! dit-il.
– Tu es méchant ! Je te déteste ! Je l'dirai à maman ! dit-elle en essayant de le frapper avec ses poings. »
Dès qu'elle fut calmée, elle dit :
« Allez, viens, ne me laisse pas y aller seule. Si tu acceptes, je ferai tout ce que tu voudras.
– Tout ce que je voudrai ? dit Paul.
– Absolument tout, dit Samia en levant la main droite. »
Paul la regarda et dit :
« Tu cireras mes chaussures, tu feras la vaisselle quand ce sera mon tour, tu porteras mon cartable sur le chemin de l'école, tu...
– Paul ! dit la mère, n'as-tu pas honte ! ? »

2★★
Dans les situations suivantes, remplace le verbe *dire* par l'un des verbes de la liste et reporte-les dans le tableau ci-dessous. Attention ! Un même verbe peut convenir à deux situations différentes.

se plaindre – répliquer – s'informer – s'écrier – ordonner – se rebeller – exiger – souffler – demander – rétorquer – protester – s'enquérir – geindre – murmurer – s'offusquer – se défendre – s'exclamer – tonner – gémir – crier – s'indigner – se révolter

Situation 1 : Les élèves sont bruyants, le professeur se fâche. « Taisez-vous ! », dit-il.
Situation 2 : Un homme injustement accusé se défend. « Mais je suis innocent ! » dit-il.
Situation 3 : Une femme s'est égarée, elle s'approche d'un agent de police pour retrouver son chemin. « Pouvez-vous m'indiquer la rue Saint-Sulpice, s'il vous plaît ? » dit-elle.
Situation 4 : Une petite fille souffre sur un lit d'hôpital. « Je n'en peux plus », dit-elle.
Situation 5 : Un élève répond avec insolence à son professeur qui lui demande de se remettre au travail. « Je n'en ai pas envie, je ne l'ferai pas ! » dit-il.

Situation 1	Situation 2	Situation 3	Situation 4	Situation 5
....	....	....	....	....
....	....	....	....	....
....	....	....	....	....
....	....	....	....	....

3★★★
Classe les verbes dans le tableau ci-dessous selon leur appartenance au langage du petit enfant, du lecteur débutant, du lecteur appliqué, du timide ou de l'amoureux.

balbutier – bégayer – bredouiller – bafouiller – murmurer – susurrer – ânonner – chuchoter – épeler – prononcer – babiller – articuler – gazouiller

Petit enfant	Timide	Lecteur débutant	Lecteur appliqué	Amoureux
....	....	....	....	....
....	....	....	....	....
....	....	....	....	....
....	....	....	....	....

Corrigés p. 282

Évalue ton travail et coche pour chaque exercice : ☑ réussi ☑ presque réussi ☑ à revoir

25

Le théâtre : farce et comédie

OBJECTIF • Lire un texte théâtral

Savoir

Le texte théâtral

• Le **dialogue** désigne les paroles prononcées par les personnages. L'intervention d'un personnage s'appelle une **réplique**. Lorsque la réplique est longue, il s'agit d'une **tirade**. Quand le personnage est seul en scène, on parle de **monologue**. Quand les paroles que le personnage prononce en présence d'autres personnages sont sensées ne pas être entendues d'eux, il s'agit d'un **aparté**.

• Les **didascalies** désignent le nom des personnages et les indications de mise en scène (décors, costumes, déplacements, gestes, tons de voix…).

Les genres théâtraux

• **La farce :**

– c'est une courte pièce d'un comique assez grossier, apparue au Moyen Âge ;
– elle met en scène des personnages du peuple ;
– ses thèmes sont l'argent, la nourriture, l'amour…

Ex. : *La Farce de Maître Pathelin.*

• **La comédie :**

– c'est un genre très ancien qui apparaît dans la Grèce antique ;
– elle a pour fonction d'amuser et de divertir le public, tout en le faisant réfléchir aux défauts de la société et des hommes.

Ex. : *Le Médecin malgré lui, Les Fourberies de Scapin...* de Molière.

Savoir faire

Comprendre la composition d'une pièce de théâtre

• Une pièce est divisée en **actes**, eux-mêmes divisés en **scènes**.

• Le premier acte, dit **acte d'exposition**, pose les premiers éléments de l'intrigue. Le dernier acte présente toujours le **dénouement**.

Passer du texte à la représentation

• Il peut y avoir un changement de décor entre les actes puisque, lors de la représentation, le rideau s'abaisse entre les actes.

• Lors de la représentation, les scènes s'enchaînent sans interruption alors qu'à l'écrit, elles sont délimitées car les noms des personnages présents dans la scène apparaissent au début de chaque scène.

Analyser les effets comiques

L'intrigue d'une comédie repose souvent sur le **quiproquo** (méprise, malentendu entre les personnages) et sur quatre types de comique : le comique de **mots** (jeux de mots), de **gestes** (gifle, coups de bâton…), de **situation** (quiproquo par exemple) et de **caractère** (caricature d'un trait de caractère : *L'Avare* de Molière par exemple).

1 ★

Souligne en bleu le dialogue et en rouge les didascalies. (La totalité du texte devra être soulignée soit en bleu, soit en rouge.)

KNOCK – LE TAMBOUR

KNOCK. – De quoi souffrez-vous ?
LE TAMBOUR. – Attendez que je réfléchisse. Il rit. Voilà. Quand j'ai dîné, il y a des fois que je sens une démangeaison ici. Il montre le haut de son épigastre. Ça me chatouille. Ou plutôt ça me gratouille.
KNOCK, d'un air de profonde concentration. – Attention ne confondons pas. Est-ce que ça vous chatouille ou est-ce que ça vous gratouille ?
LE TAMBOUR. – Ça me gratouille. Il médite. Mais ça me chatouille bien un peu aussi.

Jules Romains, *Knock ou le Triomphe de la médecine*, 1923 © Éditions Gallimard.

2 ★★

Recopie cet extrait de *L'Avare* de Molière en insérant des didascalies.

Scène VII
HARPAGON

HARPAGON. – (*Il crie au voleur dès le jardin, et vient sans chapeau.*) Au voleur ! au voleur ! à l'assassin ! au meurtrier ! Justice, juste ciel ! Je suis perdu, je suis assassiné, on m'a coupé la gorge, on m'a dérobé mon argent. Qui peut-ce être ? Qu'est-il devenu ? Où est-il ? Où se cache-t-il ? Que ferai-je pour le trouver ? Où courir ? Où ne pas courir ? N'est-il point là ? N'est-il point ici ? Qui est-ce ? Arrête (*Il se prend lui-même le bras.*) Rends-moi mon argent coquin !... Ah c'est moi. Mon esprit est troublé.

Molière, *L'Avare*, 1668.

3 ★★★

Lis le texte suivant et réponds aux questions.

PANISSE (*un peu hésitant*). – Dites, Norine, vous viendrez encore au cabanon dimanche ? [...]
HONORINE. – [...] ça fait parler les gens.
PANISSE. – Vous savez Norine, quoi qu'on fasse, les gens parlent toujours.
HONORINE (*brusquement sérieuse*). – Panisse, depuis quelque temps, je vous vois venir. Mais si la chose n'est pas sérieuse, il vaut mieux l'arrêter tout de suite [...]
PANISSE. – Vous savez bien que je pense au mariage. Ça a toujours été mon idée.
HONORINE. – Alors c'est tout différent.
PANISSE. – Si vous venez dimanche au cabanon, nous serons bien à l'aise pour discuter tous les détails.
HONORINE. – Oui... dimanche... Justement Fanny doit aller passer la journée à Aix, chez ma sœur, et elle ne reviendra que le soir... Je n'aurai même pas besoin de lui dire où je suis allée.
PANISSE (*surpris*). – Elle ne viendra pas avec nous ?
HONORINE. – Nous serons plus tranquilles pour discuter.
PANISSE (*perplexe*). – Oui nous serons plus tranquilles. Mais vous auriez pu l'amener tout de même.
HONORINE (*confuse*). – La vérité, c'est que j'ai un peu honte devant elle.
PANISSE. – Honte de quoi ?
HONORINE. – Vous ne comprenez pas ? Ah ! Les hommes, comme c'est peu délicat ! [...] Qui m'aurait dit [...] qu'un jour vous m'emmèneriez au cabanon toute seule...
PANISSE (*inquiet*). – Dites Norine, je ne sais pas si nous sommes d'accord. [...] Il me semble qu'il y a une erreur de votre part... Vous croyez peut-être que c'est vous que je veux ?
HONORINE. – Comment si je crois ? Vous ne venez pas de me le dire ?
PANISSE. – Mais non, je ne vous ai jamais dit ça ! Vous n'êtes pas la seule dans votre famille.
HONORINE (*frappée d'une révélation subite*). – C'est peut-être pas la petite ?
PANISSE. – Mais oui, c'est la petite, naturellement.

Marcel Pagnol, *Marius*, 1931
© Éditions de Fallois, 2004.

1. En quoi consiste le quiproquo ?
2. Quel mot de la première réplique permet au quiproquo de s'installer ? Justifie ta réponse.
3. Quelles répliques permettent de comprendre qu'Honorine et Panisse n'ont pas la même interprétation de ce mot ?

Corrigés p. 283

Évalue ton travail et coche pour chaque exercice : ☑ réussi ☑ presque réussi ☑ à revoir

26

La description

OBJECTIF • Décrire avec nuance et précision

Savoir

- La description permet de dépeindre un personnage (dans ce cas, il s'agit d'un **portrait**), un paysage ou un lieu.
- Elle est présente dans le récit ou la poésie.
- Elle a souvent une **fonction informative**. Par exemple, décrire l'appartement d'un personnage donne des indications sur ses goûts, son caractère, etc.
- Elle peut aussi être **décorative** et **poétique**.

Savoir faire

Réussir une description

• Une description doit être **organisée**. Les phrases ne peuvent être juxtaposées au hasard. Par exemple, dans le cas de la description d'un lieu (pièce, jardin, place d'une ville…), il faut situer les éléments les uns par rapport aux autres, par des mots, des expressions.

• La description demande aussi un effort de précision, donc **une recherche de vocabulaire**. Tu dois, avant de te lancer dans la rédaction, établir le champ lexical lié au sujet (le champ lexical est étudié au chap. 18).

→ Décrire un voilier au moment où il quitte le port.

Un tel sujet demande une recherche de vocabulaire concernant :
– les différentes parties d'un navire (nom des voiles, nom des manœuvres…) ;
– les installations portuaires (quai, jetée, amarres…).

→ Décrire un coucher de soleil.

Un tel sujet demande une recherche de vocabulaire concernant les nuances de rouge.

• **Éviter *il y a*** : pour décrire avec élégance, il est indispensable de varier les verbes et d'éviter absolument l'emploi de ***il y a*** (voir chap. 27).

1★ Tu dois décrire une goutte d'eau. Suis les étapes suivantes.

1. Forme : *la goutte d'eau est arrondie.* À toi de trouver d'autres adjectifs susceptibles de décrire la forme d'une goutte d'eau.

……………………………………………

2. Couleur : *la goutte d'eau est caractérisée par la transparence et la brillance.* À toi de compléter la liste de mots (noms, verbes, adjectifs) exprimant la même idée :

transparence – transparente

……………………………………………

……………………………………………

brillance – briller

……………………………………………

……………………………………………

3. Comparaisons

– selon la forme : *une goutte d'eau est arrondie comme...*

- ……………………………………………
- ……………………………………………
- ……………………………………………
- ……………………………………………
- ……………………………………………

– selon la couleur et l'éclat : *une goutte d'eau brille comme...*

- ……………………………………………
- ……………………………………………
- ……………………………………………
- ……………………………………………
- ……………………………………………

2★★ Tu dois maintenant chercher des verbes. Trouve pour chaque image le maximum de verbes décrivant le mouvement de la goutte d'eau.

1. ……………… 2. ……………… 3. ……………… 4. ……………… 5. ………………

3★★★ Le texte suivant décrit une chambre mais sans mentionner la place qu'occupent meubles et objets. À toi de remettre chaque chose à sa place à l'aide de la liste de mots suivante.

tout au fond – surmonté – pêle-mêle – en face – de part et d'autre – adossée – faisant face – en biais – au pied – recouvert – devant – à droite

……………… de la porte d'entrée est installé le lit ……………… duquel se trouve une descente de lit. ………………, ……………… au mur ……………… de posters, la chaîne Hi-Fi, ……………… laquelle gisent ………………, quelques disques, fait entendre une musique rythmée. ……………… de la chaîne Hi-Fi, les fleurs rouges des géraniums égaient la chambre. ……………… les deux fenêtres laissent pénétrer la lumière. Et ……………… aux fenêtres, disposé légèrement ………………, trône un bureau ……………… d'une lampe.

Corrigés p. 283

Évalue ton travail et coche pour chaque exercice : ☑ réussi ☑ presque réussi ☑ à revoir

27 Remplacer *il y a*

OBJECTIF • Éviter les répétitions en choisissant les expressions appropriées

Savoir

L'emploi fréquent de l'expression ***il y a*** rend une description répétitive et monotone. Pour éviter ce défaut, apprends à varier les verbes.

• Faire un effort de précision dans le choix des verbes et trouver des verbes expressifs

C'est l'automne, il y a des feuilles par terre.
→ C'est l'automne, des feuilles **jonchent** le sol.

• Apprendre à bouleverser la construction d'une phrase

En ajoutant par exemple un COD.

Il y avait un grand arbre devant la maison.
→ Un grand arbre **dressait** **ses branches** (COD) devant la maison.

Savoir faire

• Choisir des expressions appropriées pour éviter les répétitions

• Avant de rédiger une phrase, analyse la façon dont l'objet occupe l'espace, cela te permettra de choisir un verbe approprié :

– pour un objet vertical : *arbre, bâtiment, monument, montagne…* ;	→ *se dresser, dresser* + COD *s'élever, élever* + COD *être érigé, déployer* + COD
– pour un objet horizontal : *plaine, étendue d'eau, tapis…* ;	→ *s'étendre, étendre* + COD *allonger, étirer, dérouler* + COD *s'élargir, couvrir*
– pour des objets posés pêle-mêle ;	→ *joncher, s'éparpiller, parsemer, répandre*
– pour un objet placé en hauteur : *lustre, montagne, rocher…*	→ *surplomber, dominer, surmonter, culminer*

• Utilise les verbes de perception : *voir, apercevoir, découvrir (on voit, on aperçoit, on découvre, on distingue), entrevoir, remarquer (on entrevoit, on remarque).*

Faire

1 ★ ☐☐☐ **Modifie la construction des phrases en ajoutant un COD.**

1. Les fleurs se dressaient le long du mur.
→ Les fleurs dressaient .... le long du mur.

2. La mer s'étirait sur le sable.
→ La mer étirait .... sur le sable.

3. Le donjon du château fort s'élève au sommet de la montagne.
→ Le donjon du château fort élève .... au sommet de la montagne.

4. Les montagnes semblaient se lancer vers le ciel.
→ Les montagnes semblaient lancer .... vers le ciel.

5. Le chemin serpentait sur le flanc de la montagne.
→ Le chemin faisait serpenter .... sur le flanc de la montagne.

6. Des champs de blé se déploient tout autour de la maison.
→ Des champs déploient .... tout autour de la maison.

7. La ville s'étend le long du fleuve.
→ La ville étend .... le long du fleuve.

8. Les arbres, poussés par le vent, semblaient se jeter sur la route.
→ Les arbres, poussés par le vent, semblaient jeter .... sur la route.

9. La bibliothèque s'appuie contre le mur.
→ La bibliothèque appuie ses .... contre le mur.

2 ★ ☐☐☐ **Complète la phrase grâce aux verbes suivants conjugués au passé, au temps qui convient.**

rencontrer – franchir – courir –
reprendre (sa course) – s'arrêter

Les rayonnages de la bibliothèque .... le long des murs, ne .... que quand ils .... l'encadrement d'une porte, et .... sitôt qu'ils .... l'ouverture de la porte.

3 ★★ ☐☐☐ **Dans les phrases suivantes, remplace *il y a* par un verbe. Tu peux modifier l'ordre des mots, mais tu dois pour chaque phrase trouver un verbe différent.**

1. Dans le jardin, **il y a** un grand hêtre.
2. Sur la place de l'hôtel de ville, **il y a** la mairie.
3. **Il y a** deux tasses sur le guéridon.
4. **Il y a** un grand tapis au milieu de la pièce.
5. Dans l'entrée, **il y a** une tête de sanglier empaillée au-dessus de la cheminée.
6. Au milieu de la pièce, **il y a** une colossale table en chêne massif.
7. Devant chez moi, **il y a** la mer.
8. Sur le sol de sa chambre, **il y a** des vêtements en désordre.

4 ★★★ ☐☐☐ **Décris un lierre qui couvre la façade d'une maison, en utilisant (dans l'ordre souhaité) le plus grand nombre possible de verbes choisis dans la liste suivante. N'hésite pas à utiliser d'autres verbes de mouvement de ton choix.**

escalader – arrêter sa course – enlacer – rebrousser chemin – bondir – s'agripper – se précipiter – fuir – s'élancer – se reposer – faire une halte – gagner du terrain – se hisser – atteindre – rejoindre

5 ★★★ ☐☐☐ **Décris précisément la pièce où tu te trouves en situant les différents éléments les uns par rapport aux autres sans employer une seule fois l'expression *il y a*. Pense à utiliser des verbes de perception et des verbes de mouvement.**

Corrigés p. 283

Évalue ton travail et coche pour chaque exercice : ☑ réussi ☑ presque réussi ☑ à revoir

28 La description objective ou subjective

OBJECTIF • Distinguer description objective et description subjective

Savoir

La description peut avoir deux fonctions différentes :

- **Informer, donner des indications précises et exactes** à propos d'un animal, d'un objet… : on dit alors que la description est **objective** car elle est fidèle à l'objet qu'elle montre.
- **Séduire, distraire le lecteur** sans se soucier de la réalité : on dit alors que la description est **subjective** car elle reflète les sentiments ou la fantaisie de celui qui écrit.

Savoir faire

Reconnaître description objective et description subjective

LA CHENILLE

Description objective

Larve de Lépidoptère à corps allongé et généralement velu. La chenille est nuisible aux arbres et aux plantes dont elle mange les feuilles. Les chenilles sont généralement végétariennes.

Les éléments qui caractérisent la description objective sont :

- le vocabulaire savant ou technique ;
- la précision du vocabulaire ;
- la phrase déclarative ;
- le présent de vérité générale.

Description subjective

Elle sort d'une touffe d'herbe qui l'avait cachée pendant la chaleur […]. Quelle belle chenille, grasse, velue, fourrée, brune avec des points d'or et des yeux noirs ! Guidée par l'odorat, elle se trémousse […] comme un épais sourcil.

Jules Renard, *Histoires naturelles,* 1896.

Les éléments qui caractérisent la description subjective sont :

- la personnification ;
- la comparaison et la métaphore ;
- la phrase exclamative ;
- le présent de narration.

1★ Relie chaque animal à la description qu'en fait Jules Renard dans *Histoires naturelles* (1896).

1. les fourmis •
2. le hanneton •
3. le ver luisant •
4. l'écureuil •
5. le ver •
6. l'araignée •

- • a. « Cette goutte de lune dans l'herbe. »
- • b. « Une petite main noire et poilue crispée sur des cheveux. »
- • c. « Plus lourd que l'air, à peine dirigeable, têtu et ronchonnant, il arrive tout de même au but, avec ses ailes en chocolat. »
- • d. « Chacune d'elle ressemble au chiffre 3. Et il y en a ! il y en a ! Il y en a 333333333333 ... jusqu'à l'infini. »
- • e. « Leste allumeur de l'automne, il passe et repasse sous les feuilles la petite torche de sa queue. »
- • f. « En voilà un qui s'allonge comme une belle nouille. »

2★★ Classe les descriptions suivantes dans le tableau. Ne reporte que les numéros.

1. La Mouette

Barque éclatante, drapeau à deux ailes, flèche de neige, nef tranquille dans la tourmente transparente, magnolia de plumes, triangle soutenu par l'air dans l'altitude.

Pablo Neruda.

2. Le Loup des Andes possède à la fois le museau fin, les grandes oreilles et le corps efflanqué du renard.

Victor et Larivière, *Les Loups*, 1980.

3. Îles couvertes de végétations
Îles tapies comme des jaguars
Îles muettes
Îles immobiles
Îles inoubliables et sans nom
Je lance mes chaussures par dessus bord car
je voudrais bien aller jusqu'à vous.

Blaise Cendrars, *Feuilles de Route*, 1924
© Éditions Denoël, 1968.

4. La tour du Crédit Lyonnais a été inaugurée. Cette tour ronde (142 mètres de haut, 44 mètres de diamètre, 42 étages) est due à l'architecte américain Araldo Cossuta.

Le Monde, 1er juin 1977.

5. Je suis le diable, et non un simple chat. Je ne grandis pas. L'écureuil dans sa cage ronde est plus gros que moi. Je mange comme quatre, comme six, je n'engraisse pas.

Colette, *La Paix chez les bêtes*, 1916
© Librairie Arthème Fayard, 2004.

Description objective	Description subjective
....	....
....	....
....	....
....	....
....	....
....	....

3★★★ À la manière de Jules Renard, trouve une image pour décrire :

1. l'escargot : ....
2. la guêpe : ....
3. la baleine : ....

Corrigés p. 283

Évalue ton travail et coche pour chaque exercice : ☑ réussi ☑ presque réussi ☑ à revoir

29 Le portrait

OBJECTIF • Enrichir son vocabulaire pour dépeindre un physique et un caractère

Savoir

Faire le portrait d'un personnage consiste à en montrer le **physique** et le **caractère**.

• Le portrait physique

• Il consiste à décrire une personne en entier (dans ce cas, il s'agit d'un portrait en pied) ou bien uniquement son visage.

• Comme toute description, un portrait est organisé : souvent il commence par présenter la personne qui va être décrite et à en donner une vue d'ensemble (taille, silhouette, allure) ; ensuite la description s'attache à la forme et aux couleurs des différents éléments en suivant une logique (tête, cou, épaule, buste, taille, jambes, pieds s'il s'agit d'un portrait en pied ; cheveux, front, nez, pommettes, bouche, menton s'il s'agit d'un gros plan sur le visage).

• Le portrait moral

Pour qu'un portrait soit complet, il faut aussi présenter le caractère de la personne décrite, ses habitudes, son comportement, les gestes qui trahissent sa personnalité.

Savoir faire

• Composer un portrait physique

• Tu dois savoir désigner avec précision les différentes parties du corps et savoir qualifier leur forme et leur couleur par un vocabulaire précis.

• Par exemple, décrire une chevelure suppose que tu évoques la couleur, la longueur, l'aspect, la texture, la coiffure, les éventuels accessoires (peignes, barrettes, épingles…).

• Composer un portrait moral

• Tu dois connaître et enrichir le vocabulaire concernant le caractère afin que le portrait soit précis et nuancé :

– calme : *posé, serein, tranquille, paisible, doux, apaisé, bienheureux…* ;
– coléreux : *furieux, furibond, rageur, irrité, hargneux…* ;
– renfrogné : *bougon, revêche, maussade, boudeur…* ;
– gai : *joyeux, agréable, souriant, enjoué, réjoui, radieux…* ;
– timide : *craintif, réservé, peureux, rougissant, pudique, gauche, embarrassé…* ;
– hardi : *audacieux, assuré, effronté, énergique, entreprenant, intrépide, résolu…* ;
– hypocrite : *menteur, rusé, sournois, malhonnête…*

• Tu dois aussi être attentif aux aspects physiques qui peuvent révéler un caractère, et connaître (sans forcément y croire) les correspondances que les écrivains ont souvent établi entre un détail physique et un trait de caractère.

Front haut et dégagé : signe d'intelligence ; petite bouche fine : marque de cruauté ; mâchoire large : indice de volonté…

Faire

1★ Classe les termes suivants en deux champs lexicaux opposés.

☐☐☐

replet – graisse – ventripotent – gracile – sec – potelé – trapu – malingre – rachitique – décharné – dodu – gros – émacié – bouffi – maigreur – squelettique – joufflu – obèse – grêle – ventru – fluet – efflanqué – sveltesse – boursouflé – bourrelet – corpulent – mince – embonpoint

Champ lexical de	Champ lexical de ....
....	....

2★ Relie chaque caractère au portrait qu'en fait La Bruyère dans *Les Caractères* (1688-1696).

☐☐☐

1. le distrait •
2. le méfiant •
3. l'égoïste •
4. le flatteur •
5. le vantard •

• a. « S'il est convié à souper, il est le premier à louer le vin ; assis à table le plus proche de celui qui fait le repas, il répète souvent : "en vérité vous faites une [nourriture] délicate". »
• b. « S'il envoie au marché un de ses domestiques y acheter des provisions, il le fait suivre par un autre qui doit lui rapporter fidèlement combien elles ont coûté. »
• c. « Il a tout vu, tout lu [...] Il aime mieux mentir que de se taire ou paraître ignorer quelque chose. »
• d. « Il descend son escalier, ouvre sa porte pour sortir, il la referme, il s'aperçoit qu'il est en bonnet de nuit. »
• e. « Il ne vit que pour soi [...] Il oublie que le repas est pour lui et toute la compagnie, il se rend maître du plat. »

3★★ Relie chacun des mots suivants à son antonyme en te servant du dictionnaire si besoin.

☐☐☐

1. aquilin • • a. peigné
2. raideur • • b. robuste
3. glabre • • c. trapu
4. cambré • • d. plat
5. chétif • • e. grâce
6. élancé • • f. retroussé
7. disgrâce • • g. vermeil
8. hirsute • • h. souplesse
9. blême • • i. barbu

4★★★ Trouve le nom qui correspond à chaque adjectif.

☐☐☐

Ex. : curieux : la curiosité

1. gourmand : ....
2. poli : ....
3. orgueilleux : ....
4. spontané : ....
5. sincère : ....
6. hypocrite : ....
7. serein : ....
8. pudique : ....
9. audacieux : ....
10. généreux : ....

5★★★ Trouve le nom qui correspond à chaque verbe.

☐☐☐

1. venger : ....
2. vexer : ....
3. pardonner : ....
4. améliorer : ....
5. convoiter : ....
6. envier : ....
7. reprocher : ....
8. dissimuler : ....

Corrigés p. 283

Évalue ton travail et coche pour chaque exercice : ☑ réussi ☑ presque réussi ☑ à revoir

30 La lecture de l'image

OBJECTIF • Décrire et interpréter une image

Savoir

Une image est la représentation d'un être, d'un paysage, d'une chose… sur un support.

• Image fixe et image mobile

• L'image fixe concerne le dessin, la peinture, la photographie… l'image mobile le cinéma, le film d'animation…

• Différents éléments entrent dans la composition d'une image fixe ou mobile : les **couleurs**, le **cadrage** qui met en scène un **plan** (d'ensemble, moyen ou américain, gros plan…), le **point de vue** (frontal, en plongée ou en contre-plongée).

• Les fonctions de l'image

• **Illustrer**, **raconter** : une image peut représenter un épisode de conte, de roman d'aventure, de fable…

• **Informer**, **dénoncer**, **critiquer** : un dessin ou une photographie a la capacité de faire réfléchir, d'attirer l'attention sur un problème, une injustice…

• **Faire vendre** : la publicité utilise de nombreuses images pour séduire, pour donner envie au consommateur d'acquérir quelque chose.

Savoir faire

• Analyser une image

La création d'Ève, Michel-Ange, 1512, plafond de la chapelle Sixtine, Rome

• **Identifier** : l'auteur (Michel-Ange), la nature de l'image (une fresque), le sujet (un épisode de la Genèse : Dieu crée Ève à partir d'une côte d'Adam), le titre, la date (Renaissance).

• **Analyser** : le cadrage (plan d'ensemble mettant en scène 3 personnages), le point de vue (frontal), les couleurs (contraste entre la couleur chair des deux personnages nus et les plis colorés du vêtement de Dieu), la composition (lignes obliques pour Adam endormi et pour Ève qui émerge, ligne verticale pour Dieu).

• **Interpréter** : La toute-puissance divine est symbolisée par le contraste entre la position verticale et dominante de Dieu (geste de commandement de la main) et celle d'Ève, dans une posture de soumission et d'obéissance (mains jointes).

Faire

1 ★ Observe l'œuvre représentée et coche la bonne réponse.

1. Cette œuvre est :
❒ une fresque ❒ une enluminure (alliant texte et image)
2. Le sujet est :
❒ historique ❒ mythologique
3. L'époque est :
❒ classique ❒ médiévale
4. Le cadrage propose :
❒ un gros plan sur le personnage de Clovis
❒ un plan d'ensemble mettant en scène plusieurs personnages
5. La colombe représente :
❒ la liberté ❒ l'Esprit saint
6. L'image a une valeur :
❒ descriptive ❒ argumentative

Baptême de Clovis par saint Rémi, évêque de Reims, en 496. La Colombe apporte les saintes huiles.

2 ★★ Relie chaque image à sa fonction. Justifie ta réponse.

1. •

2. •

3. •

• dénoncer/faire réfléchir

• vendre

• raconter/illustrer

3 ★★★ Associe ces descriptions à un point de vue de l'image ou un procédé cinématographique.

1. Le vent soufflait sous la porte et la pièce, à peine éclairée par la flamme couchée de la bougie, lui parut sinistre ; le plafond très haut disparaissait dans l'ombre.

J.-K. Huysmans, *En Route*, 1895.

2. La petite vallée de Verrière peut passer pour une des plus jolies villes de la Franche-Comté. Ses maisons blanches avec leurs toits pointus de tuiles rouges s'étendent sur les pentes d'une colline [...]. À peine entre-t-on dans la ville que l'on est étourdi par le fracas d'une machine puissante et terrible en apparence [...]. Pour peu que le voyageur s'arrête quelques instants dans [la] grande rue de Verrière [...] il verra paraître un grand homme à l'air affairé et important. [...] Ses cheveux sont grisonnants, il est vêtu de gris.

Stendhal, *Le Rouge et le Noir*, 1830.

3. Quand après avoir tâtonné longtemps dans la ténébreuse spirale qui perce [...] l'épaisse muraille des clochers on débouche enfin sur une des deux plates-formes, inondées de jour et d'air, c'était un beau tableau que celui qui se déroulait à la fois de toutes parts sous les yeux. [...] C'était d'abord un éblouissement de toits, de cheminées, de rues, de ponts, de places [...]. Tout vous prenait aux yeux à la fois.

Victor Hugo, *Notre-Dame de Paris*, 1831.

Corrigés p. 283

Évalue ton travail et coche pour chaque exercice : ☑ réussi ☑ presque réussi ☑ à revoir

31 La poésie

OBJECTIF • Compter les syllabes, nommer les types de vers et de rimes

Savoir

Un poème est un ensemble de lignes mesurées, rythmées et musicales. Chaque ligne s'appelle un **vers**.

• Le vers

Il commence par une majuscule et comporte un nombre variable de syllabes :

- 12 syllabes = un **alexandrin** ;
- 10 syllabes = un **décasyllabe** ;
- 8 syllabes = un **octosyllabe**.

• La strophe

C'est un groupe de vers séparé du groupe suivant par un blanc :

- groupe de 3 vers = un **tercet** ;
- groupe de 4 vers = un **quatrain** ;
- groupe de 10 vers = un **dizain**.

• La rime

C'est le son (ou le groupe de sons) identique(s) que l'on retrouve à la fin des vers. Il existe trois types de disposition des rimes au sein d'un quatrain.

a a b b	= rimes plates ou suivies	
a b a b	= rimes croisées	
a b b a	= rimes embrassées	

Savoir faire

• Compter les syllabes

Le *-e* à la fin d'un mot doit être parfois prononcé, parfois non.

- À l'intérieur du vers :

– le *-e* compte si le mot suivant commence par une consonne ;

L'air / pè / se / sur le dos des collines…
1 2 3 4…

– le *-e* ne compte pas si le mot suivant commence par une voyelle. On dit que le *-e* est **muet**.

Cha / qu(e) ar / br(e) est / im / mo / bi / le attentif à tout bruit.
1 2 3 4 5 …

- En fin de vers, le *-e* est toujours muet.

Mê / me / le / peu / pli / er / trem / blant / re / tient / son / souffl(e).
1 2 3 4 5 6 7 8 9 10 11 12

1★ ☐☐☐ **Compte les syllabes des vers de cet extrait d'une fable de La Fontaine en isolant chacune d'elles par un trait vertical. Indique dans le tableau le nom de chaque vers.**

1. Le Loup reprit : « Que me faudra-t-il faire ?
2. – Presque rien, dit le Chien, donner la chasse [aux gens
3. Portants bâtons, et mendiants ;
4. Flatter ceux du logis, à son Maître [complaire :
5. Moyennant quoi votre salaire
6. Sera force reliefs de toutes les façons. »

Vers	Nombre de syllabes	Nom du vers
1	....	....
2	....	....
3	....	....
4	....	....
5	....	....
6	....	....

2★★ ☐☐☐ **Le poème suivant est mal disposé. À toi de le réécrire, en tenant compte des rimes et du nombre de syllabes (8) par vers. Mets une majuscule au début de chaque vers. Le poème comporte trois strophes.**

Le nez rouge, la face blême, sur un pupitre de glaçons, l'Hiver exécute son thème dans le quatuor des saisons. Il chante d'une voix peu sûre des airs vieillots et chevrotants ; son pied glacé bat la mesure et la semelle en même temps. Et comme Haendel*, dont la perruque perdait sa farine en tremblant, il fait envoler de sa nuque la neige qui le poudre à blanc.

Théophile Gautier, *Émaux et camées*, 1852.

* Haendel est un célèbre compositeur allemand du XVIIIe siècle.

3★★ ☐☐☐ **Complète les vers de ce poème d'Apollinaire, fait de rimes plates et d'octosyllabes.**

Liste de mots :

églises	carrés	sages
rêvant	jardins	résigne
dorés	passage	signe
baladins	grises	devant

Saltimbanques

Dans la plaine les ....
S'éloignent au long des ....
Devant l'huis des auberges ....
Par les villages sans ....
Et les enfants s'en vont ....
Les autres suivent en ....
Chaque arbre fruitier se ....
Quand de très loin ils lui font ....
Ils ont des poids ronds ou ....
Des tambours, des cerceaux ....
L'ours et le singe animaux ....
Quêtent des sous sur leur ....

Alcools, 1913.

4★★★ ☐☐☐ **Le poème suivant est en principe fait d'alexandrins, mais dans chaque vers, un intrus s'est glissé et a tout gâché ! À toi de chasser le mot « en trop » sans rien changer au reste du vers.**

Le carnaval s'en va, les roses vont alors éclore.
Sur les flancs des beaux coteaux déjà court [le gazon.
Cependant du plaisir la si frileuse saison
Sous ses minuscules grelots légers rit et [voltige encore.
Tandis que soulevant enfin les voiles de [l'aurore
Le Printemps très inquiet paraît à l'horizon.

Alfred de Musset, « À la mi-carême », *Poésies nouvelles*, 1850.

Un conseil de méthode : compte le nombre de syllabes par vers, déduis-en combien il y a de syllabes en trop, et cherche parmi les mots comportant ce nombre de syllabes celui que tu peux éliminer.

Ex. : vers 1 : deux syllabes en trop. Logiquement, j'élimine « alors » car les autres mots de deux syllabes sont absolument nécessaires.

Corrigés p. 284

Évalue ton travail et coche pour chaque exercice : ☑ réussi ☑ presque réussi ☑ à revoir

32 Métaphore et comparaison

OBJECTIF • Varier les outils de la comparaison et analyser une métaphore

Savoir

- La **comparaison** établit un rapport de ressemblance entre deux éléments grâce à un outil comparatif : Il est rapide **comme** l'éclair.

- La **métaphore** est en quelque sorte un raccourci de la comparaison. Dans la métaphore, sont effacés l'outil de comparaison ainsi que le point sur lequel porte la ressemblance.

Si on transforme la comparaison il est rapide comme l'éclair en métaphore, on obtient : c'est un éclair.
Ici ont disparu :
– comme : l'outil de comparaison,
– la rapidité : l'élément de ressemblance.

Savoir faire

Varier les outils de la comparaison

Les outils de comparaison sont nombreux. ***Comme*** n'est qu'un exemple.

Il est rapide **comme** l'éclair.
Il ressemble à l'éclair, tant il court vite.
Tel l'éclair, il court vite.
Sa vitesse est **semblable à** celle de l'éclair...
Pareil à l'éclair, il court vite.
Il court **aussi vite que** l'éclair.

Analyser une métaphore

- Si la comparaison est immédiatement compréhensible, la métaphore, elle, demande à être analysée, déchiffrée. Elle est plus mystérieuse dans la mesure où la ressemblance entre les deux éléments n'est pas expliquée et dans la mesure aussi où le premier élément est souvent effacé.

- Exemple : N'ouvre pas les noix ainsi, tu vas te casser les **dominos**.

Dominos est ici une métaphore ; ce mot est mis pour le mot ***dents*** qui, lui, est **absent** de la phrase. Si ***dominos*** peut remplacer ***dents***, c'est parce qu'une série d'éléments leur sont communs.

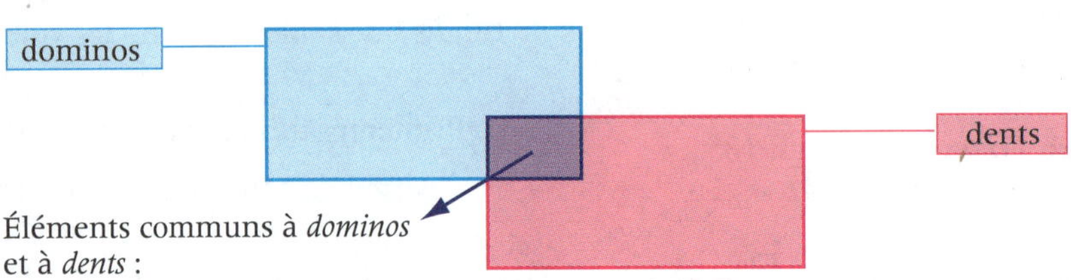

Éléments communs à *dominos* et à *dents* :
- la forme rectangulaire ;
- la couleur blanche ;
- l'aspect lisse.

Le schéma montre bien qu'**une partie seulement** des sens de ***dents*** et de ***dominos*** est commune. Si la totalité des sens de ***dominos*** était semblable à ceux de ***dents***, on n'aurait plus affaire à une métaphore mais à des synonymes.

1 ★ ☐☐☐

Formule une comparaison de plusieurs façons, par exemple « trembler comme une feuille », en utilisant les différentes locutions comparatives vues à la page précédente.

2 ★★ ☐☐☐

Souligne en rouge les métaphores et en bleu les comparaisons dans ces extraits d'un poème que Hugo consacre à sa fille.

Elle avait l'air d'une princesse
Quand je la tenais par la main
Elle cherchait des fleurs sans cesse
Et des pauvres dans le chemin.
[…]

Oh ! Je l'avais, si jeune encore,
Vue apparaître en mon destin
C'était l'enfant de mon aurore
Et mon étoile du matin.
[…]

Nous revenions, cœur plein de flammes
En parlant des splendeurs du ciel.
Je composais cette jeune âme
Comme l'abeille fait son miel.

Doux ange aux candides pensées
Elle était gaie en arrivant
Toutes ces choses sont passées
Comme l'ombre et comme le vent.

Victor Hugo, « Quand nous habitions »,
Contemplations, 1856.

3 ★★★ ☐☐☐

En t'aidant de l'exemple étudié à la page précédente, analyse les métaphores suivantes.

Dans la première phrase, le mot utilisé en métaphore est indiqué en **gras**. Pour les autres, trouve-les seul(e) et remplis le schéma.

1. Il n'a plus un poil sur le **caillou**.

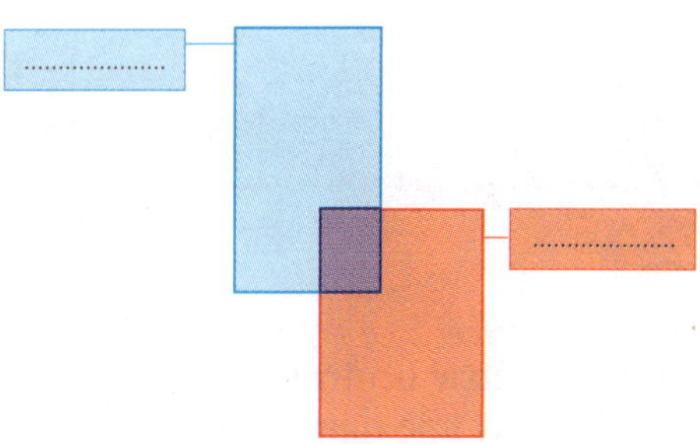

Points communs : ……………………………………
……………………………………………………
……………………………………………………

2. « Je vous aime, dit-elle, vous êtes mon lion superbe et généreux. »

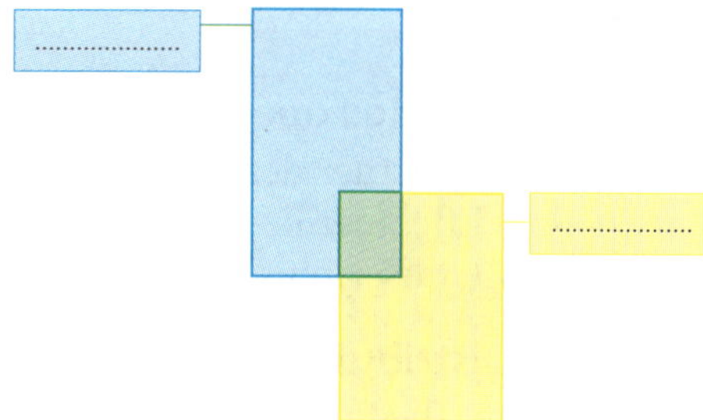

Points communs : ……………………………………
……………………………………………………
……………………………………………………

3. « Le ciel, à l'ouest, verse sa cendre fine. »

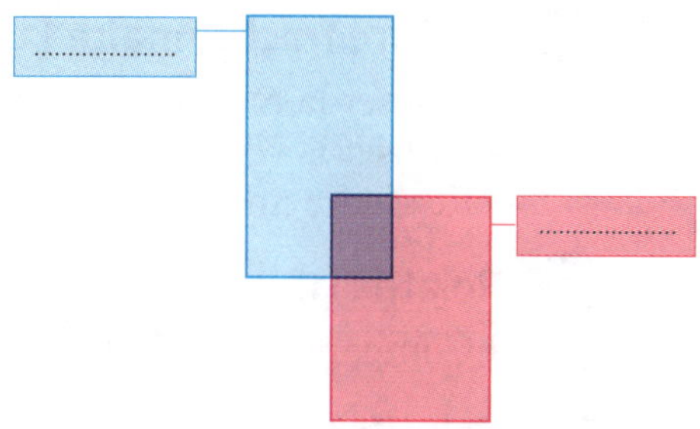

Points communs : ……………………………………
……………………………………………………
……………………………………………………

4. « Le temps mange la vie. » (Baudelaire)

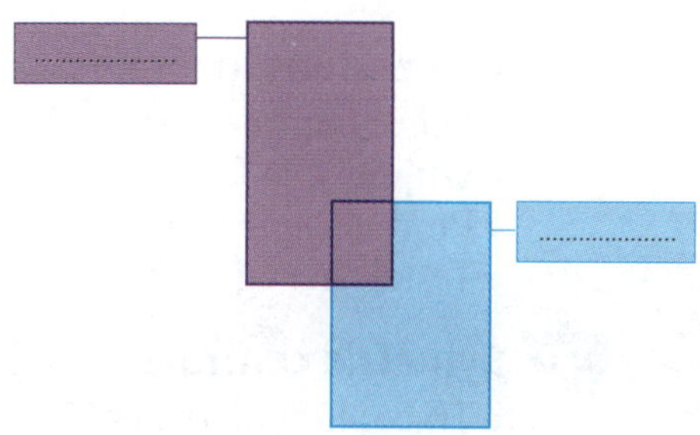

Points communs : ……………………………………
……………………………………………………
……………………………………………………

Corrigés p. 284

Évalue ton travail et coche pour chaque exercice : ☑ réussi ☑ presque réussi ☑ à revoir

Maths

1

Priorités opératoires

OBJECTIF • Organiser un calcul

Savoir

- **Règle 1**

Les calculs entre **parenthèses** sont **prioritaires**.

- **Règle 2**

En l'absence de parenthèses, les **multiplications** et les **divisions** sont **prioritaires** sur l'addition et la soustraction.

- **Règle 3**

En l'absence de parenthèses et s'il n'y a que des additions et des soustractions, on effectue les calculs dans le sens de lecture, c'est-à-dire de la **gauche vers la droite**.

- **Règle 4**

S'il n'y a que des additions ou des multiplications, on peut faire les calculs dans n'importe quel ordre.

Savoir faire

- **Effectuer des calculs avec parenthèses**

$A = (7 - 3) \times (6 - 2{,}5)$ | $B = 4 \times (15 - (8{,}1 - 4))$
$A = 4 \times 3{,}5$ | $B = 4 \times (15 - 4{,}1)$
$A = 14$ | $B = 4 \times 10{,}9$
$B = 43{,}6$

On effectue d'abord les parenthèses « intérieures ».

- **Effectuer des calculs sans parenthèses**

Expression numérique	Priorité	Calcul	Résultat	Avec une calculatrice connaissant les priorités
$9 + 7 \times 5$ =	$9 + 7 \times 5$ =	$9 + 35$ =	44	9 [+] 7 [×] 5 [=]
$9 + \frac{7}{5}$ =	$9 + \frac{7}{5}$ =	$9 + 1{,}4$ =	10,4	9 [+] 7 [÷] 5 [=]
$\frac{9+7}{5}$ =	$\frac{9+7}{5}$ =	$\frac{16}{5}$ =	3,2	[(] 9 [+] 7 [)] [÷] 5 [=] ou 9 [+] 7 [=] [÷] 5 [=]

- **Utiliser plusieurs règles dans un même calcul**

$C = 22 - 9 \times (6 - 4) + 7 \times 5$
$C = 22 - 9 \times 2 + 7 \times 5$ règle **1**
$C = 22 - 18 + 35$ règle **2**
$C = 4 + 35$ règle **3**
$C = 39.$

1 ★ Effectue les calculs suivants.

$A = 10{,}2 + 6 \times 5{,}2 - 12{,}5$;
$B = 9{,}8 - 8{,}9 + 11{,}1 \times 6 - 6 \times 1{,}5$;
$C = 4{,}5 \times 3{,}2 - 3{,}2 \times 0{,}5$.

2 ★ Même exercice.

$A = 2 + (15 \times 3 - 3) \times 10$;
$B = (10 + 4) \times 7 - 7 \times (15 - 3 \times 4)$;
$C = 5 \times (6 \times 2 - 5) \times 4 + 25 \div (1 + 7 \times 7)$.

3 ★ Même exercice.

$A = 12{,}5 + 3 \times [14 - (7 + 4)] - 7{,}2$;
$B = 93{,}7 - [2{,}8 + 5{,}1 \times (7 - 4{,}5)] + 12{,}5$;
$C = 3{,}5 + [7{,}3 - (4{,}1 + (2 - 3 \times 0{,}5))]$.

4 ★★ En utilisant une fois et une seule chaque symbole +, −, ×, rends justes les égalités suivantes.

5 ...... 4 ...... 10 ...... 7 = 17 ;
12 ...... 3 ...... 7 ...... 9 = 72 ;
8 ...... 4 ...... 10 ...... 15 = 33.

5 ★★ Même exercice.

8 ...... (5 ...... 3) ...... 2 = 62 ;
240 ...... 8 ...... (12 ...... 8) = 80 ;
2 ...... [17 ...... (15 ...... 2)] = 60.

6 ★★ Effectue les calculs suivants en indiquant l'étape intermédiaire.

$A = 5 \times 3 + 5$; $B = 5 + 3 \times 5$; $C = 5 + \frac{3}{5}$;

$D = \frac{5}{3+5}$; $E = \frac{5+3}{5}$; $F = 3 + \frac{5}{5}$;

$G = 9 + 1 \times 10$; $H = 9 + \frac{1}{10}$; $I = \frac{9+1}{10}$;

$J = \frac{9}{10-1}$; $K = \frac{9-1}{10}$; $L = \frac{25}{4} - 3$;

$M = \frac{5-3}{5} + 5 - \frac{4+7}{10} + 2$; $N = 5 \times 7 \div 2$.

7 ★★ Réponds par vrai ou faux.

1. $100 - 10 \times 10 = 900$;
2. $10 \times 10 \times 10 = 1\,000$;
3. $10 + 10 + 10 = 1\,000$;
4. $17 \times (5 - 5) = 0$;
5. $5 - 5 \times 17 = 0$;
6. $0{,}1 \times 0{,}1 = 0{,}2$;
7. $9 - 8 + 7 - 6 + 5 - 4 + 3 - 2 + 1 = 0$;
8. $0{,}1 + 0{,}1 = 0{,}2$.

V	F

8 ★★★ De retour sous la tente, Antoine s'aperçoit qu'il a oublié un de ses outils sur la plage ! Lequel ? Pars du point 0 et relie les nombres obtenus à partir des calculs encadrés.

0 → $3{,}5 - 2 \times 1{,}5$
↓ $17 + 3 \times 5 - 10$
↓ $8 - 4 + 4 \times 2$
↓ $0{,}5 \times 0{,}5 + 0{,}5$
↓ $10 - 10 \times 0{,}5$
↓ $15 - (8 - 4)$
↓ $2 \times 7 - 7 + 2$
↓ $2 \times 7 - 7 \times 2$

9 ★★★ Traduis chaque phrase par un calcul et effectue ce calcul.

1. Le produit de 3 par la somme de 18 et de 5 ;
2. La somme du produit de 3 par 18 et de 5 ;
3. La somme de 3 et du produit de 18 par 5 ;
4. Le produit de la somme de 3 et de 18 par la différence de 18 et de 3 ;
5. La somme du produit de 3 par 18 et du produit de 3 par 5.

Corrigés p. 284

Évalue ton travail et coche pour chaque exercice : ☑ réussi ☑ presque réussi ☑ à revoir

2 Distributivité

OBJECTIF • Développer et factoriser

Savoir

• Propriété et vocabulaire

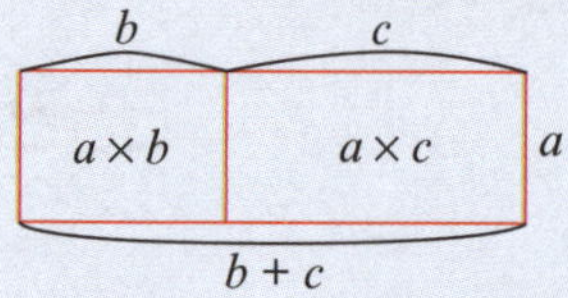

a, b, c étant des nombres positifs :

$a \times (b + c) = a \times b + a \times c$

$a \times (b - c) = a \times b - a \times c$

On dit que la multiplication est **distributive** par rapport à l'addition et la soustraction.

$a \times (b + c) = a \times b + a \times c$

$a \times (b - c) = a \times b - a \times c$

on développe
(passage du produit à la somme ou différence)

$a \times b + a \times c = a \times (b + c)$

$a \times b - a \times c = a \times (b - c)$

on factorise
(passage de la somme ou différence au produit)

• Écriture simplifiée

$a \times 2$	peut s'écrire $2a$ (pas $a2$)
$a \times b$	peut s'écrire ab ou ba
$a \times (b + c)$	peut s'écrire $a\,(b + c)$

Attention ! 5 × 3 ne peut pas s'écrire 53.
On peut sous-entendre le signe × lorsque son absence n'entraîne pas de confusion.
Ainsi :

$$a\,(b + c) = ab + ac\,;$$
$$a\,(b - c) = ab - ac.$$

Savoir faire

• Calculer de deux façons

Directement	En développant
A = 9 × (15 + 3)	A = 9 × (15 + 3)
A = 9 × 18	A = 9 × 15 + 9 × 3
A = 162.	A = 135 + 27
	A = 162.

Directement	En factorisant
B = 6 × 17 − 6 × 14	B = **6** × 17 − **6** × 14
B = 102 − 84	B = **6** × (17 − 14)
B = 18.	B = 6 × 3
	B = 18.

• Calculer astucieusement

C = 35 × 102
C = 35 × (100 + 2)
C = 35 × 100 + 35 × 2 ← on développe
C = 3 500 + 70
C = 3 570.

D = **12** × 8,5 − **12** × 3,5
D = 12 × (8,5 − 3,5) ← on factorise
D = 12 × 5
D = 60.

1★ Calcule l'aire de deux façons différentes.

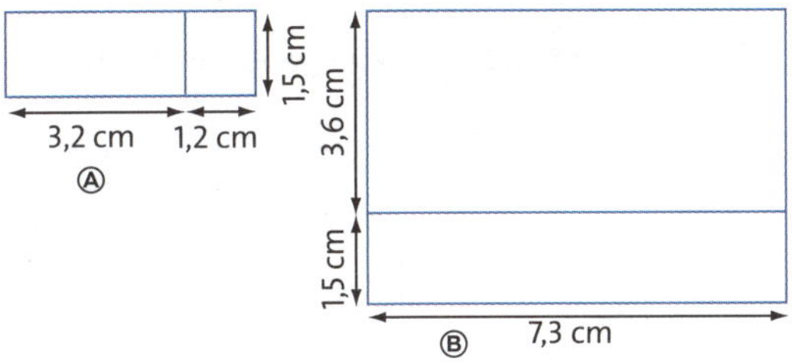

Figure Ⓐ

1re façon : ....

2e façon : ....

Figure Ⓑ

1re façon : ....

2e façon : ....

2★

Un bouquet de fleurs est constitué de 7 tulipes et 7 roses. Le prix d'une tulipe est 0,8 euro et le prix d'une rose est 1,2 euros.

1. Écris deux expressions différentes qui permettent de calculer le prix d'un bouquet.

....

....

2. Calcule le prix d'un bouquet en choisissant l'expression avec laquelle le calcul est le plus simple.

....

3★★ Transforme ces expressions de façon à les calculer mentalement.

$A = 7{,}5 \times 0{,}2 + 7{,}5 \times 0{,}8$;

$B = 17 \times 51 - 7 \times 51$;

$C = 3 \times 2{,}7 + 6 \times 2{,}7 + 1 \times 2{,}7$;

$D = 10 \times 5{,}21 - 7 \times 5{,}21 - 3 \times 5{,}21$.

4★★ Transforme ces expressions de façon à les calculer mentalement.

$A = 17 \times 11$; $B = 101 \times 75$;

$C = 12 \times 23$; $D = 502 \times 0{,}2$;

$E = 12 \times 111$; $F = 99 \times 17$.

5★★

La famille Kuche est en vacances... La mère, Noémie, va acheter, pour le petit déjeuner, 4 croissants à 0,52 €, 4 pains au chocolat à 0,48 € et 4 pains aux raisins à 0,62 €.

Elle pense payer :

$4 \times 0{,}52 + 4 \times 0{,}48 + 4 \times 0{,}62$.

Mais la boulangère lui réclame :

$(4 + 4 + 4) \times (0{,}52 + 0{,}48 + 0{,}62)$.

Noémie Kuche a-t-elle raison de se mettre en colère ?

6★★ Sans poser d'opérations, calcule l'aire de la figure suivante (tous les angles sont droits).

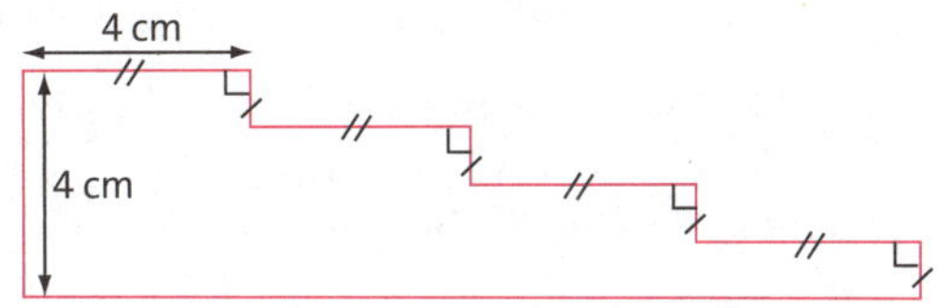

7★★★ Sans poser d'opérations, calcule les volumes des solides suivants.

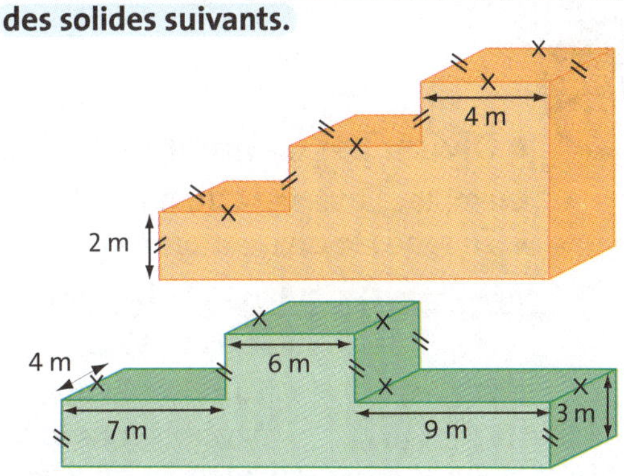

8★★★ Complète les égalités suivantes.

1. $8{,}2 \times 5{,}5 + 8{,}2 \times ... = 82$

2. $17 \times 5{,}5 - ... \times 5{,}5 = 55$

3. $15 \times 101 = 15 \times 100 + ...$

4. $15 \times 98 = 15 \times 100 - ...$

9★★★ Même exercice.

1. $7a + ... = 7\,(... + 8)$

2. $9... + 9 = 9\,(b + ...)$

3. $(6 + ...) \times ... = 54 + ...c$

4. $3\,(d - ...) = 3d - 12$

Corrigés p. 284

Français
Maths
Hist.-Géo. Éd. civique
Anglais
SVT
Physique Chimie
Bilans
Corrigés

3

Écriture fractionnaire (1)

OBJECTIF • Simplifier et comparer des fractions

Savoir

• Vocabulaire

$\frac{7,5}{5}$ est une écriture fractionnaire de 1,5 (7,5 ÷ 5 = 1,5).

$\frac{6}{4}$ est une autre écriture fractionnaire de 1,5 ; le **numérateur** 6 et le **dénominateur** 4 sont des nombres entiers : on dit que $\frac{6}{4}$ est une **fraction**.

• Règle 1 (égalité de nombres en écriture fractionnaire)

a, b, k étant des décimaux positifs ($k \neq 0$ et $b \neq 0$) : $\boldsymbol{\frac{ka}{kb} = \frac{a}{b}}$.

On passe d'une écriture à l'autre en multipliant – ou divisant – numérateur **et** dénominateur par un **même** nombre non nul. Un nombre a donc une infinité d'écritures fractionnaires.

• Règle 2 (comparaison)

En écriture fractionnaire, deux nombres positifs de même dénominateur sont rangés dans le même ordre que les numérateurs.

Savoir faire

• Diviser par un nombre décimal

Exemple : Diviser 14,76 par 0,9.

• Tu rends le diviseur entier en utilisant la règle 1 du Savoir.

$$14,76 \div 0,9 = \frac{14,76}{0,9} = \frac{14,76 \times 10}{0,9 \times 10} = \frac{147,6}{9}$$

147,6	9
57	16,4
36	
0	

• Tu poses la division : en 14 combien de fois 9 ? 1 fois…

• N'oublie pas la virgule au quotient quand tu « abaisses » le 6 du dividende. Diviser 14,76 par 0,9 revient donc à diviser 147,6 par 9 (ou à diviser 1 476 par 90).

• Simplifier une fraction

$\frac{225}{180} = \frac{\cancel{5} \times 45}{\cancel{5} \times 36} = \frac{45}{36} = \frac{\cancel{9} \times 5}{\cancel{9} \times 4} = \frac{5}{4}$ **règle 1** (on simplifie par 5 et par 9).

La simplification est terminée quand la fraction obtenue a le plus petit dénominateur possible. Cette fraction est dite **irréductible** : $\frac{5}{4}$ est irréductible.

• Comparer deux fractions

• Le dénominateur d'une des fractions est multiple de l'autre : comparer $\frac{5}{8}$ et $\frac{31}{48}$.

$\frac{5}{8} = \frac{5 \times 6}{8 \times 6} = \frac{30}{48}$ (**règle 1**) donc $\frac{30}{48} = \frac{5}{8} < \frac{31}{48}$ (**règle 2**).

• Les fractions ont le même numérateur : elles sont rangées dans l'ordre contraire de leurs dénominateurs. Ainsi $\frac{4}{7} > \frac{4}{9}$ car 7 < 9.

1★ **Exprime sous forme d'une fraction la partie colorée de chaque figure ; puis range ces fractions dans l'ordre croissant (de la plus petite à la plus grande).**

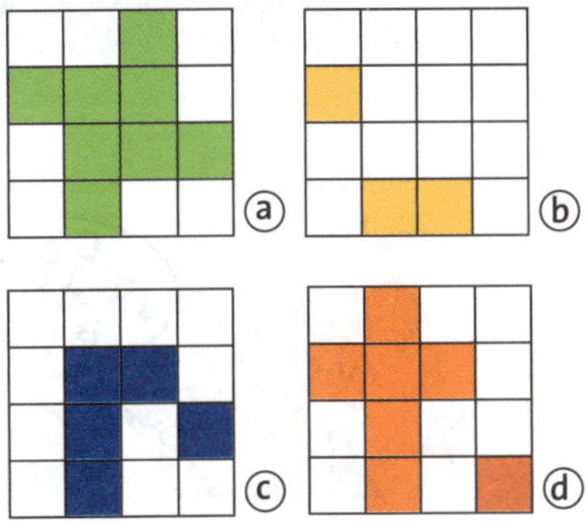

2★

Complète :

$AM = \dfrac{\dots}{3}AB$; $AN = \dfrac{\dots}{4}AB$; $AP = \dfrac{\dots}{\dots}AB$.

3★ **1.** Parmi les fractions suivantes, lesquelles sont inférieures à 1, égales à 1, supérieures à 1 ?

$\dfrac{12}{13}$; $\dfrac{17}{15}$; $\dfrac{23}{22}$; $\dfrac{15}{15}$; $\dfrac{15}{14}$; $\dfrac{14}{14}$; $\dfrac{17}{19}$.

2. Sans calculatrice, compare $\dfrac{23}{22}$ et $\dfrac{17}{19}$.

4★ **1.** Écris chacun des nombres suivants sous la forme de fractions.

3,7 ; 10,2 ; 0,1 ; $\dfrac{5{,}3}{1{,}2}$; $\dfrac{0{,}1}{5{,}5}$; $\dfrac{17{,}21}{4{,}5}$; $\dfrac{1{,}04}{1{,}4}$; $\dfrac{7}{2{,}5}$.

2. Écris chacun des nombres suivants sous la forme d'une fraction irréductible.

$\dfrac{30}{70}$; $\dfrac{48}{16}$; $\dfrac{7}{14}$; 1,2 ; 0,25 ; $\dfrac{30}{45}$; $\dfrac{56}{42}$; $\dfrac{180}{450}$.

5★ **Écris les nombres suivants sous la forme d'une fraction de dénominateur 100.**

1,11 ; $\dfrac{17}{2}$; $\dfrac{3}{50}$; $\dfrac{9}{4}$; $\dfrac{21}{25}$.

6★★ **Range dans l'ordre croissant, sans les calculer, les fractions de 1, de 2, de 3 et de 4.**

1. $\dfrac{7}{4}$; $\dfrac{1}{4}$; $\dfrac{9}{4}$; $\dfrac{3}{4}$; $\dfrac{5}{4}$.

2. $\dfrac{21}{34}$; $\dfrac{18}{12}$; $\dfrac{17}{34}$; $\dfrac{15}{12}$.

3. $\dfrac{3}{5}$; $\dfrac{3}{7}$; $\dfrac{3}{2}$; $\dfrac{3}{8}$; $\dfrac{3}{1}$.

4. $\dfrac{11}{12}$; $\dfrac{7}{8}$; $\dfrac{23}{24}$; $\dfrac{5}{6}$; $\dfrac{3}{4}$.

7★★ **Complète les égalités suivantes.**

1. $\dfrac{9}{7} = \dfrac{54}{\dots}$; $\dfrac{28}{24} = \dfrac{7}{\dots}$; $\dfrac{3}{27} = \dfrac{\dots}{9}$; $\dfrac{5}{6} = \dfrac{\dots}{42}$.

2. $\dfrac{11}{0{,}27} = \dfrac{\dots}{27}$; $\dfrac{12}{25} = \dfrac{48}{\dots}$; $\dfrac{78}{65} = \dfrac{6}{\dots}$; $\dfrac{4}{0{,}1} = \dfrac{40}{\dots}$.

8★★ **Même exercice.**

1. $128 \times 0{,}1 = \dots$

2. $128 \div 0{,}1 = \dots$

3. $0{,}61 \times \dots = 610$

4. $7{,}8 \div \dots = 7\,800$

9★★★ **Calcule les quotients suivants.**

1. $24 \div 2{,}4$

2. $12{,}6 \div 0{,}4$

3. $7{,}875 \div 3{,}5$

4. $46{,}874 \div 2{,}3$

10★★★ **Calcule.**

1. $\dfrac{\left(\dfrac{9}{15}\right)}{6}$ et $\dfrac{9}{\left(\dfrac{15}{6}\right)}$.

2. On convient que $\dfrac{\left(\dfrac{9}{15}\right)}{6} = \dfrac{\dfrac{9}{15}}{6}$ et que $\dfrac{9}{\left(\dfrac{15}{6}\right)} = \dfrac{9}{\dfrac{15}{6}}$.

(Bien repérer la position du trait de fraction par rapport au signe « = ».)

Rétablis les parenthèses dans les expressions suivantes, puis effectue les calculs.

$a = \dfrac{10}{\dfrac{4}{4}}$; $b = \dfrac{\dfrac{10}{4}}{4}$; $c = 4 + \dfrac{7}{\dfrac{5}{4}}$; $d = 3 - \dfrac{\dfrac{7}{5}}{4}$.

Corrigés p. 285

4

Écriture fractionnaire (2)

OBJECTIF • Additionner et multiplier des fractions

Savoir

• Addition dans le cas où les dénominateurs sont les mêmes

a, b, c étant des nombres positifs ($c \neq 0$),

$\dfrac{a}{c} + \dfrac{b}{c} = \dfrac{a+b}{c}$ ← on additionne les numérateurs, ← on conserve le dénominateur.

• Multiplication

a, b, c, d étant des nombres positifs ($b \neq 0$ et $d \neq 0$),

$\dfrac{a}{b} \times \dfrac{c}{d} = \dfrac{ac}{bd}$ ← on multiplie les numérateurs, ← on multiplie les dénominateurs.

Savoir faire

• Utiliser la règle d'addition

• Les fractions ont le même dénominateur : $\dfrac{4}{3} + \dfrac{7}{3} = \dfrac{11}{3}$.

• Les dénominateurs ne sont pas les mêmes ; avant d'additionner, on trouve un dénominateur commun : $\dfrac{3}{7} + \dfrac{13}{28} = \dfrac{3 \times 4}{7 \times 4} + \dfrac{13}{28} = \dfrac{12}{28} + \dfrac{13}{28} = \dfrac{25}{28}$.

• Parfois, on peut simplifier :

– le résultat : $\dfrac{6{,}5}{12} + \dfrac{1{,}5}{12} = \dfrac{8}{12} = \dfrac{4 \times 2}{4 \times 3} = \dfrac{2}{3}$.

– les fractions proposées : $\dfrac{3}{7} + \dfrac{12}{28} = \dfrac{3}{7} + \dfrac{4 \times 3}{4 \times 7} = \dfrac{3}{7} + \dfrac{3}{7} = \dfrac{6}{7}$.

• Utiliser la règle de multiplication

$\dfrac{4}{7} \times \dfrac{3}{5} = \dfrac{4 \times 3}{7 \times 5} = \dfrac{12}{35}$.

Quand on peut simplifier, le faire **avant** d'effectuer.

Ainsi mieux vaut faire : $\dfrac{4}{5} \times \dfrac{15}{7} = \dfrac{4 \times 15}{5 \times 7} = \dfrac{4 \times \cancel{5} \times 3}{\cancel{5} \times 7} = \dfrac{4 \times 3}{7} = \dfrac{12}{7}$

que faire : $\dfrac{4}{5} \times \dfrac{15}{7} = \dfrac{4 \times 15}{5 \times 7} = \dfrac{60}{35} = \dfrac{\cancel{5} \times 12}{\cancel{5} \times 7} = \dfrac{12}{7}$.

↑ étape inutile et source d'erreurs

• Résoudre un problème

Exemple : Laura veut manger les deux tiers des trois cinquièmes d'un gâteau. Quelle fraction du gâteau va-t-elle engloutir ?

La préposition « de » se traduit par « × ». $\dfrac{2}{3}$ de $\dfrac{3}{5}$ conduit au calcul :

$\dfrac{2}{3} \times \dfrac{3}{5} = \dfrac{2 \times 3}{3 \times 5} = \dfrac{2}{5}$. Laura va manger les deux cinquièmes du gâteau.

Faire

1 ★ Effectue les calculs et donne le résultat sous forme de fraction irréductible.

$a = \frac{3}{2} + \frac{1}{2}$; $b = \frac{3}{17} + \frac{4}{17}$; $c = \frac{19}{25} + \frac{7}{25}$;

$d = \frac{4}{3} + \frac{7}{12}$; $e = \frac{5}{6} - \frac{5}{18}$; $f = 1 + \frac{4}{5}$.

2 ★ Complète avec des entiers.

1. $\frac{3}{4} + \frac{3}{4} = \frac{\dots}{\dots}$; **2.** $\frac{3}{\dots} + \frac{\dots}{10} = 1$;

3. $\frac{1}{3} + \frac{1}{6} = \frac{1}{\dots}$; **4.** $\frac{1}{2} + \frac{5}{2} = \frac{\dots}{1}$;

5. $\frac{5}{7} \times \frac{\dots}{\dots} = \frac{15}{28}$; **6.** $\frac{5}{9} \times \frac{4}{\dots} = \frac{4}{27}$.

3 ★★ Pour chaque calcul :

– écris chaque terme sous forme d'une fraction de dénominateur 100 ;
– additionne les fractions ;
– donne le résultat sous forme décimale.

1. $\frac{12}{10} + 0{,}05$; **2.** $0{,}17 + \frac{7}{10}$;

3. $\frac{2}{10} + 0{,}75 + \frac{5}{100}$; **4.** $\frac{18}{2} + \frac{16}{4} + 0{,}05 + \frac{17}{10}$.

4 ★★

Lucie achète 5 boîtes de jus de fruits de $\frac{1}{3}$ litre chacune. Elle se demande quelle quantité de jus de fruit elle a dans son cabas...

- Lucas dit : « $\frac{1}{3} \approx 0{,}333$ et $5 \times 0{,}333 = 0{,}151\,515$ *tu as 0,151 515 litre de jus de fruits* ».
- Laura dit : « $5 \times \frac{1}{3} = \frac{5 \times 1}{5 \times 3} = \frac{5}{15} \approx 0{,}3$ *tu as 0,3 litre de jus de fruits* ».
- Julien dit : « $5 \times \frac{1}{3} = \frac{15}{3} \times \frac{1}{3} = \frac{15 \times 1}{3} = \frac{15}{3} = 5$ *tu as 5 litres de jus de fruits* ».

Qui a tort ? Pourquoi ?

5 ★★

On partage une somme d'argent entre Laura, Romain, Alice et Paul : les deux cinquièmes à Laura, 15 % à Alice, le quart à Romain et le reste à Paul. Quelle fraction de la somme d'argent reçoit Paul ?

6 ★★ Calcule l'aire et le périmètre d'un rectangle dont les côtés mesurent $\frac{3}{4}$ dm et $\frac{5}{6}$ dm.

7 ★★ Calcule.

1. $\frac{7}{3} \times \frac{3}{2} \times \frac{2}{7}$ **2.** $\frac{4}{3} \times \frac{15}{14}$

3. $\frac{1}{4} \times \frac{1}{3} - \frac{2}{3} \times \frac{1}{8}$ **4.** $\frac{5}{3} \times \frac{4}{3} \times \frac{5}{2}$

5. $\left(\frac{5}{6} + \frac{5}{12}\right) \times \frac{1}{5}$

8 ★★ Complète le tableau suivant.

×	$\frac{1}{2}$	$\frac{1}{5}$	$\frac{3}{4}$	0	2	5	$\frac{3}{10}$	$\frac{5}{8}$
$\frac{1}{2}$								
$\frac{1}{5}$			$\frac{3}{20}$					
$\frac{3}{4}$								
0								
2								
5								
$\frac{3}{10}$							$\frac{9}{100}$	
$\frac{5}{8}$								

9 ★★★

Lise a bu deux tiers des trois quarts d'une bouteille d'un litre de jus de fruit. Lise a-t-elle bu plus ou moins de la moitié d'un litre de jus ?

Corrigés p. 285

Évalue ton travail et coche pour chaque exercice : ☑ réussi ☑ presque réussi ☑ à revoir

5

Relatifs (1)

OBJECTIF • Ordonner les relatifs, se repérer dans le plan

Savoir

• Définition

- L'ensemble des nombres décimaux **relatifs** est constitué :
  – des nombres décimaux positifs : 3 ; 12,2 ; 9,01…
  – des nombres décimaux négatifs : – 5,9 ; – 12 ; – 4,13…
- 0 est le seul nombre à la fois positif et négatif.

• Abscisse d'un point

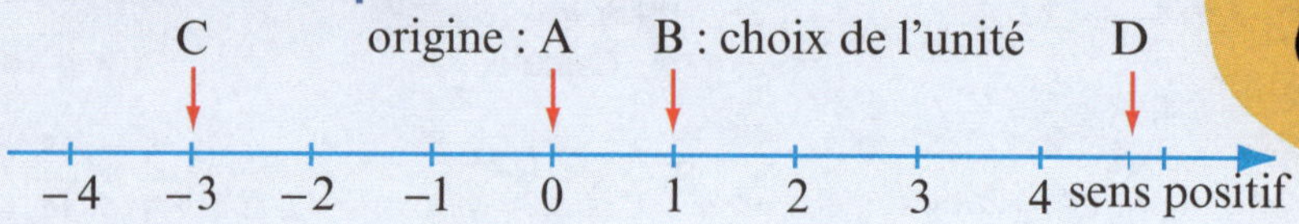

- (A, B) est un **repère** de l'axe.
- Sur un axe, le nombre associé à un point s'appelle **abscisse** de ce point.
  D a pour abscisse 4,7 : on note $x_D = 4{,}7$;
  C a pour abscisse –3 : on note $x_C = -3$.

• Opposé d'un nombre

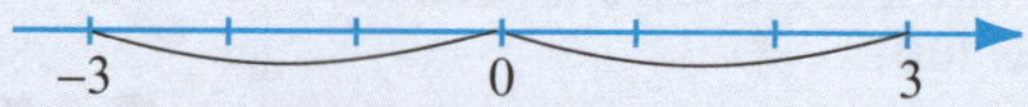

La distance à zéro de 3 est 3, la distance à zéro de – 3 est 3.
On dit que 3 et – 3 sont **opposés.** – 9,2 a pour opposé 9,2 ; on note aussi opp (– 9,2) = 9,2.

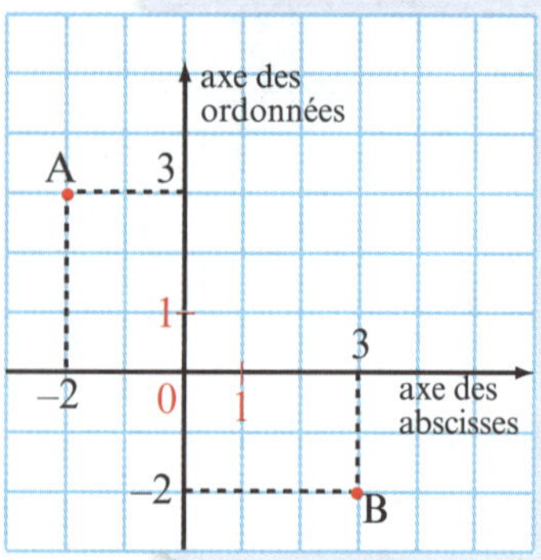

• Repérage dans le plan

- Deux droites graduées perpendiculaires constituent un **repère** du plan.
- Dans un repère du plan, tout point est repéré par ses **coordonnées.** L'unité choisie ici sur les deux axes est la longueur du côté du carreau. L'**abscisse** de A est – 2, l'**ordonnée** de A est 3. Les **coordonnées** de A sont (–2 ; 3) dans cet ordre. Le point B (3 ; – 2) est différent du point A.

Savoir faire

• Comparer deux décimaux relatifs

- Les deux nombres sont **positifs** : vu en 6e.
- Les deux nombres sont **négatifs** :
  D est « avant » B donc – 6 < – 3.

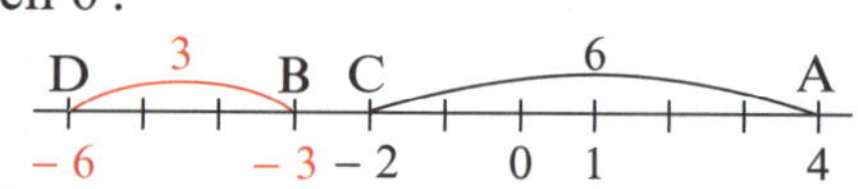

Le plus **grand** est celui qui a la plus **petite** distance à zéro : ils sont donc rangés dans l'ordre inverse de leurs opposés.
Exemple : 9,091 > 9,09 donc – 9,091 < – 9,09.

- Les deux nombres sont **de signe contraire** : le plus grand est le positif.
  Exemple : 4 > – 2.

1 ★

Range dans l'ordre croissant à l'aide du signe < (range les négatifs entre eux, puis les positifs entre eux, puis recolle les morceaux).

2,01	− 2,11	2,10	− 1,02
− 2,1	1,21	− 1,20	1,2
− 2	− 2,01	1,02	− 1,21

2 ★

Fais une croix dans les cases qui conviennent.

	... < − 1,2	− 1,2 < ... < − 1,1	− 1,1 < ...
− 1,15		✗	
− 0,08			
− 1,201			
− 1,097			
− 1,101			

3 ★

Roméo, éternel étourdi, a encore perdu ses lunettes... Mais où les a-t-il posées la dernière fois ? Pour le savoir, trace les segments correspondant à la bonne réponse.

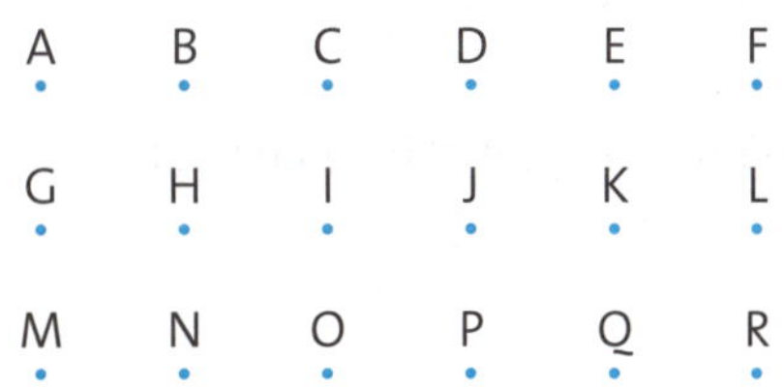

Affirmation	Vrai	Faux
−1,14 ⩽ −1	[AM]	[AB]
−3 ⩽ −3,0	[BN]	[DJ]
−3,14 ⩽ −3,15	[EQ]	[IJ]
0 est un nombre négatif	[EF]	[KL]
1,12 ⩾ 2,11	[MN]	[CO]
−3,01 ⩾ −3	[GH]	[OP]
5 ⩽ −5	[JP]	[QR]
0 ⩾ −10	[AN]	[KR]
−2,13 ⩽ −1,23	[QF]	[LE]
−3,01 ⩽ −3,10	[ER]	[CD]

4 ★★

1. Trace une droite graduée en choisissant l'unité de longueur de façon à placer les points suivants dont les abscisses sont entre parenthèses : M(0,75) ; N(−2) ; P(2,5) ; Q(−1,25).

2. Même consigne pour placer : D(20) ; R(−50) ; E (45) ; P(−35).
Place un point A dont l'abscisse est comprise entre −40 et −45 et le point I dont l'abscisse est l'opposé de celle du point D. Quel mot lis-tu ?

5 ★★

Donne l'abscisse des points M, N, et P.

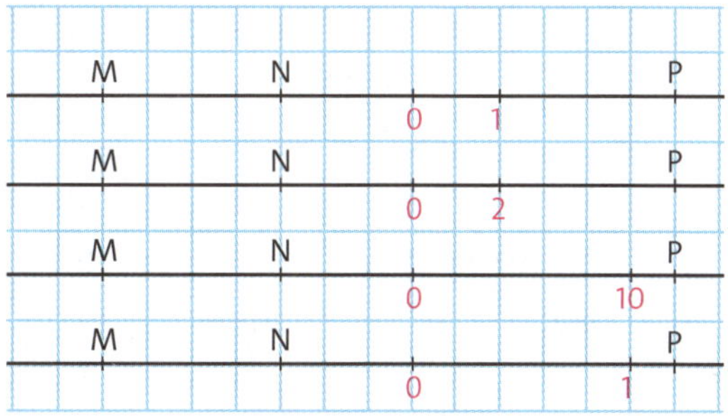

M : ....

N : ....

P : ....

6 ★★

Donne les coordonnées des points G, H, I, J, K et L.

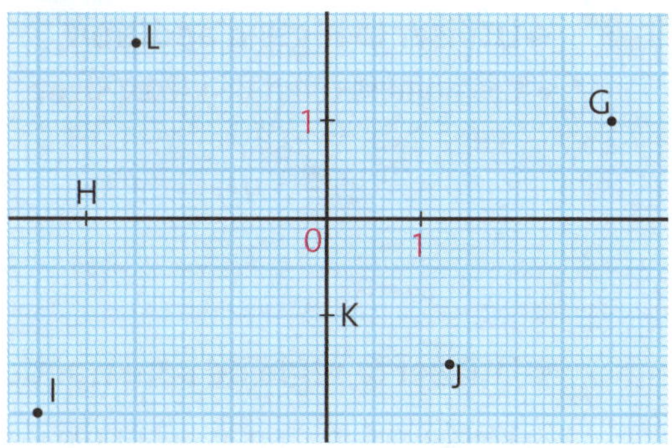

G : .... J : ....

H : .... K : ....

I : .... L : ....

7 ★★★

1. Trace un repère du plan (prendre le côté du carreau comme unité) puis place les points suivants :
A(− 4 ; 0) ; B(− 3 ; − 2) ; C (0 ; − 2) ; D (2 ; 3) ; E(5 ; 1) ; F(3 ; 1) ; G(3 ; − 3) ; H(1 ; − 5) ; I(− 3 ; − 5).

2. Relie les points dans l'ordre alphabétique puis referme.

Corrigés p. 286

Évalue ton travail et coche pour chaque exercice : ☑ réussi ☑ presque réussi ☑ à revoir

6

Relatifs (2)

OBJECTIF • Ajouter et soustraire les nombres relatifs

Savoir

• Addition de deux décimaux relatifs

Les nombres sont de même signe :	Les nombres sont de signe contraire :
1. on **additionne** leur distance à zéro ; 2. on donne au résultat obtenu le **signe commun** aux deux nombres.	1. on **soustrait** la plus petite distance à zéro de la plus grande ; 2. on donne au résultat obtenu le **signe** de celui qui a la **plus grande distance zéro**.

La somme de deux nombres opposés est égale à zéro.

• Soustraction de deux décimaux relatifs

a et b étant des nombres décimaux relatifs :

$$a - b = a + \text{opp } b = a + \underbrace{(-b)}_{\text{opposé de } b}$$

Pour soustraire un nombre, on ajoute son opposé : une soustraction se transforme donc en addition.

Savoir faire

• Utiliser la règle d'addition

• Les nombres sont de même signe

$2{,}5 + 7{,}4 = 9{,}9$

$-2{,}5 + (-7{,}4) = -9{,}9$

• Les nombres sont de signe contraire

$2{,}5 + (-7{,}4) = -\underbrace{4{,}9}_{7{,}4-2{,}5}$

$-2{,}5 + 7{,}4 = \underbrace{4{,}9}_{(7{,}4-2{,}5)}$

• Utiliser la règle de soustraction

$7{,}4 - 2{,}5 = 4{,}9$ on le savait déjà !

$7{,}4 - (-2{,}5) = 7{,}4 + 2{,}5 = 9{,}9$

$-7{,}4 - 2{,}5 = -7{,}4 + (-2{,}5) = -9{,}9$

$-7{,}4 - (-2{,}5) = -7{,}4 + 2{,}5 = -4{,}9$

• Calculer la distance de deux points d'abscisse donnée

Pour calculer la distance de deux points d'un axe, on soustrait la plus petite abscisse de la plus grande.

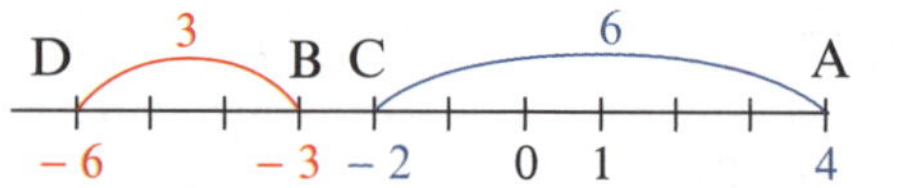

Attention ! Une distance est un nombre positif.

Exemple : distance de A à C : AC = CA = 6 = 4 – (– 2)
distance de B à D : BD = DB = 3 = – 3 – (– 6)

Faire

1 ★ Calculé.

□□□

A = 7 – (– 4) ; B = 3 – (+ 8) ;
C = 4 – (– 5) ; D = – 7 – (+ 8).

2 ★ Calcule.

□□□

A = 7,5 – (– 3,4) ; B = 7,3 – (+ 9,8) ;
C = – 5,4 – (– 8,7) ; D = – 12,5 – (+ 3,8).

3 ★ Complète le tableau suivant.

□□□

+	– 3	2	1,5	– 2,7	– 5	1,2
– 5						
– 2,3						
1,3						
– 3						
– 1,5						
10		12				

4 ★ Complète le tableau suivant.

□□□

–	– 3	2	1,5	– 2,7	– 5	1,2
– 5						
– 2,3						
1,3						
– 3						
– 1,5						
10		8				

5 ★★ Dans chaque cas, calcule : $a + b$; $a - b$; $-a + b$; $-a - b$.

□□□

1. $a = 3$; $b = -5$;
2. $a = -5,5$; $b = 5,5$;
3. $a = -9,1$; $b = -9,1$;
4. $a = -17$; $b = 3$.

6 ★★ Sans faire de calculs, repère les résultats identiques.

□□□

A = –13,5 + (–3,7) ; B = 13,5 – (–3,7) ;
C = –13,5 – (+3,7) ; D = –13,5 – (–3,7) ;
E = 13,5 + (+3,7) ; F = –13,5 + (+3,7).

7 ★★ Complète avec des entiers relatifs.

□□□

5 – .... = 9 ; – 3 – .... = 0 ;
5 + ... = – 9 ; (..................) – 4 = – 7.

8 ★★ Dans chaque cas, calcule :

□□□

1. la distance AB ;
2. l'abscisse du milieu de [AB].

a.
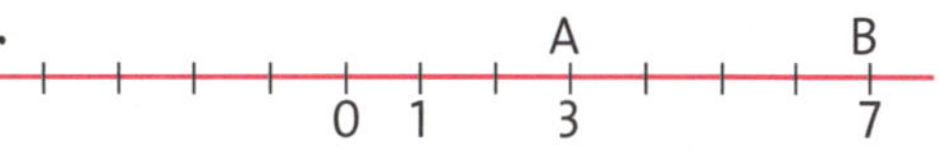

b.

c.
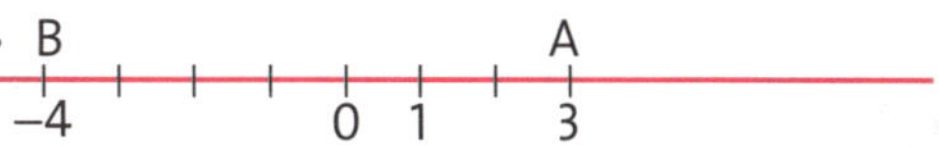

d.

e.

f.

g.

9 ★★ Laura a effectué les calculs suivants. Si elle obtient un point par bonne réponse, quelle sera sa note ?

□□□

1. 5 + (– 8) = 3
2. – 15 + (– 15) = – 30
3. – 50 + 17 = – 23
4. (– 7) + (– 9) = – 2
5. 25 + (– 45) = – 20
6. (– 19) – 19 = – 38
7. 20 – (– 20) = 0
8. 20 – 38 = – 18
9. –9 – (– 11) = – 20
10. 14 – (– 9) = 23

Réponse : ....

10 ★★★

□□□

Sur un axe gradué, on place les points A d'abscisse – 2 020 et B d'abscisse x, sachant que x est plus grand que – 2 020. On sait que AB = 1 515. Trouve x.

Corrigés p. 286

Évalue ton travail et coche pour chaque exercice : ☑ réussi ☑ presque réussi ☑ à revoir

7

Relatifs (3)

OBJECTIF • Organiser une suite d'opérations

Savoir

● Dans une suite d'additions de nombres décimaux relatifs, on peut sans modifier le résultat :
– changer les termes de place ;
– associer des termes en introduisant des parenthèses.

● Une somme algébrique est une suite d'additions et de soustractions :
14 – (– 8) + 15 + (– 9).

● On peut simplifier l'écriture d'une somme algébrique en utilisant la définition de la soustraction. Ainsi l'écriture simplifiée de 14 – (– 8) est 14 + 8 et celle de 15 + (– 9) est 15 – 9.

Savoir faire

● Calculer une expression

1. Avec des additions

A = –7 + 15,5 + (–9) + 7 + (–5,5)

ON PEUT		
● Regrouper les négatifs d'une part, les positifs d'autre part : A = – 7 + (– 9) + (– 5,5) + 15,5 + 7 A = (– 21,5) + 22,5 A = 1	● Faire des regroupements intéressants : A = (– 7 + 7) + [15,5 + (– 5,5)] + (– 9) A = 0 + 10 + (– 9) A = 1	● Faire les calculs dans l'ordre : A = – 7 + 15,5 + (– 9) + 7 + (– 5,5) A = 8,5 + (– 9) + 7 + (– 5,5) A = – 0,5 + 7 + (– 5,5) A = 6,5 + (– 5,5) A = 1

2. Avec des additions et des soustractions

B = –9 + 8 – (–8) – 5 + (–6)

ON PEUT	
● Transformer chaque soustraction en addition de l'opposé pour n'avoir que des additions et se ramener au cas précédent : B = – 9 + 8 + 8 + (– 5) + (– 6) B = – 9 + (– 5) + (– 6) + 8 + 8 B = – 20 + 16 B = – 4	● Simplifier directement l'écriture de la somme algébrique et la considérer comme une somme de relatifs dont on peut modifier l'ordre des termes : B = – 9 + 8 + 8 – 5 – 6 B = – 9 – 5 – 6 + 8 + 8 B = – 20 + 16 B = – 4

3. Avec des calculs entre parenthèses

C = 8 – (6 – 19) – (2 – 3)   On effectue les calculs entre parenthèses.
C = 8 – (– 13) – (– 1)
C = 8 + 13 + 1   On applique une des méthodes précédentes.
C = 22

Faire

1 ★

Relie chaque expression à son écriture simplifiée.

A = 12 – (+ 9) – (– 7) •	• 12 + 9 – 7
B = 12 – (– 9) + (– 7) •	• 12 + 9 + 7
C = 12 + (– 9) – (+ 7) •	• 12 – 9 + 7
D = 12 – (– 9) + (+ 7) •	• 12 – 9 – 7

2 ★

Calcule.

A = (– 7) + (– 3,5) + (– 7,1) – (– 3,2) – (– 5,5) ;

B = (– 2,1) – 3,5 + 5,1 – (– 3) – (– 5,1) ;

C = 2,7 – (– 3,8) + 7,5 – 9,1 + (– 4).

3 ★

Calcule.

A = – 3,7 + 5 – (– 4,1) – 5 + 14,7 – 3 ;

B = 5 – (–1 + 4 – 7,5) + 9 – (– 3,5) ;

C = 8,5 – (– 4,5) + 17 – (31 – 9 + 44).

4 ★

Pour chacune des phrases suivantes, donne deux exemples qui prouvent qu'elles sont fausses.

1. – x représente toujours un nombre négatif ;
2. la somme de deux négatifs est positive ;
3. la somme d'un positif et d'un négatif est nulle ;
4. la différence entre deux négatifs est négative.

5 ★★

Complète le tableau suivant.

x	y	z	$x+y-z$	$x-y+z$	$-x+y+z$	$-x-y-z$
1	–5	–2				
–3		2	–7			
	5	–3		–3		
–2	–5				–10	
–3		–4				18
7	–7					0
3		–5		14		

6 ★★

Complète par + ou –.

1. (– 5) ... (+ 8) ... (– 4) = (+ 7) ;
2. (+3,7) ... (–15,3) ... (–9,1) = (+28,1) ;
3. (–3,5) ... (–5,5) ... (–9,5) = (–7,5).

7 ★★

Olivier et sa famille partent faire du bateau sur la Côte d'Azur... Arrivé sur place, il vérifie qu'il a bien tout emporté : boussole, gilets de sauvetage, hameçons pour la pêche, tonneaux d'eau pour la soif... et pourtant... qu'a-t-il donc oublié ? Pour le savoir, trace les segments selon ta réponse :

Affirmation	Vrai	Faux
(– 5) – (– 4) = (– 1)	[CG]	[AC]
(+ 14) + (– 7) = (+ 7)	[GH]	[FB]
5 – 4 + 1 = 0	[DE]	[KL]
17,1 – 7,1 = 10	[IJ]	[DJ]
– 5 – 4 – 3 – 2 = 14	[BG]	[CI]
(– 9) – (– 5) – (– 4) = 18	[BD]	[FK]
(– 3) – (– 3) = 0	[JL]	[AG]
(–100) – (54 + (– 4) = –150	[IH]	[FM]
[1 – (1 – (1 + 1)] = 2	[CH]	[MN]
7 – 4 + 3 = 0	[HK]	[FG]

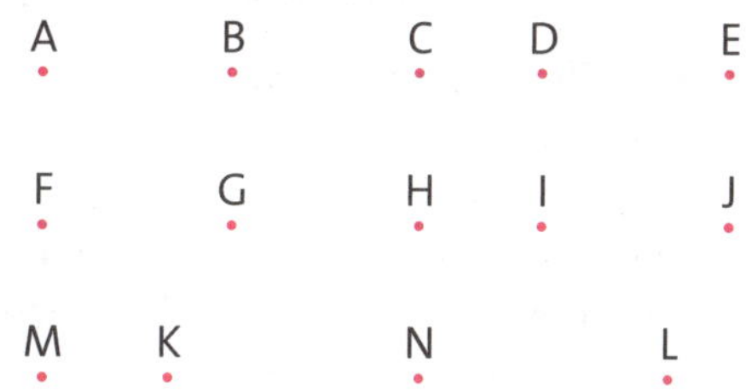

8 ★★

Rectifie les erreurs commises dans les calculs suivants et retrouve les bons résultats.

A = (– 7) + 3 – (– 4) + 2 – (– 3)

A = $\underbrace{3 + 2}$ + $\underbrace{(– 7) – (– 4) – (– 3)}$

A = 5 + (– 14) = – 9 ;

B = $\underbrace{5 + 7}$ – $\underbrace{4 + 3}$ – $\underbrace{2 + 1}$

B = 12 – 7 – 3 = 2.

9 ★★★

On pose a = – 6 ; b = 7 et c = – 9.

Calcule A = a – (b + c) ; B = a – (b – c) ; C = (a – b) + (b – c) et D = (b – a) – (b – c).

A = ...

B = ...

C = ...

D = ...

Corrigés p. 287

Évalue ton travail et coche pour chaque exercice : ☑ réussi ☑ presque réussi ☑ à revoir

8 Expressions littérales

OBJECTIF • Utiliser des grandeurs inconnues

Savoir

Une expression littérale est une expression qui utilise des lettres. C'est utile pour :
- décrire un calcul en utilisant ou en établissant une formule ;
- écrire des égalités :

Certaines sont toujours vraies quelle que soit la valeur des lettres :	D'autres sont vraies pour certaines valeurs de la lettre et fausses pour d'autres :
$a \times (b + c) = a \times b + a \times c$	$a + a = a + 4$ est vraie pour $a = 4$ mais $a + a = a + 4$ est fausse pour $a = 0$.

Savoir faire

• Simplifier une écriture littérale

On regroupe ensemble les termes de même nature :

Exemple : $A = \mathbf{4} \times \boldsymbol{x} \underline{+ 7} - \mathbf{3} \times \boldsymbol{x} \underline{+ 12} = \mathbf{4} \times \boldsymbol{x} - \mathbf{3} \times \boldsymbol{x} + \underline{7 + 12}$
$= \mathbf{(4 - 3)} \times \boldsymbol{x} + \underline{19} = \mathbf{1} \times \boldsymbol{x} + \underline{19} = x + 19.$

• Utiliser une formule

Exemple : La concentration en g/L est donnée par la formule : $C = \dfrac{m(g)}{V(L)}$ (m étant la masse du soluté et V le volume de la solution).
On met deux sucres de 6 g chacun dans une tasse contenant 100 mL de café.
Comme 100 mL = 0,1 L, la concentration en sucre de ce café est :
$C = \dfrac{12}{0{,}1} = 12 \div 10 = 12 \times 10 = 120$ g/L.

• Produire une formule

Exemple : Donner la longueur MP en fonction de x :

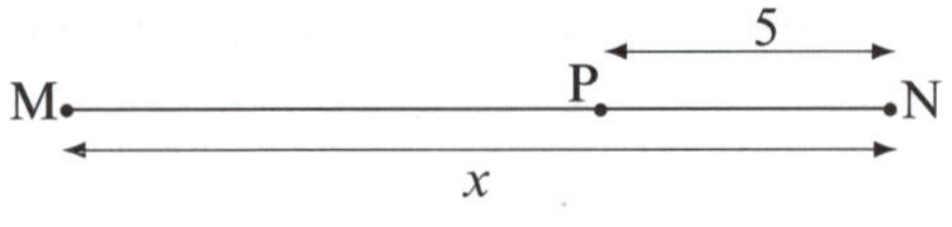

On a $MP = x - 5$.

Exemple : Un nombre est un multiple de 7 s'il est dans la table de 7, c'est-à-dire si le reste de sa division euclidienne par 7 est 0.
Ainsi 56 est multiple de 7 car $56 = \mathbf{7} \times 8$ mais 124 ne l'est pas car $124 = \mathbf{7} \times 17 \mathbf{+ 5}$.
Plus généralement, un **multiple de 7** s'écrit sous la forme $\mathbf{7} \times \boldsymbol{n}$ (ou $\mathbf{7}\boldsymbol{n}$) avec n entier.

• Tester une égalité

Exemple : L'égalité $4x = 3x + 7$ n'est pas vérifiée pour $x = 5$.
En effet, si $x = 5$ alors $4x = 4 \times 5 = \mathbf{20}$ et $3x + 7 = 3 \times 5 + 7 = 15 + 7 = \mathbf{22}$.
$20 \neq 22$ donc $4x \neq 3x + 7$ pour $x = 5$.
Cette égalité est vérifiée pour $x = 7$:
en effet, si $x = 7$ alors $4x = 4 \times 7 = \mathbf{28}$ et $3x + 7 = 3 \times 7 + 7 = 21 + 7 = \mathbf{28}$.
Un telle égalité est une **équation d'inconnue x**.
Résoudre cette équation, c'est trouver les nombres par lesquels remplacer x afin que l'égalité soit vérifiée. Ces nombres sont **solutions** de l'équation.
Ainsi 7 est solution de l'équation $4x = 3x + 7$ alors que 5 ne l'est pas.

1 ★ **Écris la longueur MN en fonction de x dans les cas suivants.**

1.

2.

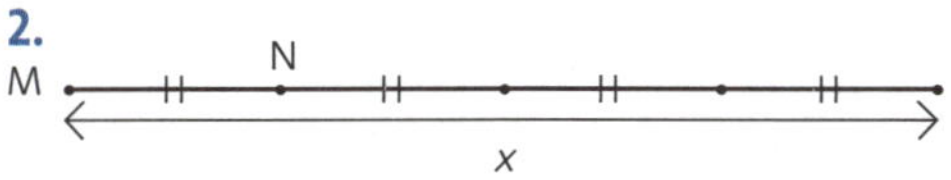

3.

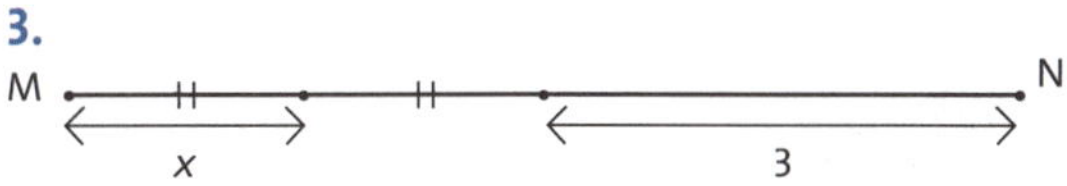

2 ★ **Je choisis un nombre x. Je lui retranche 4. Je multiplie le résultat obtenu par 7. Écris ce calcul en fonction de x.**

....

3 ★ **Écris en fonction de x :**

1. la somme de x et de 7 ;
2. le produit de x par 6 ;
3. la somme du produit de x par 6 et de 7 ;
4. la somme du produit de 6 par 7 et de x ;
5. le produit de 6 par la somme de x et de 7.

4 ★ **1.** L'égalité $7x - 5 = 2x + 3$ est-elle vérifiée pour $x = 0$; pour $x = 5$; pour $x = 1{,}6$?

2. L'égalité $5x - 11 = 2x + 4$ est-elle vérifiée pour $x = 0$; pour $x = 5$; pour $x = 1{,}6$?

5 ★★ **Retrouve les multiples de 7 parmi les nombres suivants (n désigne un entier naturel).**

63 ; 1 225 ; 785 ; $7 \times n$; $7 \times n + 3$; $7 \times n + 7$.

6 ★★ **1.** Complète par un nombre ou une lettre.

$4 \times (\ldots\ldots + 7) = 4y + \ldots\ldots$

$5 \times (\ldots\ldots a - \ldots\ldots) = 10\ldots\ldots - 5$

2. Développe.

$6 \times (x + 8)$; $5\,(3x - 4)$

7 ★★ **1.** Complète.

$4 \times a + 4 \times b = \ldots\ldots \times (a + b)$; $7x - 7y = 7(\ldots\ldots - \ldots\ldots)$;

$6a + 4b = 2 \times \ldots\ldots + 2 \times \ldots\ldots$

$= 2 \times (\ldots\ldots + \ldots\ldots) = 2(\ldots\ldots + \ldots\ldots)$.

2. Factorise.

$9x - 9y$; $4 \times x + 4 \times 3$.

8 ★★ **Il y a des grumeaux dans la pâte à crêpes ! Évidemment, Yann y a laissé tomber quelque chose... mais quoi donc ? Pour le trouver, relie les nombres vérifiant les égalités proposées.**

$x + 9 = 14$ → $-x + 3 = 6$ → $4x = 28$ → $3 - x = -1$ → $x - 10 = -2$ → $(-8) - x = -6$ → $3 - x = -3$ → $1{,}2 \times x = 6$

9 ★★★ Le périmètre d'un disque de rayon r est $2\pi r$ et l'aire d'un disque de rayon r est πr^2.
En prenant 3,14 comme valeur approchée de π :

1. Calcule l'aire d'un disque de 9 cm de diamètre.

2. Calcule le rayon d'un cercle dont le périmètre est 628 dm.

10 ★★★ **Parmi les expressions suivantes, retrouve celles qui représentent le périmètre du rectangle ABCD et celles qui représentent son aire.**

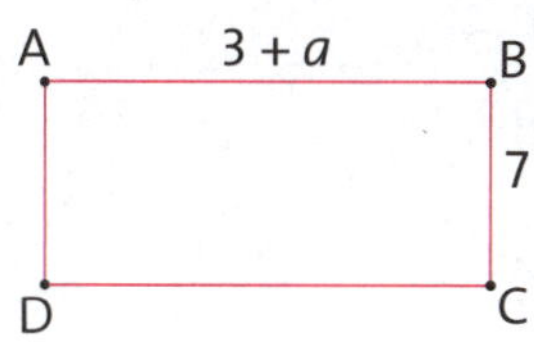

a. $3 + a + 14$
b. $(3 + a) \times 2 + 14$
c. $3 + a + 7 + 3 + a + 7$
d. $(3 + a) \times 7$
e. $2a + 20$
f. $21 + a$

Corrigés p. 287

Évalue ton travail et coche pour chaque exercice : ☑ réussi ☑ presque réussi ☑ à revoir

9 Symétrie centrale

OBJECTIF • Représenter le symétrique d'une figure

Savoir

• Définition

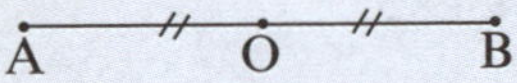

B est le symétrique de A par rapport à O	signifie	O est le milieu du segment [AB]

On dit aussi : B est l'image de A dans la symétrie de centre O
A et B sont symétriques par rapport à O
(si B est l'image de A, A est l'image de B).
Seul le point O est symétrique de lui-même.

• Propriétés

Par une symétrie centrale :
– l'image d'une droite d est une droite d' parallèle à d ;
– l'image d'une demi-droite est une demi-droite parallèle à celle-ci ;
– l'image d'un segment est un segment parallèle à celui-ci de même longueur ;
– l'image d'un angle est un angle de même mesure ;
– l'image d'un cercle est un cercle de même rayon.

Savoir faire

• Tracer le symétrique :

• d'un point

On trace la demi-droite [MO].

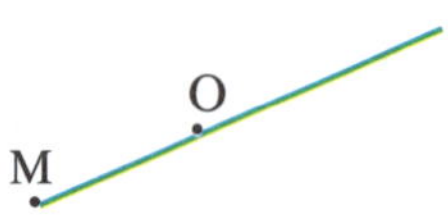

On trace le cercle de centre O et de rayon OM.

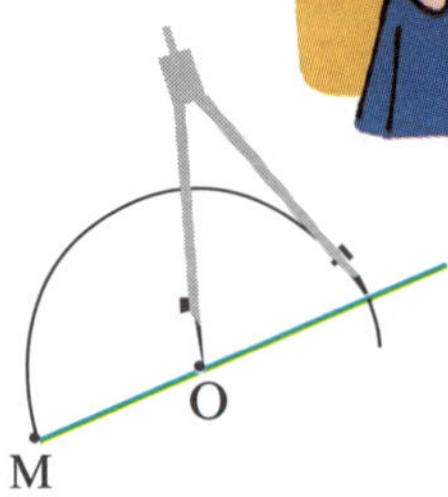

N, intersection de la demi-droite et du cercle, est le symétrique de M.

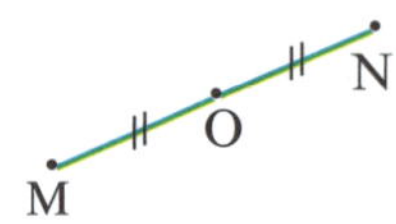

• d'une droite
On choisit deux points A et B sur d et on trace leurs symétriques respectifs A′ et B′.

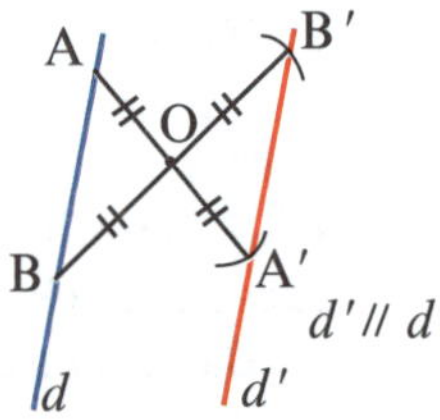

• d'une demi-droite
On trace le symétrique M′ de M et le symétrique P′ d'un point P choisi sur [Mx).

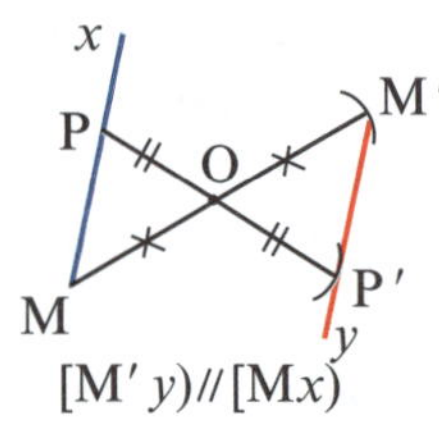

[M′ y) // [Mx)

• d'un segment
On trace les symétriques des extrémités du segment.

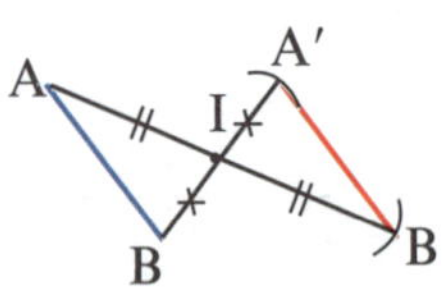

A′B′ = AB
[A′B′] // [AB]

• d'un angle
On trace les symétriques des demi-droites [Ax) et [Ay).

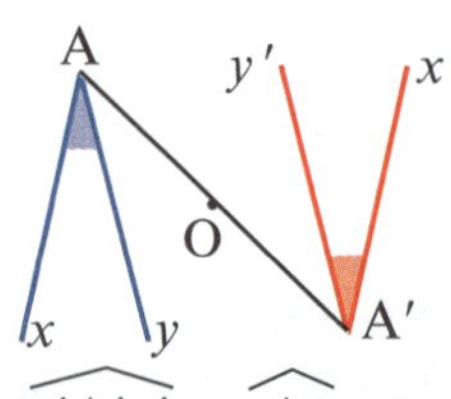

$\widehat{x'A'y'} = \widehat{xAy}$

1★ Complète la phrase suivante en traçant le symétrique de chaque petit segment ou arc de cercle par rapport à la croix ou à la droite en pointillés.

Je suis un :

J'habite au :

2★ Dans chaque cas, trace le symétrique de la figure par rapport au point O. Comment s'appelle la figure totale obtenue à chaque fois ?

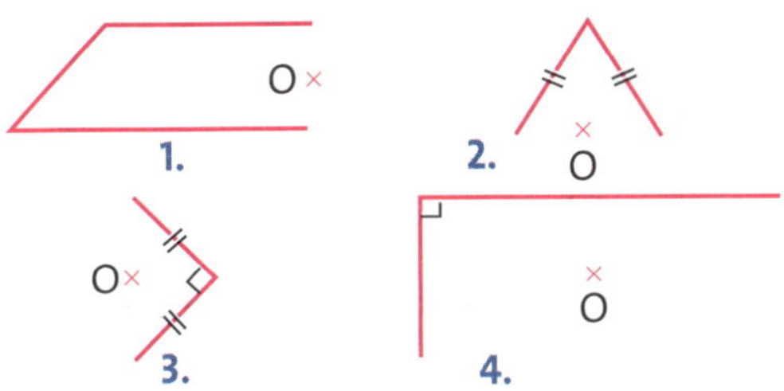

3★★ Cet étourdi de Jérôme est parti à une réception en oubliant quelque chose à la maison... Mais quoi ?!... Tu le sauras en réalisant ce programme.

1. Trace au crayon à papier, sans appuyer :
- un segment [BO] de longueur 2 cm ;
- D symétrique de B par rapport à O ;
- un demi-cercle de diamètre [BD] ;
- A, le point de ce demi-cercle tel que DA = 2 cm ;
- C symétrique de A par rapport à O ;
- E symétrique de B par rapport à D ;
- F symétrique de C par rapport à A ;
- G symétrique de E par rapport à B ;
- H symétrique de F par rapport à O.

2. Repasse au feutre bleu :
ABCDA ; AFED ; BGHC
... et gomme les traits de crayon !

4★★ Reproduis chaque figure et trace son symétrique par rapport au point O.

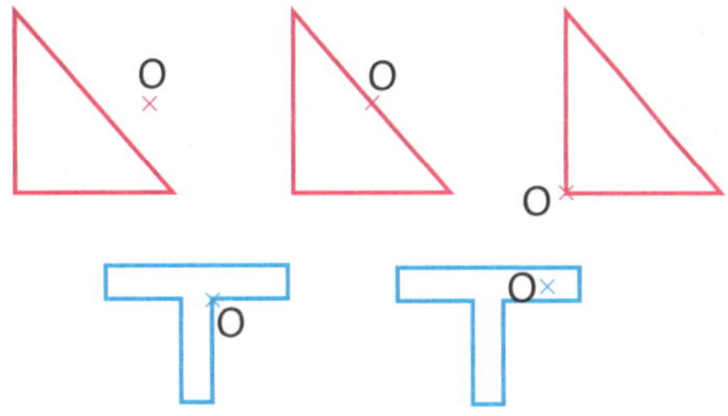

5★★ Trace le symétrique de chaque partie par rapport à la croix, ou à la droite en pointillés, afin de découvrir l'un des plus célèbres paradoxes du raisonnement.

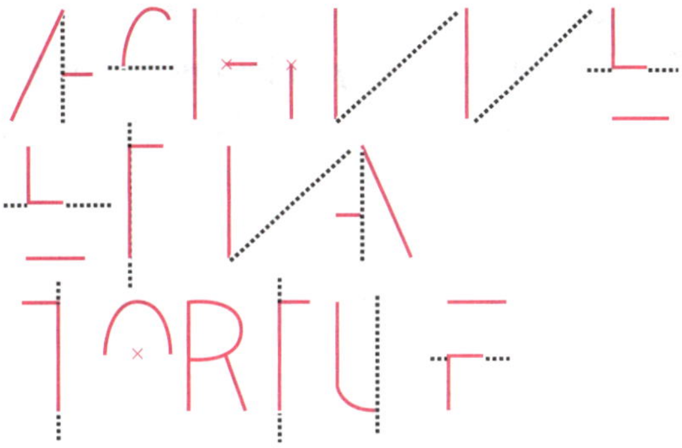

6★★★ Observe la figure suivante et réponds aux questions en cochant vrai ou faux.

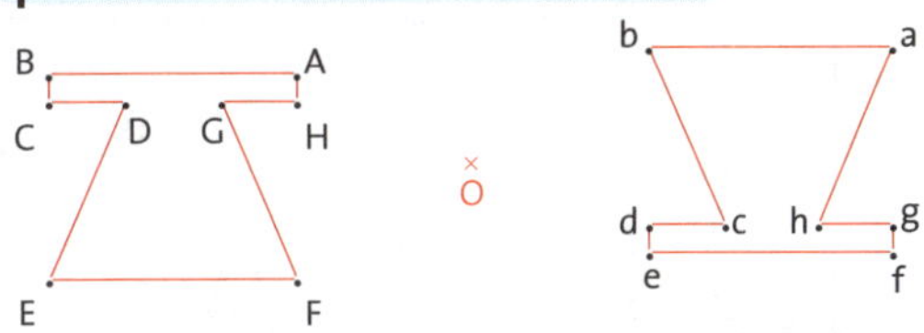

1. L'angle $\widehat{bah}$ est le symétrique de l'angle $\widehat{DEF}$ par rapport à O ; ❑ vrai ❑ faux

2. d est le symétrique de A par rapport à O ; ❑ vrai ❑ faux

3. g est le symétrique de B par rapport au point O. ❑ vrai ❑ faux

4. c est le symétrique de G par rapport au point O ; ❑ vrai ❑ faux

5. C et H sont symétriques par rapport au point D ; ❑ vrai ❑ faux

6. [Ea] et [Hd] ont le même milieu ;

7. Fb = Ad ; ❑ vrai ❑ faux

8. FO = Ob. ❑ vrai ❑ faux

Corrigés p. 287

Évalue ton travail et coche pour chaque exercice : ☑ réussi ☑ presque réussi ☑ à revoir

10 Symétrie et figures

OBJECTIF • Reconnaître les éléments de symétrie d'une figure

Savoir

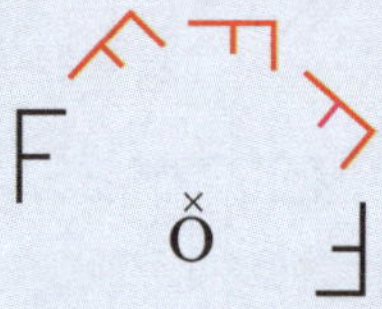

- Les figures noires sont **symétriques par rapport au point O**.
- Deux figures symétriques sont **superposables**.
- Une figure a un **centre de symétrie** lorsque chaque point de la figure a son symétrique sur la figure.

Savoir faire

• Tracer le symétrique d'une figure dans une symétrie centrale

• On repère les points intéressants de la figure et on trace leurs symétriques.

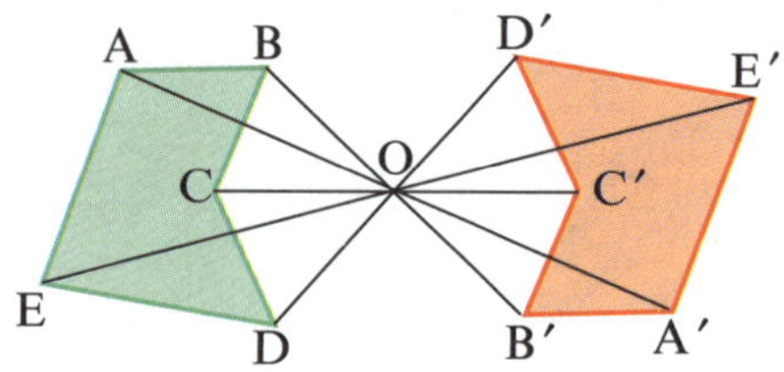

• On décompose la figure en segments, cercles… et on utilise les propriétés de conservation.

Exemple : Pour tracer le symétrique de la figure noire par rapport à O :

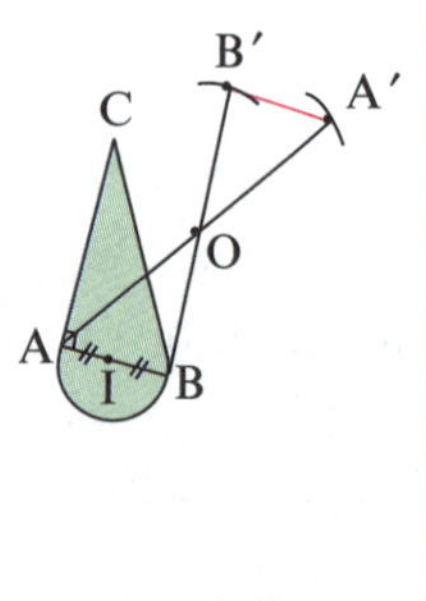	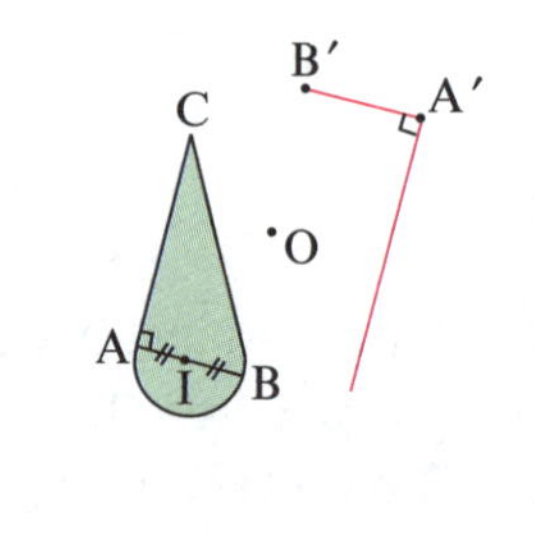	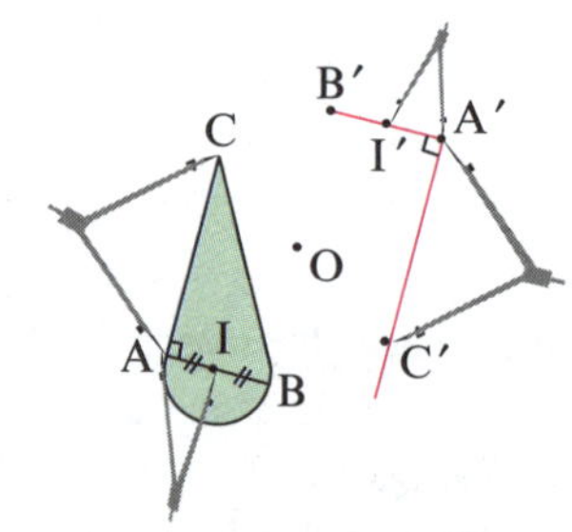	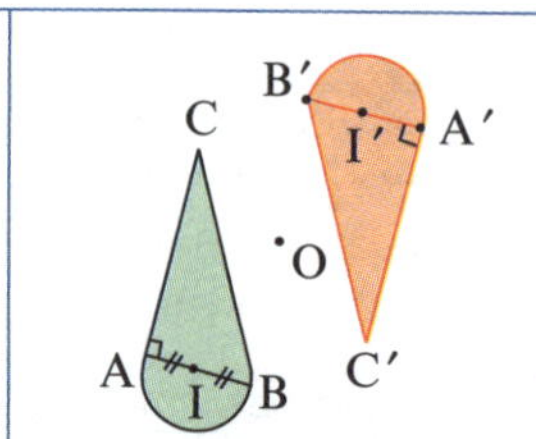
On trace [A′B′] image du segment [AB].	$\widehat{A} = 90°$, donc $\widehat{A'} = 90°$; on trace la perpendiculaire à [A′B′] passant par A′.	AC = A′C′ et AI = A′I′ ; on reporte donc au compas les distances AC et AI.	On trace [B′C′] et le demi-cercle de centre I′, de rayon I′A′, à l'**extérieur** du triangle A′B′C′. La figure orange est la figure symétrique de la figure verte.

• Reconnaître un centre et un axe de symétrie dans une figure usuelle

parallélogramme	losange	rectangle	carré	cercle
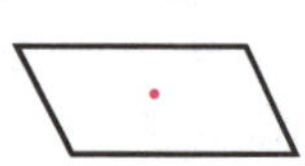	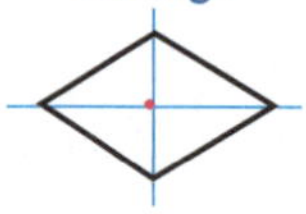	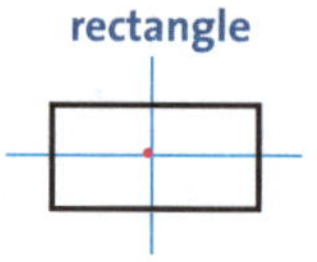	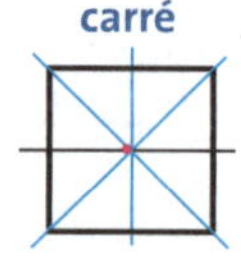	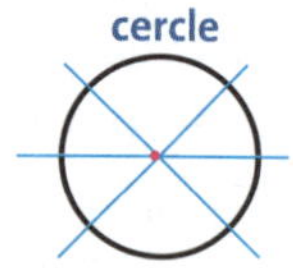
1 centre pas d'axe	1 centre 2 axes	1 centre 2 axes	1 centre 4 axes	1 centre infinité d'axes

1 ★ Les figures $\mathscr{A}$ et $\mathscr{A}'$ sont-elles symétriques par rapport au point O ?

1.
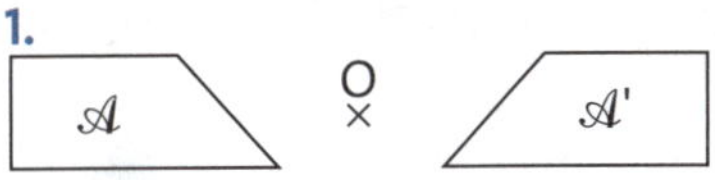

....

2.
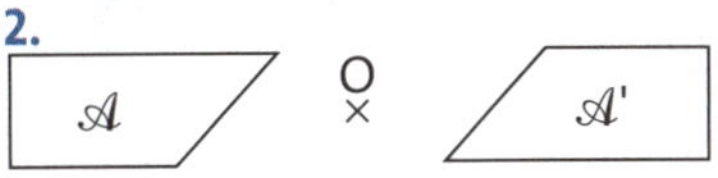

....

3.
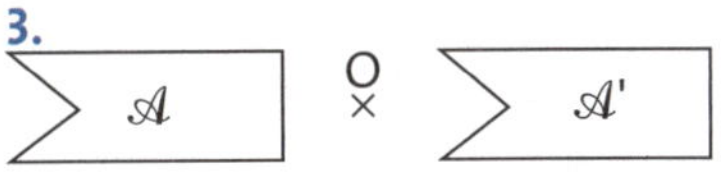

....

4.
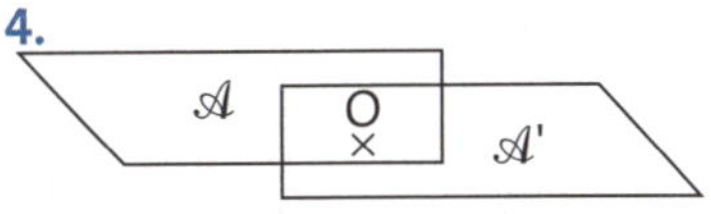

....

2 ★ Parmi les lettres suivantes, quelles sont celles qui admettent :

1. un seul axe de symétrie ? ....
2. au moins deux axes de symétrie ? ....
3. un centre de symétrie ? ....
4. aucun élément (axe ou centre) de symétrie ? ....

A C E O H I

L N S T W Z

3 ★ Les figures suivantes ont-elles un centre de symétrie ?

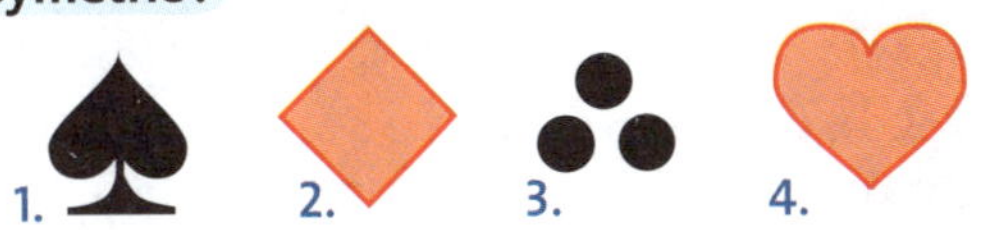

4 ★★ Reproduis ces figures sur du papier quadrillé et trace leur symétrique par rapport au point O.

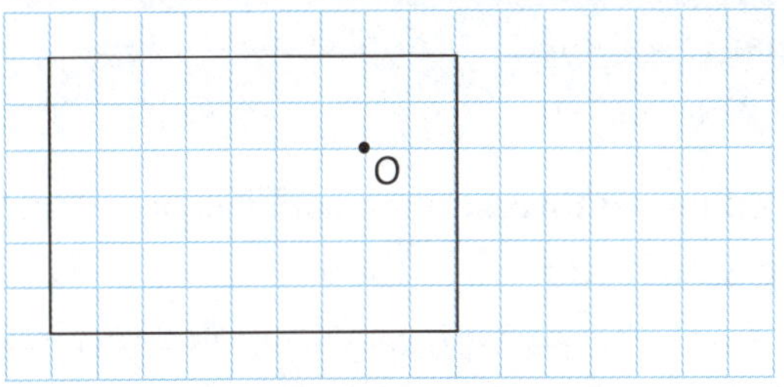

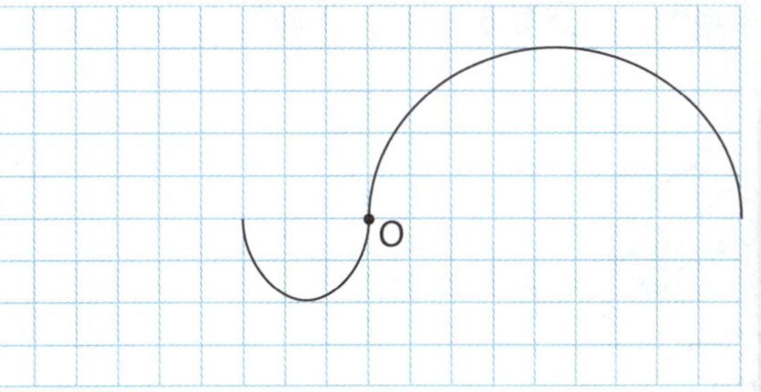

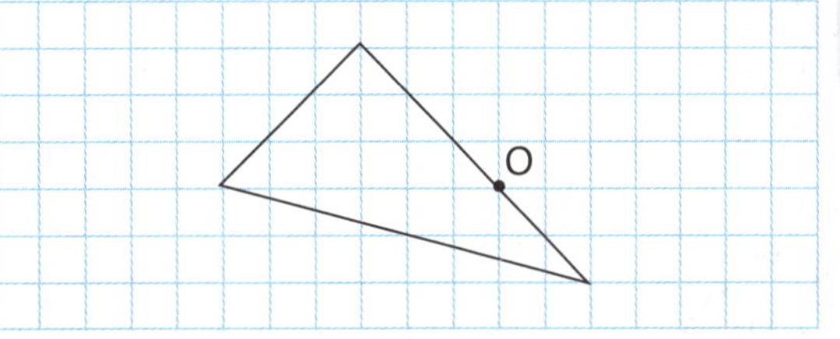

5 ★★ Complète les figures afin qu'elles soient symétriques par rapport au point noir.

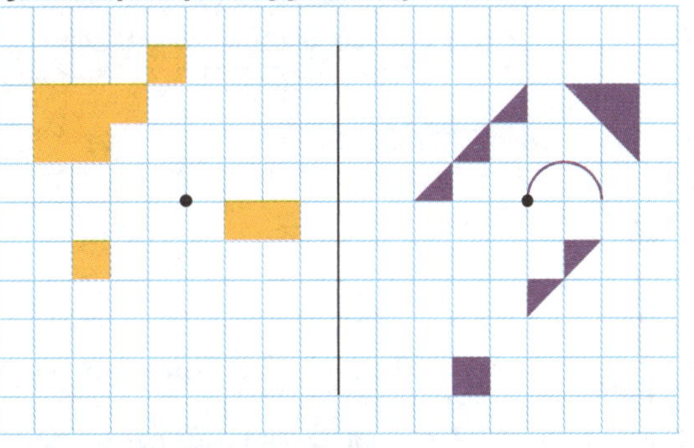

6 ★★ EFGH est un rectangle de centre I. Parmi ces affirmations, lesquelles sont vraies ?

1. (FH) est axe de symétrie de EFGH.
2. I est centre de symétrie de EFGH.
3. H est le symétrique de F par rapport à I.
4. H est le symétrique de F par rapport à (EG).
5. La médiatrice de [EF] est axe de symétrie de EFGH.
6. EFGH a quatre axes de symétrie.

7 ★★★ Reproduis le dessin ci-dessous ; construis le symétrique (F_1) de la figure (F) par rapport à la droite d_1 ; puis le symétrique (F_2) de la figure obtenue (F_1) par rapport à la droite d_2.

Que peut-on dire des figures (F) et (F_2) ?

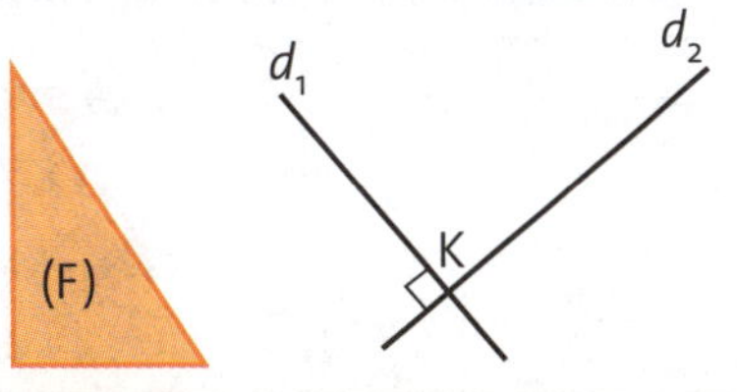

Corrigés p. 287

Évalue ton travail et coche pour chaque exercice : ☑ réussi ☑ presque réussi ☑ à revoir

11

Symétrie centrale et angles

OBJECTIF • Connaître et utiliser le vocabulaire lié aux angles

Savoir

• Définitions

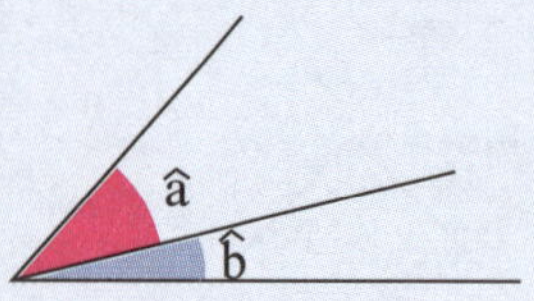

$\widehat{a}$ et $\widehat{b}$ sont **adjacents.**

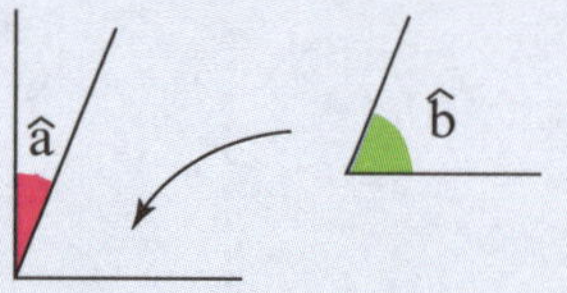

$\widehat{a}$ et $\widehat{b}$ sont **complémentaires** : $\widehat{a} + \widehat{b} = 90°$.

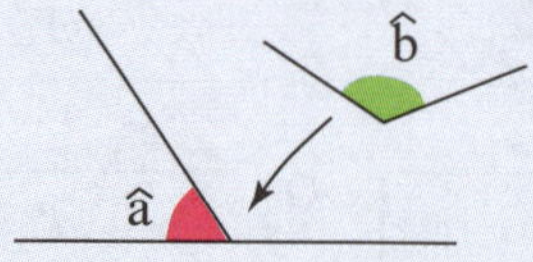

$\widehat{a}$ et $\widehat{b}$ sont **supplémentaires** : $\widehat{a} + \widehat{b} = 180°$.

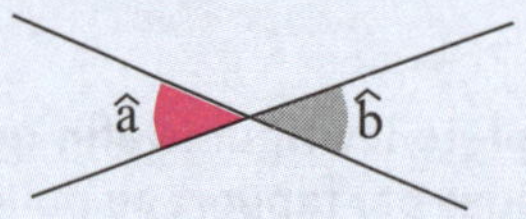

$\widehat{a}$ et $\widehat{b}$ sont **opposés par le sommet.**

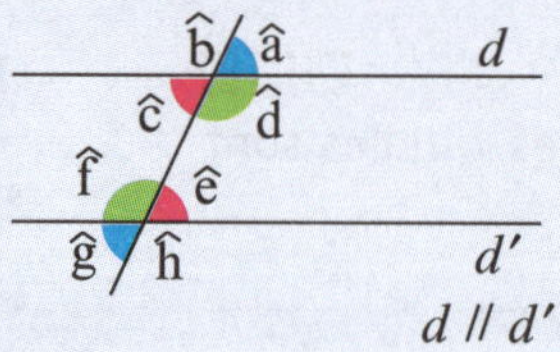

$d \mathbin{/\!/} d'$

$\widehat{c}$ et $\widehat{e}$, $\widehat{f}$ et $\widehat{d}$ sont **alternes internes.**

$\widehat{a}$ et $\widehat{e}$, $\widehat{d}$ et $\widehat{h}$, $\widehat{b}$ et $\widehat{f}$, $\widehat{c}$ et $\widehat{g}$ sont **correspondants.**

• Propriétés

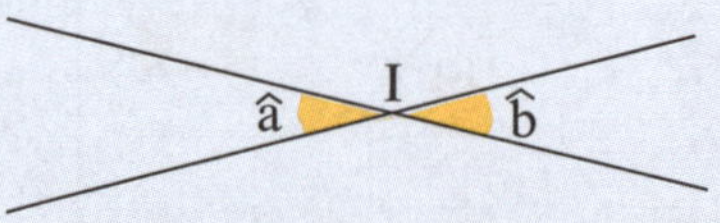

$\widehat{a}$ et $\widehat{b}$ sont symétriques par rapport à I, donc $\widehat{a} = \widehat{b}$.
Deux angles opposés par le sommet ont même mesure.

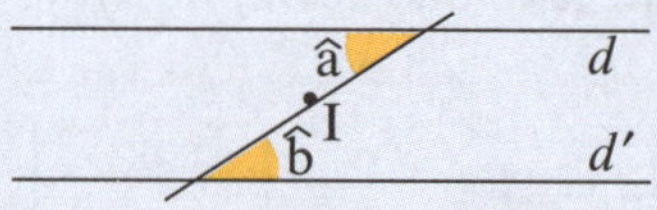

$d \mathbin{/\!/} d'$

$\widehat{a}$ et $\widehat{b}$ sont symétriques par rapport à I, donc $\widehat{a} = \widehat{b}$.
Deux angles alternes internes ont même mesure.

Savoir faire

• Calculer les angles

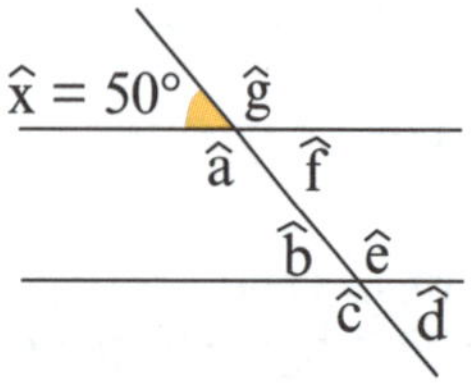

Sans mesurer, calculer $\widehat{a}$, $\widehat{b}$, $\widehat{c}$, $\widehat{d}$, $\widehat{e}$, $\widehat{f}$, $\widehat{g}$.

$\widehat{a}$ et $\widehat{x}$ sont supplémentaires,	donc $\widehat{a} = 180° - 50° = 130°$.
$\widehat{f}$ et $\widehat{x}$ sont opposés par le sommet,	donc $\widehat{f} = \widehat{x} = 50°$.
$\widehat{a}$ et $\widehat{g}$ sont opposés par le sommet,	donc $\widehat{g} = \widehat{a} = 130°$.
$\widehat{a}$ et $\widehat{e}$ sont alternes internes,	donc $\widehat{e} = \widehat{a} = 130°$.
$\widehat{f}$ et $\widehat{b}$ sont alternes internes,	donc $\widehat{b} = \widehat{f} = 50°$.
$\widehat{b}$ et $\widehat{d}$ sont opposés par le sommet,	donc $\widehat{d} = \widehat{b} = 50°$.
$\widehat{e}$ et $\widehat{c}$ sont opposés par le sommet,	donc $\widehat{c} = \widehat{e} = 130°$.

• Démontrer une propriété

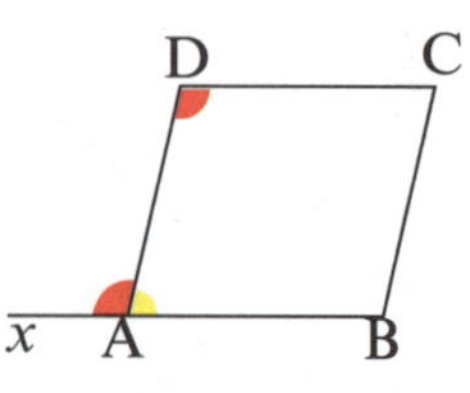

Les angles consécutifs d'un parallélogramme sont supplémentaires.

$\widehat{xAD} = \widehat{CDA}$ (alternes internes),

$\widehat{xAD} + \widehat{DAB} = 180°$ ($\widehat{xAD}$ et $\widehat{DAB}$ adjacents supplémentaires),

$\widehat{CDA} + \widehat{DAB} = 180°$, donc ces deux angles sont supplémentaires.

Faire

1★ En observant la figure ci-dessous, complète les phrases suivantes à l'aide des termes : complémentaires, supplémentaires, opposés par le sommet.

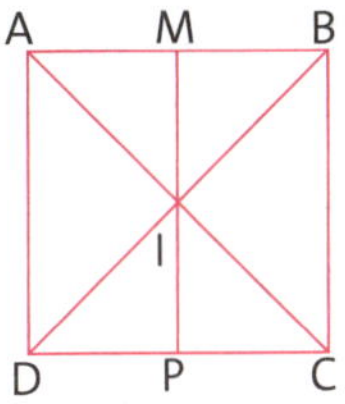

ABCD est un carré

$\widehat{MAI}$ et $\widehat{IAD}$ sont ....

$\widehat{MIA}$ et $\widehat{CIP}$ sont ....

$\widehat{BIP}$ et $\widehat{DIP}$ sont ....

$\widehat{DIC}$ et $\widehat{BIA}$ sont ....

$\widehat{DIP}$ et $\widehat{CIP}$ sont ....

$\widehat{MIC}$ et $\widehat{PIC}$ sont ....

2★ En observant la figure ci-dessous, complète les phrases à l'aide des termes : alternes internes ou correspondants.

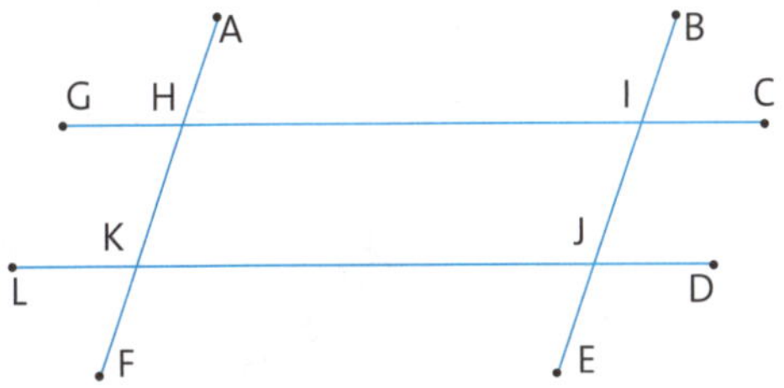

HIJK est un parallélogramme

$\widehat{GHK}$ et $\widehat{HKJ}$ sont ....

$\widehat{LKH}$ et $\widehat{GHA}$ sont ....

$\widehat{KJI}$ et $\widehat{HIB}$ sont ....

$\widehat{HIJ}$ et $\widehat{IJD}$ sont ....

$\widehat{AHC}$ et $\widehat{HKJ}$ sont ....

$\widehat{KJI}$ et $\widehat{CIJ}$ sont ....

3★ 1. Observe la figure, puis réponds vrai ou faux aux propositions ci-dessous.

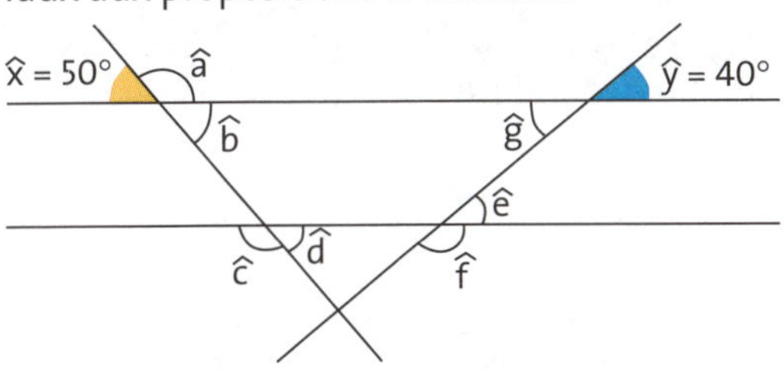

	V	F
a. $\widehat{x}$ et $\widehat{c}$ sont correspondants.		
b. $\widehat{x}$ et $\widehat{c}$ sont supplémentaires.		
c. $\widehat{x} + \widehat{a} = \widehat{a} + \widehat{b}$.		
d. $\widehat{a}$ et $\widehat{c}$ sont alternes internes.		
e. $\widehat{f}$ et $\widehat{e}$ sont opposés par les sommets.		
f. $\widehat{g}$ et $\widehat{e}$ sont alternes internes.		
g. $\widehat{y}$ et $\widehat{e}$ sont correspondants.		
h. $\widehat{c}$ et $\widehat{d}$ sont adjacents.		
i. $\widehat{b} + \widehat{g} = \widehat{d} + \widehat{e}$.		
j. $\widehat{d}$ et $\widehat{f}$ sont correspondants.		

2. Sans mesurer, calcule les angles $\widehat{a}$, $\widehat{b}$, $\widehat{c}$, $\widehat{d}$, $\widehat{e}$, $\widehat{f}$ et $\widehat{g}$ en justifiant chaque calcul.

Dans les exercices 4 et 5, les mesures indiquées sur la figure ne sont pas respectées.

4★★ On sait que les droites (ED) et (BC) sont parallèles.

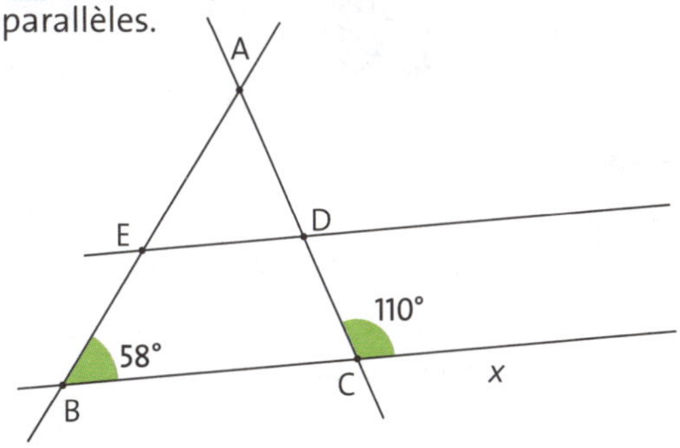

Complète :

$\widehat{BCD}$ et $\widehat{DCx}$ sont .... donc $\widehat{BCD}$ = ... – 110° = ...°

$\widehat{ADE}$ et $\widehat{BCD}$ sont .... donc $\widehat{ADE}$ = ... = ...°

$\widehat{EBC}$ et .... sont .... donc $\widehat{AED}$ = ... = ...°

La .... des angles d'un .... vaut 180° :

donc $\widehat{BAC}$ = ...° – (..........° + ...°) = ...°.

On a ainsi calculé tous les angles du triangle AED.

5★★★ Les droites (AB) et (DE) sont parallèles.

1. Cite deux couples d'angles alternes internes.

2. Calcule, en justifiant, les angles inconnus.

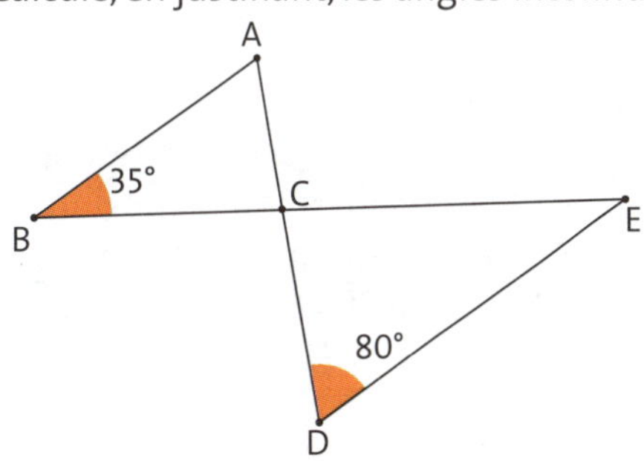

Corrigés p. 288

Évalue ton travail et coche pour chaque exercice : ☑ réussi ☑ presque réussi ☑ à revoir

12 Constructions de triangles

OBJECTIF • Organiser une construction géométrique

Savoir

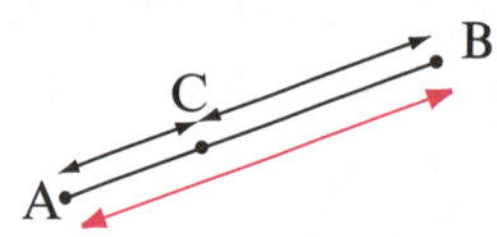 Si C est sur [AB], on a : AB = AC + CB.	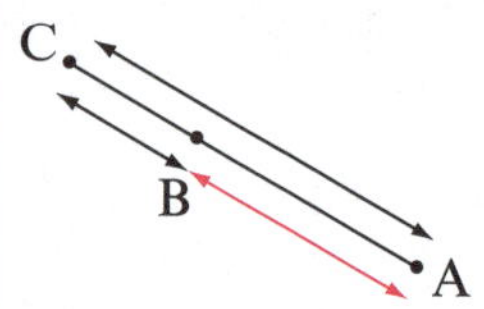 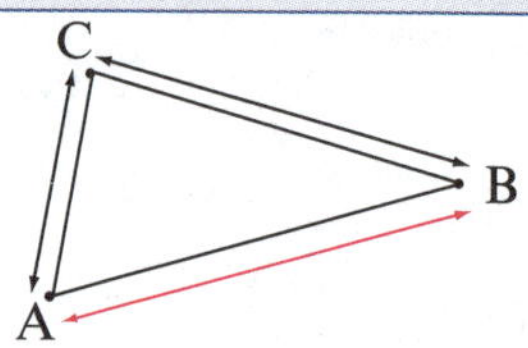 Si C n'est pas sur [AB], on a : AB < AC + CB.
Dans tous les cas, A, B et C étant trois points, on a AB ⩽ AC + CB.	

Dans un triangle, la mesure d'un côté est inférieure à la somme des mesures des deux autres côtés. Trois nombres positifs étant donnés, on ne peut donc pas toujours construire un triangle dont les côtés ont ces trois nombres pour mesures.

Ainsi 2, 4 et 1 ne peuvent mesurer (dans la même unité) les côtés d'un triangle car 2 + 1 < 4.

Savoir faire

• Construire un triangle

• On connaît la longueur des trois côtés.

Exemple : Construire un triangle ABC tel que AB = 3 cm, AC = 2,4 cm et BC = 2 cm.

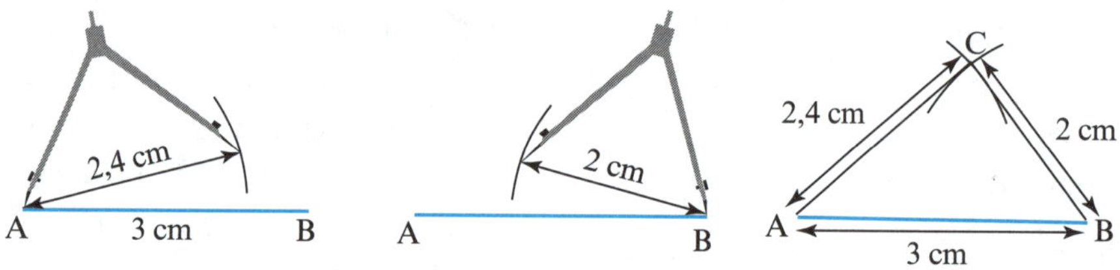

• On connaît la longueur de deux côtés et l'angle compris entre ces côtés.

Exemple : Reproduire le dessin ci-contre en respectant les mesures indiquées.

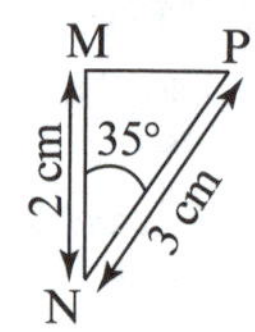

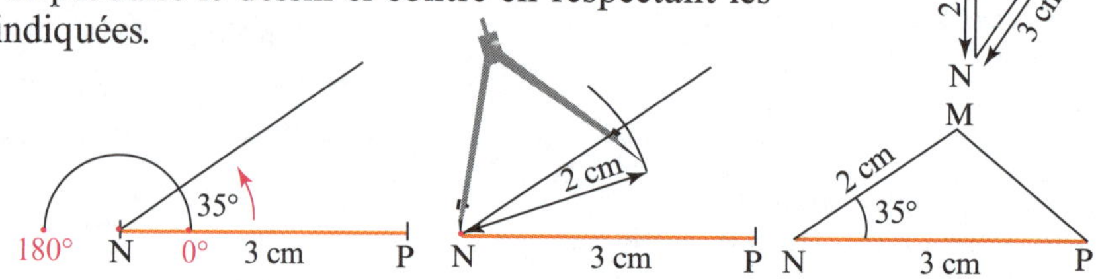

• On connaît la longueur d'un côté et les deux angles qui lui sont adjacents.

Exemple : Dessiner un triangle TAP tel que PA = 4 cm, $\widehat{TAP}$ = 110° et $\widehat{TPA}$ = 25°.

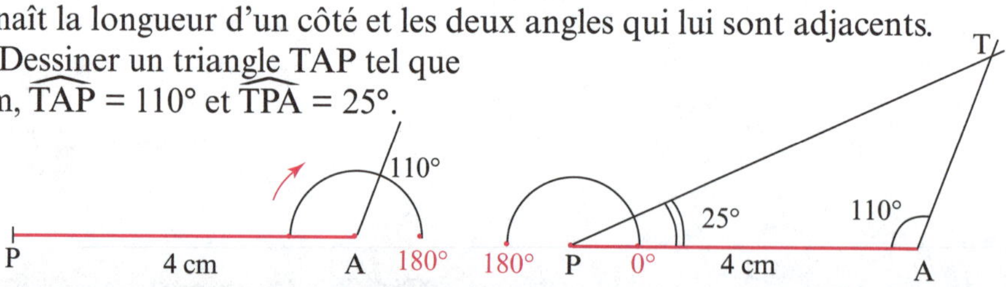

1 ★ **Construis un triangle BOF tel que : BO = 7 cm ; $\widehat{B}$ = 45° ; $\widehat{O}$ = 80°.**

2 ★ **Construis un triangle BOL rectangle en O vérifiant BO = 5 cm et $\widehat{B}$ = 60°.**

3 ★ **Construis un triangle MOU tel que : MO = 12 cm ; OU = 7 cm ; MU = 9 cm.**

4 ★★ **Construis un triangle PIF tel que : PI = 7 cm ; $\widehat{P}$ = 50° ; $\widehat{F}$ = 80°.**

5 ★★ **Construis un triangle MUR rectangle en U vérifiant : MU = 7 cm et $\widehat{R}$ = 55°.**

6 ★★ Pour tracer un triangle ABC tel que AB = 6 cm ; $\widehat{ABC}$ = 55° et AC = 5,2 cm, suis le programme de construction suivant.

1. Trace un segment [AB] mesurant 6 cm.

2. Trace un angle mesurant 55° de sommet B et dont un côté est [AB].

3. Trace le cercle de centre A et de rayon 5,2 cm. En combien de points le cercle coupe-t-il le deuxième côté de l'angle ?

4. Combien de triangles répondent à la question ? Sont-ils superposables ?

7 ★★ **Trace les figures ci-dessous en vraie grandeur. Pour la seconde figure, commence par tracer le triangle ABC.**

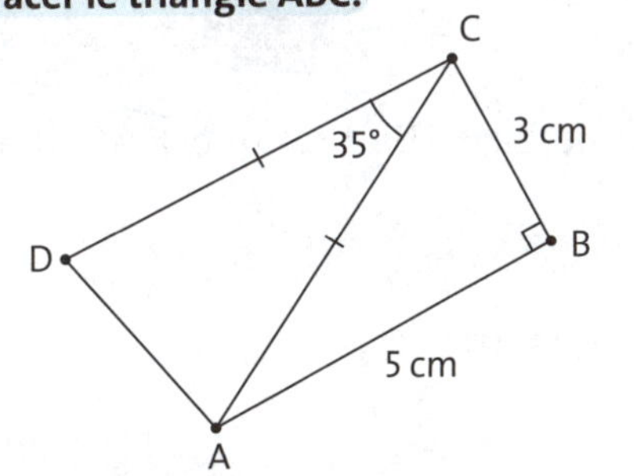

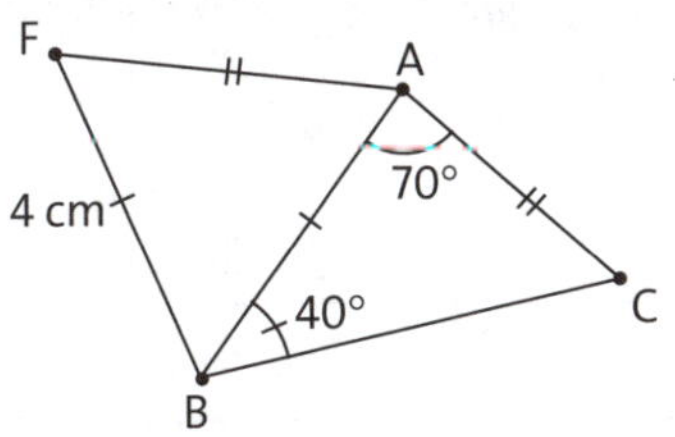

8 ★★ **Dans chaque cas, construis la figure en respectant les données ou explique clairement la raison pour laquelle la figure n'est pas réalisable.**

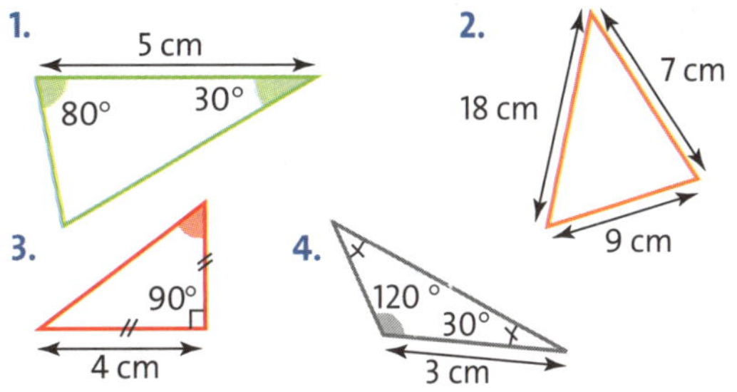

9 ★★ **Réponds par vrai ou faux.**

1. On peut tracer un triangle dont les côtés mesurent 4,2 cm ; 6,3 cm ; 2,4 cm : ....

2. On peut tracer un triangle dont les côtés mesurent 24 cm ; 8 cm ; 13 cm : ....

3. On peut tracer trois points L, O et I tels que LO = 2,4 cm ; LI = 7 cm ; OI = 4,6 cm : ....

4. On peut tracer un triangle TOC tel que TO = OC =14 cm et TC = 30 cm : ....

5. Il existe au moins deux triangles non superposables dont les côtés mesurent 9 cm ; 5 cm ; 8 cm : ....

6. Il existe au moins deux triangles non superposables dont les angles mesurent tous 60° : ....

7. Il existe au moins deux triangles rectangles non superposables dont deux côtés mesurent 5 cm : ....

10 ★★★ Trace un segment [AB] mesurant 10 cm.

1. Place un point C_1 tel que :
AC_1 = 8 cm et BC_1 = 6 cm.

2. Place un point C_2 tel que :
AC_2 = 7 cm et BC_2 = 5 cm.

3. Place un point C_3 tel que :
AC_3 = 6 cm et BC_3 = 5 cm.

4. Place un point C_4 tel que :
AC_4 = 5 cm et BC_4 = 5 cm.
Que peut-on dire de C_4 ?
Compare $AC_4 + BC_4$ avec AB.

Corrigés p. 288

Évalue ton travail et coche pour chaque exercice : ☑ réussi ☑ presque réussi ☑ à revoir

Français
Maths
Hist.-Géo. Éd. civique
Anglais
SVT
Physique Chimie
Bilans
Corrigés

13 Angles dans un triangle

OBJECTIF • Connaître et utiliser les propriétés liées aux angles

Savoir

La somme des angles d'un triangle vaut 180°.

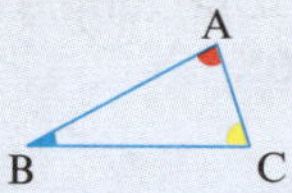

$\widehat{A} + \widehat{B} + \widehat{C} = 180°$.

• Triangle isocèle

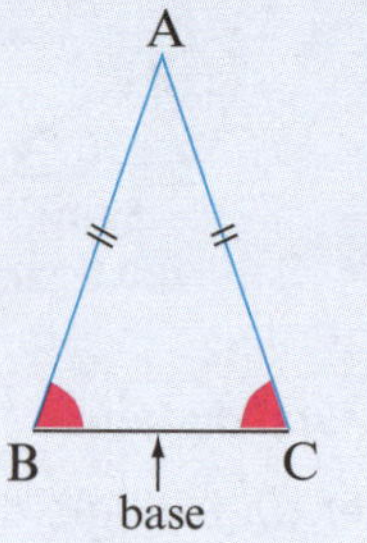

Un triangle isocèle a 2 angles égaux
si $AB = AC$,
alors $\widehat{B} = \widehat{C}$.

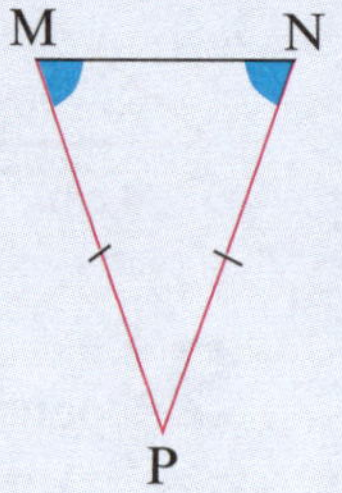

Si un triangle a 2 angles égaux, alors il est isocèle
si $\widehat{M} = \widehat{N}$,
alors $MP = NP$.

• Triangle équilatéral

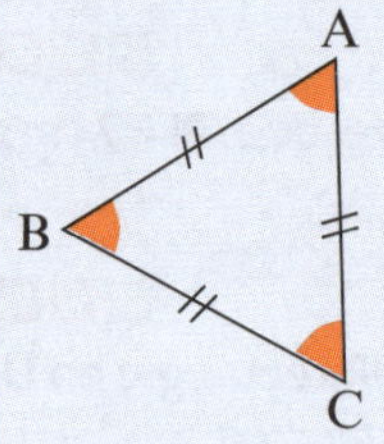

Un triangle équilatéral a 3 angles égaux.
$\widehat{A} = \widehat{B} = \widehat{C} = 60°$.

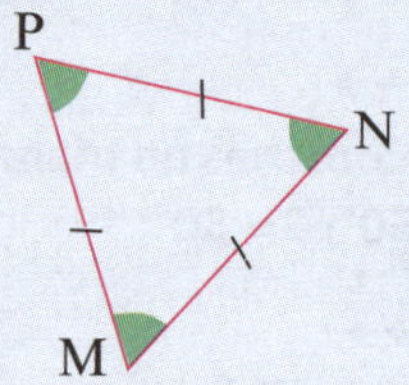

Si un triangle a ses 3 angles égaux, alors il est équilatéral
si $\widehat{M} = \widehat{N} = \widehat{P} = 60°$,
alors $MN = PN = MP$.

Savoir faire

• Calculer la mesure d'un angle

Exemple : Calculer l'angle $\widehat{C}$ connaissant les angles $\widehat{A}$ et $\widehat{B}$.

$\widehat{A} + \widehat{B} + \widehat{C} = 180°$
$40° + 90° + \widehat{C} = 180°$
$130° + \widehat{C} = 180°$
$\widehat{C} = 180° - 130°$
$\widehat{C} = 50°$

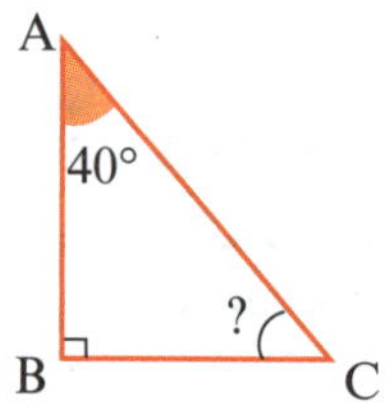

• Construire un triangle

Exemple : Construire un triangle ABC isocèle de base [BC] tel que $\widehat{BAC} = 80°$ et BC = 4 cm.

1re étape	2e étape	3e étape
On fait un schéma. 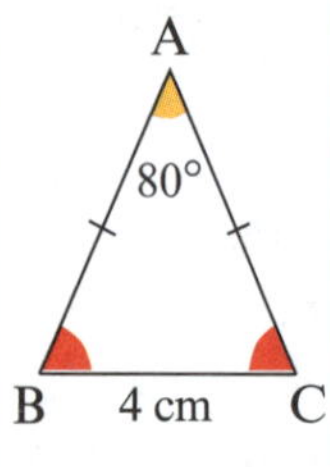	On calcule $\widehat{B}$ et $\widehat{C}$ pour se ramener au cas où l'on connaît un côté et les deux angles adjacents. $AB = AC$ donc $\widehat{B} = \widehat{C}$ $80° + \widehat{B} + \widehat{C} = 180°$ $\widehat{B} + \widehat{C} = 180° - 80°$ $\widehat{B} + \widehat{C} = 100°$ $\widehat{B} = \widehat{C} = \frac{100°}{2} = 50°$	On trace le triangle. 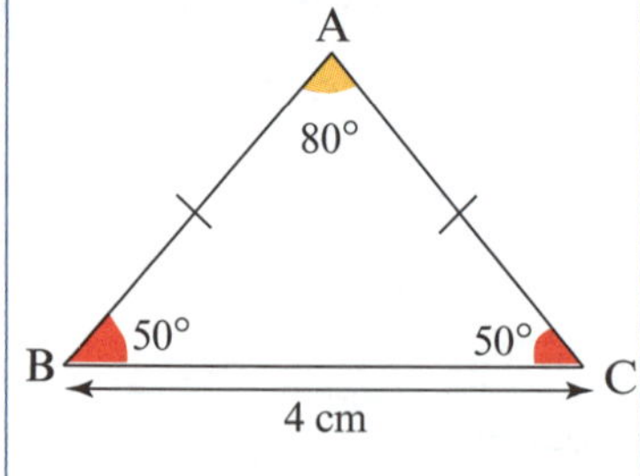

1 ★ ☐☐☐

Détermine, sans mesurer, les longueurs demandées ou les mesures des angles demandées, en observant les figures (volontairement fausses !).

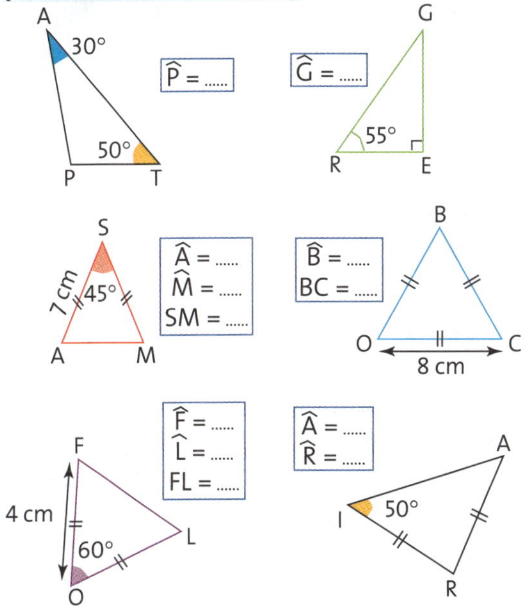

2 ★ ☐☐☐

Sans effectuer de construction, dis quelle est la particularité d'un triangle dont deux angles mesurent 64° et 26°.

3 ★ ☐☐☐

Sans effectuer de construction, dis quelle est la particularité d'un triangle dont deux angles mesurent 126° et 74°.

4 ★★ ☐☐☐

Construis un triangle BAF tel que : BA = 7 cm ; $\widehat{B}$ = 50° ; $\widehat{F}$ = 70°.

5 ★★ ☐☐☐

Observe le dessin suivant et détermine, *sans mesurer* au rapporteur, les angles $\widehat{b}$, $\widehat{c}$, $\widehat{f}$, $\widehat{g}$, $\widehat{k}$, $\widehat{d}$ (A, F, E sont alignés).

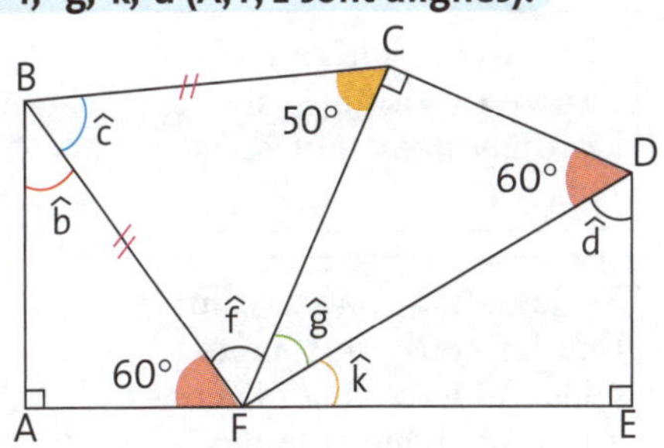

6 ★★ ☐☐☐

Observe le dessin suivant.

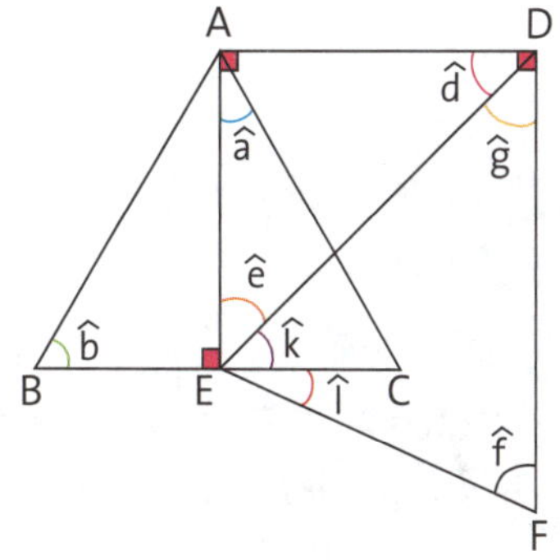

On sait que :
ABC est équilatéral, ADE est isocèle et rectangle en A, DEF est isocèle en D.

Détermine les angles (sans mesurer au rapporteur) : $\widehat{b}$, $\widehat{a}$, $\widehat{e}$, $\widehat{d}$, $\widehat{g}$, $\widehat{f}$, $\widehat{k}$, $\widehat{l}$.

7 ★★ ☐☐☐

1. Reproduis le dessin de l'exercice 5 sachant que AB = 5 cm.

2. Reproduis le dessin de l'exercice 6 sachant que AB = 5 cm.

8 ★★ ☐☐☐

Construis un triangle rectangle dont l'hypoténuse (le côté opposé à l'angle droit) mesure 8 cm et dont un angle mesure 45°.

9 ★★ ☐☐☐

Construis un triangle isocèle BOC de base [BC] tel que $\widehat{BOC}$ = 68° et BC = 5 cm.

10 ★★★ ☐☐☐

Reproduis la figure ci-dessous en respectant les mesures indiquées.

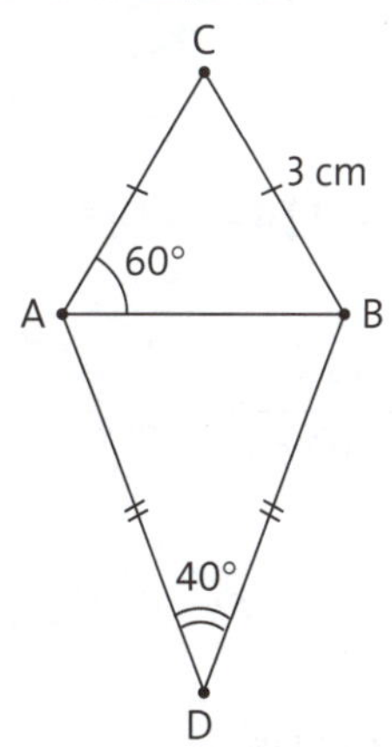

Corrigés p. 288

Évalue ton travail et coche pour chaque exercice :
☑ réussi ☑ presque réussi ☑ à revoir

14 Parallélogrammes

OBJECTIF • Connaître et utiliser les propriétés des parallélogrammes

Savoir

• Définition

Un parallélogramme est un quadrilatère dont les côtés opposés sont parallèles.

• Propriétés

Un parallélogramme a un centre de symétrie : le point d'intersection de ses diagonales.

• En conséquence :

dans un parallélogramme

les diagonales ont même milieu	les côtés opposés ont même longueur	les angles opposés ont même mesure

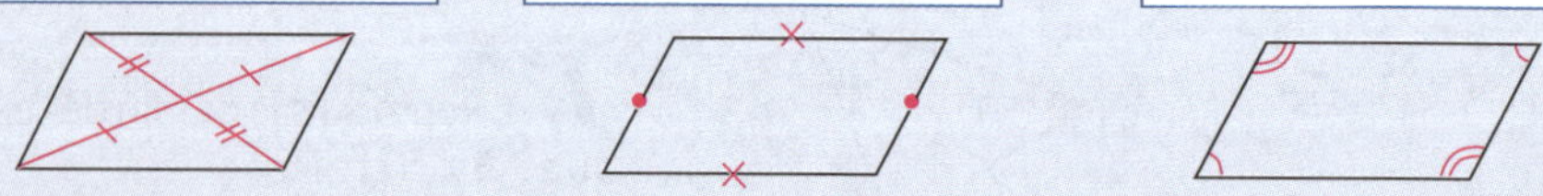

• Réciproquement : **si** on **sait** qu'un quadrilatère possède **une** des propriétés suivantes :

les diagonales ont même milieu	les côtés opposés ont la même longueur (quadrilatère non croisé)	les côtés opposés sont parallèles

alors on **est sûr** que ce quadrilatère est un **parallélogramme**.

Savoir faire

• Tracer un parallélogramme

Exemple : On connaît la longueur des côtés : 2,7 cm et 1,3 cm.

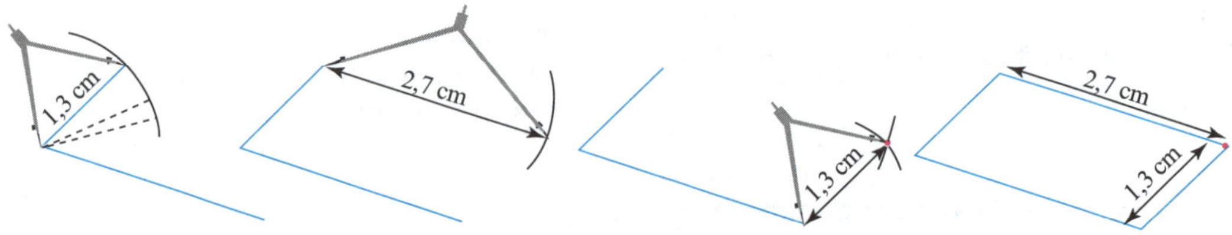

• Distinguer deux situations réciproques

Si 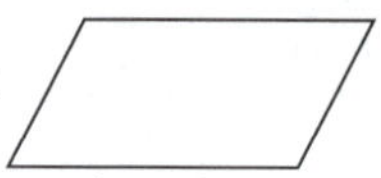 donnée **alors** 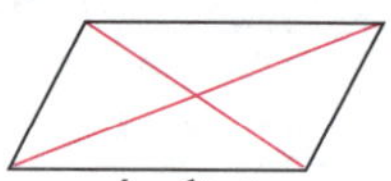 résultat

Si un quadrilatère est un parallélogramme, alors ses diagonales ont même milieu.

Si 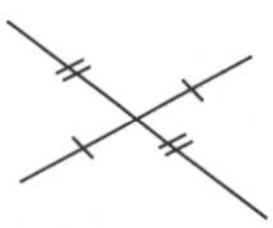 donnée **alors** 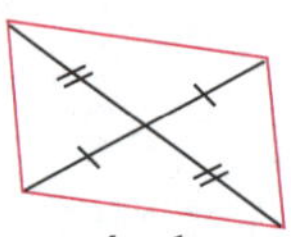 résultat

Si les diagonales d'un quadrilatère ont même milieu, alors ce quadrilatère est un parallélogramme.

1 ★

Construis un parallélogramme POLI dont deux côtés mesurent 3 cm et 4 cm.

2 ★

Construis un parallélogramme BIDE dont les diagonales mesurent 3 cm et 4 cm.

3 ★

Complète les parallélogrammes ABCD.

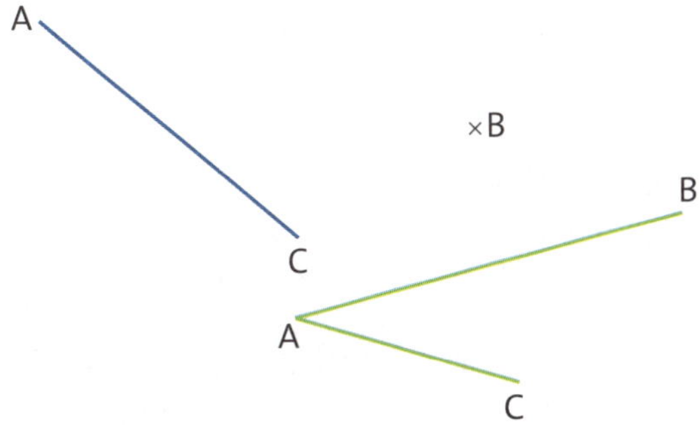

4 ★

Trace le parallélogramme ABCD de centre I tel que B soit sur d_1 et D sur d_2.

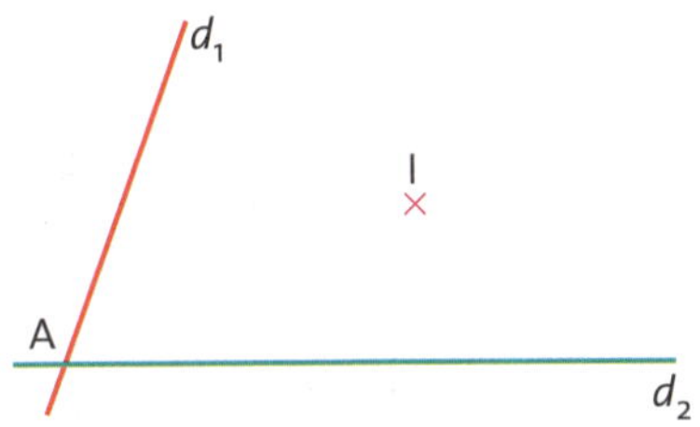

5 ★★

Pour chacune des affirmations suivantes, fais un dessin prouvant qu'elles sont fausses.

1. Un quadrilatère ayant ses diagonales de même longueur est un parallélogramme.

2. Un quadrilatère ayant deux côtés de même longueur est un parallélogramme.

3. Un quadrilatère ayant deux côtés parallèles est un parallélogramme.

6 ★★

1. Construis un parallélogramme RSTU tel que RS = 5 cm ; RT = 4 cm et ST = 2,5 cm.

2. Construis un parallélogramme ABCD de centre O tel que AB = 54 mm ; AC = 8 cm et BD = 6 cm. *(Fais d'abord une figure à main levée sur laquelle tu reporteras les données.)*

7 ★★

Observe la figure ci-dessous : MNPR est un parallélogramme. *(Les mesures indiquées sur la figure ne sont pas respectées.)*

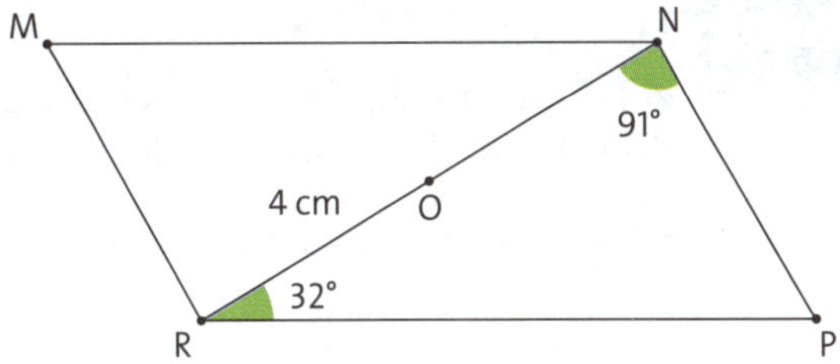

1. En justifiant les réponses, calcule RN, $\widehat{MNR}$ et $\widehat{MRN}$.

2. Construis MNPR en vraie grandeur.

8 ★★

Observe la figure suivante et réponds à la question.

On sait que le périmètre de ABCD est 21 cm.

Pourquoi ABCD est-il un parallélogramme ? *(Les mesures indiquées sur la figure ne sont pas respectées.)*

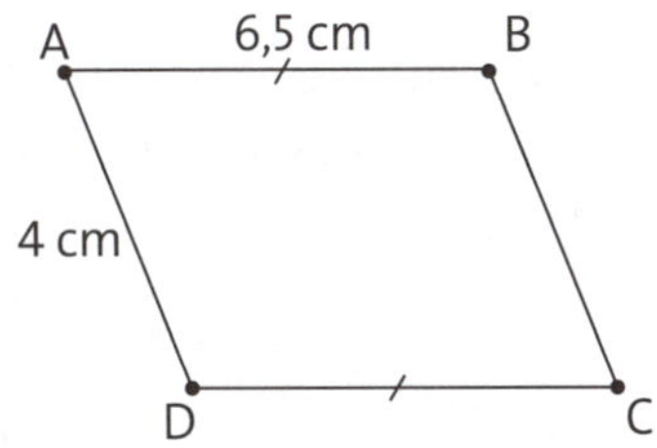

9 ★★★

Voici un énoncé : « Trace deux cercles C1 et C2 de même centre O et de rayons différents. Trace un diamètre [AB] du cercle C1 et un diamètre [CD] du cercle C2. Prouve que ACBD est un parallélogramme. »

1. Fais un dessin.

2. Retrouve l'erreur commise dans la démonstration suivante : « [AB] est un diamètre de C1 donc O est le milieu de [AB]. De même O est le milieu de [CD]. Les diagonales du quadrilatère ACBD ont le même milieu. Or les diagonales d'un parallélogramme ont le même milieu donc ACBD est un parallélogramme. »

3. Rédige une démonstration correcte.

Corrigés p. 289

15 Quadrilatères particuliers

OBJECTIF • Reconnaître et tracer les rectangles, losanges, carrés

Savoir

● Les rectangles, les losanges et les carrés sont des parallélogrammes : ils ont donc toutes les propriétés des parallélogrammes.

● **Si** un quadrilatère possède *une* des propriétés suivantes :

il a 3 angles droits	c'est un parallélogramme *et* il a un angle droit	c'est un parallélogramme *et* ses diagonales ont même longueur

alors ce quadrilatère est un **RECTANGLE**.

● **Si** un quadrilatère possède *une* des propriétés suivantes :

il a 4 côtés de même longueur	c'est un parallélogramme *et* 2 côtés consécutifs ont même longueur	c'est un parallélogramme *et* ses diagonales sont perpendiculaires

alors ce quadrilatère est un **LOSANGE**.

● **Si** un quadrilatère est à la fois un rectangle et un losange, **alors** c'est un **CARRÉ**.

Savoir faire

● Construire un quadrilatère

Tracer un rectangle PLAF de centre I tel que $\widehat{PIF} = 36°$ et FL = 2 cm.

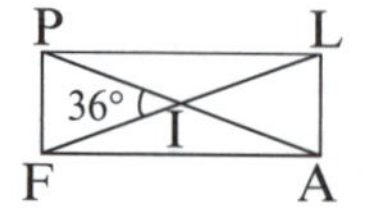

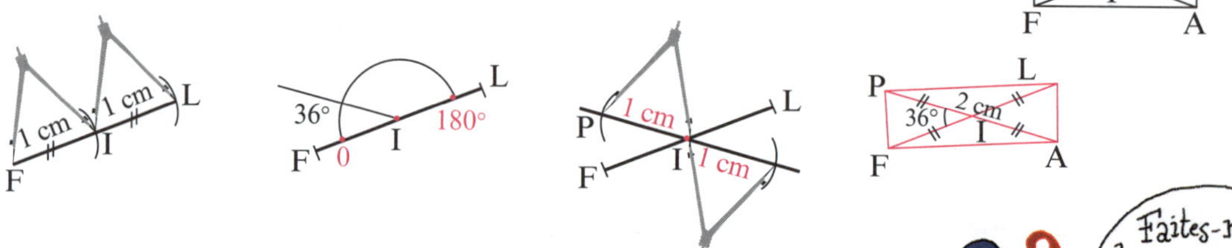

● Reconnaître un quadrilatère

Quelle est la nature des quadrilatères TRUC et PALE ?

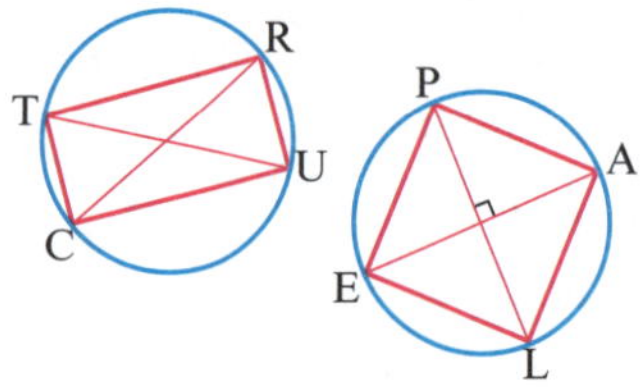

• TRUC : [TU] et [RC] sont deux diamètres d'un même cercle, donc :
1. TU = RC ;
2. [TU] et [RC] ont même milieu : le centre du cercle.

De **2** on déduit que les diagonales du quadrilatère TRUC ont même milieu, donc TRUC est un parallélogramme.
De **1** on déduit que le parallélogramme TRUC a ses diagonales de même longueur, donc TRUC est un **rectangle**.

• PALE : c'est un rectangle au même titre que TRUC. De plus, ses diagonales sont perpendiculaires ; c'est donc à la fois un rectangle et un losange. PALE est un **carré**.

Faire

1★ Construis un rectangle FLOP de centre I tel que FL = 7,5 cm et FI = 4,2 cm.

2★ Construis un rectangle BAZE tel que BZ = 8 cm et BA = 6 cm.

3★ Construis un losange IJKL de centre O tel que LJ = 62 mm et IO = 2,4 cm.

4★ Trace un losange dont un côté mesure 5 cm et une diagonale mesure 7 cm.

5★ **1.** Construis un carré dont un côté mesure 4 cm.

2. Construis un carré dont une diagonale mesure 4 cm.

6★★ Construis un rectangle DALI de centre S tel que IA = 8 cm et $\widehat{ASL}$ = 45°.

7★★ Reproduis les figures suivantes en respectant les mesures *(dessins volontairement faux)*.

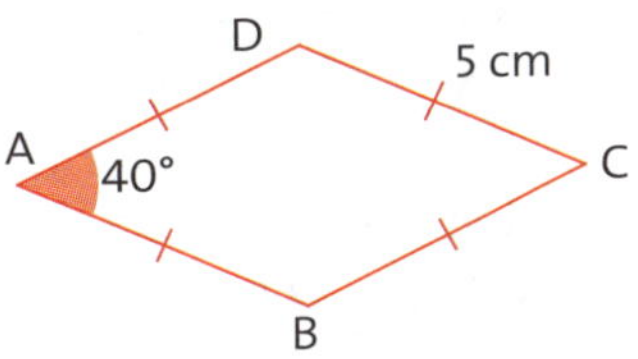

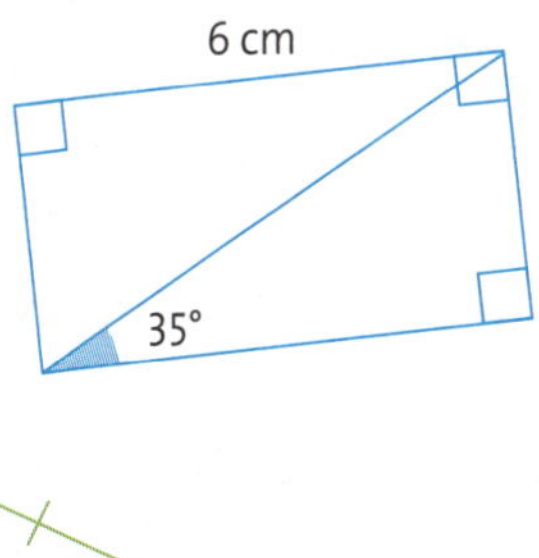

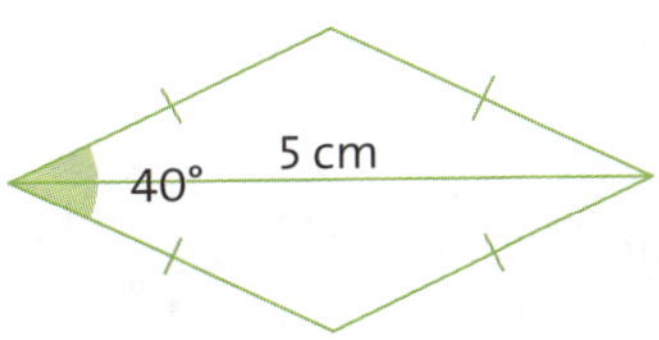

8★★ Utilise les indications du dessin pour donner la nature exacte des parallélogrammes ci-dessous *(dessins volontairement faux)*.

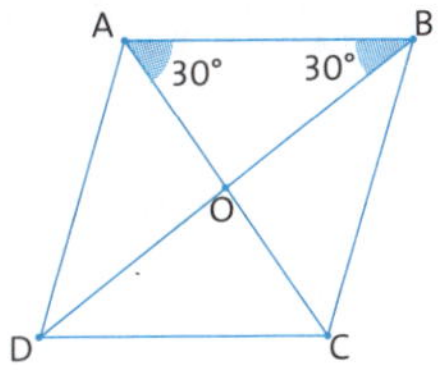

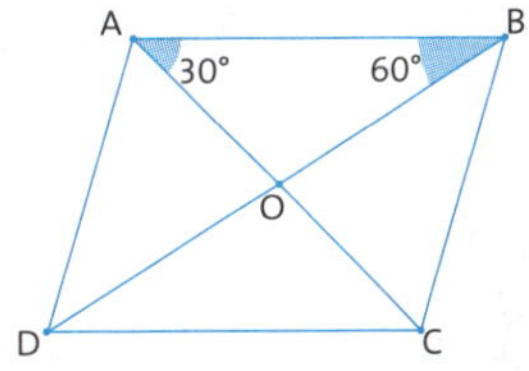

9★★ $\mathscr{C}$ est un cercle de centre I et de rayon 3 cm. A est un point de ce cercle.

Place sur $\mathscr{C}$ les points R, T, S tels que ARTS soit un rectangle avec AR = 2 cm.

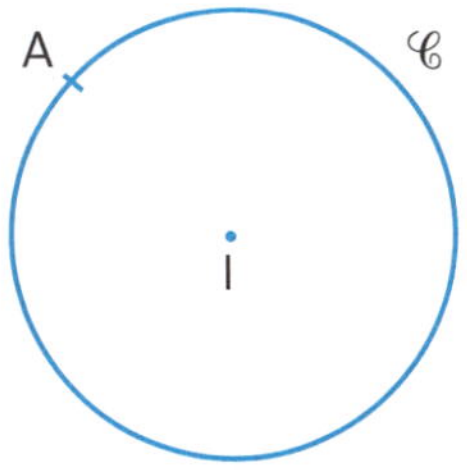

10★★ Pour chacune des affirmations suivantes, fais un dessin prouvant qu'elles sont fausses.

1. Un quadrilatère ayant ses diagonales de même longueur est un rectangle.

2. Un quadrilatère ayant au moins deux angles droits est un rectangle.

3. Un losange a ses diagonales de même longueur.

4. Un quadrilatère ayant ses diagonales de même longueur et perpendiculaires est un carré.

5. Un quadrilatère ayant deux côtés consécutifs de même longueur est un losange.

11★★★ On considère le parallélogramme ABCD ci-dessous. *(Les mesures indiquées sur la figure ne sont pas respectées.)*

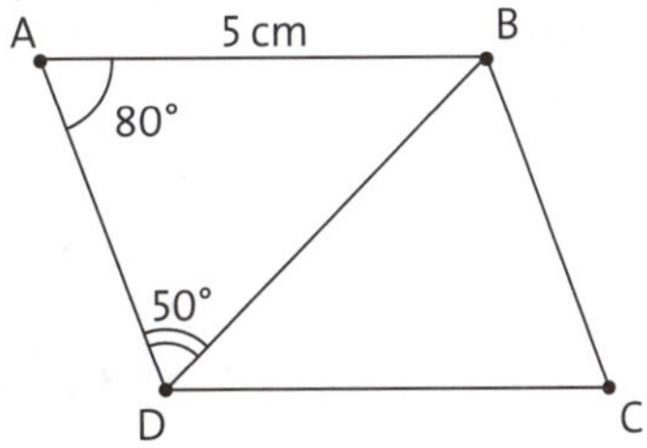

1. Calcule $\widehat{ABD}$.

2. Quelle est la nature du triangle ABD ?

3. Détermine AD.

4. Quelle est la nature exacte de ABCD ?

Corrigés p. 289

Évalue ton travail et coche pour chaque exercice : ☑ réussi ☑ presque réussi ☑ à revoir

16 Cercle circonscrit à un triangle

OBJECTIF • Connaître et utiliser les droites remarquables du triangle

Savoir

• Hauteurs d'un triangle

Une hauteur est une droite passant par un sommet du triangle et perpendiculaire au côté opposé. Pour tracer une hauteur, on utilise une équerre.

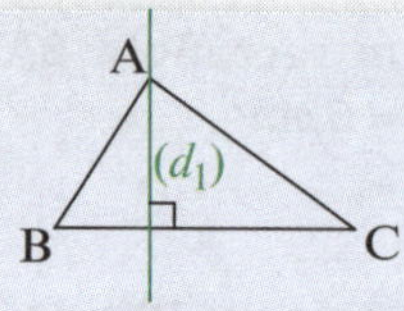

(d_1) est la hauteur issue de A

• Médianes d'un triangle

Une médiane est une droite passant par un sommet du triangle et le milieu du côté opposé.

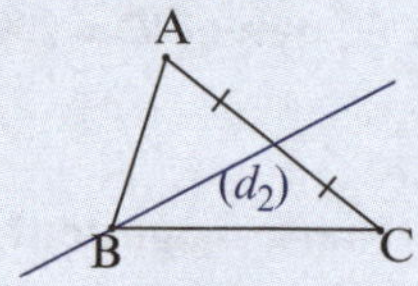

(d_2) est la médiane issue de B

• Cercle circonscrit à un triangle

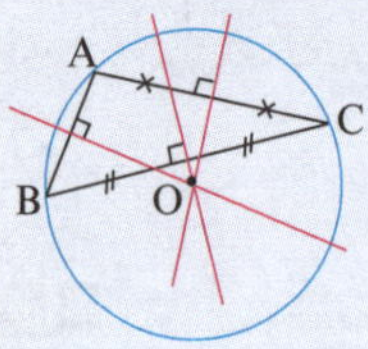

Les **médiatrices** des trois côtés d'un triangle sont **concourantes**. Leur **point d'intersection** est équidistant des sommets du triangle. Ce point est le centre d'un cercle passant par les sommets du triangle et appelé **cercle circonscrit au triangle**.

Savoir faire

• Construire le cercle circonscrit à un triangle

Il suffit de tracer les médiatrices de deux côtés.

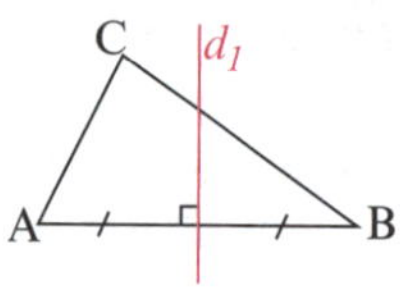

• On trace la médiatrice de [AB] : d_1.

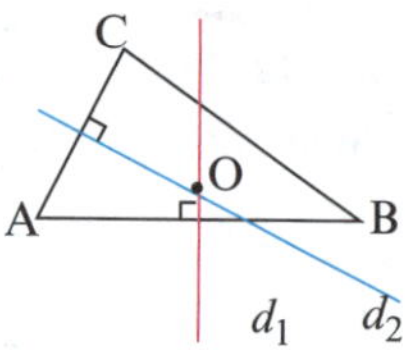

• On trace la médiatrice de [AC] : d_2.
d_1 et d_2 se coupent en O.

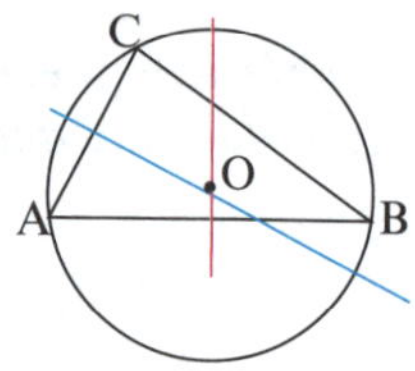

• On trace le cercle de centre O passant par A : il passe aussi par B et C.

• Retrouver le centre d'un cercle

Exemple : Le cercle ci-dessous a été tracé à l'aide d'une pièce de 2 €. Retrouver son centre.

• On marque trois points A, B et C sur le cercle.

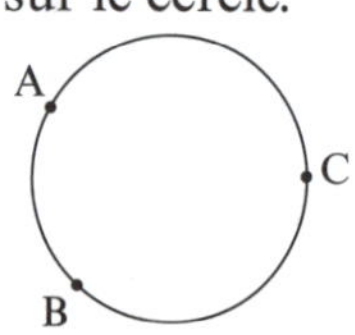

• Le cercle est circonscrit au triangle ABC : son centre est donc le point de concours des médiatrices du triangle ABC.

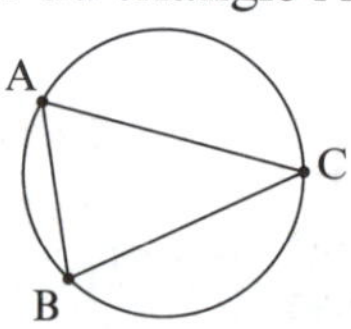

• On trace la médiatrice de [AB] et celle de [AC] : leur point d'intersection est le centre du cercle.

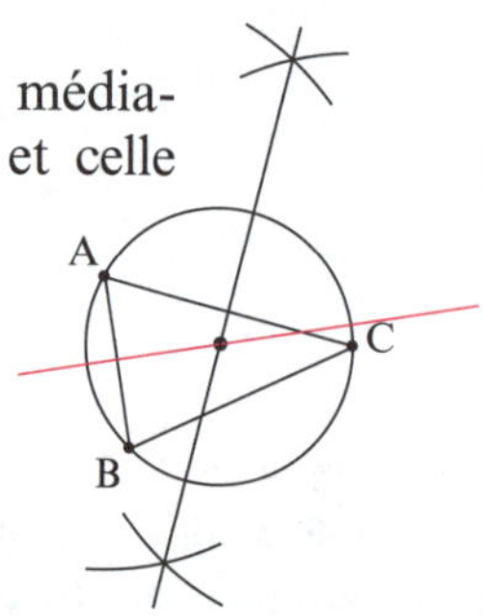

En mesurant sur le dessin, on trouve que le rayon d'une pièce de 2 € est environ **1,3 cm.**

1★ Construis le cercle circonscrit au triangle BUL tel que BU = 7,5 cm ; BL = 5 cm et UL = 4 cm.

2★ Trace deux triangles : ABC isocèle en A et ACF isocèle en A. Quel est le centre du cercle circonscrit au triangle BFC ?

3★ Dans quel cas (*d*) est-elle la hauteur issue de A du triangle ABC ?

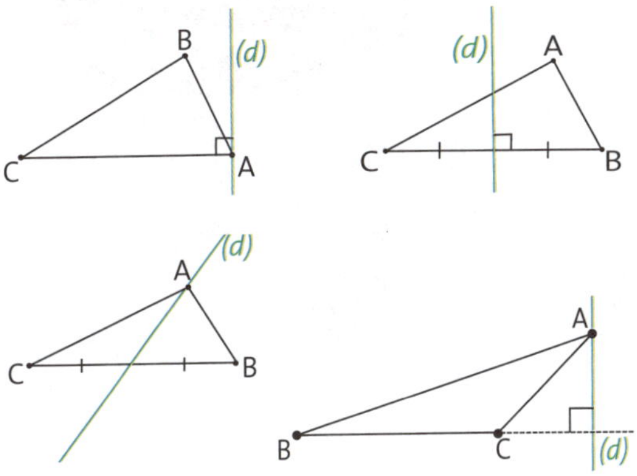

Réponse : ....

4★ Construis un triangle et ses trois médianes. Que remarques-tu ?

5★ Trace un triangle ABC rectangle en B et son cercle circonscrit. Où semble être le centre de ce cercle ?

6★ Construis le cercle circonscrit au triangle PIL tel que PI = 5 cm ; $\widehat{PIL} = 40°$ et $\widehat{IPL} = 60°$.

7★★ Observe la figure, puis complète.

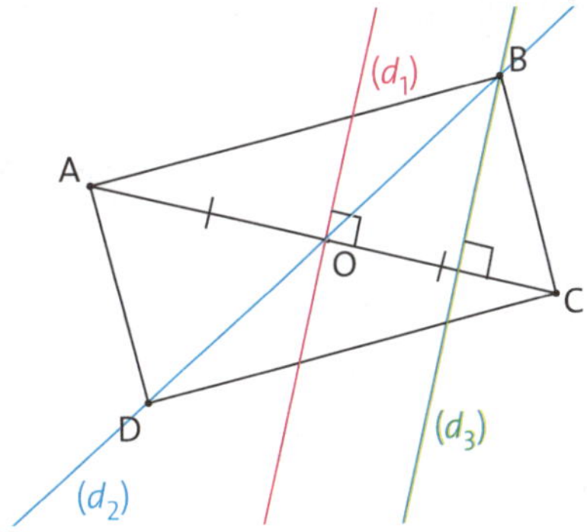

(d_1) est la .... du .... [....................]

(d_2) est la .... issue de .... du triangle ....

(d_3) est la .... issue de .... du triangle ....

(d_1) et (d_3) sont .... car elles sont .... à une même droite.

8★★ **1.** Construis un triangle ABC tel que AB = 6 cm ; $\widehat{A} = 110°$ et $\widehat{B} = 50°$.

2. Construis la hauteur issue de C, la médiane issue de B, puis la médiatrice de [BC].

9★★ Construis un triangle EFG tel que EF = 5 cm, le rayon du cercle circonscrit à ce triangle mesure 4 cm et FG = 7 cm.

10★★ Trace le cercle formé par l'empreinte d'une bouteille d'eau posée sur une table. Retrouve son centre et mesure son rayon.

11★★ **1.** Construis un triangle RST tel que RS = 6 cm ; ST = 5cm et $\widehat{RST} = 70°$ et trace ses trois hauteurs : elles se coupent en H.

2. Colorie en vert le triangle RHS. Quelles sont ses trois hauteurs ? En quel point se coupent-elles ?

12★★ Construis une droite (*d*), un point O sur (*d*) et un point M n'appartenant pas à (*d*). Construis deux points A et T tels que :
– M et T sont symétriques par rapport à (*d*) ;
– le triangle MAT est isocèle en M et O est le centre de son cercle circonscrit.

13★★★ Trace un triangle BOF isocèle en B tel que OB = 5 cm et OF = 3 cm. Trace la hauteur issue de B, la médiane issue de B, la médiatrice de [OF] et la bissectrice de $\widehat{OBF}$. Que remarques-tu ?

Corrigés p. 289

Évalue ton travail et coche pour chaque exercice : ☑ réussi ☑ presque réussi ☑ à revoir

17

Aires

OBJECTIF • Utiliser les formules de calcul d'aires de figures simples

Savoir

• Aire du parallélogramme

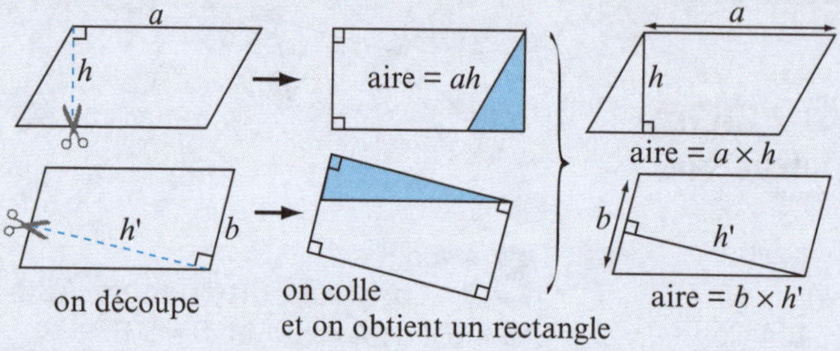

Aire du parallélogramme : $\mathscr{A}$ = **côté** × **hauteur correspondante.**

• Aire du triangle

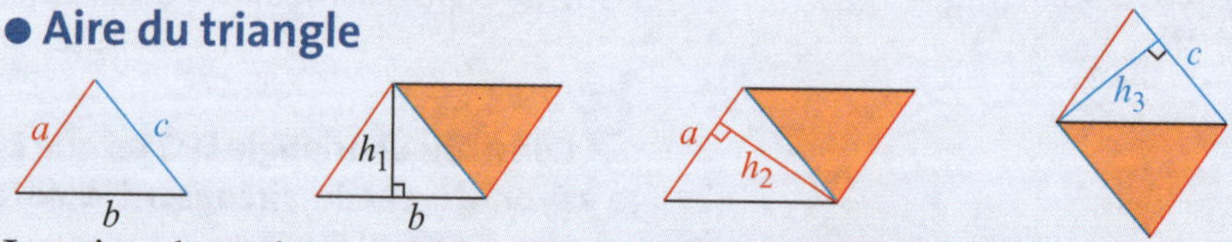

Le triangle est la « moitié » d'un parallélogramme !

Aire du triangle : $\dfrac{b \times h_1}{2}$ ou $\dfrac{a \times h_2}{2}$ ou $\dfrac{c \times h_3}{2}$.

Aire du triangle : $\mathscr{A} = \dfrac{\textbf{côté} \times \textbf{hauteur correspondante}}{\textbf{2}}$.

Savoir faire

• Calculer une aire

Exemple : Calculer l'aire du triangle ABC ci-contre :

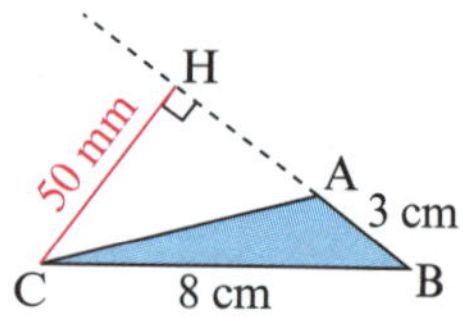

côté intéressant : [AB] ; hauteur correspondante : [CH] } AB = 3 **cm** ; CH = 50 mm = 5 **cm** } $\dfrac{5 \times 3}{2} = \dfrac{15}{2} = 7{,}5$

L'aire du triangle est **7,5 cm²**.

Exemple : Comparer les aires des parallélogrammes ABCD et EFCD.

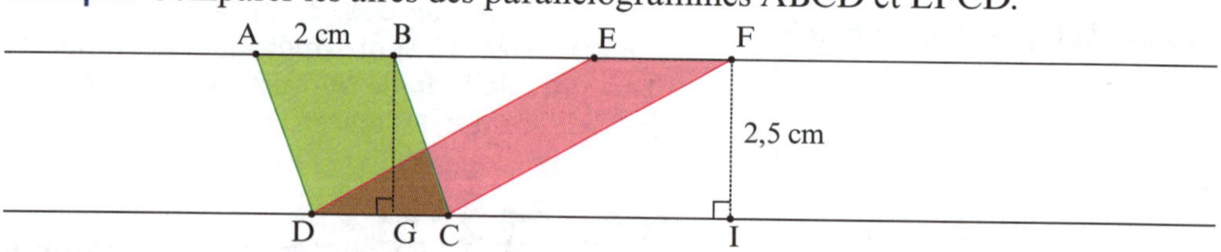

ABCD et EFCD étant des parallélogrammes : AB = DC = EF = 2 cm.
De plus BG = FI = 2,5 cm. L'aire de ABCD est AB × BG = 2 × 2,5 = 5 cm². L'aire de DEFC est EF × FI = 2 × 2,5 = 5 cm². Les deux parallélogrammes ont la même aire.

Faire

1 ★ **Calcule l'aire des figures ci-dessous.**

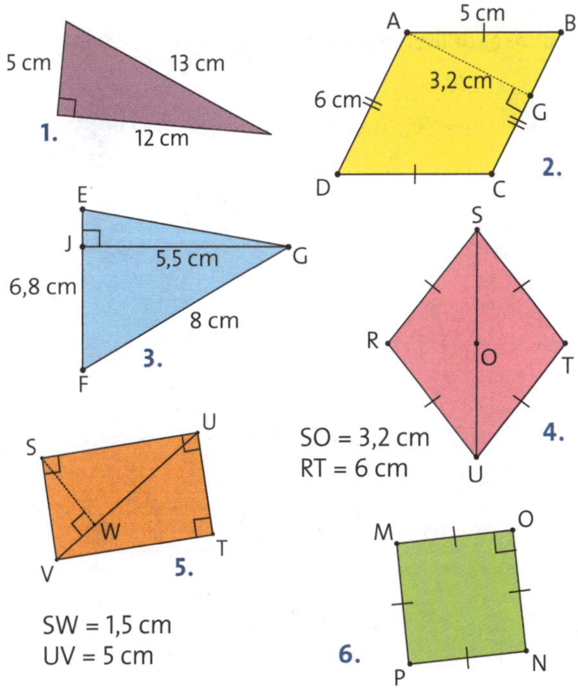

SO = 3,2 cm
RT = 6 cm

SW = 1,5 cm
UV = 5 cm

MN = 4 cm

2 ★ **Trace un carré de 28 cm de périmètre. Calcule son aire.**

3 ★ **Trace un carré dont l'aire est 64 cm². Calcule son périmètre.**

4 ★ ABCD est un parallélogramme.

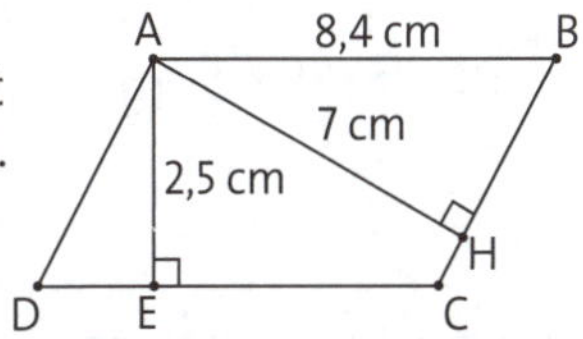

1. Complète : l'aire de ABCD est BC × .... = ... × AE.

2. Calcule l'aire de ABCD.

3. Calcule BC.

5 ★★ **La longueur d'un rectangle est de 16 cm. Son aire est 144 cm². Calcule le périmètre de ce rectangle.**

6 ★★ **Vrai ou faux ? Les indications données sur la figure ci-dessous ne permettent pas de calculer l'aire du triangle ABC.**

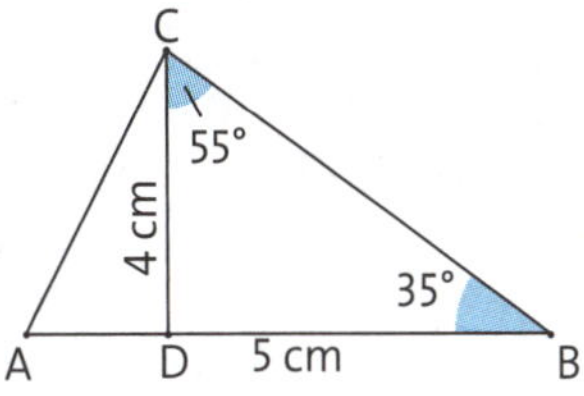

CD = 4 cm
AB = 5 cm

Réponse : ....

7 ★★ **Complète le tableau suivant concernant des triangles de côté *a* et de hauteur correspondante *h*.**

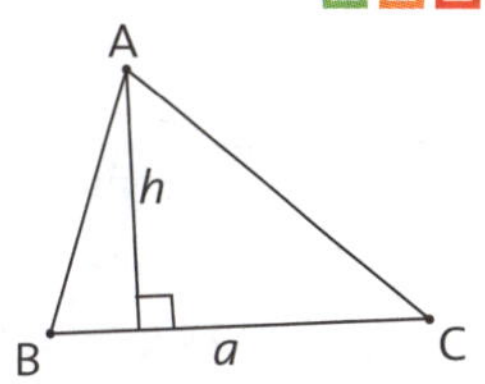

a	3,2 cm	7 m	
h	6 cm		6 dm
a* × *h			
Aire du triangle		28 m²	1 200 cm²

8 ★★★ **1.** Trace deux triangles rectangles non superposables d'aires 20 cm².

2. Trace deux triangles non superposables dont un côté mesure 7 cm et d'aire 14 cm².

9 ★★★ **Observe le dessin puis complète la démonstration.**

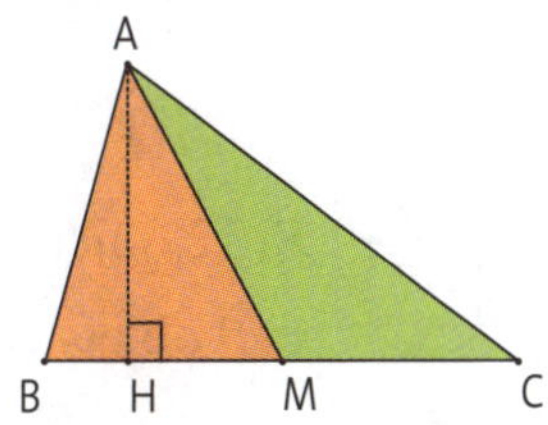

M est le milieu de [BC].

Aire de ABM = (BM × ....) ÷ ....
Aire de AMC = (........ × ....) ÷ ....
Or M est le milieu de [...............]. Donc BM = ...
et les aires des triangles .... et .... sont ....
La .... [AM] du triangle ABC le partage donc en deux .... de même ....

Corrigés p. 290

Évalue ton travail et coche pour chaque exercice : ☑ réussi ☑ presque réussi ☑ à revoir

18 Proportionnalité / Pourcentages

OBJECTIF • Reconnaître et utiliser les situations de proportionnalité

Savoir

Si des triangles ont un côté commun, leur aire est proportionnelle à la hauteur correspondant à ce côté.

Situation → **Tableau** → **Graphique**

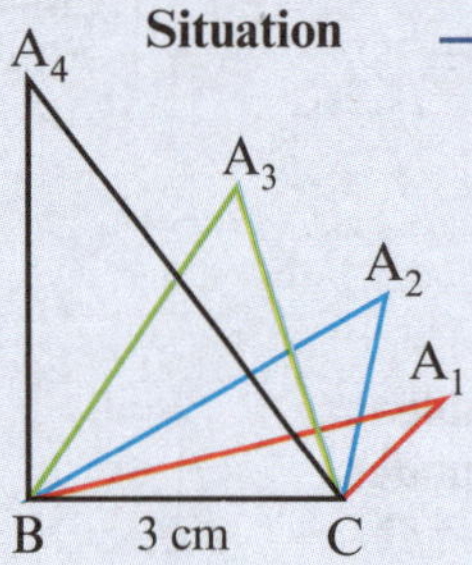

hauteur (cm)	1	2	3	4
aire (cm²)	1,5	3	4,5	6

× 1,5

$\frac{1,5}{1} = \frac{3}{2} = \frac{4,5}{3} = \frac{6}{4} = 1,5$

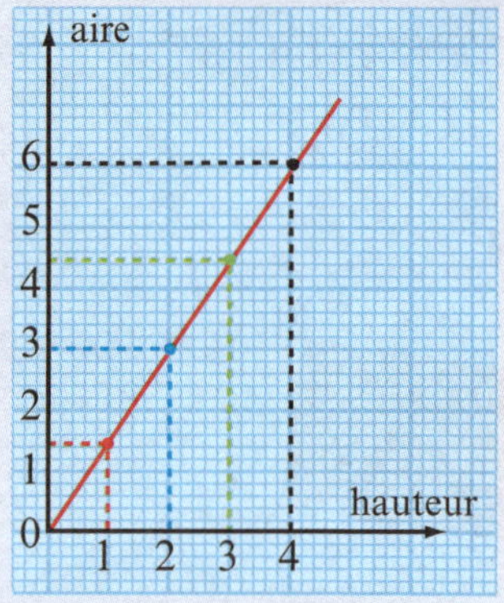

- On calcule l'aire des triangles A_1BC, A_2BC, A_3BC, A_4BC.
- **Tous** les quotients sont égaux. Les nombres de la seconde ligne s'obtiennent en multipliant ceux de la première par un même nombre : 1,5.
- **Tous** les points sont alignés avec l'origine.

Savoir faire

• Reconnaître la proportionnalité dans un tableau

11	24	16
38,5	84	56

$\frac{38,5}{11} = \frac{84}{24} = \frac{56}{16} = 3,5$. C'est un tableau de proportionnalité, le coefficient est 3,5.

• Compléter un tableau de proportionnalité

Exemple : Compléter les tableaux suivants.

4	9
11	?

On calcule le **coefficient de proportionnalité** :
si 4 objets coûtent 11 €, 1 objet coûte $\frac{11}{4} = 2,75$ **€**,
et 9 objets coûtent $9 \times 2,75 = 24,75$ €.

12	9
10	?

Si 12 objets coûtent 10 €, alors 1 objet coûte $\frac{10}{12} = \frac{5}{6}$ €
et 9 objets coûtent $9 \times \frac{5}{6} = \frac{45}{6} = 7,5$ €.

• Calculer un pourcentage

Exemple : Sur 1 500 élèves d'un lycée, 930 déjeunent à la cantine.
Quel est le pourcentage de demi-pensionnaires ?
Calculer ce pourcentage, c'est trouver combien il y aurait de demi-pensionnaires s'il y avait cent élèves dans ce lycée.

1 500	100
930	x

Cela revient donc à compléter le tableau de proportionnalité ci-dessus :
On trouve $x = 62$ donc **62 %** des élèves sont demi-pensionnaires.

1★ Quel pourcentage représente chaque fraction ?

$\frac{1}{2}$; $\frac{1}{4}$; $\frac{3}{4}$; $\frac{1}{10}$; $\frac{2}{5}$; $\frac{1}{20}$.

2★ Quel est le pourcentage de voyelles dans le mot mathématique ? et dans le mot proportionnalité ?

3★ Complète.

1. 15 euros de hausse sur un objet valant 30 euros c'est ..... % d'augmentation.
2. 20 euros de hausse sur un objet valant 80 euros c'est ..... % d'augmentation.
3. 7 euros de hausse sur un objet valant 35 euros c'est ..... % d'augmentation.
4. 10 euros de hausse sur un objet valant 10 euros c'est .....% d'augmentation.

4★ Les tableaux suivants sont-ils des tableaux de proportionnalité ?

0,1	0,5	1	1,2	1/3
0,3	1,5	3	3,6	1

6	1,5	21	17	9,3
2	0,5	7	6	3,1

5★★ Un rectangle mesure 15 cm de longueur et x centimètres de largeur. Écris la formule donnant son périmètre P en fonction de x.
Calcule P pour $x = 5$ cm ; puis pour $x = 10$ cm.
P est-il proportionnel à x ?

6★★ Complète les tableaux de proportionnalité suivants.

12,5		10	1
5	10		

6	27	3,6	
4			22

7★★ On sait que 1,5 kg de haricots coûtent 2 € 70. Combien coûtent :
1. 500 g ; **2.** 1 kg ; **3.** 5 kg ; **4.** 1,8 kg ?

8★★ Dans un collège de 650 élèves, il y a 312 garçons. 6 % des élèves ont plus de 16 ans.

1. Quel est le pourcentage de garçons dans ce collège ? ....
2. Combien y a-t-il d'élèves de plus de 16 ans ?
....
3. Quel est le pourcentage de filles dans ce collège ? ....

9★★ Dans le collège A, de 700 élèves, 18 % des élèves apprennent le russe.
Dans le collège B, de 620 élèves, 20 % des élèves apprennent le russe.
« 18% c'est moins que 20 %, il y a donc moins d'élèves qui apprennent le russe dans le collège A », dit Laura. « Faux, c'est le contraire », lui répond Romain. Qui a raison ?

10★★ En septembre, un objet coûtait 50 euros.

1. En novembre, il augmente de 10 %. Quel est son nouveau prix ? ....
2. En décembre, son prix augmente à nouveau de 10 %. Quel est le prix de cet objet après la seconde augmentation ? ....
3. Quelle a été, en euros, l'augmentation totale du prix de l'objet ? ....
4. De quel pourcentage son prix a-t-il augmenté ?
....
5. Vrai ou faux ? Si le prix d'un objet augmente deux fois de 10 % alors ce prix a augmenté de 20 %. ....

11★★★ Réponds par vrai ou faux.

	Vrai	Faux
1. Diminuer un prix de 50 % revient à le diviser par 2.		
2. Augmenter un prix de 50 % revient à le multiplier par 2.		
3. Augmenter un prix de 100 % revient à le multiplier par 2.		
4. Diminuer un prix de 100 % revient à le diviser par 2.		

Corrigés p. 290

Évalue ton travail et coche pour chaque exercice : ☑ réussi ☑ presque réussi ☑ à revoir

19 Échelles / Mouvement uniforme

OBJECTIF • Calculer et utiliser l'échelle d'une figure

Savoir

Les distances sur un plan, une carte, un dessin, etc., réalisées « à l'échelle » sont proportionnelles aux distances réelles. Si un véhicule se déplace à vitesse constante, les distances parcourues sont proportionnelles aux durées. On dit que le mouvement est **uniforme**.

Savoir faire

• Utiliser une échelle

Exemple : Une carte routière est à l'échelle 1/200 000e (au deux cent millième). À combien de km correspond une distance de 3,5 cm **sur la carte** ? Par combien de cm sur la carte sera représentée une distance réelle de 23 km ?

• Une échelle 1/200 000e signifie que **1 cm sur la carte** représente **200 000 cm, soit 2 km en réalité**. Il s'agit d'une réduction (on représente la réalité en « plus petit »).

• On peut alors compléter un tableau de proportionnalité de coefficient 2 :

Distance sur la carte (cm)	1	3,5	y
Distance sur le terrain (km)	2	x	23

→ $y = 23 \div 2 = 11{,}5$

→ $x = 2 \times 3{,}5 = 7$

3,5 cm **sur la carte** représentent **7 km en réalité**.
23 km **dans la réalité** sont représentés par **11,5 cm sur la carte**.

• Calculer une échelle

Exemple : Une fourmi mesure 6 mm. Elle est représentée sur un dessin avec une longueur de 9 cm. Quelle est l'échelle de ce dessin ?

• L'échelle est donnée par la fraction : $\dfrac{\text{longueur sur dessin}}{\text{longueur réelle}}$,

les **deux longueurs** étant exprimées dans la **même unité**.
9 cm = 90 mm donc l'échelle de ce dessin est 90/6 = 15.
L'échelle est 15/1. Il s'agit d'un agrandissement (on représente la réalité en « plus grand »).

• On peut aussi utiliser un tableau de proportionnalité :

Longueurs sur le **dessin** en **mm**	90	x
Longueurs **réelles** en **mm**	6	1

→ $x = 90 \div 6 = 15$

Une fois le tableau complété, on peut lire l'échelle : $\dfrac{15}{1}$.

• Reconnaître un mouvement uniforme

Exemple : Le mouvement représenté par le tableau ci-contre est-il uniforme ?

Distances en km	24	16
Durées en min	60	40

Un mouvement est uniforme s'il y a proportionnalité entre distance et durée.

Ici $\dfrac{60}{24} = 2{,}5$ et $\dfrac{40}{16} = 2{,}5$. Il s'agit donc bien d'un mouvement uniforme.

1 ★ **Observe le dessin et réponds à la question.**

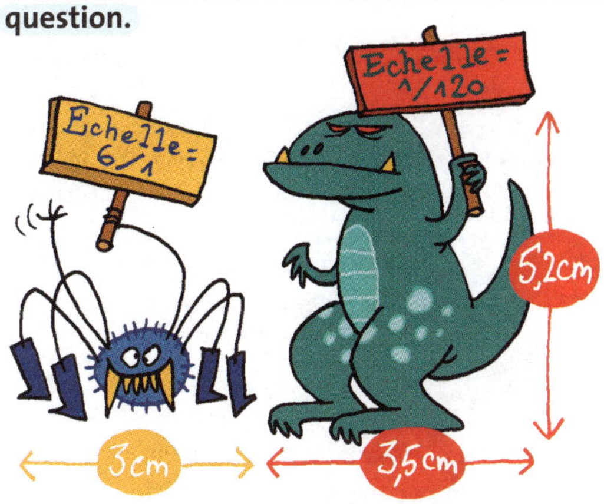

Quelles sont les dimensions réelles de l'araignée et du dinosaure ?

2 ★ **1.** Convertis en minutes.

1 h 25 min : ....

2 h 08 min : ....

2. Convertis en heures et minutes.

99 min : ....

212 min : ....

3. Complète avec un nombre décimal.

30 min = ... h ; 15 min = ... h ;

6 min = ... h ; 1 h 30 min = ... h ;

1 h 15 min = ... h ; 1 h 12 min = ... h.

3 ★★ La course du lièvre et de la tortue s'est passée de la manière suivante :

- le trajet mesurait 3 km ;
- le lièvre et la tortue sont partis en même temps (à 10 h du matin) ;
- la tortue a effectué tout le trajet à 1,5 km/h ;
- le lièvre a effectué le trajet ainsi :
  – course : 3 minutes à 18 km/h ;
  – arrêt : 1 heure ;
  – marche : 3 km/h sur 900 m ;
  – course : 3 minutes à 15 km/h ;
  – arrêt : 30 min ;
  – course : 6 km/h sur le reste du trajet.

1. Qui est arrivé le premier ?

2. Quelle a été la vitesse moyenne du lièvre sur tout le trajet ?

4 ★★ Un motard se déplace d'un mouvement uniforme.

1. Complète le tableau ci-dessous.

Durée du parcours en min.	60	45	
Distance parcourue en km	48		100

2. Le motard part de Paris pour aller à Montargis. Sachant qu'il a un rendez vous à 13 h 15 et que la distance à parcourir est de 140 km, à quelle heure (au plus tard) doit-il prévoir son départ de Paris ?

5 ★★ Sur une carte à l'échelle 1/200 000e, la distance entre deux villages est représentée par un segment de 10 cm.

1. Quelle est la distance réelle entre les deux villages ?

2. Quelle serait la longueur d'un segment représentant cette distance sur une carte à l'échelle 1/250 000e ?

6 ★★ Sur un plan, on a l'indication suivante :

Quelle est l'échelle du plan ?

7 ★★★ Voici le plan d'un appartement.

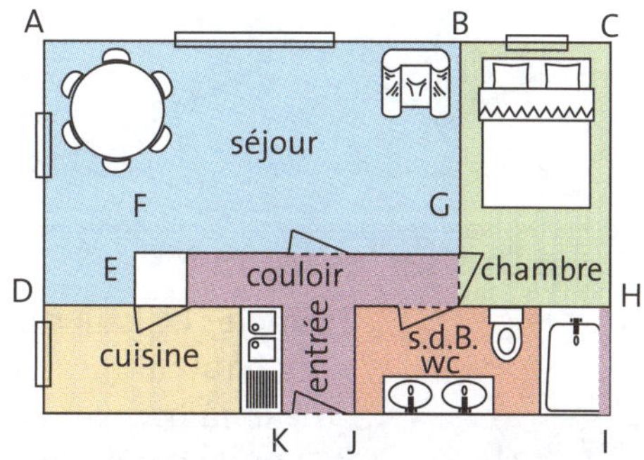

Sur le plan, on a : AB = 4 cm ; BC = 1,5 cm ; DE = 1 cm ; EF = 0,5 cm ; CH = AD = 2,5 cm ; IH = 1 cm ; IJ = 2,5 cm et KJ = 0,7 cm.

Sachant que le plan est à l'échelle 1/150e, quelles sont les dimensions de chaque pièce ?

Corrigés p. 290

Évalue ton travail et coche pour chaque exercice : ☑ réussi ☑ presque réussi ☑ à revoir

20 Prismes droits

OBJECTIF • Voir et calculer dans l'espace

Savoir

• La base est un triangle · • La base est un parallélogramme

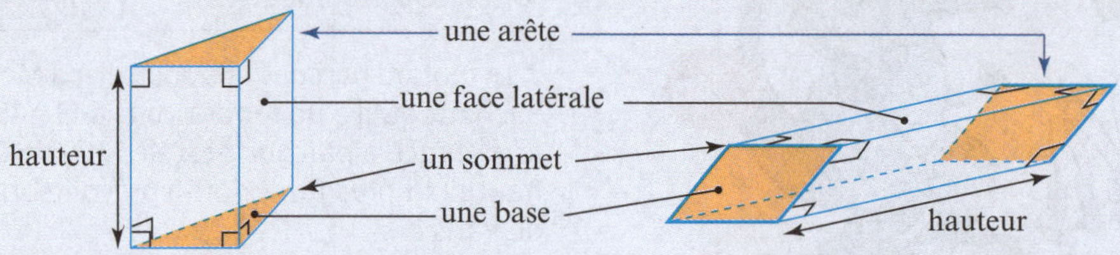

Les deux bases parallèles sont des triangles superposables. Les trois faces latérales sont des rectangles perpendiculaires aux bases.

Les deux bases parallèles sont des parallélogrammes superposables.
Les quatre faces latérales sont des rectangles perpendiculaires aux bases.

Volume d'un prisme : aire de la base × hauteur ($\mathcal{B} \times h$)
Aire latérale d'un prisme : périmètre de la base × hauteur ($p \times h$)

Savoir faire

• Construire un prisme

Exemple : Un prisme droit a 3 cm de hauteur. Sa base est un triangle dont les côtés mesurent : 1,5 cm ; 2 cm ; 2,5 cm.
Le patron ci-contre permet de construire le prisme.
On commence par tracer un triangle.

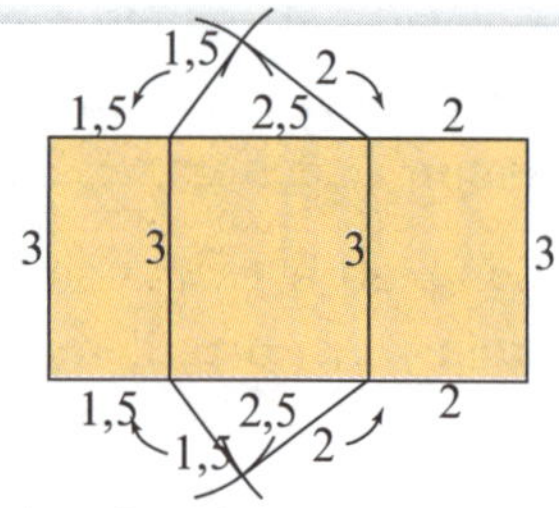

Attention ! Les dimensions des rectangles sont imposées par celles du triangle.

• Voir dans l'espace

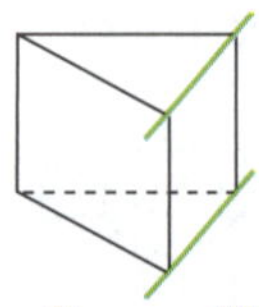
arêtes parallèles

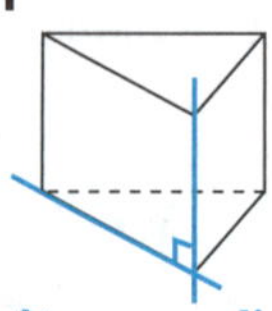
arêtes perpendiculaires

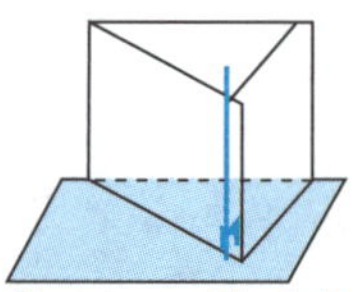
arête perpendiculaire à une face

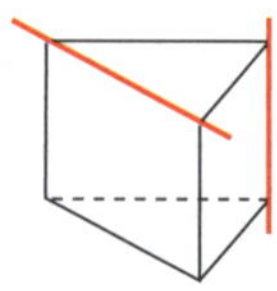
Ces deux arêtes ne se coupent pas et pourtant ne sont pas parallèles !

• Utiliser les formules

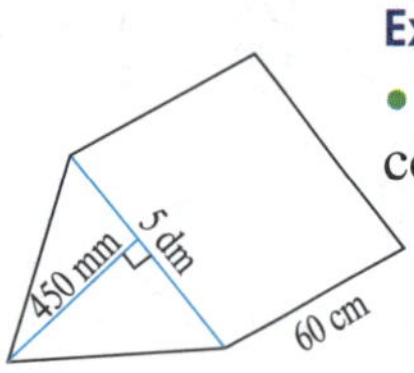

Exemple : Calculer le volume du prisme ci-contre.

• La hauteur mesure 60 cm ; la base est un triangle dont on connaît un côté et la hauteur correspondante : on peut en calculer l'aire.

unité commune : **dm**	aire de la base en **dm²**	Volume en **dm³**
450 mm = 4,5 dm	5 × 4,5 = 22,5	11,25 × 6 = 67,5
60 cm = 6 dm	22,5 ÷ 2 = 11,25	

• Le volume de ce prisme est de 67,5 **dm³** (ou litres).

Faire

1 ★

En observant les dessins suivants, complète le tableau.

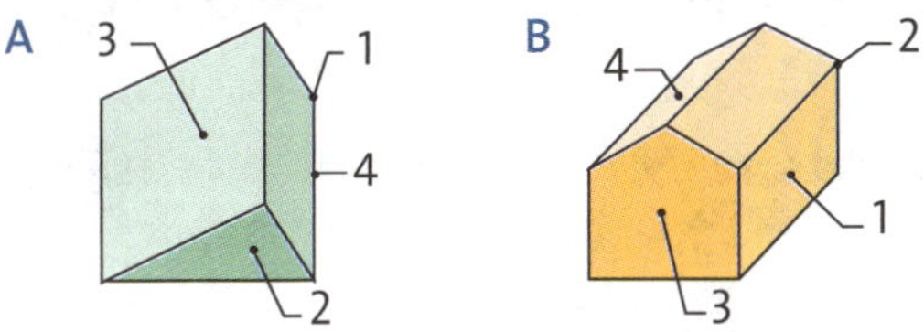

	Prisme A				Prisme B			
	1	2	3	4	1	2	3	4
Sommet	✓							
Arête								
Base								
Face latérale								

2 ★

Parmi ces patrons, entoure ceux qui peuvent être des patrons de prismes droits.

1.
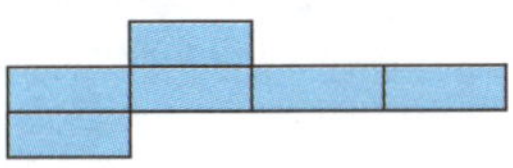

2.
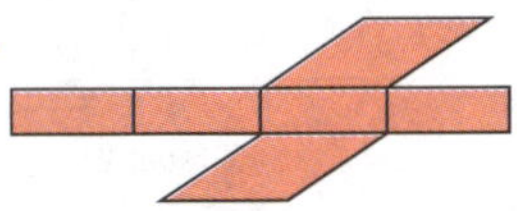

3.
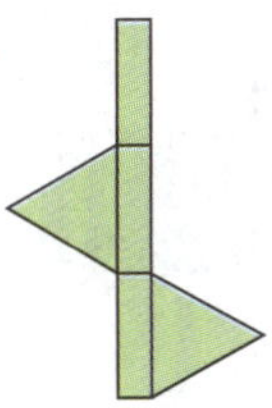

4.
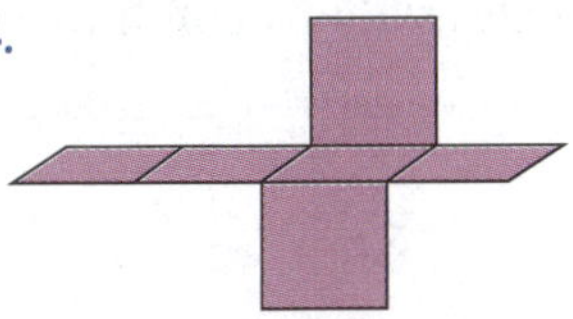

5.
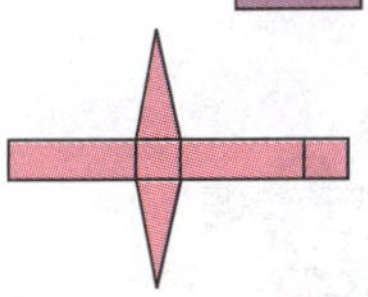

6.
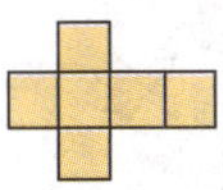

3 ★

Calcule les volumes des prismes suivants.

1.
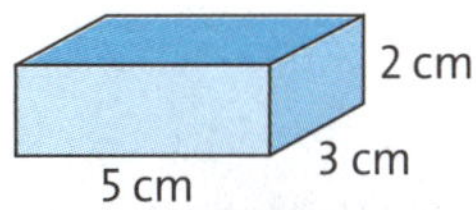

2.
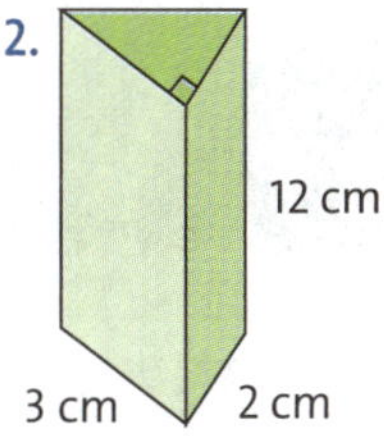

3.
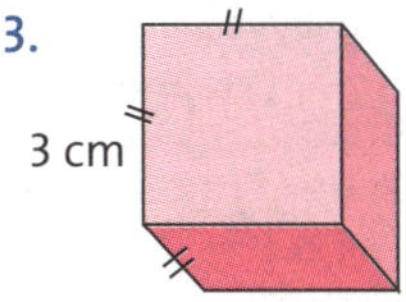

4 ★★

Un prisme droit a des triangles équilatéraux pour bases et des carrés pour faces latérales. Dessine un patron de ce prisme en vraie grandeur, sachant que sa hauteur est 6 cm.

5 ★★

La figure 1. est un prisme droit à base triangulaire. Complète les perspectives proposées en nommant les sommets.

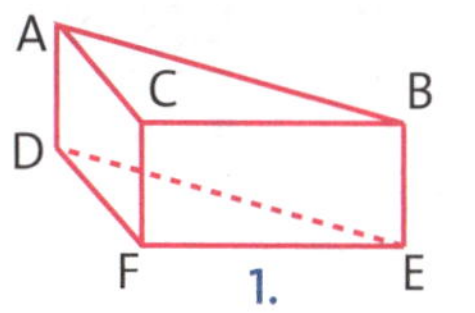

1.

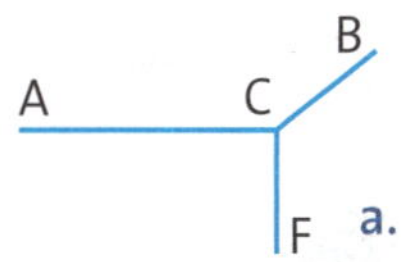

a.

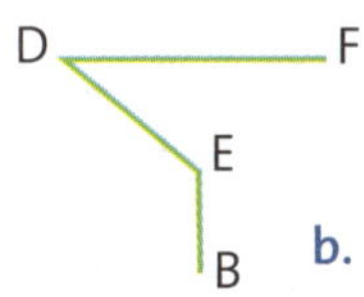

b.

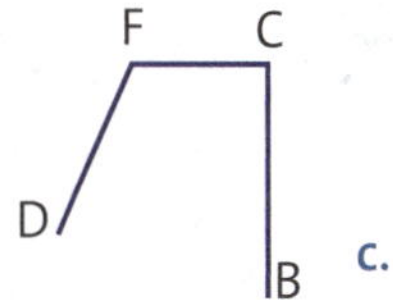

c.

6 ★★★

Complète le tableau.

a (en cm)	*h* (en cm)	H (en cm)	aire de la base (en cm²)	volume (en cm³)
7	4	9		
8		5	12	
6			10,5	42
	5	10		80

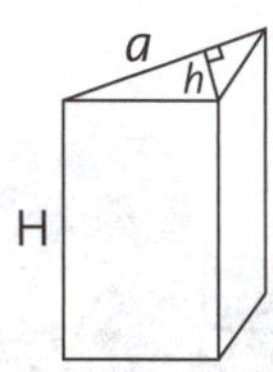

Corrigés p. 290

Évalue ton travail et coche pour chaque exercice : ☑ réussi ☑ presque réussi ☑ à revoir

21

Cercles – Cylindres

OBJECTIF • Calculer l'aire et le volume d'un cylindre

Savoir

• Perspective cavalière

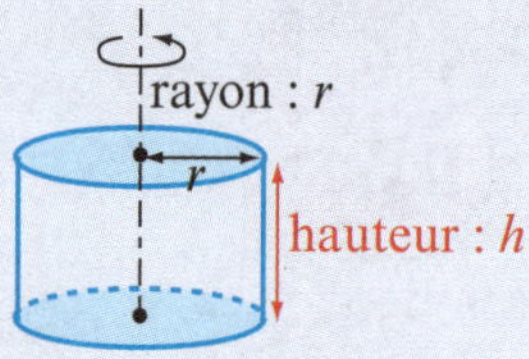

Les bases d'un cylindre de révolution sont parallèles. Ce sont des disques de même rayon.

• Patron

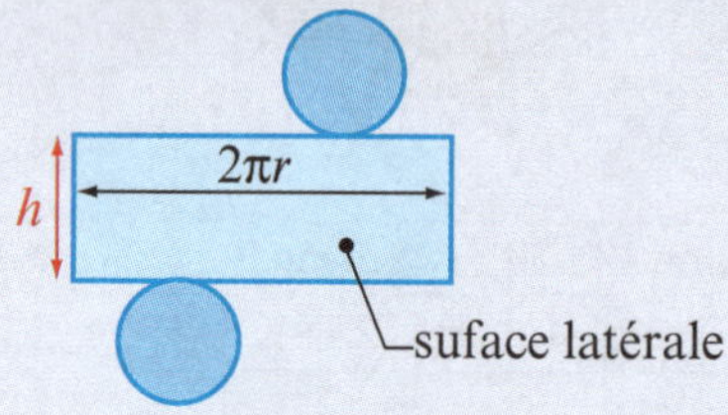

La surface latérale est un rectangle dont les dimensions sont :

h : hauteur du cylindre
$2\pi r$: périmètre du disque de base.

• **L'aire latérale** d'un cylindre de hauteur h et de rayon r est égale à :

périmètre de la base × hauteur = $2\pi r \times h$.

• **L'aire d'un disque** de rayon r est πr^2.

• **Le volume** d'un cylindre de hauteur h et de rayon r est égal à :

aire de base × hauteur = $\pi r^2 h$.

Savoir faire

• Utiliser les formules

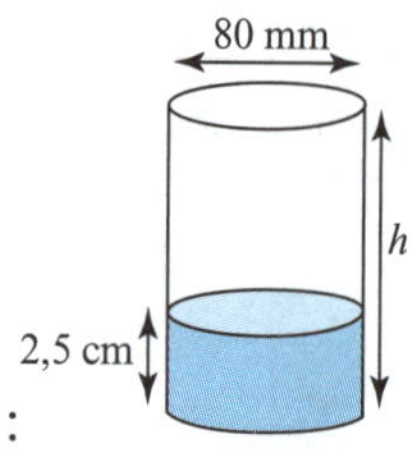

Exemple : Quel est le volume d'eau contenu dans le récipient cylindrique ci-contre ?

• On choisit une unité commune, par exemple le centimètre : 80 mm = 8 cm. Le rayon du disque de base est $8 \div 2 = 4$ (cm). L'aire du disque de base est $4 \times 4 \times \pi$ (cm²).

• Le volume du cylindre d'eau contenu dans ce récipient est donc :

$$4 \times 4 \times \pi \times 2{,}5 \approx \mathbf{125{,}6\ cm^3}.$$

Exemple : Quelle est la hauteur de ce récipient sachant que sa capacité est d'un demi-litre ? Un demi-litre = 0,5 ℓ = 0,5 dm³ = 500 cm³.

Or $\underbrace{4 \times 4 \times \pi \times h}_{\textit{volume du récipient}} = 500$ donc $h = \dfrac{500}{4 \times 4 \times \pi} \approx 10$.

La hauteur du récipient est environ **10 cm**.

1★ Parmi les figures suivantes, lesquelles peuvent représenter un cylindre ?

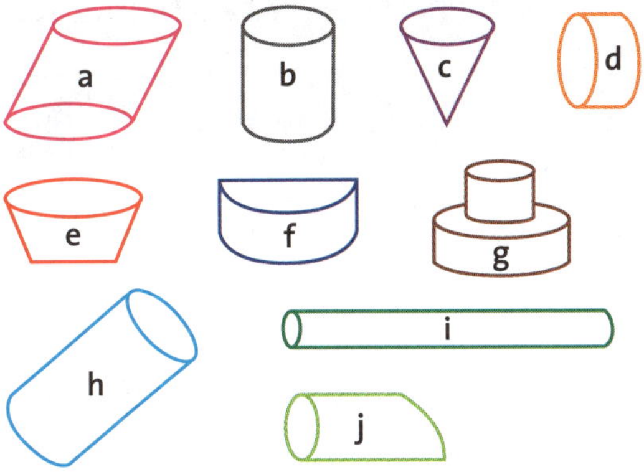

Réponse : ....

2★ En choisissant π ≈ 3,14, calcule les aires des figures suivantes.

D_1 : disque de rayon 7 cm ;
D_2 : disque de diamètre 2 m ;
D_3 : demi-disque de diamètre 5 cm ;
D_4 : quart de disque de rayon 10 cm.

3★ Calcule les volumes des cylindres suivants.

1.

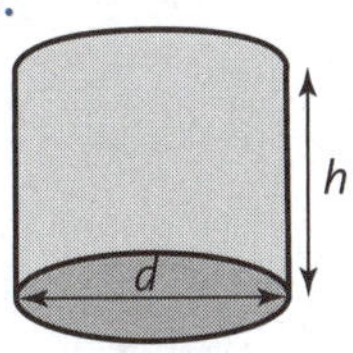

$h = 4$ cm
$d = 3$ cm

2.

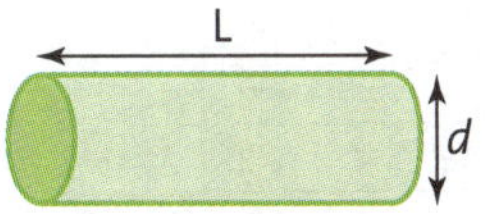

L = 15 m
d = 3 m

3.

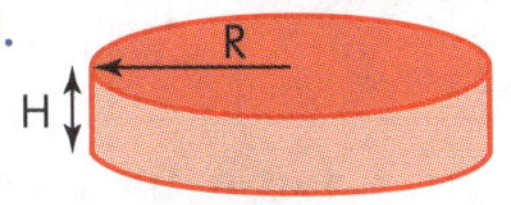

H = 1 m
R = 2,5 m

4★★ Calcule les aires suivantes, où AB = 4 cm (on prendra π = 3).

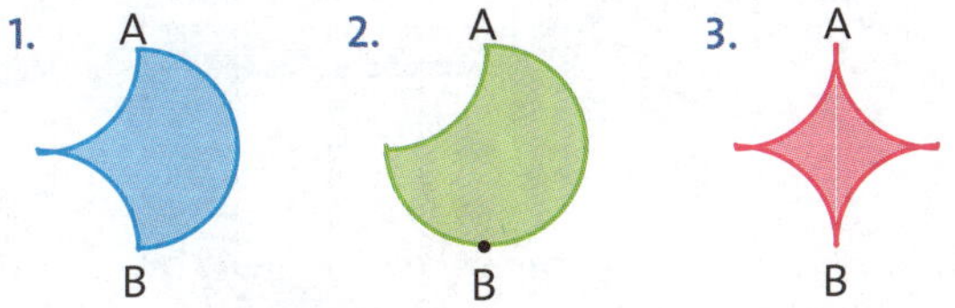

(Les figures sont constituées de quarts ou demi-cercles de même rayon.)

5★★ Calcule les volumes des solides.

1.

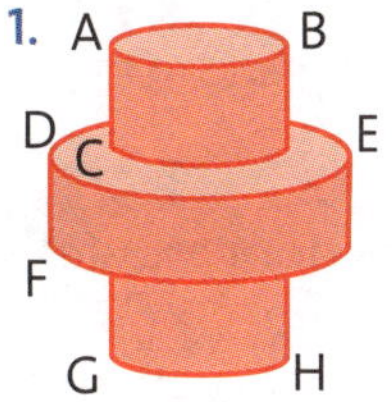

AC = 12 cm
AB = 25 cm = GH
DF = 20 cm
DE = 40 cm
AG = 50 cm

2.

AB = 40 cm
BC = 45 cm

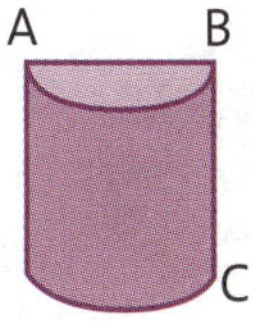

6★★ Dessine le patron d'un cylindre dont la hauteur est 5 cm et le rayon d'une base 3 cm.

7★★ Quel est le tuyau cylindrique de plus grand volume que l'on peut faire avec une feuille de papier de format 21 × 30 ? (Prends π ≈ 3.)

8★★★ Calcule l'aire de la figure.

CE = 2 cm ; EF = 3,5 cm ;
GI = IU = UF = FW = WJ = VA = XB = JH = 0,5 cm ;
KL = PQ = 2,5 cm ; KM = QR = 0,7 cm ;
NO = ST = 1 cm ; UV = WX = 2,5 cm ;
ZA = BD = 1,5 cm.

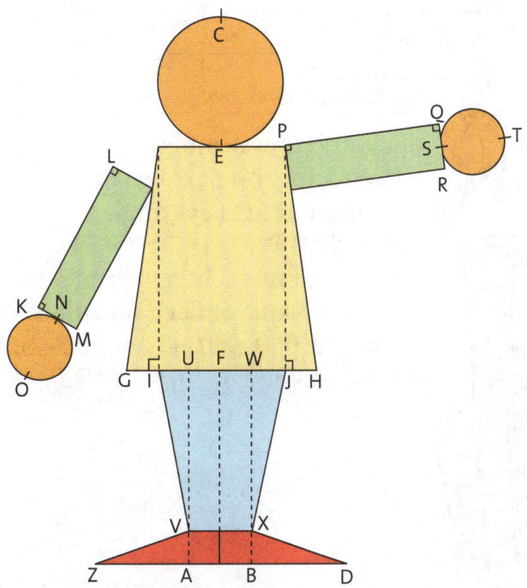

Corrigés p. 291

Évalue ton travail et coche pour chaque exercice : ☑ réussi ☑ presque réussi ☑ à revoir

Français
Maths
Hist.-Géo.
Anglais
SVT
Physique
Bilans
Corrigés

Relevés statistiques

OBJECTIF • Effectuer une étude statistique

Savoir

On peut traduire des données statistiques par un tableau, un histogramme, un diagramme circulaire.

Savoir faire

Les 40 enfants d'une crèche ont été répartis en 4 sections : bébés de 4 à 12 mois, petits de 12 à 20 mois, moyens de 20 à 28 mois et grands de 28 à 36 mois.

• Traduire des données statistiques par un tableau récapitulatif

Section des …	bébés	petits	moyens	grands	
Âges x (en mois)	$4 < x \leqslant 12$	$12 < x \leqslant 20$	$20 < x \leqslant 28$	$28 < x \leqslant 36$	Total
Effectif	8	12	5	15	40
Fréquence	$\frac{8}{40}$	$\frac{12}{40}$	$\frac{5}{40}$	$\frac{15}{40}$	$\frac{40}{40}$
Fréquence (en %)	20	30	12,5	37,5	100

8 enfants sur 40 sont dans la section des petits : la fréquence est $\frac{8}{40} = 0{,}2 = \frac{20}{100} = 20\ \%$.

On calcule les fréquences en divisant chaque effectif par l'effectif total.

• Traduire des données statistiques par un diagramme circulaire et un histogramme

Section des …	bébés	petits	moyens	grands	
Âges x (en mois)	$4 < x \leqslant 12$	$12 < x \leqslant 20$	$20 < x \leqslant 28$	$28 < x \leqslant 36$	Total
Effectif	8	12	5	15	40
Mesure de l'angle (en degrés)	72	108	45	135	360
Hauteur de la barre (en mm)	16	24	10	30	80

(×9) (×2)

1. Les mesures des angles sont proportionnelles aux effectifs : on passe de la ligne des effectifs à celle des mesures des angles en multipliant par $360 \div 40 = 9$.

Si les 40 enfants sont représentés par un secteur angulaire de 360° (disque entier), un enfant est représenté par un secteur de $360 \div 40$ et 8 enfants sont représentés par un secteur de $(360 \div 40) \times 8 = 72°$.

2. Les hauteurs des barres sont proportionnelles aux effectifs.

1.

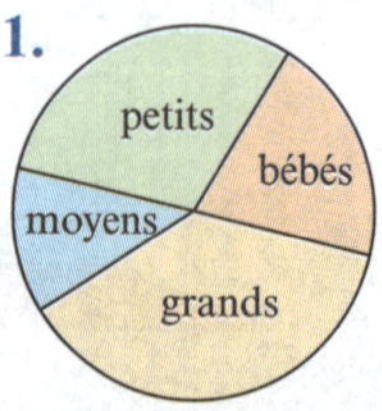

Diagramme circulaire

2.

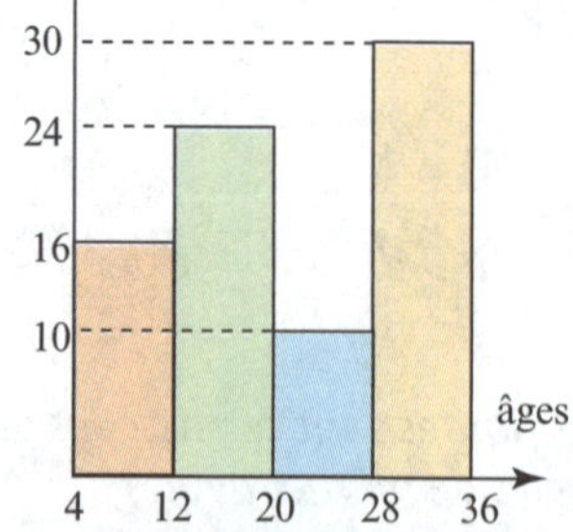

Histogramme

1 ★

Un professeur dresse un diagramme en bâtons à partir des notes d'une interrogation écrite :

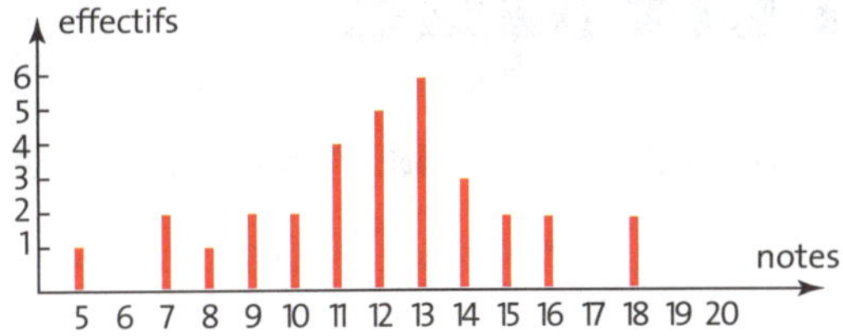

1. Combien y a-t-il d'élèves dans cette classe ?

....

2. Combien d'élèves ont obtenu 12 ? ....

3. Quelles sont les notes qui n'ont pas été obtenues ? ....

4. Combien d'élèves ont eu au moins 12 ?

....

5. Quelle est la moyenne de la classe ?

....

6. Quelle est la note maximale ? ....

7. Calcule la fréquence d'apparition de chaque note. ....

2 ★

Voici les 100 premières décimales de π :

14159 26535 89793 23846 26433 83279
50288 41971 69399 37510 58209 74944
59230 78164 06286 20899 86280 34825
34211 70679

1. Donne la fréquence d'apparition de chaque chiffre.

2. Quelle est la fréquence d'apparition d'un chiffre pair ? d'un chiffre impair ?

3 ★★

Une enquête a été effectuée auprès de 250 familles possédant une télévision. On a obtenu les résultats suivants :

a. Êtes-vous abonné au satellite ?

oui	non
86	164

b. Combien de personnes composent la famille ?

1	2	3	4	5	6
22	63	72	60	25	8

c. Combien de temps regardez-vous la télévision par jour ?

moins d'1h	1h à 2h	2h à 3h	3h à 4h	plus de 4h
15	91	116	22	6

d. Êtes-vous satisfait des programmes proposés ?

Très satisf.	Satisf.	Moyen	Pas satisf.
104	63	69	14

1. Représente les tableaux précédents par :
- un diagramme en bâtons (**b**) ;
- un histogramme (**c**) (la catégorie « plus de 4 h » sera assimilée à « 4 h à 5 h ») ;
- un diagramme circulaire (**d**) ;
- un diagramme semi-circulaire (**a**).

2. Détermine la fréquence de chaque effectif pour les tableaux **c.** et **d.**

4 ★★★

Deux collèges de Pétaouchnok présentent ainsi leurs taux de passage de 5ᵉ à 4ᵉ.

Collège HUGO

5ᵉ A	5ᵉ B	5ᵉ C	5ᵉ D	5ᵉ E
91 %	57 %	89 %	53 %	85 %

Collège PROUST

5ᵉ A	5ᵉ B	5ᵉ C	5ᵉ D	5ᵉ E
91 %	50 %	85 %	50 %	84 %

1. Représente ces données sur un même histogramme, en traçant des rectangles rouges pour le collège Hugo et des rectangles bleus pour le collège Proust. Dans lequel de ces deux collèges préférerais-tu être élève ?

2. Voici les effectifs des classes concernées :

Collège HUGO

5ᵉ A	5ᵉ B	5ᵉ C	5ᵉ D	5ᵉ E
22	28	18	32	12

Collège PROUST

5ᵉ A	5ᵉ B	5ᵉ C	5ᵉ D	5ᵉ E
22	18	28	12	32

a. Calcule le nombre d'élèves passés en 4ᵉ dans chaque classe (arrondis les résultats).

b. Représente ces nouvelles données sur un double histogramme similaire au premier.

c. Calcule le pourcentage global d'élèves de chaque collège passés en 4ᵉ.

d. As-tu changé d'avis?

Corrigés p. 291

Évalue ton travail et coche pour chaque exercice : ☑ réussi ☑ presque réussi ☑ à revoir

Histoire-Géographie Éducation civique

Histoire

Géographie

Éducation civique

1

Les débuts de l'islam

OBJECTIF • Identifier les caractéristiques du monde musulman

Savoir

• L'islam, troisième religion monothéiste

• L'islam est né en Arabie au VIIe siècle. Le Coran est son livre sacré : il rassemble les paroles du prophète **Mahomet** qui fixent règles religieuses et règles de vie pour les musulmans.

• **622**, date du départ de Mahomet de la Mecque pour Médine (**Hégire**), est le début du calendrier musulman.

• Un empire conquérant

• Grâce aux conquêtes, les **califes**, successeurs de Mahomet, constituent un empire qui s'étend de l'Espagne à l'Indus. La dynastie **omeyyade** s'impose en 661 et choisit Damas pour capitale. En 750, les **Abbassides** s'installent à Bagdad.

• Des peuples différents sont regroupés dans ce vaste empire. L'arabe s'impose comme la langue des administrateurs et, d'une manière générale, des habitants des villes.

• Une prospérité réelle et une civilisation brillante

• Le monde musulman est prospère : il développe un commerce florissant et des villes peuplées à l'artisanat réputé. Les villes s'organisent autour de la **mosquée** et du palais.

• Les musulmans ont su conserver l'héritage des brillantes civilisations de l'Antiquité et enrichir leur savoir au contact des Indiens, des Chinois et des Byzantins (navigation, architecture, irrigation, connaissances scientifiques, techniques et littéraires).

Savoir faire

• Étudier le plan d'un bâtiment

La mosquée de Kairouan

• **Identifier le genre du bâtiment** (public, civil ou religieux) : c'est une mosquée, édifice public religieux.
• **Examiner le plan général** (projection de l'édifice sur un plan horizontal) : c'est un rectangle orienté vers La Mecque.
• **Nommer les différentes parties** : minaret, cour, salle de prière…

Faire

1 ★ Place sur le plan les éléments de la mosquée.

A. la cour
B. la salle de prière
C. le minaret

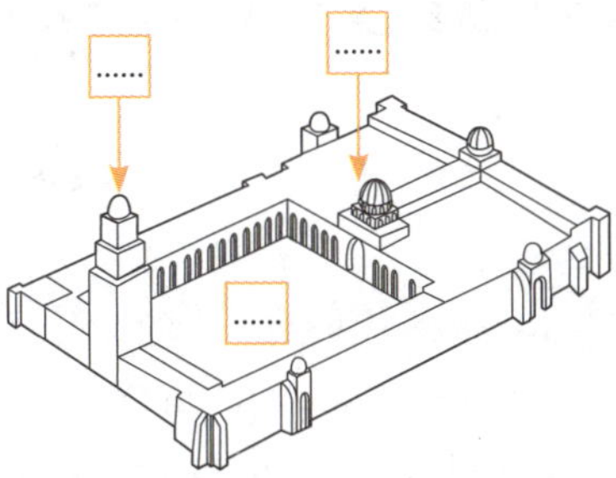

2 ★★ Relis le Savoir, observe la carte ci-dessous et coche la bonne colonne du tableau.

Le monde musulman à la fin du VIIe siècle

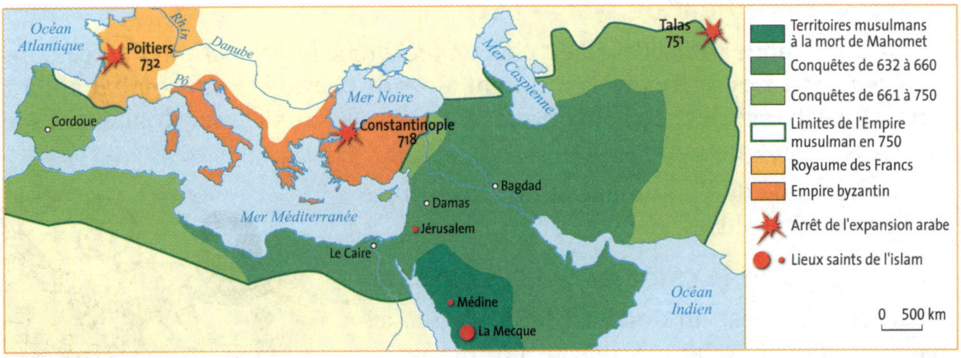

	Vrai	Faux
1. Mahomet a conquis l'Égypte.		
2. Les quatre premiers califes ont considérablement agrandi le territoire musulman.		
3. Damas est la capitale de l'empire musulman entre 661 et 750.		
4. Les califes omeyyades ont conquis l'Espagne.		
5. Les Abbassides ont installé leur capitale en Afrique.		
6. Le territoire des Abbassides s'étend sur trois continents.		

3 ★★ Associe les phrases aux piliers de l'islam. Reporte les numéros dans les bonnes cases.

la profession de foi ......
la prière ......
l'aumône ......
le jeûne du mois de ramadan ......
le pèlerinage ......

1. Ne rien absorber du lever au coucher du Soleil.
2. « Il n'y a de dieu que Dieu, et Mahomet est son prophète. »
3. « Donnez les meilleures choses que vous avez acquises. »
4. Elle doit être faite cinq fois par jour en direction de La Mecque.
5. Aller une fois dans sa vie à La Mecque.

4 ★★★ Complète le texte avec les mots suivants.

bazars – épices – ivoire – caravansérail – soie – souks – pierres précieuses – caravanes – esclaves

Les longues .... de chameaux se croisent dans la cour du .... L'une d'entre elles rapporte de la lointaine Asie de la ...., des .... et des ...., alors qu'une autre se prépare pour un long voyage vers l'Afrique à la recherche d' .... et d'.................................... Ces précieuses marchandises seront bientôt vendues dans les échoppes des .... ou dans les boutiques des ....

Corrigés p. 292

Évalue ton travail et coche pour chaque exercice : ☑ réussi ☑ presque réussi ☑ à revoir

2

Paysans et seigneurs

OBJECTIF • Comprendre le fonctionnement de la société féodale

Savoir

• Une société divisée en trois ordres

L'Église divise la société en trois catégories immuables.

• Au sommet, ceux qui assurent le salut de tous : le **clergé**.

• Ensuite, ceux qui combattent pour protéger cette société : les **chevaliers**.

• Enfin, ceux qui travaillent : les **paysans** et les **artisans**. Ils sont les plus nombreux.

• Le développement du système féodal

• Dans un monde rude et violent, chacun recherche la protection d'un personnage plus puissant. Les seigneurs s'entourent alors de chevaliers qui combattent à leurs côtés. En échange, les seigneurs protègent leurs vassaux et leur donnent des terres cultivées par les paysans : le **fief**.

• La cérémonie de l'hommage et de l'investiture scelle le contrat vassalique.

• La seigneurie, le cadre de vie des paysans

• La seigneurie est un domaine agricole que les **paysans** cultivent pour le **seigneur**. La réserve est exploitée directement pour le seigneur alors que les terres sont louées aux paysans.

• Tous les habitants de la **seigneurie** sont soumis au seigneur qui exerce la justice et prélève des taxes et des impôts. Certains paysans sont libres : les **vilains**, d'autres sont liés à la terre reçue du seigneur : les **serfs**.

Savoir faire

• Construire un tableau des activités de chaque ordre

• **Faire l'inventaire** des activités des hommes du Moyen Âge : prier, combattre, cultiver.

• **Associer chaque activité à un ordre :** prier et clergé.

• **Récapituler** sous forme de tableau :

Ordre	Activités
Clergé	prier, baptiser, célébrer la messe, donner les sacrements, prendre soin des corps et des âmes…
Chevaliers	combattre les ennemis, protéger les paysans, défendre le château…
Paysans, artisans	cultiver les terres, entretenir la seigneurie, fabriquer les outils et les objets…

Faire

1 ★
Rattache chaque affirmation au serf ou au vilain.

1. Ne peut quitter librement la seigneurie.
2. Peut se marier sans l'autorisation du seigneur.
3. Peut témoigner en justice.
4. Ne peut pas transmettre ses biens à ses enfants.

Serf : ....

Vilain : ....

2 ★★
Relie par une flèche chaque nom à son emplacement sur le dessin.

3 ★★
Reporte dans chaque encadré le numéro correspondant aux éléments défensifs du château.

1. la tour d'angle
2. la courtine
3. les créneaux
4. la meurtrière
5. les machicoulis
6. le donjon

4 ★★★
Attribue au seigneur ou au vassal les devoirs qui lui correspondent.

le service militaire pendant 40 jours •	• le vassal
l'aide en argent •	• le seigneur
la protection contre les ennemis •	
le don du fief •	
le conseil •	

5 ★★★
Relie les occupations d'un paysan à ses obligations à l'égard du seigneur.

1. En hiver, le paysan cure le fossé. •	• payer des redevances
2. À Noël, il apporte des poules au seigneur. •	• se soumettre aux banalités
3. À Pâques, il apporte des moutons. •	• faire des corvées
4. À la Saint-Jean, il fauche les prés. •	
5. À la Saint-Denis, il paie le cens. •	
6. En automne, il fait la corvée au château. •	
7. Deux fois par an, il moud ses grains au moulin banal. •	

Corrigés p. 292

Évalue ton travail et coche pour chaque exercice : ☑ réussi ☑ presque réussi ☑ à revoir

3

Féodaux, souverains, premiers États

OBJECTIF • Relever les éléments fondateurs de la monarchie française

Savoir

Les rois capétiens au pouvoir

• En principe, le roi de France est choisi par les grands seigneurs, mais les premiers Capétiens font couronner leur fils aîné de leur vivant et l'associent au trône. La couronne devient héréditaire. Le roi est sacré à Reims et enterré à Saint-Denis.

• Le renforcement du pouvoir royal provoque l'affaiblissement des grands féodaux. Le roi n'est plus suzerain mais **souverain**, et tous les habitants du royaume deviennent ses **sujets**.

La construction de l'État : l'œuvre de grands personnages

• **Philippe Auguste** (1180-1224) affaiblit son rival le roi d'Angleterre et s'empare de nombreux fiefs que celui-ci possédait en France. Il affirme son rôle de défenseur de la France (victoire de Bouvines, 1214).

• Après la régence de **Blanche de Castille**, le règne de **Louis IX** dit **saint Louis** (1226-1270) est marqué par la prospérité et la participation à deux croisades.

• **Philippe le Bel** (1285-1314) renforce l'autorité royale en développant l'administration. Pour résoudre ses importants problèmes financiers, il lève de nouveaux impôts, s'empare des biens des Juifs et des Templiers et réunit les premiers états généraux.

Guerres et renforcement du pouvoir royal

• La **guerre de Cent Ans** (1137-1453) oppose la France et l'Angleterre. La chevalerie française est décimée aux batailles de Crécy, Poitiers et Azincourt. Le royaume est dévasté mais, grâce à **Jeanne d'Arc**, les Français reprennent confiance et chassent les Anglais.

• Le roi s'appuie sur une armée permanente et de nouveaux impôts (aides, taille, gabelle) pour reconquérir et renforcer son pouvoir. **Louis XI** (1461-1483), en éliminant le puissant duc de Bourgogne, agrandit encore le domaine royal.

Savoir faire

Rédiger une courte biographie

Une biographie de saint Louis

• **Lire** les renseignements fournis par une chronologie rapide.

• **Repérer les faits marquants.**

• Les **classer** sous l'une des rubriques suivantes :
– le roi pacificateur :
le traité de Paris en 1229 ;
– le roi chrétien :
la croisade en 1249 ;
– le roi aux pouvoirs respectés :
la monnaie royale en 1262...

Faire

1 ★ Remets les cartes dans l'ordre chronologique.

A.

B.

C.

1. **Le royaume en 1180 :** un domaine royal très petit face à de très importantes possessions anglaises. Carte ....

2. **Le royaume en 1270 :** le domaine royal s'est agrandi au détriment des possessions anglaises. Carte ....

3. **Au début du XIVe s. :** le domaine royal s'étend dans toutes les directions alors que les Anglais ne possèdent plus que la Guyenne. Carte ....

2 ★★ Relie le nom de chaque roi à l'affirmation qui le concerne.

Hugues Capet •	• vainqueur à Bouvines
Philippe Auguste •	• a fait brûler le grand maître des Templiers
saint Louis •	• mort de la peste à Carthage
Philippe le Bel •	• fondateur de la dynastie capétienne

3 ★★★ Lis attentivement la biographie de saint Louis. Souligne, dans la couleur demandée, les dates qui correspondent aux rubriques suivantes :

– le roi pacificateur : en rouge ;
– le roi chrétien : en vert ;
– le roi aux pouvoirs respectés : en bleu.

1226 : 6 novembre : mort de Louis VIII. **29 novembre :** Louis IX est sacré à Reims à l'âge de 11 ans.
1229 : Le traité de Paris met fin aux troubles religieux du Languedoc.
1234 : Louis IX épouse Marguerite de Provence (14 ans). Elle apporte à la couronne les terres de la vallée du Rhône.
1235 : Trêve pour 5 ans avec l'Angleterre.
1241 : Louis IX vient à bout de la révolte des barons du Midi. Il défait les Anglais à Saintes. Il fait construire la Sainte-Chapelle.
1249 : Louis IX participe à la 7e croisade.
1250 : Après sa captivité, il consolide des places occupées en Syrie.
1252 : Blanche de Castille, sa mère, meurt. Louis IX rentre en France.
1258 : Traité entre le roi d'Aragon et le roi de France. Le roi abolit le duel judiciaire et les guerres privées pour instaurer une justice plus conforme aux principes de l'Église.
1262 : Le roi impose la monnaie royale (écu d'or).
1270 : Il part pour la 8e croisade. La peste le terrasse à Carthage.
1297 : Le pape Boniface VIII le déclare saint.

Corrigés p. 292

Évalue ton travail et coche pour chaque exercice : ☑ réussi ☑ presque réussi ☑ à revoir

4

La place de l'Église

OBJECTIF • Mettre en évidence le rôle de l'Église dans la société féodale

Savoir

• La chrétienté unit les Occidentaux

Les gens du Moyen Âge croient en un dieu unique, ils recherchent la protection des saints. Ils se préoccupent sur Terre de préparer le salut éternel. La religion chrétienne rythme la vie quotidienne. Ainsi les Européens partagent une même culture : ils forment la **chrétienté**.

• L'Église impose le modèle chrétien

Dirigée par le pape, l'Église rassemble tous les baptisés : les **clercs** comme les **laïcs**. Elle incite les fidèles à respecter la morale chrétienne pour obtenir le salut, elle appelle les fidèles à participer aux croisades pour défendre la chrétienté. L'Église divise la société en **trois ordres** inégaux. Elle rend le pouvoir royal sacré.

• Les clercs occupent une grande place dans la société

Certains hommes d'Église vivent parmi les laïcs, ce sont les **clercs séculiers** ; d'autres vivent dans des monastères ou des abbayes, ils appartiennent au **clergé régulier**. Tous forment un groupe à part dans la société : ils sont célibataires, sont jugés seulement par les tribunaux d'Église. Ils assurent l'enseignement, l'aide aux pauvres et aux malades.

Savoir faire

• Analyser un édifice

La cathédrale gothique d'Amiens, XIIIe siècle

• **Observer la photographie.**
La photographie représente l'intérieur d'une église gothique construite dans une ville du nord de la France (Amiens) au XIIIe siècle.

• **Rechercher les principales caractéristiques.**
Il s'agit d'un édifice en pierre très vaste et d'une grande hauteur.

Il est recouvert d'une voûte sur croisée d'ogives soutenues par de solides piliers.

La lumière y pénètre par de grandes fenêtres.

Faire

1 ★ Lis le texte suivant et réponds aux questions en cochant la bonne réponse.

La règle de saint Benoît vers 540

La paresse est ennemie de l'âme. C'est pourquoi les frères doivent, aux heures fixées, s'adonner au travail manuel, et aux moments prévus à la lecture spirituelle… Si les circonstances locales ou la pauvreté exigent que les frères fassent eux-mêmes les récoltes, qu'ils ne s'en attristent pas car ils sont vraiment moines lorsqu'ils vivent du travail de leurs mains comme nos pères et les apôtres.

1. Quelle est la nature du document ?
   - ❑ un discours
   - ❑ un texte réglementaire

2. Qui est l'auteur du document ?
   - ❑ un religieux : Benoît de Nurcie
   - ❑ un laïc : Benoît de Nurcie

3. À quelle période a-t-il été écrit ?
   - ❑ au Ve siècle
   - ❑ au VIe siècle

2 ★★

1. Reporte les initiales qui conviennent dans les encadrés : abbés **(A)** – cardinaux **(Ca)** – curés **(C)** – évêques **(E)** – moines **(M)** – pape **(P)**.

2. Retrouve le lieu fréquenté par chacun en attribuant un numéro à chaque cercle : Rome **(1)** – paroisse **(2)** – monastère **(3)**.

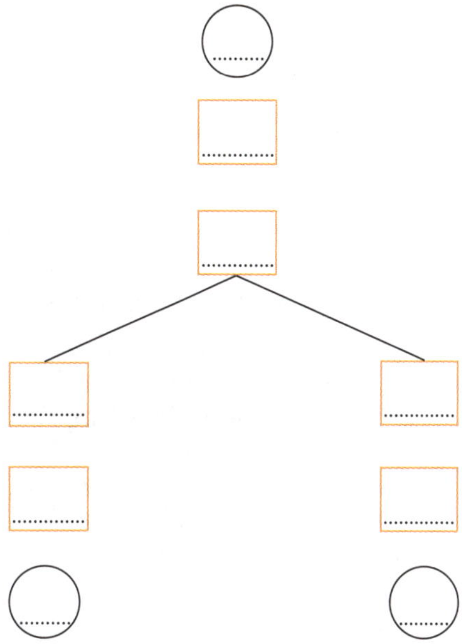

3 ★★★ Observe le plan de l'église romane ci-dessous et réponds aux questions.

1. À quelles parties du plan correspondent les numéros inscrits sur la photographie de la rubrique Savoir faire ?
   - bas-côté : ……
   - nef : ……
   - chœur : ……
   - abside : ……

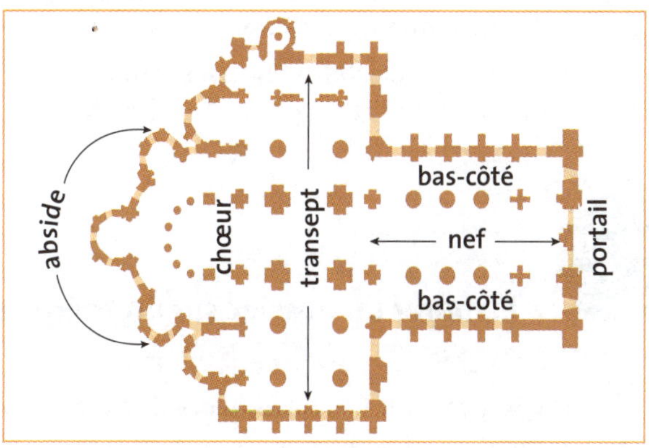

Plan de l'église romane de sainte Foy de Conques (XIIe siècle)

2. Relie les parties de l'église à leurs rôles.

partie de l'église où se tiennent les fidèles •	• chœur
partie de l'église où officie le prêtre •	• transept
partie de l'église qui donne la forme en croix latine •	• nef

Corrigés p. 292

Évalue ton travail et coche pour chaque exercice : ☑ réussi ☑ presque réussi ☑ à revoir

5

L'expansion de l'Occident

OBJECTIF • Repérer les grandes transformations du XIe au XIIIe siècles

Savoir

Les campagnes se transforment

- À partir du XIe siècle, la production agricole augmente grâce à de nouvelles techniques comme le moulin ou le collier d'épaule. De nouvelles terres sont **défrichées** pour faire face à l'augmentation de la population.
- La condition paysanne s'améliore, certains droits seigneuriaux sont allégés et de nombreux serfs deviennent libres par **affranchissement**.

L'économie et les échanges se réveillent

- Le renouveau des échanges nécessite l'amélioration des moyens de transport : routes, ponts, auberges se multiplient. Les marchands, surtout italiens et flamands, se retrouvent dans des grandes foires comme celles de Champagne.
- Le commerce est alimenté par la production des artisans regroupés en **métiers**. Ils travaillent le bois, les étoffes, le métal, l'or.

Les villes se développent

- Les villes sont plus nombreuses. Elles sont encore petites, formées de maisons en bois, resserrées à l'intérieur des remparts. De nouveaux bâtiments sont construits : la halle, les églises, quelquefois la cathédrale.
- Pour obtenir des droits et des **franchises** de leur seigneur, les **bourgeois** forment une commune. Mais seuls les plus riches artisans et marchands appartiennent au Conseil de la ville.
- Au XIIe siècle, Paris, avec ses 10 000 habitants, est l'une des villes les plus peuplées de l'Occident.

Savoir faire

Élaborer un dossier sur un thème précis

Étudier le développement d'une ville

- **Rechercher des documents** dans les ouvrages spécialisés ou non, les répertorier.
- **Classer les documents suivant des rubriques :** les constructions, les monuments, les activités, l'administration, les fêtes…
- **Mettre en forme chaque rubrique :** noter les titres, sélectionner les documents, présenter chaque document avec une indication de sa nature, de sa date, de sa provenance, de son intérêt.
- **Rédiger une représentation générale de la recherche** avec une table des matières, une brève introduction qui annonce le sujet et une conclusion qui récapitule l'essentiel.

Faire

1 ★

Coche la bonne réponse parmi les propositions suivantes.

1. Les métiers sont des associations :
   - ❑ de membres d'une même profession
   - ❑ de membres d'une même ville

2. Les foires sont :
   - ❑ des lieux de détente
   - ❑ des marchés

3. L'affranchissement est l'action de donner :
   - ❑ de nouvelles terres
   - ❑ la liberté

4. Les franchises sont :
   - ❑ de nouveaux impôts
   - ❑ des libertés urbaines

5. Les échevins sont les membres :
   - ❑ du Conseil de la ville
   - ❑ d'une corporation d'artisans

2 ★★

Reporte dans chaque encadré le numéro correspondant aux éléments représentés sur le sceau.

1. *sigilum* (sceau) – 2. *Valencenis* (nom de la ville) – 3. les remparts – 4. les tours du château – 5. l'étendard

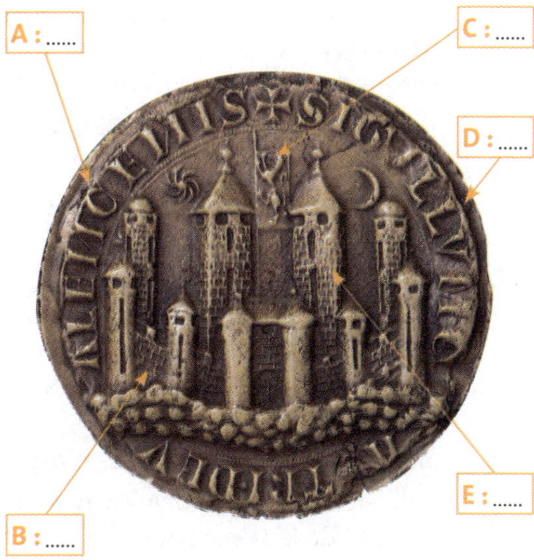

Sceau de la ville de Valenciennes, XIVe siècle

3 ★★★

Retrouve les mots effacés dans le dessin à l'aide du schéma ci-dessous.

Lettre de change envoyée à Mario de Bolado à Genève

1. ....

2. ....

3. ....

Corrigés p. 292

Évalue ton travail et coche pour chaque exercice : ☑ réussi ☑ presque réussi ☑ à revoir

Français Maths Histoire Anglais SVT Physique Chimie Bilans Corrigés

6 Regards sur l'Afrique

OBJECTIF • Découvrir les civilisations africaines du Moyen Âge

Savoir

Des civilisations en Afrique subsaharienne

- Dès le VIIe siècle, le nord de l'Afrique fait partie du monde arabo-musulman. Au sud du Sahara, des États se sont développés le long des grands fleuves : l'**empire du Ghana** (VIIIe-XIIe siècle), l'**empire du Mali** (XIIIe-XIVe siècle), l'**empire Songhaï** (XVe siècle) autour du Niger, ou le **Monomopata** (XVe-XVIe siècle) le long du Zambèze.
- Leur prospérité repose essentiellement sur les **échanges** : l'or, le sel, l'ivoire, les esclaves surtout avec le monde arabo-musulman ou avec le monde indien.
- Les rivalités entre États sont importantes et débouchent sur des guerres.

La traite des Noirs avant le XVIe siècle

- Le **commerce d'esclaves** existe depuis l'Antiquité. Il prend de l'ampleur avec l'expansion arabo-musulmane en Afrique à la fin du VIIe siècle.
- Les esclaves, souvent capturés à l'occasion de guerres ou de **razzias**, sont acheminés par voie terrestre à travers le Sahara ou par voie maritime dans l'océan Indien et la mer Rouge vers les marchés d'esclaves en Afrique du Nord ou en Orient.
- Plusieurs millions d'Africains ont été ainsi déplacés et réduits en esclavage avant le début de la traite transatlantique vers l'Amérique à partir du XVIe siècle.

Savoir faire

Étudier un phénomène historique à partir d'une carte

La traite des Noirs en Afrique au Moyen Âge

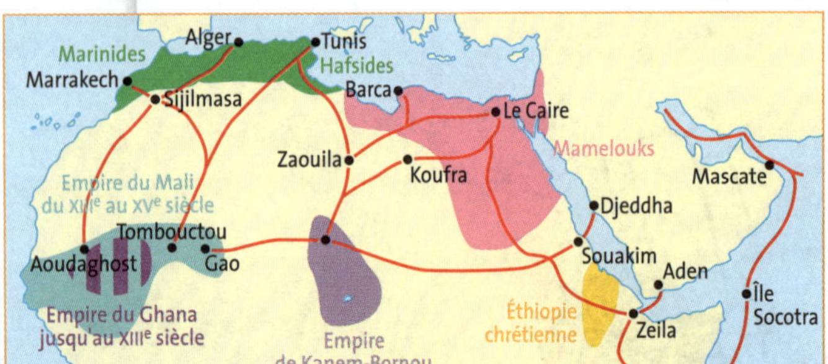

- **Présenter.**
La carte montre les principaux itinéraires du commerce des esclaves en Afrique au Moyen Âge.

- **Situer.**
Les esclaves sont razziés dans les grands empires situés dans l'Afrique subsaharienne pour être vendus dans l'empire musulman sur les rives de la Méditerranée.

- **Décrire.**
Les principales routes de la traite traversent le désert du Sahara. À l'est, les trafiquants d'esclaves utilisent les grandes routes maritimes de l'océan Indien.

1 ★ Place sur l'axe chronologique les grands empires africains du Moyen Âge.

• empire du Ghana • empire Songhaï • empire du Mali • Monomopata

VIIIᵉ s.	IXᵉ s.	Xᵉ s.	XIᵉ s.	XIIᵉ s.	XIIIᵉ s.	XIVᵉ s.	XVᵉ s.	XVIᵉ s.

....

2 ★★ Coche la bonne réponse pour chacune des questions suivantes.

1. Quand les Portugais ont franchi le Cap de Bonne-Espérance en 1488, quel empire dominait en Afrique ?
   - ❑ l'empire du Ghana
   - ❑ l'empire Songhaï
   - ❑ l'empire du Mali

2. De quel empire européen l'empire du Ghana est-il contemporain ?
   - ❑ l'empire d'Alexandre
   - ❑ l'empire romain
   - ❑ l'empire carolingien

3. Parmi ces produits, lequel n'alimente alors pas les échanges commerciaux ?
   - ❑ les esclaves
   - ❑ le café
   - ❑ le sel

4. Avec laquelle de ces zones les empires africains n'ont-ils pas de rapports commerciaux au Moyen Âge ?
   - ❑ l'Asie
   - ❑ l'Amérique
   - ❑ le Maghreb

5. Dans la vallée de quel fleuve africain l'empire Songhaï a-t-il été fondé ?
   - ❑ le Niger
   - ❑ le Zambèze
   - ❑ le Congo

3 ★★★ Observe ce document et réponds aux questions.

1. Donne un titre à ce document.

....

2. Comment appelle-t-on les marchés dans le monde musulman ?

....

3. Identifie les personnes représentées sur le document. Attribue à chacun son numéro.

les esclaves •	• 1
les marchands •	• 2
les acheteurs •	• 3

Corrigés p. 292

Évalue ton travail et coche pour chaque exercice : ☑ réussi ☑ presque réussi ☑ à revoir

7 Les bouleversements culturels (XVe-XVIIe siècle)

OBJECTIF • Saisir les changements culturels et religieux à partir du XVe siècle

Savoir

Le renouveau de la pensée et de l'art

• À partir du XVe siècle, en Italie, les penseurs développent une nouvelle vision du monde, centrée sur l'homme dont ils veulent tout connaître. L'invention de l'imprimerie favorise la diffusion de ces **idées humanistes**.

• Les artistes, aidés par de riches mécènes, proclament la nouvelle naissance de l'art ou **Renaissance**. Depuis ce foyer italien, la Renaissance gagne, au début du XVIe siècle, la France puis le reste de l'Europe.

Une crise religieuse

• À cette même époque, le monde chrétien connaît une nouvelle crise. Les fidèles sont hantés par l'idée de leur salut. Ils aspirent à une religion simple, fondée sur la seule Bible, et dirigée par une Église corrigée de ses abus.

• Luther, soutenu par les princes allemands, amorce cette **Réforme protestante**. Calvin répand ces idées en France puis en Suisse. Les souverains anglais se proclament chefs de leur Église. En réponse à ces critiques, la papauté entreprend de réformer l'Église par le concile de Trente puis de reprendre le terrain perdu.

• Ces oppositions religieuses sont à l'origine de violences et de guerres en Angleterre et en France avec les guerres de religion à la fin du XVIe siècle.

Savoir faire

Analyser une œuvre d'art : une sculpture

Une nymphe de la fontaine des Innocents à Paris, Jean Goujon, 1549

• **Définir le support** (statue, bas-relief…) et **le genre** (religieux, historique, portrait…) :
c'est un bas-relief profane décoratif d'inspiration antique.

• **Décrire la composition :**
une composition en hauteur pour s'inscrire entre deux pilastres (colonnes plates).

• **Analyser l'exécution** (technique, détails, style…) :
un bas-relief en pierre, peu saillant. Un souci du détail et du réalisme (coiffure, draperie) à la façon antique.

1 ★

Lis le texte attentivement. Place dans la grille ce que doit apprendre Pantagruel pour devenir le mot surligné.

Lettre de Gargantua à son fils Pantagruel
J'entends et veux que tu apprennes les langues parfaitement. Premièrement la grecque secondement la latine puis l'hébraïque...
Qu'il n'y ait histoire que tu ne tiennes en mémoire présente. Des arts libéraux, géométrie, arithmétique, musique, je t'en donnais quelque goût quand tu étais encore petit et l'astronomie, saches-en tous les canons... Et par fréquentes anatomies, acquiers-toi parfaite connaissance de l'autre monde qui est l'homme.

Rabelais, *Pantagruel*, chap VIII.

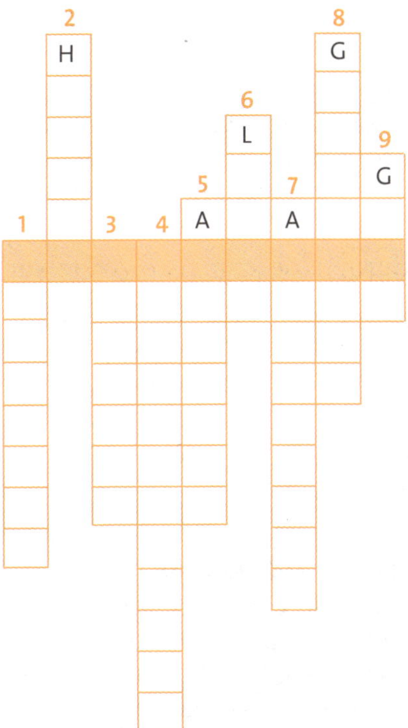

2 ★

1. Élimine de la liste les châteaux qui ne sont pas de la Renaissance.

AMBOISE
BLOIS
CHÂTEAU-GAILLARD
CHAMBORD
VERSAILLES
MONTSÉGUR
CHAUMONT
AZAY-LE-RIDEAU

2. Replace sur la carte les châteaux à visiter.

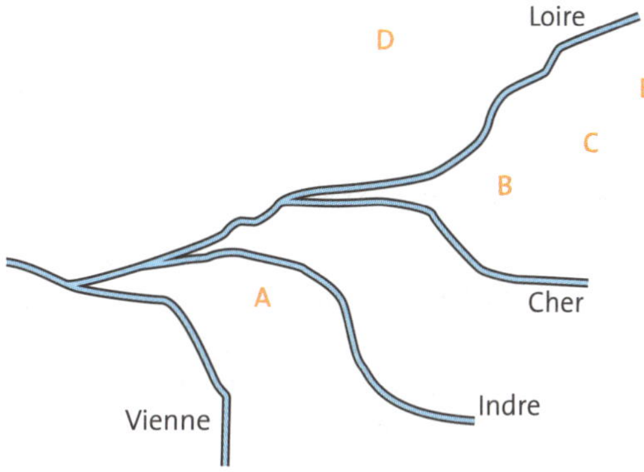

3 ★★

Observe l'œuvre représentée et coche la bonne réponse.

Michel-Ange, *Pietà*, 1499

1. Cette œuvre est :
   - ❑ un bas-relief
   - ❑ une statue
2. Le sujet est :
   - ❑ historique
   - ❑ religieux
   - ❑ mythologique
3. Le sculpteur est :
   - ❑ français
   - ❑ italien
   - ❑ espagnol

4 ★★★

Dans la liste de mots suivante, entoure en rouge ce qui se rapporte à la religion catholique et en bleu ce qui se rapporte à la religion protestante.

les sept sacrements – le pape – Calvin – pasteur – Luther – église – prêtre – temple – le culte des saints – le salut par la foi seule

Corrigés p. 292

Évalue ton travail et coche pour chaque exercice : ☑ réussi ☑ presque réussi ☑ à revoir

8 L'Europe à la conquête du monde

OBJECTIF • Mesurer les conséquences des grandes découvertes

Savoir

Les grands voyages de découverte aboutissent

Tout au long du XVe s., des aventuriers portugais explorent les océans. Le Génois **Christophe Colomb**, soutenu par la reine d'Espagne, découvre en 1492 le continent américain. **Vasco de Gama** ouvre la première route maritime directe vers l'Inde, par le sud de l'Afrique. Le premier tour du monde est accompli, au début du XVIe s., par **Magellan**.

Les Européens modèlent l'Amérique latine

- Les empires maya, aztèque et inca ne peuvent résister aux **conquistadores** et à leurs armes à feu. Massacres, pillages et destructions ont raison des brillantes civilisations précolombiennes.
- Ainsi naît une civilisation nouvelle, marquée par le mélange des cultures indienne, européenne et africaine, et progressivement unifiée par le christianisme et les langues espagnole et portugaise.

Les empires coloniaux placent l'Europe au centre du monde

- Les Espagnols organisent le « Nouveau Monde » à leur service, exploitant dans de vastes plantations la main-d'œuvre indienne bientôt relayée par la **traite des esclaves** africains. L'ouverture de mines d'or et d'argent provoque un afflux de monnaie qui favorise les échanges avec l'Asie.
- Ainsi s'enrichit la façade atlantique de l'Europe, désormais ouverte sur le monde.

Savoir faire

Tirer des informations d'une carte

Étude de la carte « Les grands voyages de découverte », p. 136

- **Repérer les trajets de chaque voyage en suivant l'ordre de la légende.**

La découverte de la Chine (Marco Polo), le passage du Cap de Bonne Espérance (Bartolomeu Diaz), la route des Indes par le contournement de l'Afrique (Vasco de Gama), la traversée de l'Atlantique Nord (Jacques Cartier, Jean Cabot), la traversée de l'Atlantique (Christophe Colomb), le tour du monde (Magellan).

- **Comparer la situation des différentes monarchies** pour lesquelles naviguaient ces aventuriers.

Avance évidente des Portugais (V. de Gama, P.-A. Cabral) et des Espagnols (Magellan, C. Colomb) ; retard des Anglais (J. Cabot) et des Français (J. Cartier).

- **Estimer l'ampleur de ces découvertes :**

– maîtrise de la grande navigation ;
– découverte du continent américain ;
– confirmation que la Terre est ronde ;
– amélioration des instruments de navigation.

1★ Reconstitue la phrase en ajoutant les voyelles manquantes. ☐☐☐

D_S_RM_ _S, L'_ _R_P_ D_M_N_ L_ M_ND_.

2★ Relie chaque navigateur à sa nationalité et à la date de son voyage. ☐☐☐

Portugais •	• Christophe Colomb •	• 1492
Espagnol •	• Jacques Cartier •	• 1497
Anglais •	• Jean Cabot •	• 1498
Français •	• Pedro Alvarez Cabral •	• 1500
	• Magellan •	• 1519-1521
	• Vasco de Gama •	• 1534

3★★ ☐☐☐

D'après les extraits du journal de bord de Christophe Colomb, calcule les durées :

1. du voyage d'Espagne aux Bahamas ;

....

....

2. de l'exploration des îles (à partir de Watling) ;

....

....

3. du voyage de retour jusqu'à Lisbonne.

....

....

Extraits du journal de bord de Christophe Colomb

3 août 1492 : « Nous partîmes [...] de la barre de Saltes. Nous allâmes vers le sud [...] puis au sud quart sud-ouest, ce qui était le chemin des Canaries. »

11 octobre : « Ce fut un marin [...] qui vit cette terre (île Watling aux Bahamas, sans doute) le premier [...] »

21 octobre : « Ensuite je veux partir pour une autre île, très grande [...] si j'en crois les indications des Indiens que j'emmène avec moi [...] Colba (Cuba). »

16 janvier 1493 : « Il partit trois heures avant le jour [...] du golfe des Flèches [...] et reprit le cap nord-est quart est, droit sur l'Espagne. »

15 février : « Quand le soleil fut levé, ils virent la terre [...] l'Amiral, d'après le pointage de sa navigation, se situait aux îles des Açores. »

3 mars : « On vit des signes de la proximité de la terre. Ils se trouvaient tout près de Lisbonne. »

4★★★ Identifie les différents outils qui ont permis les grandes découvertes. ☐☐☐

1. : ....

2. : ....

3. : ....

4. : ....

Corrigés p. 292

Évalue ton travail et coche pour chaque exercice : ☑ réussi ☑ presque réussi ☑ à revoir

9

L'émergence du « roi absolu »

OBJECTIF • Cerner le rôle de la royauté en France à partir du XVIe siècle

Savoir

• Les rois cherchent à imposer leur autorité

Le XVIe et le début du XVIIe siècle sont des périodes pendant lesquelles le pouvoir royal alterne entre puissance et faiblesse.

• Sous les règnes de **François Ier** (1515-1547) puis de son fils **Henri II** (1547-1559), le pouvoir royal se renforce : la volonté royale devient source de loi, le roi ordonne l'usage du français pour tous les actes officiels tel l'état civil.

• Mais les quarante ans de **guerres de religions** (1562-1598) remettent en cause l'autorité monarchique. Devenu roi en 1589, **Henri IV** doit conquérir son royaume et imposer la paix civile par l'**édit de Nantes** en 1598.

• Au début du XVIIe siècle, les régences assurées par les reines Marie de Médicis puis Anne d'Autriche, pendant la minorité de leurs fils, fragilisent le pouvoir.

• Louis XIV, le roi absolu

• Dès sa prise de pouvoir en 1661, **Louis XIV** renforce l'autorité royale. Son règne, jusqu'en 1710, marque l'apogée de la monarchie absolue de droit divin, selon laquelle le roi tient son pouvoir de Dieu et n'a de compte à rendre qu'à lui. Il s'entoure de Conseils mais gouverne sans Premier ministre.

• Le **château de Versailles** est une illustration de ce pouvoir. Le roi y organise la Cour pour attirer, contrôler et affaiblir la noblesse. Il en fait une vitrine de l'art et du savoir faire français.

Savoir faire

• Étudier la représentation d'un monument

Le château de Versailles
peinture de Denis Martin, 1722

• **Présenter le document :** ce tableau, peint en 1722, après le règne de Louis XIV, présente l'entrée du château.

• **Décrire :** c'est une vaste construction très symétrique de style classique, prolongée par des jardins.

• **Expliquer :** la taille du château permet au roi de regrouper dans un même lieu, la Cour, les Conseils et tous les organes indispensables à l'exercice du pouvoir. Le choix du style classique marque la volonté d'ordre et de stabilité de Louis XIV.

• **Conclure :** le château de Versailles est le reflet du pouvoir absolu tel que l'a conçu Louis XIV.

Faire

1 ★ Lis le texte et relie les informations à ce qu'elles identifient.

Henri IV s'adresse au parlement de Paris, qui refuse d'enregistrer l'édit de Nantes.

Vous me devez obéir. Si l'obéissance était due à mes prédécesseurs, il m'est dû autant et plus de dévotion, parce que j'ai rétabli l'État, Dieu m'ayant choisi pour me mettre au royaume, qui est mon héritage et acquisition. Je couperai la racine de toutes séditions, faisant raccourcir tous ceux qui les suscitent. J'ai sauté sur des murailles, je sauterai bien sur des barricades.

1. nature •	• a. le roi Henri IV
2. auteur •	• b. le parlement de Paris
3. date •	• c. le refus d'enregistrer l'édit de Nantes
4. destinataire •	• d. un discours
5. circonstances •	• e. les raisons d'obéir au roi
6. sujet •	• f. 1598

2 ★★ Identifie ces personnages à partir de leur portrait et de l'un des événements de leur règne.

1. Il rétablit la paix civile par l'édit de Nantes de 1538.
Réponse : ....

2. Il installe le pouvoir royal en 1682 à Versailles.
Réponse : ....

3. Il impose l'utilisation du français pour les textes officiels.
Réponse : ....

3 ★★★ Attribue à chacun des rois que tu as identifiés dans l'exercice précédent le symbole et le personnage qui lui correspond. Remplis le tableau.

- **Symbole :** la salamandre – le panache blanc – le soleil
- **Événement :** la bataille de Marignan (1515) – assassinat par Ravaillac (1610) – révocation de l'édit de Nantes (1685)
- **Personnage :** Léonard de Vinci – Sully – Colbert

	1.	2.	3. ....
Symbole			
Événement			
Personnage			

Corrigés p. 293

Évalue ton travail et coche pour chaque exercice : ☑ réussi ☑ presque réussi ☑ à revoir

10 Se repérer dans l'espace et dans le temps

OBJECTIF • Savoir se repérer dans l'espace et dans le temps

Savoir

• L'expansion de la chrétienté du XIe au XIIIe siècle

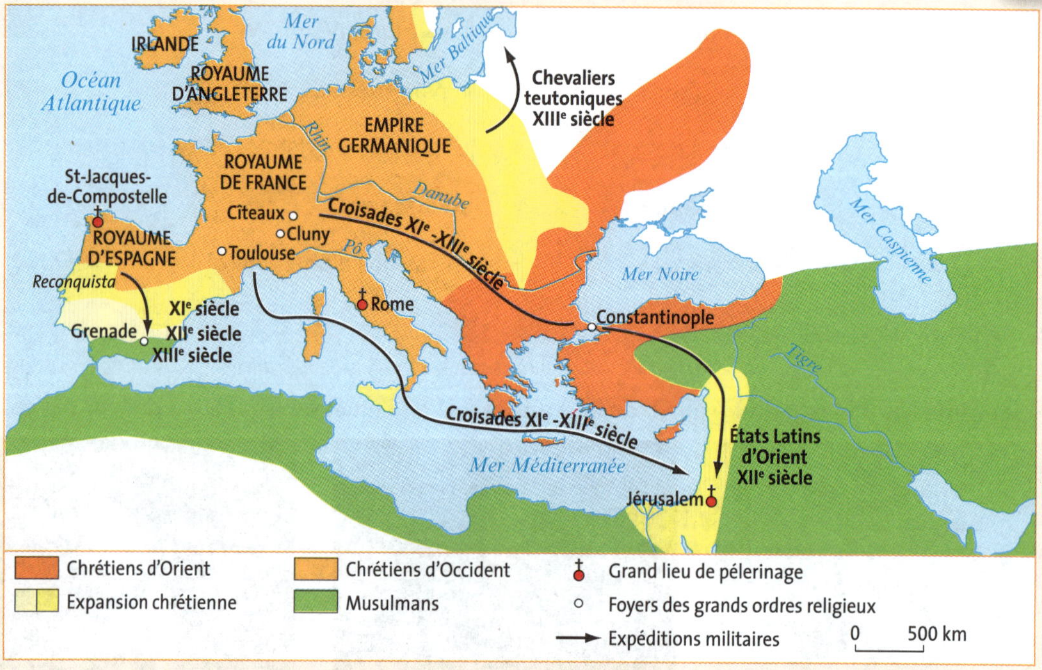

• Les grands voyages de découverte

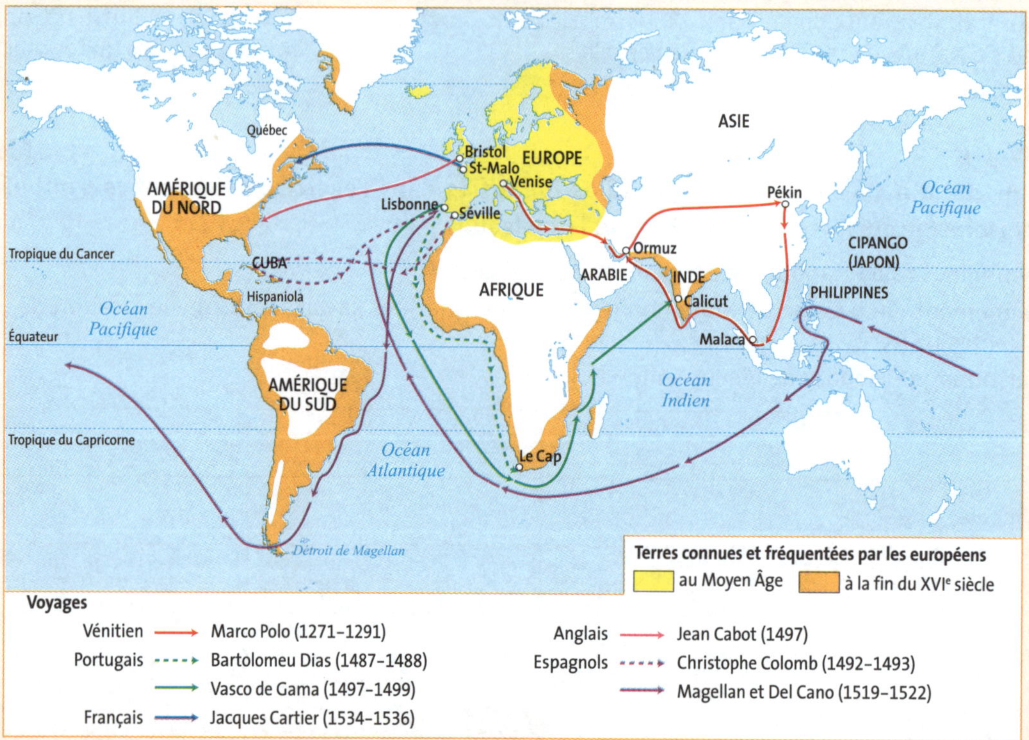

● L'inégal développement en 2009 selon l'IDH (indice de développement humain)

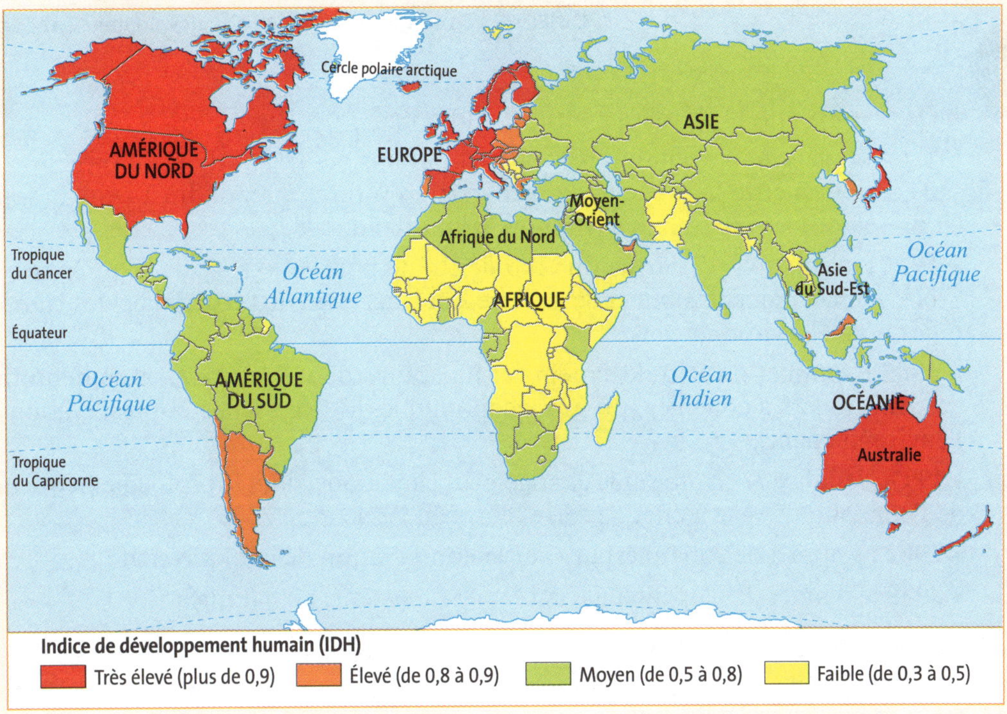

● La scolarisation dans le monde en 2009

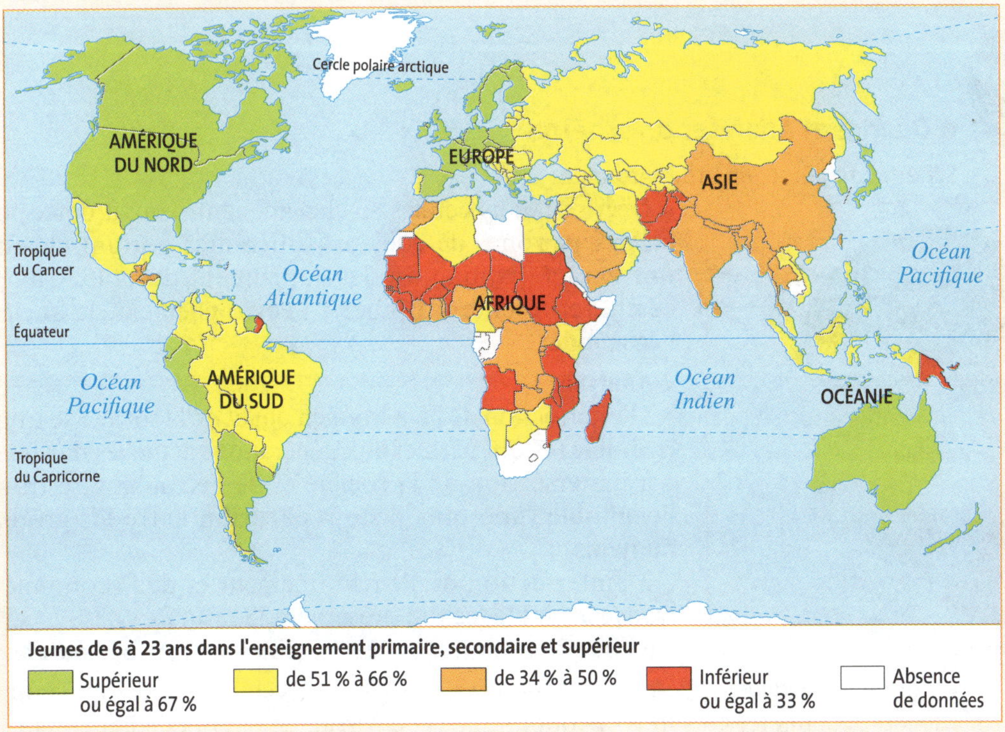

11 Les enjeux du développement durable

OBJECTIF • Comprendre les enjeux du développement durable

Savoir

• Qu'est-ce que le développement durable ?

C'est « un développement qui répond aux besoins des générations du présent sans compromettre la capacité des générations futures à répondre à leurs besoins, en préservant les ressources » (rapport Brundtland, 1987).

- **1972 :** premier cri d'alarme du club de Rome pour le XXIe siècle. Conférence de Stockholm, « premier sommet de la Terre » et lancement du programme des Nations unies pour l'environnement.
- **1992 :** sommet de Rio de Janeiro et naissance de l'Agenda 21 avec définition des trois piliers à concilier (progrès économique, justice sociale et préservation de l'environnement).
- **1997 :** sommet de Kyoto sur le changement climatique, dont le protocole (réduction de l'émission des gaz à effet de serre) entre en vigueur en 2005.
- **2002 :** sommet de Johannesburg sur la conservation de la biodiversité.
- **2009 :** sommet de Copenhague sur les changements climatiques.

• Les acteurs, les actions

- Trois types d'acteurs sont impliqués dans le développement durable : les États et les collectivités locales, les entreprises, la société civile représentée par les ONG.
- Ils répondent aux objectifs qui se situent à l'échelle de la planète, des territoires publics et des entreprises.

Savoir faire

• Décrire et analyser un schéma

Schéma du développement durable

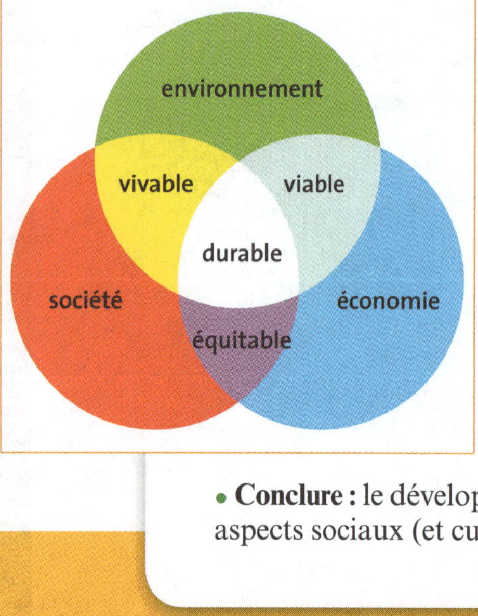

- **Décrire :** trois cercles se chevauchent deux à deux pour créer sept zones de couleurs différentes portant chacune une caractéristique du développement durable. Chaque cercle représente un pilier : l'**environnement**, la **société**, l'**économie**.
- **Analyser :**
  – à l'intersection de l'environnement et de la société se trouve le **vivable** (ce qui permet aux générations actuelles de vivre) ;
  – à l'intersection de la société et de l'économie se trouve l'**équitable** (une plus juste répartition entre les groupes humains) ;
  – à l'intersection de l'environnement et de l'économie se trouve le **viable** (ce qui préservera le futur) ;
  – à l'intersection des trois ensembles se trouve le **durable**.
- **Conclure :** le développement durable est un mode de développement conciliant les aspects sociaux (et culturels), économiques et environnementaux de la planète.

1 ★ Observe l'affiche ci-dessous. À quels gestes du quotidien correspondent les différents dessins ?

1. : ....
2. : ....
3. : ....
4. : ....
5. : ....
6. : ....
7. : ....

2 ★★ Plusieurs actions entreprises sont mentionnées dans ce texte. Identifie-les et classe-les dans le tableau ci-dessous.

Développement durable et aménagement d'un barrage

À 300 km de Brasilia, se termine la construction d'un barrage sur le rio Sao Marcos. Ce nouvel aménagement bouleverse le paysage naturel dans une région qui possède une grande diversité biologique à l'échelle du Brésil et de la planète.
Selon les ingénieurs responsables de la construction, les engins utilisés pour les travaux auront consommé 36 millions de diesel d'ici l'inauguration en 2011.
Plusieurs espèces végétales ont été collectées avant l'ouverture du chantier. Ces semences grandissent dans des sachets de terre pour être ensuite repiquées sur les terres environnant le barrage. La moitié des 68 000 arbustes nécessaires à compenser les dégradations liées aux travaux sont déjà en terre. Au rythme où s'accomplit la photosynthèse, l'opération de compensation sera intégrale au bout de vingt ans.

En faveur du développement présent	En faveur de la préservation du futur
....	....

3 ★★★ Relie les arguments soulignés dans le texte à leur nature. Aide-toi du schéma du Savoir faire.

Éric Lombardi gère un complexe de recyclage dans le Colorado aux États-Unis. Ses 60 salariés trient 50 000 tonnes de déchets par an, soit la moitié de ce que jettent les 300 000 habitants de cette région. Il a obtenu dernièrement que la municipalité et le comté investissent dans l'agrandissement du complexe en prélevant sur la taxe locale destinée au traitement des déchets ménagers.
Pour lui, « les décharges et les incinérateurs ne paient pas au juste prix les dommages qu'ils infligent à la santé et à l'environnement [1] ». En enterrant et en brûlant les ordures, on détruit tout ce qu'il faut d'urgence considérer comme « des richesses à réintroduire [2] dans l'économie ». « Il y a un marché pour tous types de déchets […], même les plus difficiles à recycler comme les plastiques et le polystyrène ». « Cela crée dix fois plus d'emplois qu'une décharge [3] ». « Nous gagnons de l'argent que nous réinvestissons [4] », assure-t-il.

- 1 •
- 2 •
- 3 •
- 4 •

- • argument économique
- • argument social
- • argument écologique

Corrigés p. 293

Évalue ton travail et coche pour chaque exercice : ☑ réussi ☑ presque réussi ☑ à revoir

12 Croissance démographique et développement

OBJECTIF • Mettre en relation croissance démographique et enjeux du développement durable

Savoir

• La dynamique démographique

• Si le taux annuel de croissance diminue (de 2 à 1,4 %), la **population mondiale continue de croître** (on devrait passer de 6 à 9 milliards d'humains en 2050). L'augmentation se situe presque exclusivement dans le monde en développement.

• Cette fracture démographique détermine **trois schémas de croissance** : limitée dans les pays les plus aisés ; très rapide dans les pays les plus démunis (Afrique subsaharienne) ; rapide, mais freinée par des politiques anti-natalistes en Asie.

• L'impact de la croissance démographique sur le développement

• Les besoins croissants de ces populations impliquent d'investir dans le développement du niveau de vie (éducation, santé…), l'augmentation du PIB ne suffit plus.

• Face à cette croissance, des **fronts pionniers** (comme au Brésil) se sont développés pour procurer des espaces et de nouvelles richesses.

Savoir faire

• Interpréter une carte

L'évolution de l'indice de développement humain (IDH) dans le monde entre 1995 et 2003

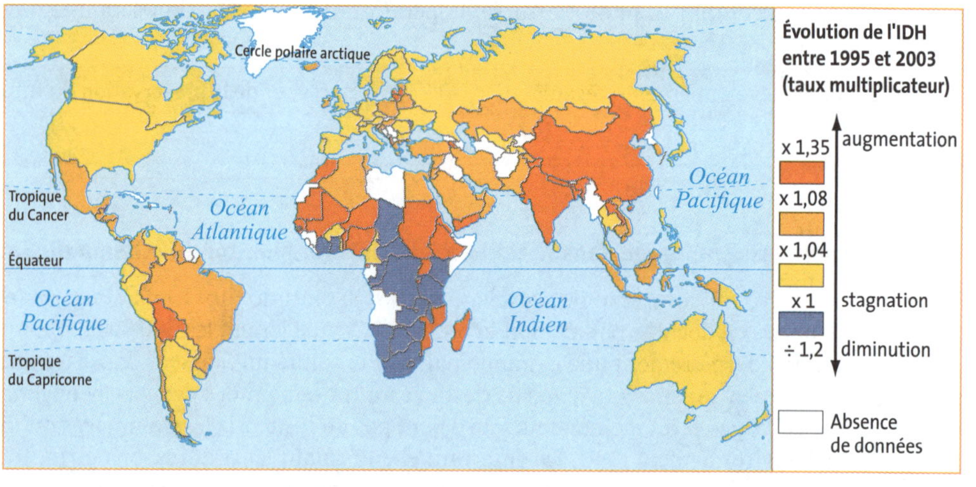

• **Observer.** On distingue trois types de développement :
– les pays dont l'IDH n'a pas augmenté (pays du Nord au PIB/h. déjà élevé) ;
– les pays dont l'IDH a diminué (pays africains à très forte croissance démographique) ;
– les pays dont l'IDH a progressé (quelques pays d'Afrique, Chine et Inde).

• **Comprendre.** L'IDH permet de comprendre les liens entre croissance démographique et développement, de saisir l'émergence de nouvelles puissances qui rendent le clivage Nord/Sud trop simpliste (le Nord n'est pas homogène, des pays du Sud ont intégré le Nord).

1 ★ Complète la grille à partir des définitions.

□□□

Horizontalement

1. Manière de faire, usage.
2. Description et étude des populations.
3. Indicateur de l'IDH qui concerne l'état physique d'une population.
4. Qualité de ce qui est fécond.
5. Déficience ou déséquilibre de l'alimentation.

Verticalement

A. Action d'investir.
B. Chaque État veille à celle de sa jeunesse.
C. Richesses, moyens dont dispose un pays.

2 ★★ Observe la photographie suivante et réponds aux questions.

□□□

Campagne pour limiter la croissance démographique en Inde

1. Comment est composée cette affiche : un texte seul, un dessin seul, un texte et un dessin ?

....

2. Que représente l'affiche ? ....

Combien sont-ils ? ....

3 ★★★ La traduction du texte qui se trouve en haut de l'affiche de l'exercice 2 dit : « Deux ou trois enfants, pas plus ! Suivez les conseils des médecins ». Rédige, en quelques lignes, un petit texte pour présenter puis expliquer cette affiche.

□□□

....

....

Corrigés p. 293

Évalue ton travail et coche pour chaque exercice : ☑ réussi ☑ presque réussi ☑ à revoir

13

Les inégalités devant la santé

OBJECTIF • Repérer les liens entre santé et niveau de développement

Savoir

Une espérance de vie inégale à l'échelle mondiale

• L'**espérance de vie**, ou durée de vie moyenne, dépasse 75 ans dans la plupart des pays du Nord. Elle est de 40 ans en Afrique centrale et orientale, parce que les populations ont difficilement **accès à l'eau potable**, sont fragilisées par la sous-alimentation et vivent dans des conditions insalubres.

• Cette inégalité devant la santé s'accroît quand les États ne peuvent pas assurer l'**accès aux soins** pour tous. Ainsi 1,5 million d'enfants dans les pays pauvres meurent chaque année de diarrhées.

Les inégalités Nord/Sud renforcées par les pandémies

• Des **épidémies** tel le sida, le SRAS (Syndrome respiratoire atypique sévère) ou le virus de la grippe A (H1N1) se répandent partout dans le monde du fait des déplacements accrus des hommes pour le travail. Cependant, les pays en voie de développement et ceux les moins avancés ne peuvent investir suffisamment pour prévenir ou lutter contre ces pandémies.

• L'organisation mondiale de la santé (**OMS**) coordonne des actions internationales là où les installations médicales font défaut. Elle finance des campagnes de vaccination dans les pays pauvres. L'OMS et les ONG (organisations non gouvernementales) incitent les populations des pays développés à aider les pays les plus pauvres.

Savoir faire

Commenter des données chiffrées

Les victimes du sida dans le monde en 2007

Afrique subsaharienne	1,6 millions	**Afrique du Nord et Moyen Orient**	25 000
Asie du Sud et du Sud-Est	270 000	**Amérique du Nord**	21 000
Amérique latine	58 000	**Europe occidentale et centrale**	12 000
Europe orientale et Asie centrale	55 000	**Caraïbes**	11 000
Asie de l'Est	32 000	**Océanie**	1 200

Source : rapport ONUSIDA/OMS, décembre 2007.

• **Observer.** Le virus ignore les frontières : toutes les régions du monde sont touchées.

• **Mettre en perspective.** Le nombre des décès n'est pas proportionnel à la population : les Caraïbes comptent 11 000 victimes sur 250 millions d'habitants, l'Afrique subsaharienne en compte 1,6 million sur 450 millions habitants.

• **Commenter.** Les régions du monde où la mortalité due au sida est forte sont aussi les plus pauvres.

1 ★

Classe les maladies suivantes en pandémies (épidémies répandues partout dans le monde) ou endémies (maladies localisées).

choléra – paludisme – grippe aviaire – fièvre jaune – sida – bilharziose

Pandémies	Endémies
....	....

2 ★

Contre quelles maladies les vaccinations faites chez les jeunes enfants (DTC hib) prémunissent-elles ? Coche les bonnes réponses.

- ❑ a. coqueluche
- ❑ b. diphtérie
- ❑ c. grippe
- ❑ d. méningite
- ❑ e. rage
- ❑ f. tétanos
- ❑ g. variole
- ❑ h. rubéole

3 ★★

Complète la carte ci-dessous des inégalités face au sida dans le monde en remplissant les carrés avec les données chiffrées du Savoir faire.

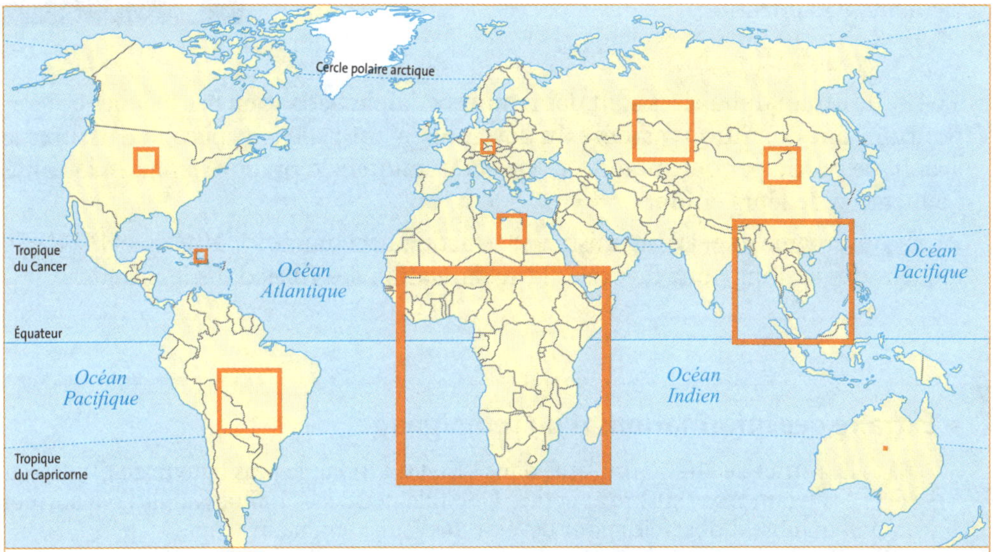

Nombre de décès dus au sida chez l'enfant et l'adulte (estimation 2007)

4 ★★★

Observe l'affiche de la journée mondiale de la santé, organisée en 2007 par l'OMS, et réponds aux questions.

1. Relie chacun des symboles numérotés au sujet qu'il aborde.

1 •	• le sida
2 •	• le paludisme
3 •	• les inondations
4 •	• les risques nucléaires

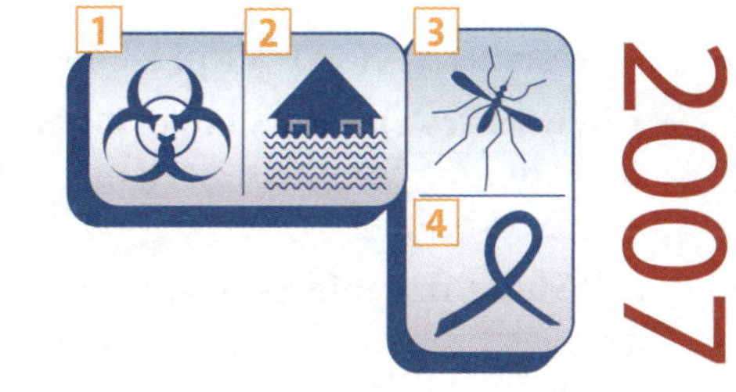

2. Quel est le thème de la journée mondiale de la santé ? Coche la bonne réponse.
   - ❑ a. la protection de la santé contre les effets du changement climatique
   - ❑ b. la sécurité sanitaire à l'échelle internationale
   - ❑ c. la crise des personnels de santé

Corrigés p. 293

Évalue ton travail et coche pour chaque exercice : ☑ réussi ☑ presque réussi ☑ à revoir

Français Maths Géographie Anglais SVT Physique Chimie Bilans Corrigés

14

Les inégalités devant l'alphabétisation

OBJECTIF • Comprendre la place de l'alphabétisation dans le développement

Savoir

Un accès très inégal à l'éducation et au savoir

- Alors que la quasi totalité des enfants sont scolarisés dans les pays riches, le développement des pays pauvres est freiné par le taux encore **faible de scolarisation**.
- 774 millions d'adultes ne savent ni lire ni écrire dans le monde (1/5e de la population mondiale). Ils vivent essentiellement en Afrique et en Asie. Le **travail des enfants**, le manque d'infrastructures scolaires et les guerres sont des éléments d'explication.

Une situation plus difficile encore pour les femmes

- 64 % de ces analphabètes sont des femmes. L'**alphabétisation des femmes** constitue pourtant une condition majeure du développement : elle leur permet d'assurer leur avenir, de participer davantage à la vie économique, de prendre en main la santé et l'éducation de leurs enfants.
- Les gouvernements et les organismes internationaux comme l'UNICEF et l'UNESCO mènent des actions pour favoriser la **scolarisation des filles** dans le monde.

Savoir faire

Extraire des informations d'un témoignage

> Dans le district de Sitamarhi, situé dans l'État du Bihar, le plus pauvre de l'Inde, seules 26 % des femmes savent lire et écrire. Une fille décidée – Lalita Kumari – a surmonté un bon nombre d'obstacles pour devenir une jeune femme instruite. [...]
> Lalita n'a appris à lire qu'à 12 ans. Avide de s'instruire, elle est allée secrètement dans une école locale destinée aux filles des communautés défavorisées. « Dans mon village, je ne faisais que couper l'herbe, chercher du bois de chauffage, laver et faire la cuisine. Entre ces travaux, j'avais l'habitude d'aller à l'école, mais sans que mes parents le sachent. » [...] Lalita et d'autres filles apprenaient à lire et à écrire et recevaient une formation pratique pour la vie quotidienne. On leur enseignait également l'usage de la bicyclette, le karaté, l'hygiène, les soins et à parler en public.
> Aujourd'hui, Lalita n'est pas simplement une célébrité et un professeur de karaté, c'est aussi une jeune femme indépendante qui gagne sa vie et subvient aux besoins de sa famille. [...] « Je crois maintenant que chaque fille a des possibilités en elle, et je dirai partout que je pense différemment » a déclaré le père de Lalita, alors que sa mère a cette réflexion de fierté, dans un sourire radieux : « Regardez tout le respect qu'inspire ma fille. »
>
> D'après le site Internet de l'UNICEF.

- **Présenter :** cet extrait présente l'histoire de Lalita, une jeune fille indienne.
- **Relever les éléments importants :** sa famille refuse son éducation, elle apprend en cachette, ses connaissances lui permettent de gagner sa vie et celle de sa famille et d'être respectée.
- **Déduire des informations générales :** l'éducation des filles est insuffisante dans les pays pauvres. Les organismes internationaux soutiennent les efforts faits pour améliorer la situation.

1 ★ Retrouve le nom des pays et relie chacun à son taux d'alphabétisation.

☐☐☐

SIRELB : .... •	• 100 %
NEID : .... •	• 86 %
LIAM : .... •	• 66 %
DESUE : .... •	• 23 %

2 ★★ Compare les deux photographies. Complète le tableau.

☐☐☐

Une salle de classe en France

Une école du soir pour les filles au Rajasthan (Inde)

	Une classe en France	Une école en Inde
Dans quel lieu se déroule la leçon ?	....	....
Quel est le mobilier de la salle ?	....	....
Quel matériel scolaire est utilisé ?	....	....
Qui assiste à la leçon ?	....	....

3 ★★★ Compare la carte ci-dessous à la carte de l'IDH (p. 137) : décris les différences et les concordances.

☐☐☐

Alphabétisation des femmes adultes (plus de 15 ans), en pourcentage de la population

Moins de 43 % | De 48 à 74 % | De 77 à 90 % | Plus de 91 %

Corrigés p. 293

Évalue ton travail et coche pour chaque exercice : ☑ réussi ☑ presque réussi ☑ à revoir

15

Les inégalités devant les risques

OBJECTIF • Comprendre les causes de l'inégale vulnérabilité des sociétés face aux risques

Savoir

- On distingue les **risques naturels** (inondations, séismes, éruptions, cyclones, tempêtes, ...) et les **risques provoqués par l'homme** (risques nucléaires, industriels, transport de matières dangereuses, ...). Deux critères les définissent : la faible fréquence et l'énorme gravité.
- Le risque majeur est la confrontation entre un **aléa** (phénomène naturel ou technologique) et un **enjeu** (personnes, biens, équipements... menacés par l'aléa).

Savoir faire

Observer un phénomène selon différentes approches

Carte 1 : niveau d'exposition au risque

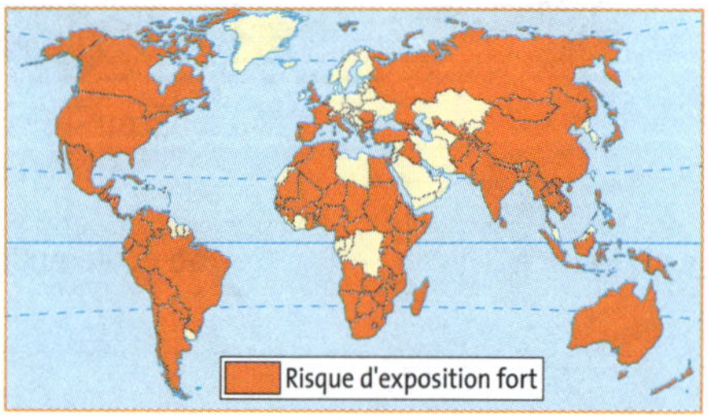

Carte 2 : niveau d'exposition au risque selon une approche économique

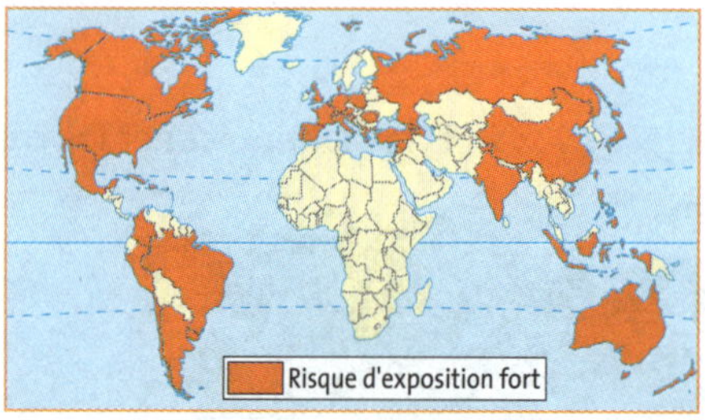

Carte 3 : niveau d'exposition au risque selon une approche sociale

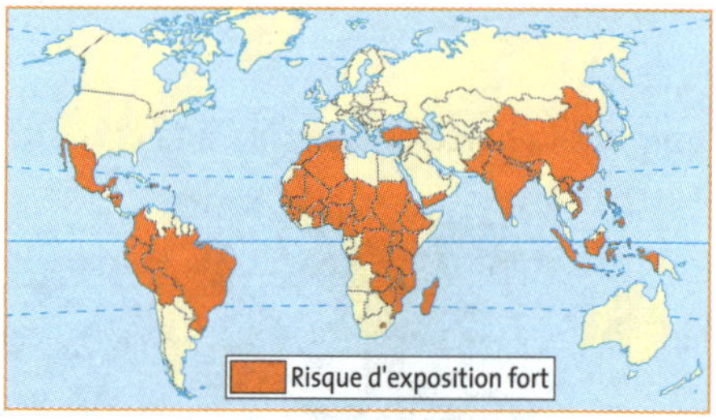

- **Décrire :**
  - carte 1 : les 2/3 de la planète sont exposés aux risques naturels ;
  - carte 2 : forte exposition des pays riches au risque technologique. C'est aussi le cas de certains pays en voie de développement d'Asie et d'Amérique du Sud ;
  - carte 3 : forte exposition des pays les plus démunis du « Sud » et d'Asie.
- **Recouper les informations :** on peut distinguer trois groupes de régions :
  - les régions à risque faible : Scandinavie, Moyen Orient et Afrique australe ;
  - les régions à risque fort : Amérique latine (sauf l'Argentine), Inde et Chine ;
  - toutes les autres régions à risque moyen.
- **Conclure :** Quelle que soit l'approche et la nature des risques (technologiques ou naturels), c'est l'ensemble de la planète qui est menacée. Les mesures de protection ne doivent donc pas être limitées à une zone.

Faire

1 ★ Il est mis en cause dans grand nombre de catastrophes naturelles. De quoi s'agit-il ?

R_C_A_F_E_E_T C_I_A_I_U_

2 ★★ Complète le tableau avec les éléments suivants, puis réponds aux questions.

explosion de l'usine AZF – France – Italie – naturel – plus de 17 000 morts – technologique – tremblement de terre

Lieu de la catastrophe	Pays	Date	Nature	Pertes humaines	Type de risque majeur
Abruzzes	....	2009	tremblement de terre	150	....
Bhopal	Inde	1984	explosion dans une usine	30 000	....
Toulouse	....	2001	....	30	technologique
Izmit	Turquie	1999	....	....	naturel

1. Identifie les catastrophes de même type.
.... et .... : risque ....
.... et .... : risque ....
2. Compare entre elles les pertes humaines de ces catastrophes. Que constates-tu ?

3 ★★★ Complète le texte avec les mots suivants et réponds aux questions.

climatiques – pauvreté – sécurité – développement – planète – risques

La réduction des .... liés aux catastrophes peut aider les pays à lutter contre la ...., à préserver leur .... et à s'adapter aux changements .... Ces progrès peuvent à leur tour contribuer à la ...., à la stabilité et à la viabilité de notre ....

Extrait de l'allocution de Ban Ki-Moon, mai 2009.

1. Qui est Ban Ki-Moon ? ....
2. En quoi ce texte s'inscrit-il dans la définition du développement durable ?
....

4 ★★★ Lis le texte suivant et réponds aux questions.

« Nous savons tous que les pauvres et les pays en développement sont ceux qui souffrent le plus des catastrophes », a souligné M. Ban, notant que « les trois quarts de ceux qui périssent à la suite d'inondations se trouvent dans trois pays asiatiques : Bangladesh, Chine et Inde ».
« Prenons un autre exemple, celui des cyclones : les victimes des cyclones tropicaux sont 17 fois plus nombreuses aux Philippines qu'au Japon, alors que ces deux pays sont également exposés à ce type de phénomène climatique », a-t-il dit.
En ce qui concerne le Moyen Orient, M. Ban a souligné que « les pays du Golfe ont été jusqu'ici moins exposés aux catastrophes. Néanmoins, la montée du niveau des mers menace Bahreïn, l'Égypte et Djibouti. Bon nombre d'autres pays arabes sont touchés par les séismes et par la sécheresse ».

Extraits de l'allocution de Ban Ki-Moon, mai 2009.

1. Quelles sont les catastrophes naturelles citées dans ce texte ?
2. Pourquoi le Japon est-il moins affecté que les Philippines par les conséquences des cyclones tropicaux ?

Corrigés p. 293

Évalue ton travail et coche pour chaque exercice : ☑ réussi ☑ presque réussi ☑ à revoir

16

Pauvreté et développement

OBJECTIF • Appréhender le problème de la pauvreté

Savoir

• Lutter contre la pauvreté : un objectif international

L'ONU a fixé huit « objectifs pour le millénaire ». Le premier est de « supprimer l'extrême pauvreté et la famine ». Pour mesurer l'ampleur du problème et les progrès à accomplir, l'ONU s'est basée sur des indicateurs.

• Des indicateurs

• L'indice de **GINI** est un indicateur synthétique d'inégalités de salaires, de revenus, de niveau de vie. 0 étant l'égalité, 1 la situation la plus inégalitaire, la moyenne mondiale se situe à 0,67.

• L'indice de développement humain (**IDH**), calculé à partir de l'espérance de vie à la naissance, le taux d'alphabétisation des adultes et le niveau de vie, permet de mesurer le progrès général d'un pays.

• L'indice de pauvreté humaine (**IPH**) mesure la répartition de ce progrès et sert à déchiffrer les formes de dénuement qui subsistent en distinguant les critères selon les types de pays (industrialisés ou en développement) : espérance de vie à 40 ans, illettrisme ou analphabétisme, niveau de revenu ou accès aux soins.

• Les seuils de pauvreté

• Ils peuvent se définir de manière absolue (fixé à 1,25 $ par jour), ou de manière relative (par rapport à un revenu moyen).

• En général, on distingue un seuil de **pauvreté absolue** dans les pays en développement, et un seuil de **pauvreté relative** dans quelques pays développés.

• Bilan en l'espace d'une génération

• De 1980 à 2005, le nombre de pauvres dans le monde a baissé de 1,9 milliard (50 % de la population totale) à 1,4 milliard (25 %). Mais, alors que l'Asie du Sud-Est a réduit la pauvreté de 79 à 18 % de la population, l'Afrique stagne à 50 %.

• D'où l'importance d'un **partenariat mondial pour le développement**.

Savoir faire

• Lire une caricature

• **Observer la composition de la caricature :** un personnage ventripotent s'éloigne d'un récipient dont il vient de consommer une partie du contenu.

• **Décrire chaque élément :** le personnage, à l'air repu, porte un chapeau et un pantalon noir à l'occidentale, son énorme ventre à la forme de l'hémisphère Nord. Le récipient à moitié vide abandonné a la forme de l'hémisphère Sud.

• **Comprendre et interpréter le message :** les richesses naturelles des pays pauvres de l'hémisphère Sud sont exploitées par les pays riches et industrialisés de l'hémisphère Nord, gros dévoreurs d'énergie et de matières premières.

Faire

1 ★ Observe la photographie ci-dessous et réponds aux questions.

□□□

1. Situe Le Cap sur un planisphère à l'aide d'un atlas.
2. Caractérise l'habitat représenté.

Dimensions	....
Ouvertures (portes, fenêtres)	....
Matériaux utilisés	....
Commodités	....
Proximité avec le voisinage	....

Bidonville, Le Cap, Afrique du Sud

2 ★★ À partir des tableaux de l'IDH suivants, colorie sur le planisphère : en vert les pays ayant un IDH supérieur à 0,930 ; en rouge les pays ayant un IDH inférieur à 0,4.

□□□

Norvège	0,969	Malawi	0,4
Suède	0,941	Mali	0,386
Canada	0,94	Centrafrique	0,375
Belgique	0,939	Tchad	0,365
Australie	0,939	Guinée-Bissau	0,349
États-Unis	0,939	Éthiopie	0,327
Islande	0,936	Burkina Faso	0,325
Pays-Bas	0,935	Mozambique	0,322
Japon	0,933	Burundi	0,313
Finlande	0,933	Niger	0,277
France	0,928	Sierra Leone	0,275

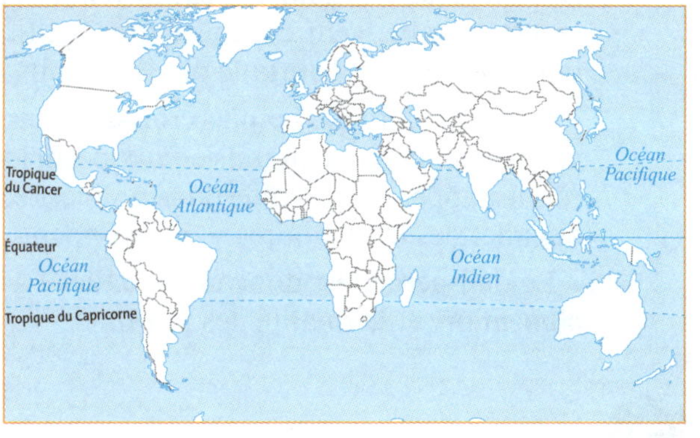

3 ★★★ Associie chaque pictogramme à la signification qui lui correspond.

□□□

A.

B.

C.

D.

E.

F.

G.

H.

1. réduire la pauvreté et la faim dans le monde : ......
2. soutenir l'éducation primaire : ......
3. lutter pour l'autonomisation des femmes : ......
4. baisser la mortalité infantile : ......
5. améliorer la santé maternelle : ......
6. combattre le sida, le paludisme et autres maladies : ......
7. préserver l'environnement : ......
8. mettre en place un partenariat mondial pour le développement : ......

Corrigés p. 294

Évalue ton travail et coche pour chaque exercice : ☑ réussi ☑ presque réussi ☑ à revoir

17

La question des ressources alimentaires

OBJECTIF • Comprendre ce qui rend difficile l'accès pour tous aux ressources alimentaires

Savoir

Une réelle croissance alimentaire

50 % des habitants de la planète ont une **disponibilité alimentaire** quotidienne de 2 700 calories (4 % en 1970). Si la **famine** chronique a reculé, 1 milliard de personnes garde le « ventre creux » (1 milliard d'autres est en surpoids).

Un accès inégal aux ressources alimentaires

- Dans les pays développés, la production est supérieure aux besoins, alors qu'ailleurs les cultures sont soumises aux caprices climatiques. Dans les zones tropicales, les plantations de café, de cacao, de coton dépendent des prix de vente.
- Les ressources s'échangent sur un **marché mondialisé** qui reste dominé par les États qui possèdent les moyens d'échange et de distribution (Amérique du Nord, Union européenne, Japon).

Une sécurité alimentaire pas encore garantie

- Les **crises alimentaires** affectent une trentaine de pays (situés surtout en Afrique). Des États subventionnent des nouvelles techniques, soutiennent les producteurs. Mais certains ne peuvent conduire une politique agricole, faute de stabilité politique ou de revenus réguliers.
- Pour satisfaire des **besoins croissants**, les agriculteurs ont eu recours aux engrais et aux pesticides. Mais des cas de nappes d'eau souterraine polluées se multiplient, des allergies alimentaires se développent.
- Le défi actuel est donc de concilier l'**autosuffisance alimentaire** et la qualité des produits.

Savoir faire

Présenter un processus à partir d'un tableau à double entrée

La culture du soja au Brésil

Quoi ?	• un oléagineux : le soja
Pourquoi ?	• alimentation du bétail (75 %), produits industriels (15 %), alimentation humaine (10 %) • à destination de tous les pays du monde
Où ? Comment ?	• sur les fronts pionniers, dans de grandes exploitations mécanisées, proches de la forêt amazonienne, d'où la création de routes et de ports sur l'Amazone pour le transporter
Quelles conséquences immédiates ?	• à l'échelle de la région : une économie stimulée • à l'échelle du Brésil : une culture d'exportation qui permet de faire des bénéfices et de créer des emplois
Quelles conséquences durables ?	• Le Brésil, 2e exportateur de soja du monde, dépend de la demande mondiale. • L'essor de cette culture se fait au détriment de la forêt.

1 ★ Retrouve la définition de chacun des mots suivants.

famine – disette – plantation – agriculture commerciale – agriculture vivrière

1. Majeure partie de la production consommée par la famille ou les habitants : ....

2. Production destinée aux marchés nationaux et internationaux : ....

3. Parcelle consacrée à une culture commerciale dans les pays tropicaux : ....

4. Situation de sous-alimentation entraînant une surmortalité : ....

5. Pénurie alimentaire de plus ou moins longue durée : ....

2 ★★ Dans la liste suivante, barre les noms des cultures qui ne sont pas des céréales.

avoine – blé – betterave – cacao – café – colza – maïs – riz – seigle – sorgho

3 ★★★ Quels éléments fondent la sécurité alimentaire d'un pays en voie de développement ? Coche les bonnes réponses.

❑ a. être situé sur un littoral
❑ b. être en guerre
❑ c. être en zone tempérée
❑ d. être en mesure de subventionner certaines productions
❑ e. être capable de lutter contre le réchauffement climatique
❑ f. posséder des ports
❑ g. avoir une main-d'œuvre abondante

4 ★★★ Observe la carte ci-dessous. En t'aidant d'un atlas, retrouve et indique le nom des États qui ont des disponibilités alimentaires insuffisantes.

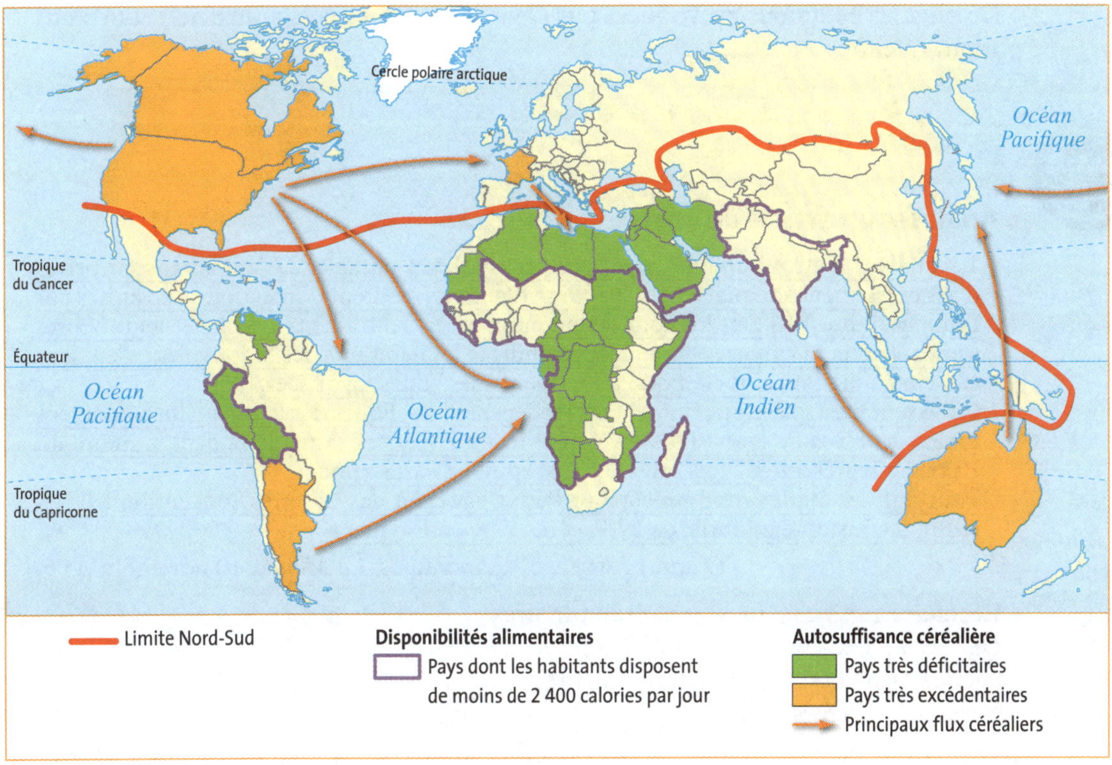

Nom des États : ....

Corrigés p. 294

Évalue ton travail et coche pour chaque exercice : ☑ réussi ☑ presque réussi ☑ à revoir

18 La question de l'accès à l'eau

OBJECTIF • Comprendre ce qui se joue à propos de cette ressource naturelle

Savoir

L'eau, une ressource indispensable pour les humains

• La ressource en eau est **très mal répartie** dans le monde : les régions humides tempérées et tropicales rassemblent l'essentiel des eaux pluviales et fluviales.

• Dans les zones intertropicales, les pluies peuvent provoquer des inondations tandis que certaines régions sont sujettes à des sécheresses durables.

Des besoins croissants, une consommation inégale

• Depuis 1950, la **consommation** d'eau a été multipliée par 5. L'agriculture prélève 70 % de l'eau douce disponible. L'industrie et la production d'énergie en utilisent 22 %.

• La quantité d'eau consommée par habitant varie de 10 à 20 litres par jour en Afrique, contre 300 litres par jour en Europe. C'est le reflet des **inégalités de développement**.

• Les pays les plus pauvres n'ont pas de moyens suffisants pour réaliser les aménagements favorisant l'accès à la ressource (barrages, digues, canaux) ou sa transformation en eau potable (dessalement, traitement des eaux usées).

L'eau douce, une ressource à partager

• Fleuves, sources et nappes souterraines sont des réservoirs naturels qui ignorent les frontières. Là où la population est dense (grandes villes, littoraux, vallées fluviales), l'eau est **source de conflit**.

• De plus, les **pollutions** provoquées par l'agriculture, les rejets industriels et urbains portent atteinte à sa qualité.

Savoir faire

Analyser un article de presse

> 1,1 milliard d'êtres humains n'ont pas accès à l'eau potable, 2,6 milliards sont privés d'assainissement adéquat [...], 1,8 million d'enfants meurent d'infections transmises par l'eau insalubre. [...] Des millions de femmes perdent quotidiennement plusieurs heures à aller chercher l'eau nécessaire à leur famille et les habitants des bidonvilles paient leur eau cinq à dix fois plus cher que les résidents des zones favorisées. [...]
> Ce secteur n'est guère prioritaire dans les dépenses publiques des États qui lui consacrent moins de 0,5 % de leur PIB et préfèrent investir ailleurs. Ainsi le budget militaire du Pakistan représente 47 fois celui de l'eau et de l'assainissement.
> Pourtant, les études montrent qu'au Pérou l'accès à des toilettes conventionnelles a réduit la mortalité infantile de 59 % et de 57 % en Égypte. »
>
> D'après l'article d'Alain Faujas, *Le Monde*, 10 novembre 2006.

• **Répondre** aux trois questions préliminaires :
– *Qui écrit ?* Un journaliste du *Monde.*
– *Quand ?* En 2006 (information récente).
– *Sur quoi ?* L'accès inégal à l'eau.

• **Trier** ce qui relève de données vérifiées (informations) sur le thème (souligné en bleu), et ce qui relève d'une analyse apportée par le journaliste (souligné en rouge).

Faire

1 ★ Complète le texte à l'aide des mots suivants.

douce – douche – économiser – irrigation – maladies – potable – puits – planète – usées

Le problème de l'eau et ses solutions dépendent des lieux. Dans les zones arides, l'important est d'accéder à une plus grande quantité d'eau par l'installation de .... ou en rendant l'eau de mer .... Dans les pays du Sud, il s'agit de traiter les eaux .... pour éviter les .... et réapprovisionner en eau .... une population nombreuse. Dans les pays développés, il est urgent d'................................ l'eau, par exemple en utilisant dans l'agriculture des méthodes d'................................ au goutte à goutte, en s'habituant au quotidien à réduire le gaspillage. Ne pas laisser couler l'eau pendant toute la durée de la .... fait partie de ces petits gestes qui préservent la ....

2 ★★ Relie chacun des aménagements à son rôle.

aqueduc •	• protection contre les crues
barrage •	• transformation de l'eau salée
digue •	• traitement des eaux usées
station d'épuration •	• transport à distance de l'eau
usine de dessalement •	• canalisation des réserves d'eaux

3 ★★★ Observe la carte des risques de pénuries d'eau dans le monde et réponds aux questions.

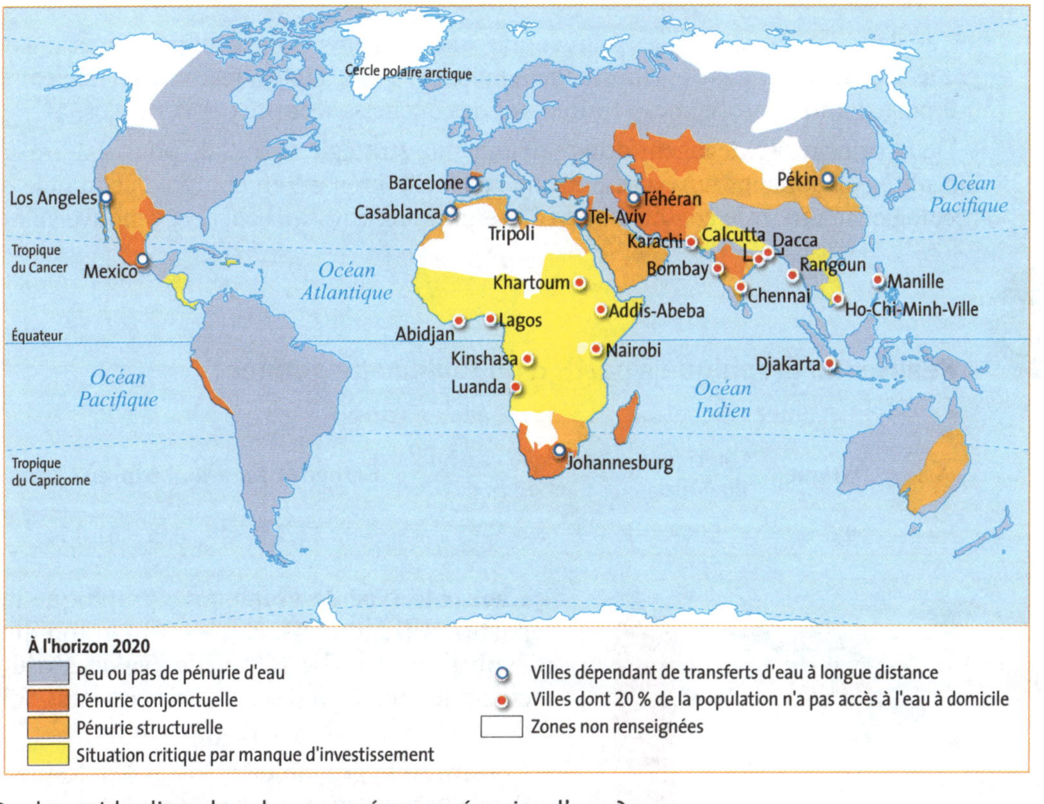

1. Quels sont les lieux les plus exposés aux pénuries d'eau ?
2. Quels pays les moins avancés sont en situation critique ? Appuie-toi sur le nom des villes dont 20 % de la population n'a pas accès à l'eau à domicile.

Corrigés p. 294

Évalue ton travail et coche pour chaque exercice : ☑ réussi ☑ presque réussi ☑ à revoir

19

La question de l'énergie

OBJECTIF • Décrire les enjeux énergétiques

Savoir

• L'énergie : des besoins toujours plus importants

• L'énergie est indispensable aux activités humaines. On distingue : les énergies **fossiles** (pétrole, gaz naturel, charbon) dont les réserves sont limitées, l'énergie **nucléaire** et les énergies **renouvelables** (éoliennes, énergie hydraulique, géothermie…).

• 75 % de la production énergétique mondiale vient des énergies fossiles. Elle a augmenté de 400 % depuis 1950.

• L'énergie : enjeu des relations internationales

• La réponse à l'explosion de la demande a été le « tout hydrocarbures » (pétrole et gaz). Or, les zones de production (2/3 des réserves prouvées sont au Moyen Orient) sont différentes de celles de consommation (pays du Nord).

• Ce qui pose un double problème :
– **économique** : prix du baril fixé par les pays producteurs, coût élevé de l'exploitation et du transport (oléoducs, gazoducs) ;
– **politique** : instabilité des régions de production et des régions traversées lors du transport (problème de l'oléoduc de la mer Caspienne à la mer Méditerranée).

• L'énergie : enjeu du développement durable

• L'exploitation des ressources énergétiques menace l'environnement par l'émission de **gaz à effet de serre**. Les contraintes liées au pétrole ont incité à recourir au nucléaire, qui pose d'autres problèmes : traitement des déchets, sécurité des centrales…

• Deux priorités se dégagent donc : définir une **stratégie** mondiale pour réduire les inégalités, et donc les tensions, par une approche prenant en compte l'économie et l'écologie ; maîtriser la **consommation d'énergie** et recourir aux énergies renouvelables.

Savoir faire

• Réaliser un graphique à partir d'un tableau de données

Les réserves estimées de pétrole dans le monde en 2005

Asie	Afrique	Amérique du Nord	Amérique centrale et du Sud	Europe et Eurasie	Moyen Orient
3,3 %	9,6 %	5 %	8,6 %	11,7 %	61,8 %

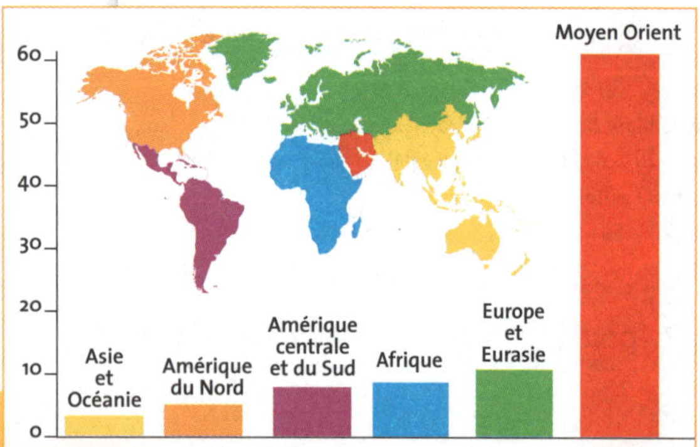

• **Choisir le type de graphique :** graphique de répartition (bâtonnets, cercles), ou graphique d'évolution (courbe reliant les valeurs d'un même phénomène à des dates successives). Ici, on choisit un graphique de répartition.

• **Construire le graphique :** classer les données du tableau par ordre croissant ; puis sur un axe vertical gradué, représenter les continents par un bâtonnet de couleur.

Faire

1★ ☐☐☐

Observe le graphique du Savoir faire et la carte des flux pétroliers dans le monde en 2007 ci-dessous. Identifie les principaux pays producteurs et les principaux pays importateurs de pétrole.

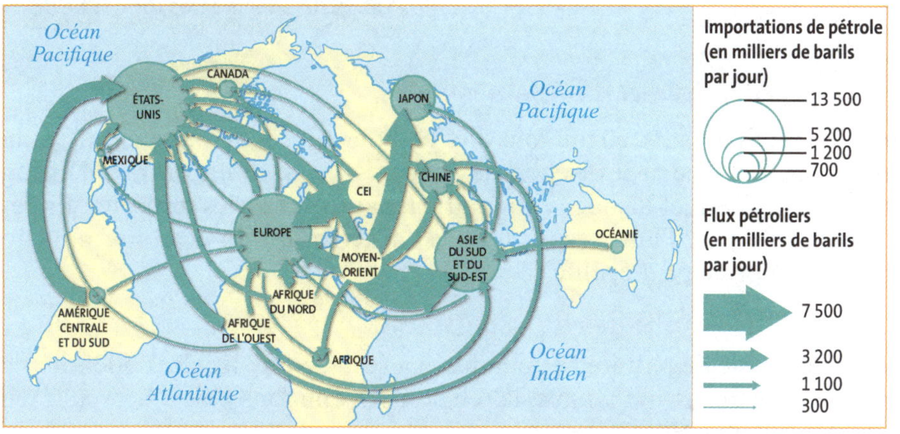

Pays producteurs	Pays importateurs
....	....

2★★ ☐☐☐

Identifie les différentes énergies représentées et classe-les dans le tableau.

1. 
2. 
3. 
4. 

Énergie fossile	Énergie renouvelable
....	....

3★★★ ☐☐☐

Complète le texte avec la liste de mots suivante.

gaz à effet de serre – épuisement – changement climatique – pays en développement – énergies fossiles – environnement – nouvelles routes d'approvisionnement – demande énergétique – stockage du carbone

Devant l'.................................. des réserves en .... alors que la .... croît, devant les menaces pesant sur l'..., l'Union européenne a cherché à augmenter sa sécurité énergétique en ouvrant de .... et a décidé de poser lors du sommet de Copenhague sur le .... un certain nombre d'objectifs : « stabiliser les émissions mondiales de .... », par réduction d'émission, mais aussi par captage et .... et sortir de la « répartition du monde » de Kyoto qui distingue uniquement et de manière rigide pays développés et ....

Corrigés p. 294

Évalue ton travail et coche pour chaque exercice : ☑ réussi ☑ presque réussi ☑ à revoir

20 Des êtres humains, une seule humanité

OBJECTIF • Repérer les formes de discrimination

Savoir

• Différence n'est pas discrimination

60 millions d'habitants, 60 millions d'êtres différents : des hommes, des femmes, des jeunes, des vieux, des riches, des pauvres… vivent en France. Distinguer les particularités permet de mieux connaître les autres et de les respecter. En revanche, dominer ou rejeter l'autre parce qu'il est différent est un acte discriminatoire qui s'oppose au principe d'égalité.

• Les identités multiples de la personne

Il est impossible de réduire l'être humain à son identité légale. L'identité s'enrichit de choix personnels – la langue, la religion, les opinions politiques, culturelles, etc. – qui doivent être respectés.

• Lutter contre les discriminations

- La lutte contre les discriminations est l'affaire de tous.
- La loi condamne les discriminations qui portent atteinte à la dignité. En même temps, l'État met en œuvre des moyens pour réduire les inégalités provoquées par les différences.

Savoir faire

• Relier un fait divers à un texte législatif

Texte 1

> Une entreprise vient d'être condamnée pour avoir licencié une salariée dont le tort principal était, semble-t-il, de vivre en concubinage avec un délégué syndical employé dans la même société. Mardi 25 novembre, le conseil des prud'hommes de Caen a, en effet, ordonné à l'enseigne de maxidiscompte Ed de verser 15 000 euros « en réparation » du préjudice infligé à cette femme. La Haute Autorité de lutte contre les discriminations et pour l'égalité (Halde), qui avait aussi été saisie de l'affaire, s'est félicitée, jeudi, du jugement.

Le Monde, 29 novembre 2008.

Texte 2

> Chacun peut se prévaloir de tous les droits et de toutes les libertés proclamés dans la présente Déclaration, sans distinction aucune, notamment de race, de couleur, de sexe, de langue, de religion, d'opinion politique ou de toute autre opinion.

Déclaration universelle des droits de l'homme, 1948, article 2.

• **Indiquer la nature** de chacun des textes :
– le premier est un article de journal racontant un fait divers ;
– le second un texte législatif.

• **Relever les faits** racontés dans le premier texte :
– le licenciement abusif d'une employée pour les opinions de son conjoint ;
– la condamnation.

• **Montrer** que les faits reprochés à l'employeur sont interdits par la Déclaration universelle des droits de l'homme.

1 ★ Retrouve, pour chacune des photographies, qui sont les victimes d'une discrimination.

A.

◀ Paris, novembre 1942

A. ❑ 1. les adultes
❑ 2. les femmes
❑ 3. les Juifs
❑ 4. les enfants

B. ❑ 1. les Noirs
❑ 2. les Blancs
❑ 3. les femmes

B.

Toilettes publiques en Afrique du Sud (Johannesburg en 1984) ▶

2 ★★ Coche la bonne colonne du tableau.

	Prise en compte de la différence	Discrimination
1. Dans le métro, les personnes handicapées bénéficient des places réservées.		
2. Un commerçant licencie sa vendeuse parce qu'elle est enceinte.		
3. Les familles nombreuses bénéficient de tarifs réduits dans les transports en commun.		
4. Au devoir de géographie, Jean a eu 16/20 et Marc 5/20.		
5. Le club de natation refuse d'inscrire un jeune parce qu'il est étranger.		
6. Un propriétaire refuse de louer son appartement à un couple parce qu'il a trois enfants.		
7. À diplôme égal et à poste égal, les femmes sont moins payées que les hommes.		

3 ★★★ Décris les photographies de l'exercice 1. Quelles sont les formes de discrimination représentées dans les deux cas ? Quel sentiment ces documents t'inspirent-ils ? Connais-tu d'autres formes de discrimination aujourd'hui ?

Corrigés p. 294

Évalue ton travail et coche pour chaque exercice : ☑ réussi ☑ presque réussi ☑ à revoir

21

L'égalité, une valeur en construction

OBJECTIF • Comprendre le rôle de la loi dans la mise en œuvre de l'égalité

Savoir

• « Les hommes naissent et demeurent libres et égaux en droits »

• Depuis 1789 en France, le principe d'égalité devant la loi est admis. Il est affirmé dans la **Déclaration des droits de l'homme et du citoyen** rédigée par les députés pendant la Révolution française. Il figure dans le préambule de la Constitution de la République.

• Cependant, de nombreux combats ont été nécessaires pour que ce principe devienne une réalité : c'est seulement en 1848 que l'esclavage a été aboli ; les femmes n'ont obtenu le droit de vote qu'en 1944.

• La loi au service de l'égalité

• La loi garantit les mêmes droits pour tous les Français. Mais pour servir l'équité, la loi cherche à corriger des inégalités sociales et économiques.

• Ainsi le poids des impôts est fixé par la loi. Il varie en fonction des revenus et de la situation familiale. Les personnes qui ont de faibles revenus sont même exonérées d'impôt.

Savoir faire

• Étudier un texte législatif

> **Article 2 de la Constitution de 1958**
>
> La France est une république indivisible, laïque, démocratique et sociale.
> Elle assure l'égalité devant la loi de tous les citoyens sans distinction d'origine, de race et de religion. Elle respecte toutes les croyances.
>
> Titre premier de la souveraineté, article 2.

• **Définir la nature.**
C'est un extrait de la Constitution, loi fondamentale adoptée par les Français en 1958 et appliquée depuis.

• **Caractériser un texte législatif.**

1. Il se compose de plusieurs articles regroupés par titre.

2. Un vocabulaire spécifique est employé : république, indivisible, démocratique. Ce vocabulaire fait référence aux idées que se font les Français de l'organisation politique, c'est pourquoi il n'est pas défini.

3. Le texte énonce des principes valables pour tous et permanents, ce qui explique l'emploi du présent de l'indicatif.

Faire

1 ★ Coche la bonne réponse.

1. Mlle Juste paie moins d'impôts que M. Pareil parce que :

❑ a. elle est une femme ? ❑ b. elle gagne moins d'argent ? ❑ c. elle est très dépensière ?

2. M. et Mme Semblable paient moins d'impôts que M. Pareil parce que :

❑ d. ils sont économes ? ❑ e. ils habitent à la campagne ? ❑ f. ils ont deux enfants ?

2 ★★ Relie par une flèche la loi à ses bénéficiaires.

1. 1848 : abolition de l'esclavage •	• A. Tous les enfants
2. 1882 : instruction primaire obligatoire et gratuite de 6 à 13 ans •	• B. Tous les humains
3. 1914 : impôt progressif sur le revenu •	• C. Tous les citoyens
4. 1944 : droit de vote pour les femmes de plus de 21 ans •	• D. Tous les habitants de France

3 ★★★

1. Retrouve les mots qui rappellent la devise de la République française, dans chaque article.

Article 1 de la Déclaration des droits de l'homme et du citoyen, 1789	Article paru dans un journal local
Les hommes naissent et demeurent libres et égaux en droits ; les distinctions sociales ne peuvent être fondées que sur l'utilité commune.	Avant de partir faire un grand voyage à travers le monde, Martin X, heureux gagnant du Loto, a distribué une grande partie de sa nouvelle fortune à ses trois fils. L'aîné, très chanceux, a reçu plus de la moitié des gains, le second s'est vu attribuer les deux tiers du reste, tandis que le frère cadet a empoché les miettes.

Article 1 : ....

Article 2 : ....

2. Donne ton avis : l'égalité est-elle respectée dans les deux articles ?

Corrigés p. 294

Évalue ton travail et coche pour chaque exercice : ☑ réussi ☑ presque réussi ☑ à revoir

22 La sécurité et les risques majeurs

OBJECTIF • Comprendre les enjeux de la sécurité

Savoir

• La sécurité est l'affaire de tous

• Pour bien vivre en société, des règles de sécurité sont nécessaires ; chacun doit les connaître et les respecter. Le Code de la route, les consignes de sécurité dans un collège, les normes de sécurité des produits semblent parfois contraignants, mais ils servent à protéger les individus.

• L'État organise des **campagnes de prévention** pour sensibiliser aux problèmes de sécurité publique et responsabiliser les citoyens.

• Des hommes au service de la sécurité

• La police et la gendarmerie ont pour mission d'assurer l'ordre public et de veiller à la sécurité des personnes et des biens.

• Les pompiers portent secours et assistance aux personnes en danger et luttent contre les incendies. 85 % des pompiers sont des volontaires.

• Faire face aux risques majeurs

• Des **catastrophes majeures** se produisent sur notre planète. Certaines sont naturelles : séisme, volcan, cyclones, inondations… D'autres sont provoquées par l'homme : pollution, marées noires… Elles nécessitent des moyens d'intervention importants assurés par des organismes nationaux ou internationaux.

• Des **mesures de prévention** permettent de limiter ou d'éviter ces risques majeurs.

Savoir faire

• Étudier une campagne de prévention

• **Indiquer la nature et l'auteur du document.**
C'est une affiche de la prévention routière.

• **Décrire le document.**
Il est composé d'une photographie coupée représentant un cyclomoteur accidenté et d'une phrase choc. L'utilisation du mot « juste », qui minimise l'oubli du clignotant dans la première partie de la phrase, devient absurde et choquante quand il concerne la mort.

• **Rechercher le but de ce document.**
Ce document veut faire prendre conscience à tous qu'il faut respecter les règles de sécurité routière, même celles qui semblent moins importantes.

Faire

1 ★ Que signifie chacun des panneaux de signalisation suivants ? Coche la bonne réponse.

1. ❑ a. Interdit aux bicyclettes
   ❑ b. Piste ou bande cyclable obligatoire

2. ❑ c. Arrêt obligatoire à l'intersection
   ❑ d. Arrêt si un véhicule arrive de la droite

3. ❑ e. Accès interdit aux piétons
   ❑ f. Passage protégé pour les piétons

4. ❑ g. Circulation interdite en état d'ivresse
   ❑ h. Chaussée glissante

2 ★★ Ces événements suivants représentent-ils un risque majeur ? Coche la bonne colonne.

	Oui	Non
1. Chassé-croisé sur les routes des juilletistes et aoûtiens.		
2. Violents orages sur Marseille, 9 plages fermées.		
3. Explosion de l'usine AZF à Toulouse.		
4. Ruptures de conduit dans une raffinerie, pollution étendue sur l'estuaire de la Loire.		
5. Catastrophe écologique dans la plaine de la Crau.		

3 ★★★ Dans la liste suivante, distingue les catastrophes naturelles des catastrophes provoquées par l'homme. Coche la bonne colonne.

	Catastrophes naturelles	Catastrophes provoquées par l'homme
1. septembre 2008 : ouragan dévastateur en Haïti		
2. décembre 2004 : tsunami en Asie du Sud-Est		
3. décembre 1999 : marée noire en Bretagne à la suite du naufrage du pétrolier Erika		
4. août 1999 : séisme en Turquie		
5. février 1997 : déraillement d'un train transportant des matières nucléaires en Moselle		
6. avril 1986 : accident dans la centrale nucléaire de Tchernobyl		

Corrigés p. 294

Évalue ton travail et coche pour chaque exercice : ☑ réussi ☑ presque réussi ☑ à revoir

23

La solidarité

OBJECTIF • S'investir dans la solidarité

Savoir

Un monde solidaire

- Tout habitant concerné par le sort des autres est un citoyen du monde. Il manifeste sa solidarité à l'égard d'une personne qui est atteinte dans sa dignité, ou pour porter secours à ceux qui ont en besoin.
- La solidarité a pour but de corriger les inégalités nées de situations économiques ou politiques injustes, provoquées par les guerres ou issues de catastrophes naturelles. Elle peut se concrétiser par l'envoi d'objets qui manquent, l'aide à la construction ou par des actions en faveur de ceux qui sont privés de leurs droits.

La solidarité instituée

- En France, l'**État** organise la solidarité entre actifs et inactifs, entre les biens portants et les malades, entre les générations. La Sécurité sociale, par exemple, a été créée pour garantir un système de santé pour tous.
- Dans le monde, qu'il s'agisse des pays pauvres ou des pauvres dans les pays riches, des organismes nationaux, des **organisations non gouvernementales** (ONG) et des associations apportent une aide nécessaire.

Savoir faire

S'informer par la presse

> **La tornade dans le nord de la France – août 2008**
>
> La tornade qui a ravagé Hautmont dans la soirée du dimanche 3 août a fait trois morts, 18 blessés et provoqué un suicide. Son passage a également causé des dégâts à Maubeuge, Neumesnil et Boussières sur Ambre. Près de 800 logements ont été touchés.
> Cinq jours après la tornade, la zone sinistrée d'Hautmont ressemble toujours à un champ de ruines. Les habitants s'organisent pour sauver le peu de biens épargnés par la catastrophe. Les bénévoles, qu'ils viennent de la ville ou de plus loin, affluent en nombre.
>
> Le but : apporter des vêtements, de la nourriture et du réconfort aux victimes. Beaucoup de bonne volonté qui nécessite une solide organisation. En mairie, on s'attelle à gérer cet élan de solidarité. Pour l'instant, on ne refuse rien, insiste un conseiller municipal. Plusieurs commerces ont proposé d'offrir des sous-vêtements, des objets pour l'hygiène.
>
> Extrait d'un article diffusé sur le site du journal *La Voix du Nord*, août 2008.

- **Présenter le document :** un reportage écrit diffusé sur le site Internet du journal régional *La Voix du Nord* d'août 2008.
- **Extraire les principales informations :** la tornade a touché plusieurs communes du nord de la France ; elle a provoqué des pertes humaines et des dégâts importants ; la commune d'Hautmont est une zone particulièrement sinistrée ; ce sinistre a déclenché un élan de solidarité ; des bénévoles apportent leur aide ; plusieurs catégories de personnes font preuve de solidarité : les particuliers, les responsables locaux, ceux des entreprises ; la solidarité revêt plusieurs formes : dons de matériel, du temps, de l'attention.
- **En déduire** l'importance des médias pour informer, sensibiliser, mobiliser.

Faire

1 ★ Coche les attitudes non solidaires.

❑ 1. Un élève qui porte les affaires d'un autre en béquilles.

❑ 2. Un élève qui souffle la réponse.

❑ 3. Un élève qui fait semblant de ne pas voir.

❑ 4. Un grand qui aide un petit.

2 ★★ Qui suis-je ?

Je suis attentif aux difficultés des autres.
J'aide ceux qui en ont besoin.
Je participe à des actions de solidarité.
Je ne suis pas un cas unique.
Qui suis-je ?

Pour trouver la réponse, il faut remettre les lettres suivantes en ordre :

D E D O T Y N E U M I O C N

Réponse : ....

3 ★★ Relie les associations à leur but.

1. Téléthon •
2. ATD-quartMonde •
3. Les enfants de Don Quichotte •
4. Les enfants de la Terre •

• A. solidarité avec les sans-abris
• B. solidarité avec les enfants en détresse
• C. solidarité avec les plus démunis
• D. solidarité avec les malades

4 ★★★ Parmi ces titres parus dans la presse à propos de la tornade qui a eu lieu dans le nord de la France en août 2008, certains font état de gestes de solidarité. Lesquels ? Coche la bonne réponse.

❑ 1. Laurent Lefebvre remporte la course : 1 700 euros récoltés pour les sinistrés.

❑ 2. En Sambre, on attend les réparations.

❑ 3. Les dons arrivent de toute la France.

❑ 4. Après la tornade, l'hôpital achève de panser ses plaies.

❑ 5. Un match VAFC/Lens pour les sinistrés de la tornade d'Hautmont.

❑ 6. Demain soir, premier concert en faveur des sinistrés.

❑ 7. Déductions fiscales pour les dons aux sinistrés.

❑ 8. Les clubs du Douaisis viennent en aide à celui d'Hautmont pour reconstruire le stade.

Corrigés p. 294

Évalue ton travail et coche pour chaque exercice : ☑ réussi ☑ presque réussi ☑ à revoir

Anglais

Anglais

1 Présent simple
Présent + V-*ing*

OBJECTIF • Décrire des actions du présent

Savoir

• Présent simple : *(to) like*

Affirmation	Négation	Interrogation
I / You } like	I / You } do not like (don't)	Do { I / you like?
He / She / It } likes	He / She / It } does not like (doesn't)	Does { he / she / it like?
We / You / They } like	We / You / They } do not (don't) like	Do { we / you / they like?

• Présent + V-*ing* : *(to) play*

Affirmation	Négation	Interrogation
I am (I'm) playing	I'm not playing	Am I like? playing?
You are (you're) playing	You're not playing	Are you playing?
He / She / It } is ('s) playing	He / She / It } is not ('s) playing	Is { he / she / it playing?
We / You / They } are ('re) playing	We / You / They } are not ('re) playing	Are { we / you / they playing?

• Il faut un *-s* à la 3e personne du singulier au présent simple. L'oubli de ce *-s* est une grosse faute.

• Les réponses courtes (*yes-no*) se font avec l'auxiliaire seul.
Do you like tea? – Yes, I do. Are you reading? – No, I'm not.

• La forme contractée s'emploie à l'oral. La forme entière s'emploie à l'écrit lorsqu'il ne s'agit pas d'un dialogue.

Savoir faire

• Utiliser le présent simple

• Pour décrire des actions habituelles : *Every day I get up at 6.*

• Pour exprimer des goûts, des sentiments, des opinions :
He likes tennis. I think it's very nice.

• Utiliser le présent + V-*ing*

Pour décrire une action en train de se faire :
He is watching TV just now.

• Utiliser les deux présents

Pour contraster une action habituelle et une action en cours :
She usually has eggs for breakfast but today she's having toast.

WORD BANK

to begin	to drive
to read	to run
to shine	to smile
to spend	to stand
key	lift
newspaper	state

1 ★ Complète les phrases suivantes avec l'auxiliaire *be* (conjugué) ou l'auxiliaire *do* (conjugué).

1. .... you listening to me?
2. .... you speak Spanish?
3. .... you reading an interesting book?
4. She .... coming with us.
5. I .... want to eat that horrible sandwich.
6. .... he play golf every day?

2 ★★ Observe les dessins ci-dessous. Que font les personnages représentés ? Réponds par une phrase complète.

1. ....
....

2. ....
....

3. ....
....

4. ....
....

3 ★★ *Right or wrong?* Coche la case qui convient.

1. The UK is part of the EU.
❑ right ❑ wrong
2. Southern Ireland is independent.
❑ right ❑ wrong
3. The capital of the US is New York.
❑ right ❑ wrong
4. The USA is made up of 50 states.
❑ right ❑ wrong
5. The Channel separates France from England.
❑ right ❑ wrong
6. Great Britain is made up of England, Wales and Scotland.
❑ right ❑ wrong

4 ★★★ Barre l'intrus dans chaque groupe.

1.	2.	3.
to like	to drive	he sits
to love	newspaper	he stands
to think	to leave	he is driving
to drive	to smoke	he leaves

5 ★★★ Complète la deuxième colonne par le verbe manquant dans chaque phrase.

Mr. Davies is superstitious. Today is Friday 13th, so he is changing all his habits.

Today, he	but usually, he
1. isn't driving his car	1. .... his car.
2. isn't speaking to his black cat	2. .... to his cat.
3. is walking to his office.	3. .... to his office.
4. is leaving at 7a.m.	4. .... at 7a.m.
5. isn't taking the lift.	5. .... the lift.

Corrigés p. 295

Évalue ton travail et coche pour chaque exercice : ☑ réussi ☑ presque réussi ☑ à revoir

2

Les noms (in)dénombrables

OBJECTIF • Passer du singulier au pluriel

Savoir

• Les noms dénombrables

Singulier		Pluriel	
a an one	banana orange potato sandwich	a lot of some four ten	bananas oranges potatoes sandwiches

• Les noms indénombrables

a lot of some	cheese coffee water furniture luggage information fruit traffic hair

De nombreux mots dénombrables en français sont indénombrables en anglais :
furniture les meubles

• La formation du pluriel des noms

Noms terminés en		Pluriel en
1. *-f, -fe,*	→	– *ves*
2. *-z, -ge, -ch, -s, -sh, -x*	→	– *es* (prononcer *iz*)
3. *-y*	→	– *ies* (prononcer *iz*)
4. pluriels irréguliers	→	– voir liste ci-dessous
5. noms composés	→	– pluriel marqué sur le dernier élément

1. *loaf → loaves* **2.** *box → boxes orange → oranges*
3. *lady → ladies*
4. *child → children foot → feet man → men*
penny → pence sheep → sheep tooth → teeth woman → women
5. *airport → airports tooth-brush → tooth-brushes*

Savoir faire

• Savoir classer en anglais les noms soit en dénombrables, soit en indénombrables

• Les **dénombrables** désignent des choses qui peuvent se compter :
one car five potatoes.

• Les **indénombrables** désignent des choses qu'on ne peut pas compter :
(~~one~~) milk → some milk.

• Cette distinction est très importante en anglais car elle entraîne le choix des déterminants et des quantifieurs (voir chap. 4 p. 172).
a banana many cars mais ~~a~~ *furniture much luggage.*

WORD BANK

bread	butter
car	furniture
jam	luggage
meal	milk
stamp	sugar

1 ★

Qu'y a-t-il sur la table du petit déjeuner ? Pour le savoir, remets les lettres dans le bon ordre pour former des noms indénombrables. (Voir Word Bank et Noms indénombrables.)

1. ....
2. ....
3. ....
4. ....
5. ....

2 ★★

Remplis la grille de mots croisés, en mettant chaque mot de la liste au pluriel.

Down

A. lady B. glass
C. leaf D. tooth

Across

1. child 5. man
2. car 6. knife
3. foot 7. box
4. day 8. teapot

3 ★★

Propose quelque chose à boire ou à manger à ton ami anglais. Attention à choisir le bon déterminant : *a/an* ou *some*.

1. Would you like .... ?

2. Would you like .... ?

3. Would you like .... ?

4. Would you like .... ?

5. Would you like .... ?

6. Would you like .... ?

4 ★★★

Complète avec le mot qui convient : *furniture – sugar – luggage – car*.

1. How much .... do you have?
– I have two suitcases and three bags.
2. Did you buy a lot of ....?
– Yes, we bought two armchairs, a table and four chairs.
3. Would you like some .... in your tea?
4. What a lovely .... ! Is it yours?

Corrigés p. 295

Évalue ton travail et coche pour chaque exercice : ☑ réussi ☑ presque réussi ☑ à revoir

3

Le prétérit simple (1)

OBJECTIF • Décrire des actions du passé

Savoir

• Être = *(to) be*

Affirmation	Négation	Interrogation
I He, She, It — was	I He, She, It — was not (wasn't)	Was — I? he, she, it?
We You They — were	We You They — were not (weren't)	Were — we? you? they?

• Un verbe régulier : *(to) arrive*

Affirmation	Négation	Interrogation
I You He, She, It We You They — arrived	I You He, She, It We You They — did not arrive (didn't) arrive	Did — I you he, she, it we you they — arrive?

• La forme contractée s'emploie à l'oral. La forme entière s'emploie à l'écrit lorsqu'il ne s'agit pas d'un dialogue.

• Pour les réponses courtes avec *yes* ou *no*, on emploie la forme pleine à la forme affirmative, la forme contractée à la forme négative :
Did she arrive yesterday? – No, she didn't.

• Le prétérit des verbes réguliers se forme en ajoutant ***-ed*** à la base verbale (ou infinitif sans *to*) mais simplement à la forme affirmative.

• Un verbe se terminant en ***-y*** voit ce ***-y*** se transformer en ***-i*** devant ***-ed*** : *(to) carry, I carried.*

Savoir faire

• Utiliser le prétérit simple

• Pour décrire des actions passées dont la date est connue :
Sue and Ellen were in England last year. It was fantastic.

• Pour demander des renseignements sur une action passée, et y répondre :
– Did you visit Washington when you were in the States?
– Yes, I did.

• Pour comparer le présent au passé :
In 1900, there were no video games.
Today, there are a lot.

WORD BANK

to enjoy	to land
to laugh	to pack
to travel	beach
case	customs
officer	plane
sad	soon

1 ★

Complète avec le verbe qui convient, en choisissant dans la liste suivante : *to dance – to climb – to walk – to play.*

1. In 1970, an American .... the piano for 45 days.
2. Tom Garrett, 23, ... the charleston for 25 hours in 1971.
3. A man from Austria .... on his hands for 1,400 kms in 1900.
4. A Canadian .... a 27 m. tree in 36 seconds in 1968.

2 ★

Prends la première lettre de chacun des mots correspondant à la définition, et tu trouveras le nom de l'ami d'un célèbre détective anglais.

1. Le prétérit du verbe *être* au singulier : ....
2. Le présent du verbe *être* au pluriel : ....
3. Le pluriel de *this* : ....
4. Le contraire de *happy* : ....
5. Avant *two* : ....
6. Le contraire de *yes* : ....

Réponse : ....

3 ★

Qu'a fait Tom dimanche ? Pour le savoir, choisis le verbe qui convient parmi la liste proposée, et conjugue-le au temps voulu : *to play – to arrive – to start – to be.*

1. Tom .... at 7 o'clock.

2. Tom .... tennis with Jim.

3. Tom.............................. home at 12.

4. Tom .... tired.

4 ★★

Relie chaque début de phrase à la fin de phrase qui lui correspond.

A. It •	• 1. travel by plane.
B. Was •	• 2. were on the bridge.
C. They •	• 3. wasn't very nice.
D. Were •	• 4. comfortable there.
E. I was •	• 5. you ill yesterday?
F. They didn't •	• 6. he from the States?

5 ★★★

Cherche parmi la banque de mots de la page 170 ceux qui manquent, ou sont incomplets dans la lettre. Tu pourras ainsi savoir tout ce que Debbie a écrit sur son séjour au Canada.

OTTAWA, July 15th!

Dear Vanessa,
We started from Paris at 10 and our (1) landed in Ottawa.
I laughed at the (2) because the customs (3) opened our 6 suit (4).
Canada is wonderful! the (5) of lake Huron is great.
Love, Debbie.

1. ....
2. ....
3. ....
4. ....
5. ....

6 ★★★

Il y a une question et sa réponse sur la coquille de l'escargot. Peux-tu les retrouver ? Le premier mot de la question est DID.

Corrigés p. 295

Évalue ton travail et coche pour chaque exercice : ☑ réussi ☑ presque réussi ☑ à revoir

Français
Maths
Hist.-Géo. Éd. civique
Anglais
SVT
Physique Chimie
Bilans
Corrigés

4 Le prétérit simple (2)
Les quantifieurs

OBJECTIF • Bien utiliser les quantificateurs

Savoir

• Un verbe irrégulier : *(to) go*

Affirmation	Négation	Interrogation
I You He, She, It We You They } went	I You He, She, It We You They } did not go (didn't) go	Did { I you he, she, it we you they } go?

• Le prétérit des verbes irréguliers à la forme affirmative ne correspond à aucune règle. Il faut les apprendre (voir p. 201).

• Pour la forme interrogative et négative, la formation est la même que celle des verbes réguliers.

• Quantifieurs

much + nom indénombrable	***too many*** + nom dénombrable
many + nom dénombrable	***too much*** + nom indénombrable
a little + indénombrable = un peu de…	***a few*** + dénombrable pluriel = quelques…

Savoir faire

• Utiliser le prétérit simple des verbes irréguliers

• Pour faire tout ce qui est décrit dans le Savoir faire du chapitre 3.

• Pour rapporter les paroles de quelqu'un :
He said that they were sorry.

WORD BANK

beef	carrot
cheese	cream
fruit juice	ice cream
mutton	pie
pork	potato
veal	

• Utiliser *much* et *many*

• Pour remplacer ***a lot of***, dans les questions et surtout dans les négations, afin d'exprimer une grande quantité :
Have you got many friends at school?
There isn't much snow this winter.

• Pour porter un jugement sur une trop grande quantité :
You smoke too many cigarettes.
There's too much noise here.

Faire

1 ★ **Trouve la lettre qui finit le premier mot et commence le deuxième et remplis la case. Tous les mots sont des prétérits de verbes irréguliers.**

2 ★ **Regroupe ces verbes en paires dans leurs maisons respectives.**

3 ★★ **Complète avec *much*, *many* ou *a few*.**

"Hello, this is Adrian speaking. Can I speak to Jenny, please?"

.... moments later: "Hi! Adrian, how are you?"

"I haven't got .... time to speak. Listen, do you fancy going to the cinema to see Star Trek V?"

"You know Adrian, I've seen too .... films like that. Hold on, my mobile phone is ringing."

"How .... phones have you got, Jenny?"

"Oh, only ....!"

4 ★★ **Complète avec *too much* ou *too many*.**

Sally était au restaurant hier. Aujourd'hui, elle est malade parce qu'elle a trop mangé.

Sally was at the restaurant yesterday. She had .... carrots, ... biscuits, ... beef, ... cheese.

5 ★★ **Coche la bonne réponse.**

1. Did the postman come this morning?
   - ❑ a. Yes, he did.
   - ❑ b. No, he came not.
   - ❑ c. Yes, he come.
2. Did you have breakfast at the hotel?
   - ❑ a. No, I did.
   - ❑ b. Yes, I did.
   - ❑ c. No, I had.
3. ❑ a. Did they know the lesson?
   - ❑ b. Did they knew the lesson?
   - ❑ c. Does they know the lesson?
   – No, they didn't.

6 ★★★ **Répète ce que disent Mrs. Cool et Mrs. Baddie. Complète les phrases en n'oubliant pas de mettre les verbes au prétérit.**

1. Mrs. Cool said that ...
....
....
and that ....
....

2. Mrs Baddie said that
....
....
and that ....
....

Corrigés p. 295

Évalue ton travail et coche pour chaque exercice : ☑ réussi ☑ presque réussi ☑ à revoir

5 Les pronoms possessifs et réfléchis Les prépositions

OBJECTIF • Identifier des choses ou des personnes

Savoir

• Pronoms possessifs

Singulier	Pluriel
1re mine 2e yours 3e his, hers	1re ours 2e yours 3e theirs

• Pronoms réfléchis

Singulier	Pluriel
1re myself 2e yourself 3e himself, herself	1re ourselves 2e yourselves 3e themselves

- *Yourself :* une personne — *Yourselves :* plus d'une personne
- Les pronoms possessifs sont invariables.
- À la 3e personne du singulier, l'accord se fait avec le possesseur, et non avec l'objet possédé : *Is this Jane's umbrella? – Yes, it's hers.*

• Prépositions – Points cardinaux

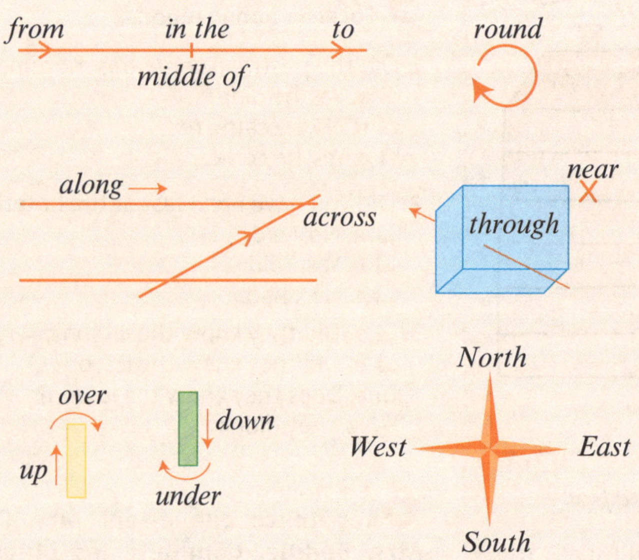

Savoir faire

• Utiliser les pronoms possessifs

Pour identifier des choses.

Whose car is it? – It's mine.

• Utiliser les pronoms réfléchis

Pour exprimer le renforcement ou l'insistance :

– This picture is beautiful.

– Thank you, I painted it myself.

Je l'ai peint moi-même.

WORD BANK

bathroom	bedroom
blazer	boot
cap	cardigan
garden	kitchen
roof	scarf
sock	trousers

1 ★ Complète les phrases suivantes avec la préposition qui convient.

□□□

1. He is going .... the stairs.
2. The letter M is in .... of the alphabet.
3. Shall we fly .... Paris .... London?
4. The cat is .... the table.
5. The bridge is .... the river.

2 ★ Range ces affaires dans leur placard. Pour cela, écris le nom de chaque objet sous le placard correspondant. La lettre de chaque placard est la première lettre de l'objet.

□□□

3 ★★ Coche la bonne réponse.

□□□

1. This is my guitar. It isn't ....
   ❑ a. her ❑ b. hers ❑ c. mine
2. Is this your hat?
   ❑ a. – Yes, it's mine. ❑ b. – Yes, it's his.
   ❑ c. – Yes, it's hers.
3. This house was ... but we sold it last week.
   ❑ a. yours ❑ b. ours ❑ c. my
4. Whose phone number is that? William's? – Yes, it's ....
   ❑ a. theirs ❑ b. hers ❑ c. his
5. This exercise was difficult but he did it ....
   ❑ a. his ❑ b. himself ❑ c. him
6. Why don't you do it ....?
   ❑ a. yourself ❑ b. your ❑ c. myself
7. She always looks at .... in the mirror.
   ❑ a. himself ❑ b. ourselves ❑ c. herself

4 ★★ Relie les éléments de la première colonne à la deuxième colonne et trouve de quel pays il est question.

□□□

A. I don't think he	1. to New Delhi himself.
B. He always goes	2. watch Bollywood films myself.
C. I don't always	3. her shopping in Bombay herself.
D. She usually does	4. support non-violence yourself?
E. Why don't you	5. spoke Hindi himself.
F. Do you know if they	6. built the Taj Mahal themselves?

Réponse : ....

5 ★★★ Trouve six mots qui se cachent dans cette grille. Tu peux chercher de gauche à droite, de droite à gauche, de haut en bas et de bas en haut. Aide-toi de la liste des pronoms (possessifs, réfléchis), et des prépositions.

□□□

	A	B	C	D	E	F	G	H	I	J
1	A	M	I	N	E	C	Z	Y	P	B
2	P	Q	M	E	Z	I	U	T	U	A
3	W	S	X	A	H	L	Q	H	L	S
4	R	O	U	R	S	E	L	V	E	S
5	R	T	F	Q	Y	F	G	U	V	K
6	S	R	U	O	Y	H	V	Z	Y	M
7	S	R	E	H	I	F	R	O	M	R

Corrigés p. 295

Évalue ton travail et coche pour chaque exercice : ☑ réussi ☑ presque réussi ☑ à revoir

6 Le cas possessif
Les mots interrogatifs

OBJECTIF • Exprimer la possession et l'interrogation

Savoir

• Formation du cas possessif

Noms singuliers et noms pluriels non terminés en *-s*		Noms pluriels terminés en *-s*	
Tom's My brother's That girl's Mrs Martin's The children's	books car racket jeans toys	My brother's The Browns'	books car rackets jeans

- On n'utilise pas *the* devant un nom propre : *Tom's books.*
- Parfois l'objet possédé peut être sous-entendu : *Whose book is it? It's Peter's* (sous-entendu *book).*

• Les mots interrogatifs

- ***How far*** + phrase interrogative : *How far is the bus stop?*
- ***How long*** + phrase interrogative : *How long will he stay?*
- ***How much*** + nom indénombrable + phrase interrogative : *How much time have you got?*
- ***How many*** + nom pluriel + phrase interrogative : *How many biscuits do you want?*
- ***Who*** : *Who are you?*
- ***What*** : *What du you want?*
- ***How often*** : *How often do you have a driving lesson?*

Savoir faire

• Utiliser le cas possessif

- Pour exprimer qu'un être animé possède quelque chose : *Whose house is this? – It's Mr. Garber's.*
- Pour décrire les gens, ce qu'ils possèdent : *Sandra's hair is very long.*
- Pour situer dans l'espace : *I went to my uncle's yesterday* (sous-entendu *house*).

• Utiliser les mots interrogatifs

Pour s'informer sur l'appartenance *(whose)*, la distance *(how far)*, la durée *(how long)*, le choix *(which)*, la quantité *(how much – how many)*, l'identité *(who, what)*, la fréquence *(how often)*.

WORD BANK

aunt	brother
daughter	granddaughter
grandfather	grandmother
grandson	sister
son	uncle
station	chemist's

1 ★ Complète les phrases à partir du dessin.

1. Simon is Jane's ....
2. Jane is Diana's ....
3. Ann's .... is called Betty.
4. George is Simon's ....
5. Diana's .... is called Patrick O'Connor.
6. Meggie is Ann's ....
7. William is Simon's ....
8. Pamela is Ann's ....
9. Simon is Patrick O'Connor's ....
10. Ann is Patrick O'Connor's ....

2 ★ Chaque lettre de la grille correspond à une lettre et un numéro : b2 = lettre A. Déchiffre ce que dit Bugs Bunny en t'aidant de la grille.

	a	b	c
1	W	H	O
2	E	A	T
3	R	C	S

Ce que dit Bugs Bunny :

a1 b1 c1 c3 a2

b3 b2 a3 a3 c1 c2 c3

b2 a3 a2 | c2 b1 a2 c3 a2 ?

Réponse : ....

....

3 ★★ Regarde le dessin et lis le texte suivant. Classe les 's dans la colonne qui convient.

Dodo Dino, who's[1] Tiny Dino's[2] mother, lives in Dinoland. She's[3] 3 million years old, and she's[4] got a child who's[5] 2 million years old. The child's[6] name's[7] Tiny Dino. On this picture, Tiny Dino's[8] watching his mother's[9] face.

être	avoir	cas possessif
N°	N°	N° ....

4 ★★ En regardant le dessin, complète les phrases. Utilise le cas possessif sous-entendu.

Ex. : *The umbrella is Margaret's.*

1. The keys are ....
2. The scarf is ....
3. The handbag is ....
4. The skis are ....

5 ★★★ Trouve la fin de chaque phrase commencée dans la première colonne.

A. Which •	• 1. is it to the station?
B. Whose •	• 2. are you going to stay?
C. How far •	• 3. dresses has she got?
D. How long •	• 4. time have you got?
E. How much •	• 5. skis are these?
F. How many •	• 6. blue do you prefer, light blue, or navy blue?

Corrigés p. 295

Évalue ton travail et coche pour chaque exercice : ☑ réussi ☑ presque réussi ☑ à revoir

7

Le futur

OBJECTIF • Parler de l'avenir proche ou lointain

Savoir

• *Be going to* *(to) fall*

Affirmation	Négation	Interrogation
I am / You are / He, she, it is / We, You, They are — going to fall	I am not / You are not / He, she, it is not / We, You, They are not — going to fall	Am I / Are you / Is he, she, it / Are we, you, they — going to fall?

• *Will, shall* *(to) do*

Affirmation	Négation	Interrogation
I / You / He, she, it / We / You / They — will do ('ll)	I / You / He, she, it / We / You / They — will not (won't) do	Will I/Shall I / Will you / Will he, she, it / Will we/Shall we / Will you / Will they — do?

• On peut utiliser aussi les formes contractées de l'auxiliaire *être*. (Voir Savoir chap. 1.)

• Les réponses courtes s'utilisent avec l'auxiliaire seul :

Are you going shopping? – Yes, I am.

Will she do it? – No, she won't.

Savoir faire

• Utiliser *be going to*

• Pour exprimer une prédiction :

The sky is cloudy, it's going to rain.

• Pour exprimer une intention :

I'm going to visit my aunt Lucy this afternoon.

• Pour exprimer une interdiction, la désapprobation :

You're not going to play that record again!

• Utiliser *will*

• Pour exprimer une action future.

Next year, I'll go to England, but he won't.

• Utiliser *shall*

• Pour exprimer une suggestion à la 1re personne du singulier et du pluriel :

Shall I open the door for you?

– Yes, please.

WORD BANK

airport	camera
luggage	passenger
phone-box	postcard
salt	travel
to carry	to fly
poor	happy

Faire

1★ Les jumeaux John et James ont des idées d'activités. Que proposent-ils ?

☐☐☐

1. .... ?

2. .... ?

3. .... ?

2★ Sers-toi de la banque de mots de la page 178 pour remplir les cases.

☐☐☐

A		A	_ _ _ _ _ _ _	←	Where planes land.
B	_	A	_ _ _ _ _	←	You take photos with a ...
C	_	A	_ _ _ _ _ _ _ _ _	←	You are a ... in a plane.
D	_	A	_ _ _	←	The opposite of sad.
E	_ _	A	_ _ _ _ _	←	English for « voyages ».
F	_ _ _ _ _	A	_ _	←	You carry it with you when you travel.
G	_ _ _ _ _ _	A	_ _	←	You can send a ... to a friend.

3★★ Regarde les dessins et coche la bonne réponse.

☐☐☐

1. She's going to have breakfast at 9.
❑ right ❑ wrong

2. She'll swim in the sea.
❑ right ❑ wrong

3. She's going to play tennis.
❑ right ❑ wrong

4. She'll be in bed at 10 o'clock.
❑ right ❑ wrong

4★★ Mrs. Peggy Psychic prédit l'avenir. Que voit-elle dans sa boule ? Relie les phrases qui ont été mélangées.

☐☐☐

A. You're going •	• 1. an important business man.
B. You will •	• 2. to marry a beautiful girl.
C. You will be •	• 3. won't be poor.
D. You •	• 4. travel all over the world.
E. You will fly •	• 5. going to be very happy.
F. You're •	• 6. to the Moon soon.

5★★★ Coche la bonne réponse.

☐☐☐

1. Are Aborigines from Canada?
   ❑ a. No, they're not.
   ❑ b. No, they are.
   ❑ c. Yes, they won't.
2. Is "American Indians" a modern term?
   ❑ a. Yes, it will.
   ❑ b. Yes, it be.
   ❑ c. Yes, it is.
3. Will you meet the Prime Minister tomorrow?
   ❑ a. Yes, I am.
   ❑ b. Yes, I will.
   ❑ c. No, I'm not.
4. Shall I buy you an Irish coffee?
   ❑ a. Yes, I shall.
   ❑ b. Yes, please.
   ❑ c. Yes, I am.

Corrigés p. 295

Évalue ton travail et coche pour chaque exercice : ☑ réussi ☑ presque réussi ☑ à revoir

Français
Maths
Hist.-Géo. Éd. civique
Anglais
SVT
Physique Chimie
Bilans
Corrigés

8 L'impératif Le gérondif

OBJECTIF • Influencer autrui et donner des informations

Savoir

• La formation de l'impératif

• **1re personne du pluriel :** *Let's* + BV (base verbale)

Let's dance!

• **2e personne du pluriel :**

– Affirmation : BV

Be quiet ! Stop that noise !

– Négation : *Don't (do not)* + BV

Don't smoke here. Don't cross the street now.

• Le gérondif

• **Formation** BV + *ing*

fishing, playing.

• Il peut être :

– sujet

Fishing is my favourite hobby.

– complément

I like riding horses.

• Les verbes terminés par ***-e*** perdent ce ***e*** devant la terminaison ***-ing*** du gérondif :

to ride → riding.

Savoir faire

• Utiliser l'impératif

• Pour donner des ordres ou interdire :

Sit down! Come back! Don't park here!

• Pour suggérer une activité :

Let's go for a walk.

• Pour indiquer une marche à suivre, donner une recette :

Beat the eggs, add the sugar...

• Utiliser le gérondif

• Pour désigner une activité :

Bird-watching. Shopping. Travelling.

WORD BANK

climbing	cooking
cycling	drawing
fishing	ice-skating
painting	reading
skiing	stamp-collecting
swimming	to be fond of

Faire

1 ★ Remet les lettres en ordre pour retrouver le nom d'une activité.

☐☐☐

1. GICOKON : ....
2. ADIGNNC : ....
3. CINGLYC : ....
4. NIFIGHS : ....
5. IWGADNR : ....

2 ★ Observe les dessins. Quels sports ou activités Tony et Cynthia aiment-ils ?

☐☐☐

Tony likes

Cynthia enjoys

3 ★ Relie chaque panneau à sa signification.

☐☐☐

1. No eating. •
2. No parking. •
3. No smoking. •
4. Turn right. •

• A. 

• B. 

• C. 

• D. 

4 ★★ Les lunettes de Richard indiquent ses passe-temps préférés. Découvre-les en utilisant le code donné.

☐☐☐

....

....

5 ★★ Coche la bonne réponse.

☐☐☐

1. I'm fond of horseback................, I think it's a fantastic hobby.
❑ a. fishing ❑ b. riding ❑ c. watching

2. Turn left ! .... turn right!
❑ a. Don't ❑ b. Do ❑ c. Not

3. .... go to the theatre tonight.
❑ a. He ❑ b. Do ❑ c. Let's

4. Do you like ....?
– Yes, I do, especially books by Agatha Christie.
❑ a. swimming ❑ b. skiing ❑ c. reading

5. Stamp .... is my hobby! I've got 500 stamps now.
❑ a. collecting ❑ b. drawing ❑ c. cooking

6 ★★★ Regarde cette classe très agitée, puis retrouve qui exprime :

☐☐☐

1. une suggestion : ....
2. une marche à suivre : ....
3. un ordre (2 réponses) : ....
4. une interdiction : ....

Corrigés p. 295

Évalue ton travail et coche pour chaque exercice : ☑ réussi ☑ presque réussi ☑ à revoir

9

Les pronoms relatifs L'adverbe

OBJECTIF • Donner des précisions sur une action

Savoir

• Les pronoms relatifs

	Sujet	Complément
Antécédent humain	who	whom
Antécédent non-humain	which	which

Le pronom relatif complément est très souvent omis :

He is the man ~~whom~~ you met at my house.
This is the film ~~which~~ I saw last week.

• La place de l'adverbe de fréquence

• Les adverbes de fréquence : ***always, often, sometimes, never, usually,*** se placent généralement avant le verbe, sauf s'il s'agit du verbe *être* :

I never go there. Mais : *I am never late.*
He doesn't always go to school by bus.

• Pour les réponses courtes (*yes-no*), on place l'adverbe de fréquence avant l'auxiliaire :

Do you play tennis on Sundays?
– Yes, I always do.

Savoir faire

• Utiliser les pronoms relatifs

• Pour donner des informations, des précisions, sur quelqu'un ou quelque chose :

The girl who is talking to Jane is my sister.
This is the book which became a bestseller.

• Utiliser les adverbes de fréquence

• Pour décrire des habitudes :
She never eats fish.

• Pour déterminer la fréquence d'une action :
I often go to St James's park.

WORD BANK

beginning	pea
end	postman
horse	shoe
lift	to lose
parrot	to win

1 ★

□□□

Que répond Marilyn à Big Joe ? Pour avoir la réponse, il faut reprendre la première lettre de chaque mot.

Réponse de Marilyn :

_	_	**1.** Opposite of yes.
_	_ _	**2.** Opposite of beginning.
_	_ _ _	**3.** « to be » is an irregular...
_	_ _ _ _ _ _ _	**4.** London is in.........
_	_ _ _ _ _ _	**5.** Opposite of "to accept".

2 ★★

□□□

Place l'adverbe indiqué en orange au bon endroit. Entoure la bonne réponse.

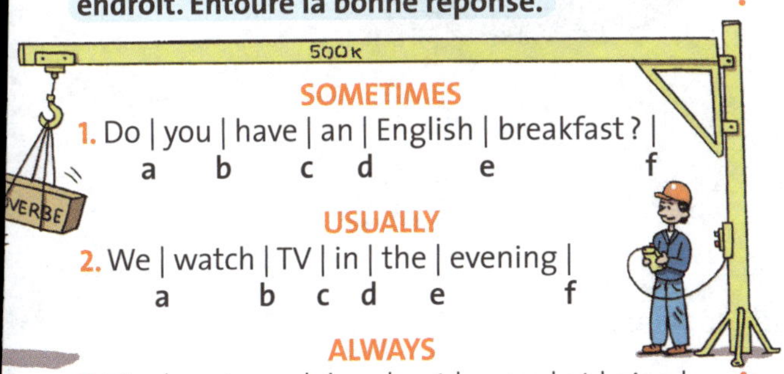

SOMETIMES

1. Do | you | have | an | English | breakfast ? |
a b c d e f

USUALLY

2. We | watch | TV | in | the | evening |
a b c d e f

ALWAYS

3. The | postman | does | not | come | at | nine |
a b c d e f g

OFTEN

4. Does | she | read | magazines ? |
a b c d

NEVER

5. Cyril's | father | goes | to | the | pictures |
a b c d e f

3 ★★

□□□

Trouve dans la 2e colonne la fin de chacune des phrases de la 1re colonne.

A. I've got a parrot •	• **1.** which is round the corner?
B. Are you going to the shop •	• **2.** who wrote to me?
C. I've got an uncle •	• **3.** which can talk.
D. I like exercises •	• **4.** who lives in Canada.
E. Do you know the man •	• **5.** which aren't too difficult.

4 ★★

□□□

Aide-toi de la banque de mots pour retrouver les mots cachés dans cette grille. Il y en a six.

	A	B	C	D	E	F	G	H	I
1	B	E	G	I	N	N	I	N	G
2	P	N	S	I	Q	E	B	C	S
3	K	D	W	N	M	V	O	Q	P
4	R	S	C	K	N	E	T	F	O
5	L	O	S	E	L	R	D	W	L

5 ★★★

□□□

Complète les phrases par *who*, *which*, ø.

1. This is the tree .... I planted in my garden.

2. The colour .... I prefer is blue.

3. The film .... I saw last week is *The man* .... *knew too much.*

4. This is the train .... goes from London to Folkestone.

5. Look at the girl .... is talking!

6 ★★★

□□□

Réponds aux questions suivantes.

1. What goes up but never comes down?

2. What always wears its shoes when going to sleep?

3. What sometimes goes up, sometimes goes down, and is green?

Corrigés p. 295

Évalue ton travail et coche pour chaque exercice :
☑ réussi ☑ presque réussi ☑ à revoir

10

Le prétérit + V-*ing*

OBJECTIF • Décrire une action en cours dans le passé

Savoir

Prenons comme exemple de conjugaison le verbe *(to) watch*. Pour le mettre au prétérit + V-*ing*, il faut :

être au prétérit + BV + *ing*

* Voir chap. 3

Affirmation		Négation		Interrogation	
I He, she, it	was watching TV	I He, she, it	wasn't watching TV	Was I He, she, it	watching TV?
We You They	were watching TV	We You They	weren't watching TV	Were we Were you Were they	watching TV?

- Pour les formes pleines et les formes contractées du verbe *être*, voir chap. 3, paragraphes 1 et 2.
- Lorsque le verbe se termine en ***-e***, ce ***e*** est supprimé devant la terminaison ***-ing*** :
to make → making
- Pour un verbe d'une seule syllabe terminé par une seule consonne précédée d'une seule voyelle, la consonne est redoublée devant ***-ing*** :
to sit → sitting

Savoir faire

Utiliser le prétérit + V-*ing*

- Pour parler de ce qu'on était en train de faire à un moment du passé :
Yesterday at 5 I was reading.
- Pour demander ce que quelqu'un faisait à un moment du passé :
What were you doing yesterday at 5?
- Pour décrire une action en cours à un moment du passé par opposition à une action complétée :
Tom was watching TV last night when the phone rang.

WORD BANK

to call	to hoover
to laugh	to run
dry	comfortable
early	grey
kind	sick
wrong	

1 ★

Aide-toi de la banque de mots pour trouver la lettre commune qui finit le mot de gauche et commence celui de droite.

2 ★★

La police interroge six personnes soupçonnées de vol. Complète les réponses en regardant les dessins.

1. I .... to music.

2. We .... cards.

3. I .... a film.

4. I.................................... my bedroom.

5. I .... the violin.

3 ★★

Trouve le contraire du verbe en gras et complète la phrase avec un verbe de la liste : *to finish – to open – to lose – to leave – to laugh.*

1. I wasn't ...., I was **beginning**.
2. He was ...., he wasn't **arriving**.
3. She wasn't **crying**, she was ....
4. You weren't **winning**, you were ....
5. It wasn't **closing**, it was ....

4 ★★

Coche la bonne formulation.

1. What were you doing last Saturday at 10?
   - ❑ a. I didn't.
   - ❑ b. I were sleeping.
   - ❑ c. I was sleeping.
2. Were you having a bath when the phone rang?
   - ❑ a. Yes, I were.
   - ❑ b. Yes, I was.
   - ❑ c. Yes, I was having.
3. He was .... the shopping when he met his friend.
   - ❑ a. do ❑ b. did ❑ c. doing
4. .... you leaving when your friend arrived?
   - ❑ a. Did ❑ b. Were ❑ c. Was
5. Mrs. Robinson was .... a cake when her husband called.
   - ❑ a. making ❑ b. made ❑ c. makes
6. No, I .... listening to you.
   - ❑ a. weren't ❑ b. wasn't to ❑ c. wasn't

5 ★★★

Complète avec *did*, *was*, ou *were*.

1. .... you listening to the radio yesterday at 8?
2. .... she pass her exam?
3. He .... playing the piano when Helen came.
4. .... you go to school yesterday?
5. They .... having breakfast when it began to rain.

Corrigés p. 295

Évalue ton travail et coche pour chaque exercice : ☑ réussi ☑ presque réussi ☑ à revoir

11

Can / Could / May

OBJECTIF • Exprimer la notion de pouvoir

Savoir

• *Can* s'utilise au présent / *could* s'utilise au passé

Affirmation / Négation			Interrogation		
I You He, she, it We You They	can/can't (cannot)	play games	Can	I You He, she, it We You They	ride horses?
	could/couldn't (could not)		Could		

• *May* s'utilise au présent

Affirmation / Négation			Interrogation
I You He, she, it We You They	may/may not	Come with us	May he come with us?

• ***Can*** et ***may*** sont des **auxiliaires modaux** et restent invariables à toutes les personnes.

• Les réponses courtes se font avec l'auxiliaire seul : *Can you swim? Yes, I can.*

• L'interrogation se construit toujours ainsi :

auxiliaire modal + sujet + BV

Savoir faire

• Utiliser *can/can't* et *could/couldn't*

• Pour exprimer une capacité :
Can you drive a car?
He said he could carry this bag.

• Pour exprimer une permission :
Can I go out?
She said she couldn't come.

• Utiliser *may/may not*

• Pour exprimer une éventualité :
It may rain tomorrow.
We may go to England next year.

• Pour exprimer une permission en anglais plus soigné que ***can*** : *May I use your telephone?*

WORD BANK

crown	peace
soldier	war
to elect	to reign

Faire

1★ ☐☐☐

Observe les panneaux et réponds aux questions.

1. Can you turn right?
– Yes, I can.

2. Can you turn left?
– ....
....

3. Can your car do 30 miles per hour?
– ....

4. Can you enter by car?
– ....
....

5. Can you park?
– ....
....

6. Can you overtake?
– ....
....

2★ ☐☐☐

Regarde les dessins et complète les phrases avec *can* ou *can't* en utilisant les verbes entre parenthèses.

1. He .... (swim)

2. He ....(ski)

3. He .... (run)

4. They .... (dance)

3★★ ☐☐☐

Ce cadran de téléphone a des lettres et des chiffres. Essaie de découvrir les cinq mots qui ont été composés en t'aidant de la banque de mots. Attention : il y a deux lettres possibles pour chaque chiffre, mais une seule réponse possible !

A. 28707
B. 83123
C. 9762538
D. 018
E. 36329

Maintenant compose le numéro pour le mot **REIGN :** ....

4★★★ ☐☐☐

Coche la case qui convient.

1. Chris pense qu'il pleuvra peut-être demain. Il dit : *"It may rain tomorrow."*
❑ right ❑ wrong
2. Michael dit qu'il ne sait pas conduire : *"I can't drive."*
❑ right ❑ wrong
3. Penelope dit qu'elle a pu venir : *"I couldn't come."*
❑ right ❑ wrong
4. Sarah dit que c'est peut-être utile : *"It may be useful."*
❑ right ❑ wrong

5★★★ ☐☐☐

Mrs. Cooke n'entend plus très bien, il faut lui répéter toutes les phrases. Continue d'après l'exemple du 1.

1. Mary can't come.
I said that Mary couldn't come.
2. Mum can do the shopping for you.
....
3. I can't leave after 6.
....
4. Dad can drive you to the park.
....
5. We can take you to the theatre.
....

Corrigés p. 296

Évalue ton travail et coche pour chaque exercice : ☑ réussi ☑ presque réussi ☑ à revoir

Français
Maths
Hist.-Géo. Éd. civique
Anglais
SVT
Physique Chimie
Bilans
Corrigés

12

Must / Need

OBJECTIF • Exprimer la notion de devoir

Savoir

• *Must* s'utilise au présent

Affirmation / Négation		
I You He, she, it We You They	must/mustn't (must not)	be tired turn left here

• *Need* s'utilise au présent

Négation		
I You He, she, it We You They	needn't (need not)	go to school

Must et ***need*** sont des **auxiliaires modaux** et restent donc invariables à toutes les personnes.

Savoir faire

• Utiliser *must*

• Pour exprimer une forte probabilité :

David isn't here today, he must be ill.
(= I'm sure he's ill.)

• Pour exprimer une obligation :

You must stay in bed.
(= Stay in bed.)

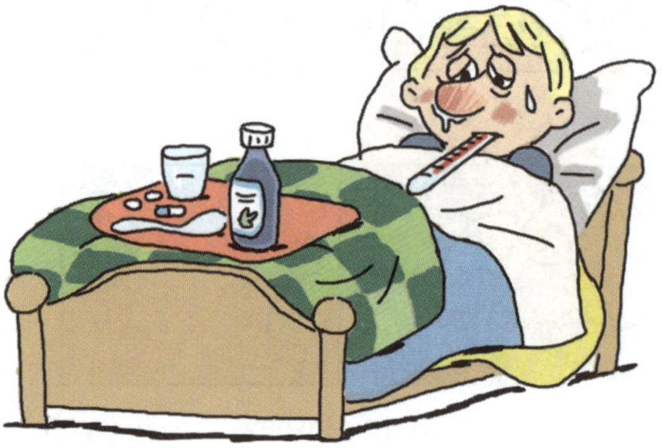

• Utiliser *mustn't*

• Pour exprimer une interdiction :

You mustn't smoke here.
(= Don't smoke here.)

• Utiliser *needn't*

• Pour exprimer une absence de nécessité :

You needn't go to school.
(= Going to school isn't necessary.)

WORD BANK

chips	coat
sunglasses	umbrella
water	to eat
to fight	crazy
fat	quiet

1 ★ Mr. Piggy est trop gros ! Écris ce qu'il doit manger et ce qu'il ne doit pas manger. ☐☐☐

hamburgers – chips – salad – cakes – ice-cream – fruit

1. *He mustn't eat hamburgers.*
2. ……………………………………
3. ……………………………………
4. ……………………………………
5. ……………………………………
6. ……………………………………

2 ★ Trouve la fin de la phrase qui correspond à chaque image en choisissant dans la liste suivante : ☐☐☐

like chips – be crazy – be tired – be dangerous

1. He must be tired.

2. It must ……………………………………

3. He must ……………………………………

4. She must ……………………………………

3 ★★ Aide Tony à faire la liste des affaires qu'il emporte pour ses vacances au soleil. Complète chaque colonne. ☐☐☐

1. Tony needn't take	2. Tony must take
……………………	……………………
……………………	……………………
……………………	……………………

4 ★★ Complète la grille ci-dessous. ☐☐☐

2 letters
AT

3 letters
EAT
CRY

4 letters
COAT

5 letters
CHIPS
FIGHT
WATER

8 letters
UMBRELLA

10 letters
SUNGLASSES

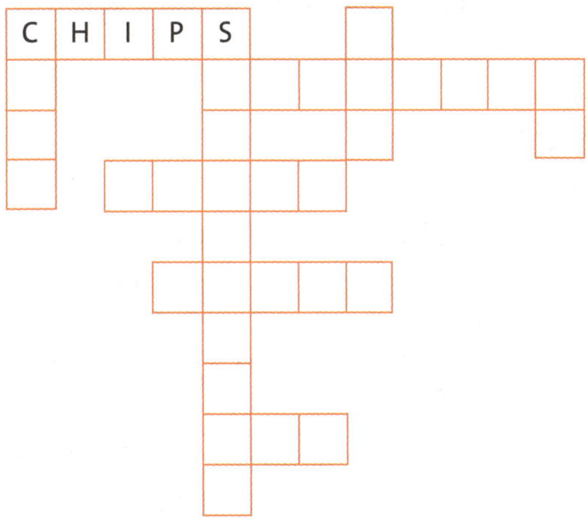

5 ★★★ Relie les phrases qui ont le même sens. ☐☐☐

A. You needn't cry. •
B. You mustn't fight. •
C. You needn't stay in bed. •
D. You must wear a uniform. •
E. You mustn't run in the corridors. •

• 1. Don't fight.
• 2. Wear a uniform.
• 3. Crying is not necessary.
• 4. Don't run in the corridors.
• 5. Staying in bed isn't necessary.

Corrigés p. 296

Évalue ton travail et coche pour chaque exercice : ☑ réussi ☑ presque réussi ☑ à revoir

13 Some, any, no et leurs composés

OBJECTIF • Désigner une quantité imprécise

Savoir

• Some, any, no

Affirmation	Négation	Interrogation
some	not... any no	any some

• Les composés

Ils suivent le même schéma d'emploi.

- Pour une personne, on emploie ***somebody*** ou ***someone***.
- Pour une chose, on emploie ***something***.
- Pour un lieu, on utilise ***somewhere***.
- Il y a deux possibilités à la forme négative pour une personne : ***nobody*** ou ***no one***.

Savoir faire

• Utiliser *some(body), some(thing), some(where)*

- Pour établir un fait dans une phrase affirmative :

There's some milk in the bottle.
I left my keys somewhere in this room.

- Pour demander quelque chose que l'on désire, ou proposer aimablement quelque chose à quelqu'un, dans une phrase interrogative :

Can I have something to eat, Mum?
Would you like some tea?

• Utiliser *any(body), any(thing), any(where)*

- Pour demander un renseignement, dans une phrase interrogative :

Did you see anyone you knew?

- Pour établir un fait dans une phrase négative :

I can't see him anywhere.

• Utiliser *no(body), no(thing), no(where)*

- Pour établir un fait, ***no*** tenant lieu de négation :

I can see him nowhere.

WORD BANK

axe	flag
pillar-box	spider
tin	unpleasant

1 ★

Pour gagner la chasse au trésor en découvrant le mot du filet, tu dois associer chaque lettre à son numéro. Aide-toi des dessins et de la banque de mots.

1. Something unpleasant.
2. Something lucky.
3. Something for the rain.
4. Somebody ill.
5. Somebody sad.

2 ★★

Observe les dessins et complète les phrases avec *something*, *somebody* ou *somewhere*.

1. I want .... to drink!

2. The spider must be .... !

3. Would you like .... to eat, dear?

4. There's .... left in the fridge.

3 ★★

Aide-toi de la banque de mots pour répondre aux définitions. Remplis chaque case.

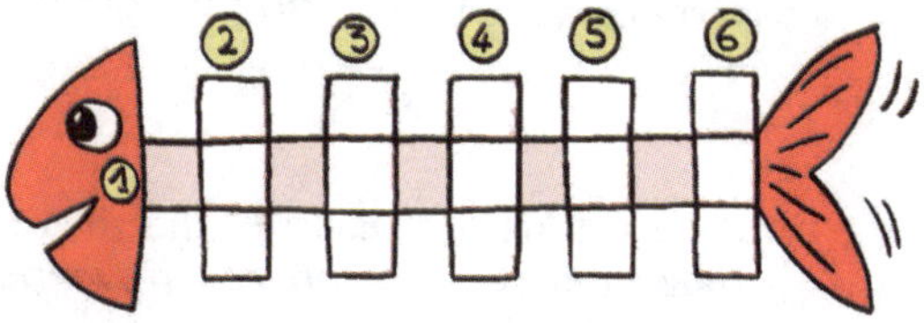

Définitions :
1. Something to put letters in.
2. English for « *boîte de conserve* ».
3. Opposite of young.
4. English for « *bras* ».
5. Initials of a British TV channel.
6. English for « *hache* ».

4 ★★★

Transforme les phrases en suivant le modèle.

1. I can see nobody in this room.
I can't see anybody in this room.

2. I'm going nowhere.

....

3. I want nothing.

....

4. I spoke to nobody.

....

5. I must say nothing.

....

5 ★★★

Trouve les réponses de chaque définition dans la liste : *Folkestone – Glasgow – Shakespeare – the British flag – a pillar-box – King Henry VIII.*

1. Someone who wrote *Hamlet*.
2. Someone who had six wives.
3. Somewhere in Scotland.
4. Something red.
5. Something red, white and blue.
6. Somewhere in England.

Corrigés p. 296

Évalue ton travail et coche pour chaque exercice : ☑ réussi ☑ presque réussi ☑ à revoir

14

Comparaison des adjectifs

OBJECTIF • Comparer et décrire

Savoir

• Comparatif de supériorité

Adjectifs courts (une ou deux syllabes ; terminés en *-y*)	adjectif + ***-er*** *higher (than)* = plus grand (que)
Adjectifs longs (plus de deux syllabes)	***more*** + adjectif + ***than*** *more expensive (than)* = plus cher (que)

• Superlatif de supériorité

the adjectif + ***-est*** *the highest* le / la / les } plus grand(es)
the most + adjectif *the most expensive* le / la / les } plus cher(es)

• Comparatif d'égalité

Affirmation	Négation
as + adjectif + ***as*** (long ou court) *as big as…*	***not so*** ou ***not as*** + adjectif (long ou court) + ***as*** *not so good as…*

• Le comparatif de supériorité peut être épithète ou attribut.
This is more expensive (than the other one) : attribut.
It is a more expensive car : épithète.

• Il existe des comparatifs et des superlatifs irréguliers.
Il faut les apprendre par cœur.

good → ***better, the best*** ; ***bad*** → ***worse, the worst.***

• Après un superlatif, il faut employer **in** devant un nom de lieu.
the smallest country ***in*** *the world.*

• Modifications orthographiques des adjectifs devant ***-er*** et ***-est*** :
y → **i**. *happy* → *happier* ; **e** → disparaît. *late* → *later*.

Savoir faire

• Utiliser des adjectifs au comparatif ou au superlatif

• Pour comparer des propriétés physiques ou mentales :
Sarah is more intelligent than her sister.

• Pour exprimer des équivalences :
as white as snow, as red as a cherry.

• Pour décrire des records, porter un jugement :
The largest animal in the world is the blue whale.

WORD BANK

coal	dish
feather	fork
ice	knife
snake	spoon
heavy	light
map	

1 ★ Trouve la lettre qui finit le premier mot et commence le suivant. Aide-toi de la banque de mots pour cela.

☐☐☐

2 ★★ Complète le tableau suivant.

☐☐☐

Adjectif	Comparatif	Superlatif
1. clean	cleaner	the cleanest
2.	bigger	....
3.	....	the most difficult
4.	....	the best
5. fast	....	....
6.	worse	....
7.	....	the most interesting
8. high	....	....
9. terrible	....	....
10.	quicker	....
11.	....	the coldest
12.	smaller	....

3 ★★★ Regarde les images et choisis le nom et l'adjectif qui conviennent à chacune.

☐☐☐

A. 

B. 

C. 

D. 

E. 

F. 

Adjectifs : *white – black – light – cold – blue – brave.*

Noms : *snow – ice – the sky – a lion – coal – a feather.*

A. *As white as snow*

B. ....

C. ....

D. ....

E. ....

F. ....

4 ★★★ Complète les phrases selon le modèle proposé.

☐☐☐

Ex. : *R. Wadlow. 272 cm → the tallest man in the world.*

1. Pauline Musters. 59 cm
→ .... in the world.

2. Jon Brower Minnoch. 635 kg
→ .... in the world.

3. Shigechiyo Izumi. 120 years old
→ .... in the world.

4. The python. 6 metres long
→ .... in the world.

5. An original pair of Levi Strauss 501 jeans sold for $ 60,000.
→ .... in the world.

5 ★★★ Remets les mots en ordre pour en faire des phrases correctes.

☐☐☐

1. so | Washington | isn't | as | New York | populated |.

2. world | Amazon | the | the | is | river | longest | in | the |.

3. his | Peter | as | cousin | is | John | tall | as |.

4. map | would | a | like | she | better |.

Corrigés p. 296

Évalue ton travail et coche pour chaque exercice : ☑ réussi ☑ presque réussi ☑ à revoir

15

Question-tags

OBJECTIF • Demander et donner des informations

Savoir

• *Question-tags*

Structure positive	Structure négative
phrase négative + *tag* interrogatif positif ***Tag* = auxiliaire** + pronom personnel sujet	phrase affirmative + *tag* interrogatif négatif ***Tag* = auxiliaire + *not*** + pronom personnel sujet

• Dans les structures négatives, les *tags* sont toujours à la forme contractée.
You can swim, can't you?

• Pour la structure négative, s'il n'y a pas d'auxiliaire dans la phrase affirmative, on utilise l'auxiliaire *do* au présent et *did* au prétérit.
They play tennis, don't they? *You went to Madrid, didn't you?*

• On peut utiliser les *tags* à tous les temps en anglais.
She won't come, will she? *He isn't very nice, is he?*

• Reprise de phrases avec auxiliaire (contraste)

1. Phrase positive → Réponse négative : sujet + auxiliaire + *not*.	
2. Phrase négative → Réponse positive : sujet + auxiliaire.	

1. *He can read French. I can't.*
   I visited India last year. I didn't.
2. *I don't want to go. I do.*
   She wasn't pleased to see us. He was.

• Les reprises avec auxiliaire sont généralement à la forme contractée.

• Pour les reprises de l'auxiliaire dans les réponses courtes *(yes, no)*, voir Savoir chap. 1.

Savoir faire

• Utiliser les *question-tags*

• Pour demander la confirmation de ce qui vient d'être dit :
You're not coming tomorrow, are you?

• Utiliser les reprises de phrases avec auxiliaire

• Pour exprimer le désaccord ou le contraste :
She can play the piano. I can't.

WORD BANK

cook	night
plane	sky
badly	fast
really	to work
imaginary	expensive

1 ★

Tu dois faire deviner aux autres l'objet qui est représenté sur le dessin. Que réponds-tu à leurs questions ? Utilise les réponses courtes avec *yes* ou *no*.

1. Is it big? ....
2. Can it be in the sky? ....
3. Does it go fast? ....
4. Did it exist in 1800? ....

2 ★★

Mr. Mac Sad and Mr. Mac Happy n'ont jamais la même opinion. Complète la deuxième colonne en reprenant chaque fois l'auxiliaire.

1. I don't like fish and chips. – I do.
2. I can't play soccer. – I ....
3. My wife isn't a good cook. – My wife ....
4. I was in Edinburgh last week. – I ....
5. I disliked the film on TV last night. – I ....

3 ★★★

Coche la bonne réponse.

1. Martha won't go to Paris, ...?
   - ❑ a. won't she
   - ❑ b. will she
   - ❑ c. did she
2. This cake isn't very good, ...?
   - ❑ a. is it
   - ❑ b. isn't it
   - ❑ c. does it
3. You love me, ...?
   - ❑ a. do you
   - ❑ b. doesn't you
   - ❑ c. don't you
4. It's very good, ...?
   - ❑ a. isn't it
   - ❑ b. is it
   - ❑ c. wasn't it.
5. You didn't watch TV, ...?
   - ❑ a. do you
   - ❑ b. didn't you
   - ❑ c. did you.
6. They saw it, ...?
   - ❑ a. didn't they
   - ❑ b. saw they
   - ❑ c. did they.

4 ★★★

Complète les questions suivantes. Prends la première lettre de chaque question, et le nom d'un personnage de roman apparaîtra.

Questions	Personnage	Réponses
1. .... you really exist?	.... R	– No, I don't
2. .... you an imaginary person?	....	– Yes, I am.
3. .... you work at night?	.... U L	– Yes, I can.
4. .... you a vampire?	....	– Yes, I am.

5 ★★★

Dans chacune des propositions suivantes, remets les mots dans l'ordre pour faire une phrase correcte. Attention, pour les phrases 3 et 4, il y a 2 solutions !

1. don't / like / ? / tennis / , / you / you
2. tennis / she / she / shoes / ? / bought / didn't
3. will / , / come / they / ? / they / won't
4. ? / aren't / leaving / we / at / we / are / 8
5. you / her / , / ? / didn't / to / wrote / you

Corrigés p. 296

Évalue ton travail et coche pour chaque exercice : ☑ réussi ☑ presque réussi ☑ à revoir

16

La forme exclamative

OBJECTIF • Exprimer un sentiment

Savoir

	What + groupe nominal	*How* + adjectif
• **Singulier**	What* courage! What a big nose you've got!	How interesting! How nice it is!
• **Pluriel**	What beautiful roses!	

* Au singulier, ***what*** n'est pas suivi de l'article *a* / *an* lorsque le nom est indénombrable. Il est suivi de l'article *a* / *an* lorsque le nom est dénombrable (voir chap. 2).

What a lazy boy!

What nice cheese!

Savoir faire

• Utiliser la forme exclamative

Pour exprimer un sentiment (admiration, étonnement, désapprobation) :

How clever you are!

How strange!

What a horrible hat!

What a funny cat!

WORD BANK

ear	eye
food	horse
guard	mouth
underground	nose
trip	museum
deep	high
mysterious	horse guard

1 ★

☐☐☐

Dans chaque phrase, utilise l'adjectif pour faire une exclamation, comme dans le modèle proposé.

1. 

2. 

3. 

4. 

5. 

6. 

(nice)	1. How nice it is!
(interesting)	2. .... !
(deep)	3. .... !
(typical)	4. .... !
(high)	5. .... !
(good)	6. .... !

2 ★★

☐☐☐

Retrouve le texte de chaque télégramme dont les mots ont été mélangés.

1. happy / am / how / I / !

2. animal / a / what / horrible !

3. is / how / mysterious / it / !

4. you / beautiful / are / how / !

5. good / what / food / !

3 ★★★

☐☐☐

Retrouve ce que le Petit Chaperon Rouge a dit au loup en commençant chaque phrase par *what* et en t'aidant des dessins et de la banque de mots.

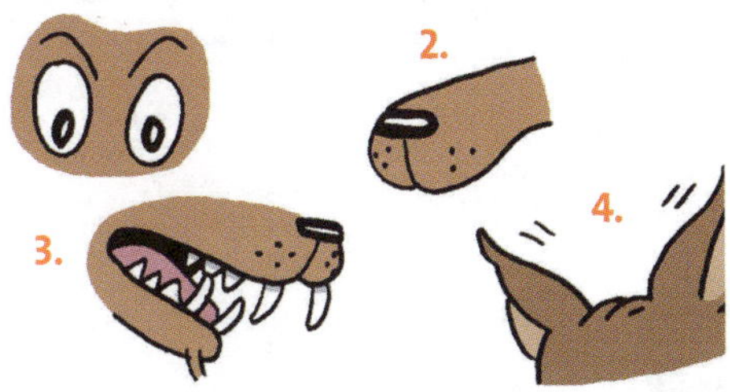

1. What big eyes you've got!
2. .... you've got!
3. .... you've got!
4. .... you've got!

4 ★★★

☐☐☐

Aide-toi de la banque de mots pour résoudre cette devinette.

My first is twice in **underground** but it isn't in **mouth**.
My second is in **horse** and also in **mouth**.
My third is in **museum** but it isn't in **mouth**.
My fourth is in **deep** and it's also in **ear**.
My whole is in the **middle** of the **face**.

Corrigés p. 296

Évalue ton travail et coche pour chaque exercice : ☑ réussi ☑ presque réussi ☑ à revoir

17

Le *present perfect* simple

OBJECTIF • Relier passé et présent

Savoir

• Formation du *present perfect*

Auxiliaire HAVE + participe passé du verbe

Affirmation	Négation	Interrogation
I have finished (I've) Attention → He has not finished (He's)	I have not finished (I haven't) He has finished (He hasn't)	Has he finished? Have you finished?

• Le participe passé des verbes réguliers se forme en ajoutant ***-ed*** à la base verbale, comme le prétérit.

to play

prétérit : *played*

participe passé : *played*

• Le participe passé des verbes irréguliers doit être appris par cœur.

I've run 10 miles.

Savoir faire

• Utiliser le *present perfect* simple

• Pour décrire un événement passé récent ou non dont il n'est pas nécessaire de préciser la date :

I have lost my glasses.

• Pour exprimer le résultat d'une action passée, par opposition au prétérit qui exprime des actions complétées dans le passé :

I've taken the photographs.
When did you take them?
I took them yesterday.

• Pour dire ce qui vient de se passer, avec l'adverbe ***just*** :

I've just met him.

WORD BANK

glasses	hair
library	race
to break	to find
to leave	to lose
to meet	yet
here it is	here you are

1 ★ Range les participes passés avec les infinitifs correspondants.

	Infinitif (*to*)	Participe passé
1.	....	....
2.	....	....
3.	....	....
4.	....	....
5.	....	....
6.	....	....
7.	....	....

EAT LEAVE BROKEN MADE FOUND EATEN WORK LEFT COME WORKED COME FIND BREAK MAKE

2 ★★ Retrouve la phrase qui correspond à chaque image.

1.

2.

3.

4.

5.

A. She's just seen a spider.
B. He's found his pen.
C. She's broken a plate.
D. He's lost a tooth.
E. The train hasn't left yet.

3 ★★★ Trouve chaque définition, puis entoure chaque lettre indiquée, et tu verras apparaître le nom d'une célèbre horloge de Londres.

1. English for « casser » : .... → entoure la 1re lettre.
2. On your head : .... → entoure la 3e lettre.
3. You can see better with them : .... → entoure la 1re lettre.
4. You can find books there : .... → entoure la 3e lettre.
5. Opposite of arrive : .... → entoure la 5e lettre.
6. Opposite of lose : .... → entoure la 3e lettre.

Aide-toi de la banque de mots si tu n'as toujours pas trouvé.

Réponse : ....

4 ★★★ Relie la question de la première colonne à sa réponse dans la deuxième colonne.

A. Why is she so happy? •
B. Do you like his new film? •
C. Why is she so angry? •
D. When did you read that book? •
E. Where is Ken? •

• 1. Her son has broken her glasses.
• 2. I read it last week.
• 3. He's gone to the library.
• 4. She has just won £ 10,000.
• 5. I haven't seen it yet.

Corrigés p. 296

Évalue ton travail et coche pour chaque exercice : ☑ réussi ☑ presque réussi ☑ à revoir

Français
Maths
Hist.-Géo. Éd. civique
Anglais
SVT
Physique Chimie
Bilans
Corrigés

Lexique

A
aiport: aéroport
aunt: tante
axe: hache

B
badly: mal (adverbe)
bathroom: salle de bains
beach: plage
bedroom: chambre
beef: bœuf (viande)
to begin: commencer
beginning: commencement
boot: botte
bread: pain
to beak: casser
brother: frère
butter: beurre

C
to call: appeler
camera: appareil photo
cap: casquette
car: voiture
cardigan: gilet
carrot: carotte
to carry: transporter
case: valise
character: personnage
cheese: fromage
chips: frites
climbing: escalade
coal: charbon
coat: manteau
comfortable: confortable
cook: cuisinière
cooking: la cuisine
crazy: fou
cream: crème
crown: couronne
customs: douane
cycling: cyclisme

D
daughter: fille
deep: profond
dish: plat (nom)
drawing: dessin
to drive: conduire
dry: sec

E
ear: oreille
early: tôt
to eat: manger
to elect: élire
end: fin
to enjoy: aimer, apprécier
expensive: cher
eye: œil

F
fast: rapide
fat: gros
feather: plume
to fight: combattre
to find: trouver
fishing: pêche
flag: drapeau
flat: appartement
to fly: voler
to be fond of: bien aimer
food: nourriture
fork: fourchette
furniture: meubles
fruit juice: jus de fruit

G
garden: jardin
to get up: se lever
glasses: lunettes
granddaughter: petite-fille
grandfather: grand-père
grandmother: grand-mère
grandson: petit-fils
grey: gris
guard: garde

H
hair: cheveux
happy: heureux
heavy: lourd
here it is: le voici
here you are: vous voilà
high: haut
to hoover: passer l'aspirateur
horse: cheval
to hurry: se dépêcher

I
icecream: glace
ice skating: patin à glace
imaginary: imaginaire

J
jam: confiture

K
key: clé
kind: gentil
kitchen: cuisine (pièce)
knife: couteau

L
to land: atterrir
to laugh: rire
library: bibliothèque
lift: ascenseur
light: léger
to leave: laisser, partir
to lose: perdre
luggage: bagages

M
map: carte
meal: repas
to meet: rencontrer
milk: lait
mouth: bouche
museum: musée
mutton: mouton (viande)
mysterious: mystérieux

N
newspaper: journal
night: nuit
nose: nez

O
customs-officer: douanier

P
to pack: emballer
painting: peinture
parrot: perroquet
passenger: passager
pea: petit pois
peace: paix
pie: pâté, tourte
pillar-box: boîte aux lettres
phone-box: cabine téléphonique
plane: avion
poor: pauvre
pork: porc (viande)
postcard: carte postale
postman: facteur
potato: pomme de terre

Q
to queue: faire la queue
quiet: calme

R
race: course
to read: lire
reading: lecture
really: vraiment
to reign: régner
roof: toit
to run: courir

S
sad: triste
salt: sel
to say: dire
scarf: écharpe
several: plusieurs
to shine: briller
shoe: chaussure
sick: malade
skiing: ski
sky: ciel
to smile: sourire
snake: serpent
sock: chaussette
soldier: soldat
son: fils
soon: bientôt
to spend: dépenser, passer du temps
spider: araignée
spoon: cuiller
stamp: timbre
stamp-collecting: collection de timbres
to stand: être debout
state: état
station: gare
to stay: rester
sunglasses: lunettes de soleil
sugar: sucre
swimming: natation

T
these (pluriel): ces
tin: boîte de conserve
to travel: voyager
trip: voyage
trousers: pantalon

U
underground: métro
umbrella: parapluie
unpleasant: désagréable

V
veal: veau (viande)

W
to wait: attendre
war: guerre
water: eau
to win: gagner
to work: travailler
wrong: faux

Y
yet: encore

Verbes irréguliers

Infinitif	Prétérit	Part. passé	Traduction
to be	was	been	être
to become	became	become	devenir
to begin	began	begun	commencer
to bite	bit	bitten	mordre
to blow	blew	blown	souffler
to break	broke	broken	casser
to bring	brought	brought	apporter
to build	built	built	construire
to burn	burnt	burnt	brûler
to buy	bought	bought	acheter
to catch	caught	caught	attraper
to choose	chose	chosen	choisir
to come	came	come	venir
to cost	cost	cost	coûter
to cut	cut	cut	couper
to do	did	done	faire
to draw	drew	drawn	dessiner
to drink	drank	drunk	boire
to drive	drove	driven	conduire
to eat	ate	eaten	manger
to fall	fell	fallen	tomber
to feed	fed	fed	nourrir
to feel	felt	felt	sentir
to fight	fought	fought	combattre
to find	found	found	trouver
to fly	flew	flown	voler
to forget	forgot	forgotten	oublier
to forgive	forgave	forgiven	pardonner
to freeze	froze	frozen	geler
to get	got	got	obtenir, avoir
to give	gave	given	donner
to go	went	gone	aller
to grow	grew	grown	pousser
to have	had	had	avoir
to hear	heard	heard	entendre
to hide	hid	hidden	cacher
to hit	hit	hit	frapper
to hurt	hurt	hurt	blesser
to keep	kept	kept	garder
to knit	knit	knit	tricoter
to know	knew	known	savoir
to learn	learnt	learnt	apprendre
to leave	left	left	quitter, partir, laisser
to lend	lent	lent	prêter
to let	let	let	laisser, permettre
to lose	lost	lost	perdre

Infinitif	Prétérit	Part. passé	Traduction
to make	made	made	faire, fabriquer
to mean	meant	meant	signifier
to meet	met	met	rencontrer
to mow	mowed	mown	tondre
to overtake	overtook	overtaken	dépasser
to pay	paid	paid	payer
to put	put	put	mettre
to read	read	read	lire
to ride	rode	ridden	faire du cheval faire du vélo
to ring	rang	rung	sonner
to run	ran	run	courir
to say	said	said	dire
to see	saw	seen	voir
to seek	sought	sought	chercher
to sell	sold	sold	vendre
to send	sent	sent	envoyer
to shake	shook	shaken	remuer
to shine	shone	shone	briller
to shut	shut	shut	fermer
to sing	sang	sung	chanter
to sink	sank	sunk	sombrer, couler
to sit	sat	sat	s'asseoir, être assis
to sleep	slept	slept	dormir
to smell	smelt	smelt	sentir (odeurs)
to speak	spoke	spoken	parler
to spend	spent	spent	dépenser (de l'argent) passer (du temps)
to stand	stood	stood	être debout
to steal	stole	stolen	voler
to sweep	swept	swept	balayer
to swim	swam	swum	nager
to take	took	taken	prendre
to tell	told	told	dire, raconter
to think	thought	thought	penser
to throw	threw	thrown	jeter, lancer
to understand	understood	understood	comprendre
to win	won	won	gagner
to write	wrote	written	écrire

Sciences de la vie et de la Terre

1 La respiration des êtres vivants

OBJECTIF • Savoir identifier la nature de la respiration

Savoir

• La respiration

Divers mécanismes assurent les échanges du **dioxygène** et du **dioxyde de carbone** entre les organismes vivants et leur milieu de vie. Ces mécanismes caractérisent la respiration durant laquelle le dioxygène est absorbé et utilisé tandis que le dioxyde de carbone est libéré.

• Les échanges respiratoires

Tous les êtres vivants, animaux et végétaux, respirent et entretiennent donc des **échanges de gaz** avec leur milieu de vie. Chez la plupart des animaux, appareils respiratoire et circulatoire permettent les échanges et le transport des gaz. La respiration est dite **aérienne** quand le milieu est l'atmosphère, et **aquatique** quand le milieu est l'eau. En revanche, les végétaux sont dépourvus d'appareils respiratoire et circulatoire et les échanges se font directement par diffusion.

Savoir faire

• Comprendre un texte scientifique

Respiration aérienne et aquatique

Le système d'échanges respiratoires dépend de l'environnement. Des échanges gazeux importants sont plus faciles à réaliser dans l'air que dans l'eau pour plusieurs raisons. À volume égal, la quantité de dioxygène de l'eau est très inférieure à celle de l'air. La vitesse de diffusion du dioxygène est plus lente dans l'eau que dans l'air. Lors de sa respiration, un animal dépense de l'énergie pour ventiler ses organes respiratoires, or il faut plus d'énergie pour remuer de l'eau que de l'air.

Pour analyser ce texte, tu dois :

- **Réfléchir aux différences essentielles entre les deux milieux de vie : l'air et l'eau.**
- **Essayer d'imaginer les conséquences de la respiration aquatique sur les organismes vivants dans l'eau.**

Dans l'eau, c'est surtout la difficulté dans la fourniture du dioxygène qui pose problème. De ce fait, les animaux aquatiques devront s'adapter à des conditions particulières et difficiles. Pour cela, ils auront tendance à développer des organes très spécialisés pour augmenter la surface des échanges gazeux.

Faire

1 ★ Observe les schémas des expériences suivants et réponds aux questions.

On réalise les expériences suivantes pour mettre en évidence des échanges gazeux respiratoires chez des insectes :

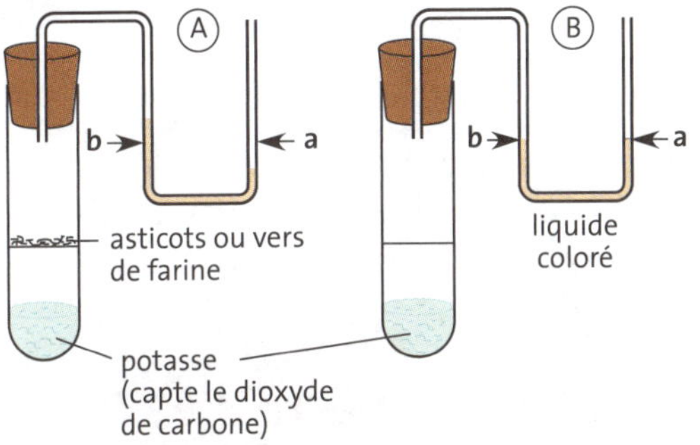

Les tubes fins contiennent un indicateur coloré.
Les flèches **a** et **b** indiquent le niveau initial du liquide.

1. Comment appelle-t-on l'expérience Ⓑ ? À quoi sert-elle ?

....

2. Pourquoi a-t-on placé de la potasse dans le fond des tubes ?

....

3. Que constates-tu en Ⓐ ? Comment interprètes-tu ce résultat ?

....

4. Sachant que le gaz disparu en Ⓐ est du dioxygène, quelle conclusion tires-tu de ces expériences ?

....

2 ★★ Observe l'expérience suivante et réponds aux questions.

L'eau de chaux est une solution de chaux se présentant comme un liquide limpide qui se trouble au contact du dioxyde de carbone.

Une expérience est réalisée avec deux plantes vertes identiques placées sous cloche de verre en présence d'eau de chaux.

L'une des plantes est laissée à la lumière, l'autre est mise dans l'obscurité grâce à un cache noir recouvrant la cloche de verre.

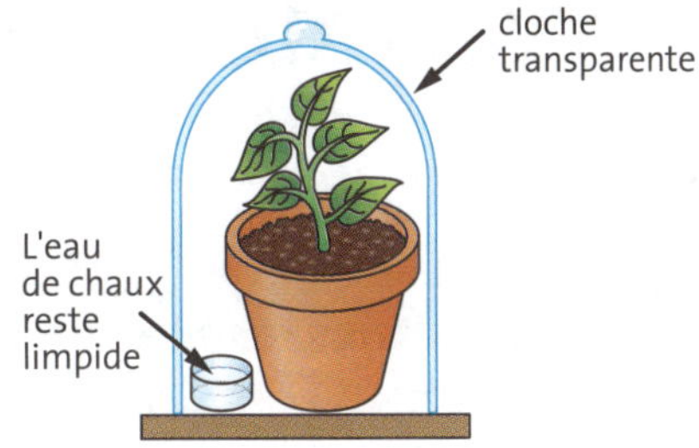

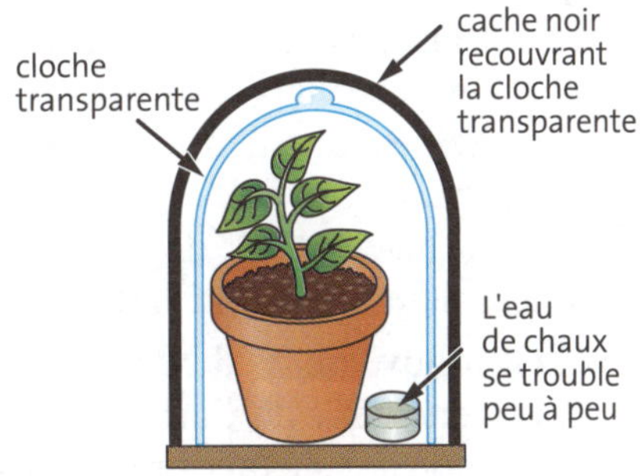

Lorsque la plante est à la lumière, l'eau de chaux demeure limpide.
Lorsque la plante est dans l'obscurité, l'eau de chaux finit par se troubler.

1. En comparant cette expérience avec la précédente, quelle conclusion en tires-tu ?

....

2. Comment expliques-tu que l'eau de chaux ne soit troublée que dans l'obscurité ?

....

3. Doit-on en déduire que les plantes ne respirent que dans l'obscurité ? Quelle explication proposes-tu ?

....

....

3 ★★★ Retrouve quelles sont les étapes nécessaires pour apporter des solutions aux problèmes suivants. Précise les questions à poser.

1. Qu'est-ce que la respiration des êtres vivants ?
2. Comment mettre en évidence les échanges gazeux respiratoires ?
3. Que cherche-t-on à montrer dans les montages expérimentaux ?
4. Quelle est l'utilité de l'expérience témoin ?

Corrigés p. 297

Évalue ton travail et coche pour chaque exercice : ☑ réussi ☑ presque réussi ☑ à revoir

2

Diversité des comportements respiratoires chez les animaux

OBJECTIF • Percevoir l'unité de la respiration

Savoir

• Les organes respiratoires

• Les animaux possèdent des organes respiratoires spécialisés qui ont certaines caractéristiques en commun :

– les **poumons** sont des sacs à paroi mince, richement vascularisée, avec de très nombreux replis. Ils communiquent directement avec l'air extérieur ;

– les **branchies** sont des filaments très fins, repliés en lamelles et très vascularisés. Elles sont en contact direct avec l'eau ;

– les **trachées** sont des tubes très fins qui se ramifient dans tout le corps des insectes. Ils conduisent l'air depuis l'extérieur directement aux cellules du corps.

• Des mouvements du corps assurent le renouvellement de l'air ou de l'eau au contact de ces surfaces respiratoires.

• Comportement respiratoire et occupation des milieux

La spécialisation des organes respiratoires permet aux animaux d'occuper différents milieux. Les poumons et les trachées sont adaptés à la respiration aérienne; les branchies sont adaptées à la respiration aquatique. Cependant, certaines espèces vivent dans l'eau et possèdent des organes respiratoires de type aérien les obligeant à venir régulièrement en surface pour respirer.

Savoir faire

• Réaliser et raisonner : faire une dissection simple

Chez le poisson, les branchies sont logées dans une chambre branchiale recouverte d'une plaque osseuse, l'opercule, dont l'arrière peut se soulever. Sur une truite achetée au marché, sectionne l'opercule à l'aide d'une paire de ciseaux et découvre la chambre branchiale.

• **Retirer les branchies. Combien en compte-t-on ? Quelle est leur couleur ?**

Il y a 4 arcs branchiaux, de couleur rouge vif (région très vascularisée).

• **Comment est formée chaque branchie ?**

Chaque arc porte 2 séries de lames branchiales et chaque lame est elle-même ramifiée en nombreuses lamelles branchiales.

• **Quel est l'intérêt de cette organisation des branchies ?**

Les branchies réalisent une importante surface d'échange entre l'eau et le sang du poisson.

1 ★ Lis attentivement le texte suivant et réponds aux questions.

☐☐☐

En observant attentivement certains animaux terrestres (un insecte comme le criquet, des mammifères comme la souris et le lapin), tu peux voir des mouvements comparables à ceux de ta cage thoracique. Les mêmes mouvements sont visibles chez certains animaux vivants dans des mares comme la grenouille et des insectes aquatiques qui reviennent régulièrement à la surface, puis replongent.

1. Quelle est la particularité de ces mouvements ?

....

2. À quoi correspondent les mouvements de ta cage thoracique ?

....

2 ★★ Dans la continuité de l'exercice précédent, réponds aux questions suivantes.

☐☐☐

1. Comment interprètes-tu les mouvements observés chez les animaux ?

....

2. Pourquoi la grenouille et les insectes aquatiques reviennent-ils régulièrement à la surface ?

....

3. Observe attentivement des poissons en aquarium. Réalisent-ils les mêmes mouvements ? Que peux-tu en conclure ?

....

3 ★★★

☐☐☐

Le renouvellement de l'eau dans la chambre branchiale est assuré par des mouvements d'ouverture et de fermeture de la bouche et de l'opercule :

– quand la bouche s'ouvre, l'opercule se ferme. L'eau rentre par la bouche, passe dans les poches branchiales et s'écoule lentement entre les lamelles ;

– quand la bouche se ferme, l'opercule s'ouvre. L'eau est lentement chassée entre les lamelles et ressort par l'opercule ouvert.

1. Sur le schéma de la chambre branchiale d'un poisson, matérialise par des flèches le trajet du renouvellement de l'eau.

2. Sur le schéma de l'irrigation sanguine d'une lamelle branchiale :
– colorie en rouge le sang riche en dioxygène, en bleu le sang pauvre en dioxygène ;
– indique par des flèches rouges et bleues le sens de la circulation sanguine ;
– indique par des flèches noires le sens de la circulation de l'eau ;
– indique le sens et la nature des échanges gazeux respiratoires.

1. Il y a 4 branchies sous chaque opercule.

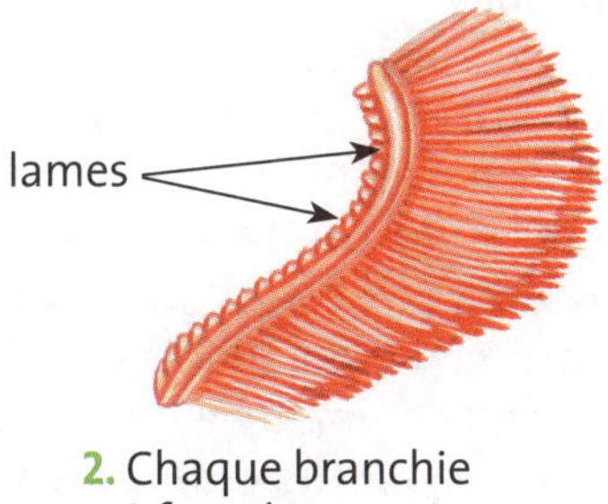

2. Chaque branchie est formée de 2 lames.

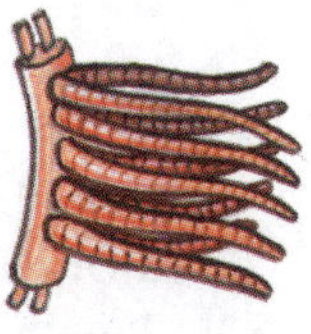

3. Chaque lame est formée de nombreux filaments branchiaux couverts de lamelles branchiales.

Corrigés p. 297

Évalue ton travail et coche pour chaque exercice : ☑ réussi ☑ presque réussi ☑ à revoir

3

Milieu de vie et comportement respiratoire

OBJECTIF • Mettre en relation respiration et milieux de vie

Savoir

• Propriétés du milieu et conditions de la respiration

La respiration des animaux dépend grandement des propriétés du milieu de vie. D'une manière générale, la grande différence entre l'eau et l'air tient à la quantité de **dioxygène** contenue dans l'air : à 18° C, elle est 30 fois plus importante que dans l'eau. Ainsi les animaux à respiration aérienne, vivant dans un milieu riche en dioxygène, auront une activité respiratoire plus faible que les animaux aquatiques dont le milieu est plus pauvre en dioxygène.

• Caractéristiques du milieu et répartition des êtres vivants

• La quantité de dioxygène dans l'eau dépend par ailleurs de plusieurs facteurs naturels : agitation de l'eau, basse température, présence de végétaux chlorophylliens favorisent une bonne oxygénation.

• Des facteurs liés à l'activité humaine, comme le rejet des eaux usées riches en matières organiques, modifient la qualité de l'eau. En effet, l'importance des populations bactériennes qui appauvrissent le milieu en consommant du dioxygène, croît avec la quantité de matières organiques à dégrader. Les peuplements animaux et végétaux sont alors modifiés.

Savoir faire

• Raisonner : lire les données d'un tableau d'analyse

Quelques caractéristiques de deux milieux : l'eau et l'air

	eau pure à 0° C	**air**
masse volumique	1 000 g/L	1,2 g/L
capacité d'absorption de la chaleur	1 000 calories/L	0,31 calorie/L
teneur en dioxygène	1,02 mL/100 mL	20,9 mL/100 mL

• **Identifier les informations :**

– la masse volumique, exprimée ici en g par L, est la masse d'un litre d'eau ou d'air : un litre d'eau est environ 1 000 fois plus dense qu'un litre d'air ;

– l'absorption de la chaleur est mesurée par la quantité de calories que peuvent absorber un litre d'eau et d'air : un litre d'eau peut absorber 3 200 fois plus de calories qu'un litre d'air ;

– la teneur en oxygène est environ 20 fois plus élevée, à volume égal, dans l'air que dans l'eau. Par rapport aux animaux aériens, les animaux aquatiques ne disposent donc que d'une très faible quantité d'oxygène pour leur respiration.

• **Raisonner :** ces différences vont avoir des conséquences fondamentales sur le comportement des êtres vivants qui peuplent ces milieux.

Faire

1★ Analyse les informations suivantes en répondant aux questions.

☐☐☐

Les mesures suivantes expriment la teneur comparée en dioxygène de 100 mL d'eau douce et de 100 mL d'eau de mer, en fonction de la température.

température	eau douce (100 mL)	eau de mer (100 mL)
0° C	1,02 mL	0,79 mL
10° C	0,80 mL	0,60 mL
30° C	0,55 mL	0,40 mL

1. Comment varie la teneur en dioxygène de l'eau en fonction de la température ?

2. Traduis ces mesures sous une forme graphique.

2★★ Réalise l'expérience suivante.

☐☐☐

On peut facilement compter le nombre de mouvements respiratoires d'un poisson en mesurant la fréquence des battements operculaires. On place un poisson rouge dans des eaux à température croissante et on constate que la fréquence varie avec la température de l'eau.

1. Exprime ces mesures sous la forme d'un tableau.

2. D'après les informations précédentes, peux-tu proposer une interprétation de ces résultats ?

3★★★ Lis le texte et analyse-le en suivant les différents étapes proposées.

☐☐☐

L'arénicole des pêcheurs est un ver annelé commun sur les côtes de l'Atlantique, de la Manche et de la mer du Nord, qui vit dans une galerie creusée dans le sable dans la zone de balancement des marées. L'arénicole possède 13 paires de touffes branchiales sur les segments abdominaux. À la respiration branchiale s'ajoute une importante diffusion de dioxygène au niveau des téguments. Pendant la marée haute, l'activité d'irrigation est continue. À marée basse, l'animal cesse toute activité, la circulation se ralentit beaucoup et le métabolisme se réduit à son minimum. Au début de cette période, le sang libère le dioxygène stocké pendant la période précédente puis, celui-ci épuisé, il y a accumulation de dioxyde de carbone et de déchets dans le sang.

1. Souligne en rouge les mots difficiles et recherche leur définition dans un dictionnaire.

2. Souligne en bleu les mots clés et les idées importantes.

3. Fais un résumé de ce texte.

4. Réponds aux questions suivantes :
– Quels sont les modes de respiration de l'arénicole ?
– De quelle façon est réalisée la surface d'échange respiratoire ?

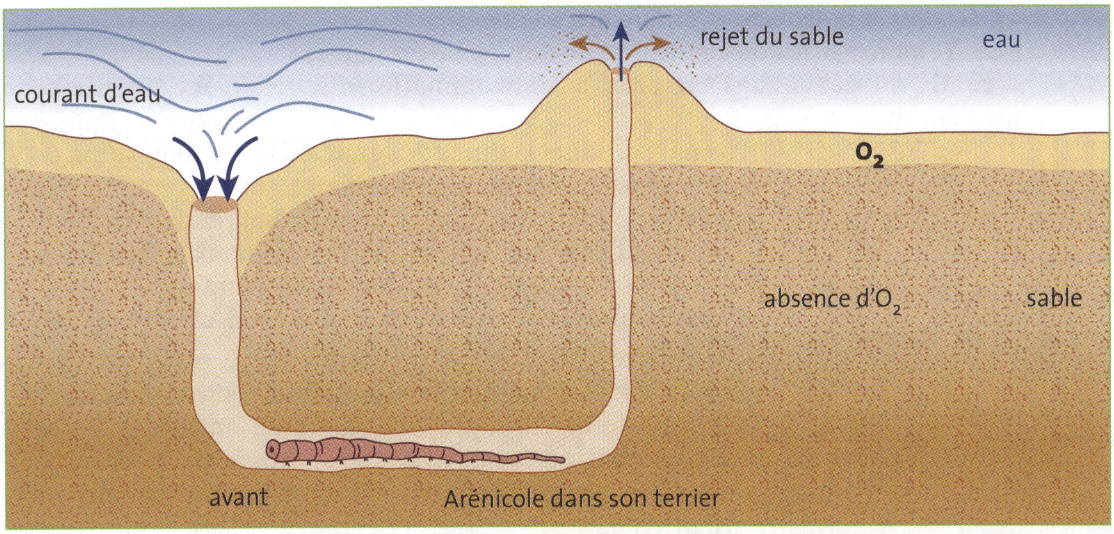

Arénicole dans son terrier

Corrigés p. 297

Évalue ton travail et coche pour chaque exercice : ☑ réussi ☑ presque réussi ☑ à revoir

4 Les effets de l'activité musculaire

OBJECTIF • Mettre en relation énergie et fonctionnement de l'organisme

Savoir

• L'effort musculaire entraîne des modifications de rythmes

Après un effort physique soutenu, des modifications importantes surviennent au niveau du corps. L'essoufflement traduit une augmentation du nombre de mouvements respiratoires par minute : c'est l'accélération du **rythme respiratoire**. Le volume d'air passant chaque minute dans les poumons augmente, ce qui signifie que la quantité de dioxygène fournie à l'organisme est plus importante. L'accélération du **rythme cardiaque** indique que le volume du sang traversant le cœur augmente et que la circulation du sang est plus rapide.

• Au niveau des muscles : échanges de gaz et de nutriments

Les modifications de rythme sont liées à une **augmentation des besoins musculaires** durant l'exercice, le travail fourni et la chaleur libérée étant deux formes d'énergie. L'effort physique s'accompagne donc d'une augmentation des besoins en énergie de l'organisme. Pour les satisfaire, des échanges s'effectuent avec le sang circulant dans des capillaires à l'intérieur du muscle : le muscle y puise du dioxygène et des nutriments comme le glucose et y rejette des déchets comme le dioxyde de carbone.

Savoir faire

• Interpréter un graphique

En médecine sportive, il est possible d'enregistrer les variations de la consommation de dioxygène durant un effort physique. Les mesures sont faites chez un sujet pendant 15 minutes et exprimées par le graphique ci-dessous.

• **Découper le graphique en différentes sections :**

– en A : au repos, la consommation de dioxygène est stable ;

– en B : au début de l'exercice, la consommation de dioxygène augmente rapidement ;

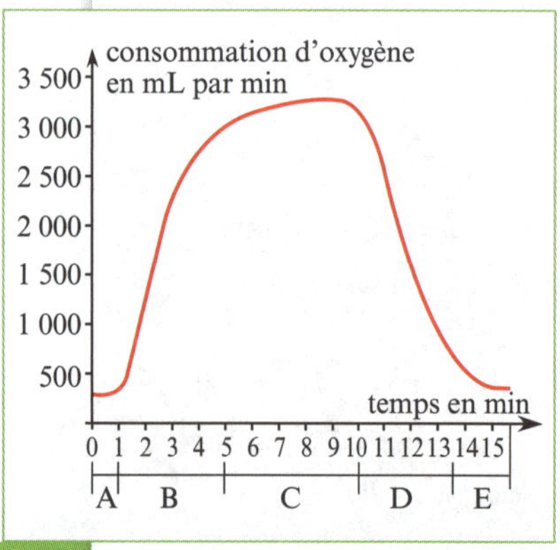

– en C : pendant la durée de l'exercice, la consommation de dioxygène a tendance à se stabiliser ;

– en D : en fin d'exercice, la consommation de dioxygène ne revient pas brutalement à sa valeur initiale mais décroît rapidement pendant la période de récupération ;

– en E : après la période de récupération, la consommation de dioxygène retrouve sa valeur de repos.

• **Tirer une conclusion en formulant une hypothèse explicative :**
Au cours d'un effort physique, il y a une augmentation de la consommation de dioxygène proportionnelle à l'intensité de l'effort et liée aux besoins plus importants des muscles en activité.

Faire

1 ★ Rédige trois phrases avec les mots suivants.

□□□

1. exercice physique – rythme respiratoire – rythme cardiaque

....

2. effort physique – énergie – sang – échanges

....

3. muscle – dioxygène – dioxyde de carbone – capillaires

....

2 ★★ Réponds aux questions suivantes.

□□□

1. Pourquoi la consommation d'oxygène augmente-t-elle au cours d'un exercice physique ?

....

....

2. Pourquoi la composition du sang traversant les muscles se modifie-t-elle au cours de l'exercice physique ?

....

....

3 ★★★ Interprète les données suivantes en répondant aux questions.

□□□

Thomas, Paul, Marie et Louise enregistrent leurs rythmes respiratoire et cardiaque au repos et après avoir accompli deux courses de 200 m, d'abord lentement, puis rapidement.

	rythme cardiaque			rythme respiratoire		
	repos	200 m lent	200 m rapide	repos	200 m lent	200 m rapide
Thomas	75	125	155	20	33	42
Paul	80	130	160	25	34	40
Marie	78	130	158	22	32	38
Louise	82	140	170	23	35	42

1. Quelles modifications de rythmes mesure-t-on durant les deux courses ?

....

2. Compare avec le graphique de la consommation de dioxygène pendant un effort physique (Savoir Faire). Quels renseignements supplémentaires fournit-il par rapport aux mesures du tableau ?

....

4 ★★★

□□□

L'eau de chaux est un liquide incolore qui se trouble en présence de dioxyde de carbone. On réalise le montage expérimental ci-dessous :

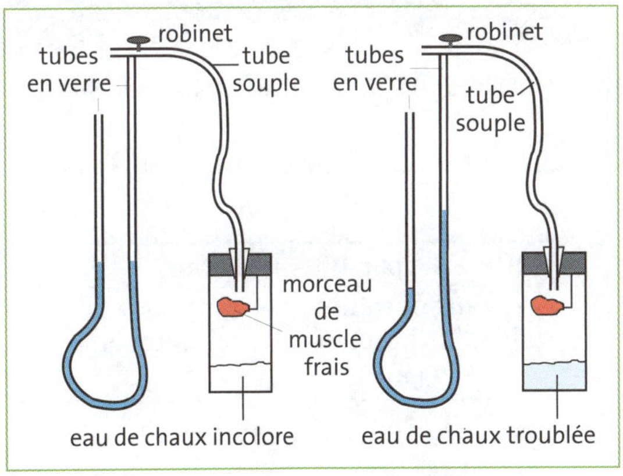

Analyse attentivement le montage réalisé.

1. Que s'est-il passé en fin d'expérience ?

....

....

....

2. Quelle explication proposes-tu ?

....

....

....

....

Corrigés p. 297

Évalue ton travail et coche pour chaque exercice : ☑ réussi ☑ presque réussi ☑ à revoir

5 Des échanges gazeux entre le sang et l'air

OBJECTIF • Connaître les échanges entre le milieu et l'organisme

Savoir

• La composition de l'air est modifiée au niveau des poumons

• Au niveau des muscles, le sang s'appauvrit en dioxygène et s'enrichit en dioxyde de carbone.

• Au niveau des poumons, l'air inspiré s'appauvrit en dioxygène et s'enrichit en dioxyde de carbone.

• Après la traversée des organes, la composition du sang redevient normale au niveau des poumons : le dioxyde de carbone passe du sang vers l'air expiré tandis que le dioxygène passe de l'air vers le sang.

• La circulation de l'air est permanente au niveau des poumons

• Lors de l'**inspiration**, l'augmentation de volume de la cage thoracique provoquée par la contraction des muscles respiratoires entraîne la dilatation des poumons, d'où l'entrée d'air.

• Lors des **expirations**, le relâchement des mêmes muscles diminue le volume de la cage thoracique et entraîne la compression des poumons.

• L'organisation des poumons facilite les échanges avec le sang

• L'air inspiré circule dans des tuyaux de plus en plus étroits, **trachée**, **bronches**, **bronchioles**, pour atteindre des sacs microscopiques : les **alvéoles pulmonaires**. Leur paroi, très fine, est tapissée par un réseau de **capillaires sanguins**.

• Le sang en provenance des organes circule dans des **vaisseaux** dont le diamètre diminue : **veine** pulmonaire, **veinules**, puis **capillaires** alvéolaires. Il quitte les poumons par les capillaires puis les **artérioles** et l'**artère** pulmonaire.

• La grande quantité d'alvéoles, leur surface totale, la finesse de leur paroi permettent des échanges gazeux importants entre l'air et le sang.

Savoir faire

• Commenter un tableau de mesures

• **Mettre les mesures en corrélation :**

– baisse de la teneur en dioxygène dans l'air expiré et son augmentation dans le sang sortant des poumons ;

– augmentation de la teneur en dioxyde de carbone dans l'air expiré et sa baisse dans le sang sortant des poumons.

	pour 100 cm³ d'air		**pour 100 cm³ de sang**	
gaz	air inspiré	air expiré	sang entrant dans les poumons	sang sortant des poumons
azote	78 cm³	78 cm³	2 cm³	2 cm³
dioxygène	21 cm³	15 cm³	10 cm³	20 cm³
dioxyde de carbone	0,04 cm³	5 cm³	60 cm³	50 cm³

1 ★ ☐☐☐

Sur le dessin de l'appareil respiratoire suivant, indique par deux flèches de couleurs différentes le trajet de l'air inspiré, puis celui de l'air expiré.

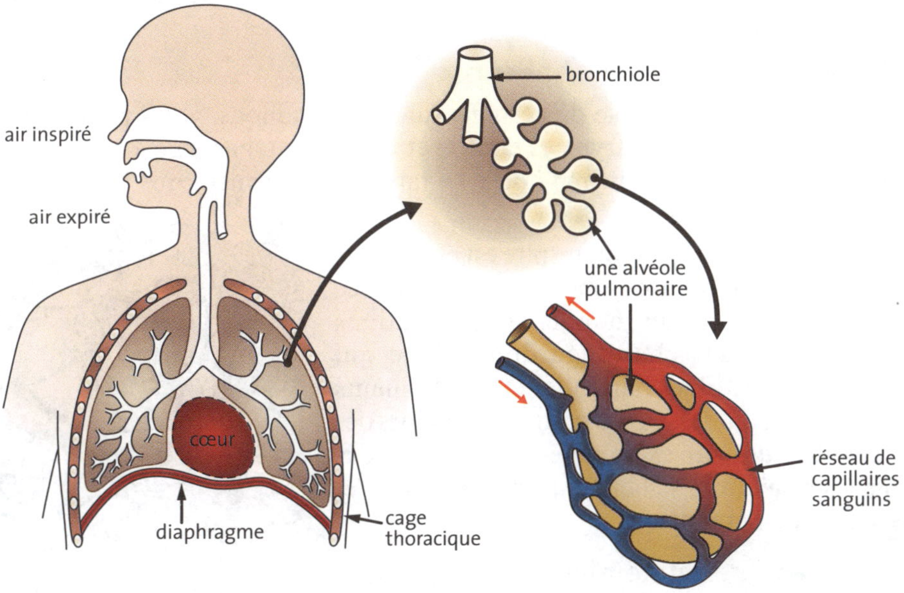

2 ★★ ☐☐☐

Même exercice.

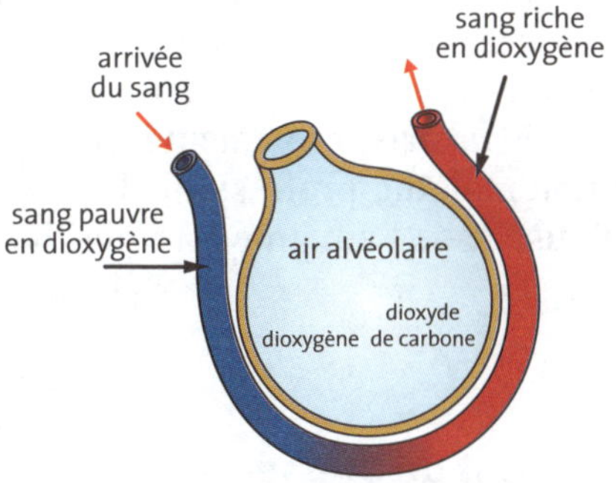

3 ★★★ ☐☐☐

Le matériel suivant te permet de réaliser un montage expérimental afin d'illustrer certains résultats du tableau du Savoir faire. Imagine et dessine ce montage, au début, puis en fin d'expérience.

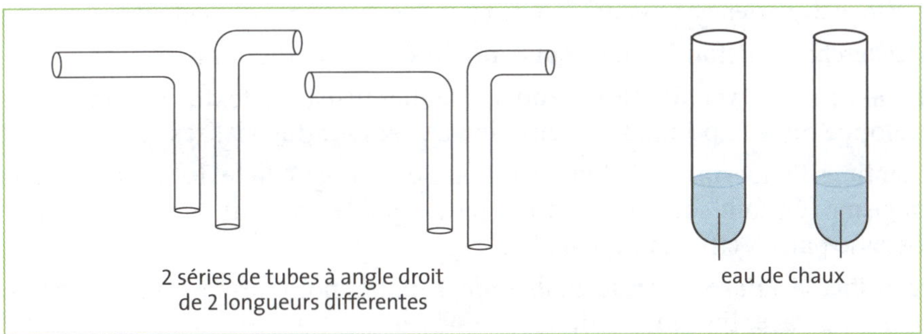

Corrigés p. 298

Évalue ton travail et coche pour chaque exercice : ☑ réussi ☑ presque réussi ☑ à revoir

6

Les maladies liées à l'environnement

OBJECTIF • Comprendre l'impact de l'environnement sur les maladies respiratoires

Savoir

Tabac et pollution atmosphérique

• Le tabac est responsable de certains cancers : poumons, voies respiratoires supérieures (bouche, pharynx et larynx) et vessie. Le tabagisme « passif » subi par des non fumeurs est lui-même nocif. Le tabac est également mis en cause dans les **maladies cardiovasculaires**.

• La qualité de l'air que l'on respire est essentielle. En ville, la **pollution** atmosphérique est provoquée par la circulation automobile, les installations industrielles et le chauffage domestique qui brûlent du fuel. Fines particules et gaz polluants s'accumulent au-dessus des grandes villes lors des fortes chaleurs par exemple et provoquent des **troubles respiratoires** chez les personnes âgées et les très jeunes enfants.

Les poussières minérales de l'atmosphère

L'amiante est un minéral en fibres pouvant être tissées, longtemps utilisé dans l'industrie comme matériau isolant. Mais les poussières de fibres inhalées peuvent être retenues dans les bronchioles et les alvéoles pulmonaires, provoquant une inflammation chronique avec accumulation de cellules formant des amas : c'est une fibrose pulmonaire. Celle-ci peut envahir le poumon et réduire considérablement la capacité respiratoire. Elle favorise également le développement de cancers broncho-pulmonaires. C'est une maladie professionnelle qui serait responsable de plus de 2000 décès par an. L'usage de l'amiante est interdit en France depuis 1997.

Savoir faire

Analyser un document de presse

> L'organisation mondiale de la santé estime que, dans les pays industrialisés, une proportion croissante des 2 millions des morts annuelles liées à l'usage du tabac atteint les femmes en raison des conséquences spécifiques du tabagisme sur la santé de la femme et de ses enfants. On estime en effet que le risque de mortalité cardiovasculaire est multiplié par 10 chez les femmes qui fument et utilisent la pilule contraceptive. Lorsque la femme est enceinte, le tabagisme accroît en outre le risque d'avortement spontané et de retard de croissance de l'enfant.

• **Rechercher la définition des mots difficiles** dans un dictionnaire.

• **Remarquer le type d'information** sur lequel insiste le texte : la consommation se développe dans la population féminine des pays industrialisés.

• **Identifier l'importance de l'information** que souligne le texte : les conséquences du tabagisme féminin sont redoutables parce que les enfants seront concernés dès la grossesse par les effets du tabac.

• **Identifier la nature des risques :** ils sont amplifiés pour des raisons liées à la sexualité (pilule contraceptive, maternité).

1 ★ Observe le graphique suivant et réponds aux questions.

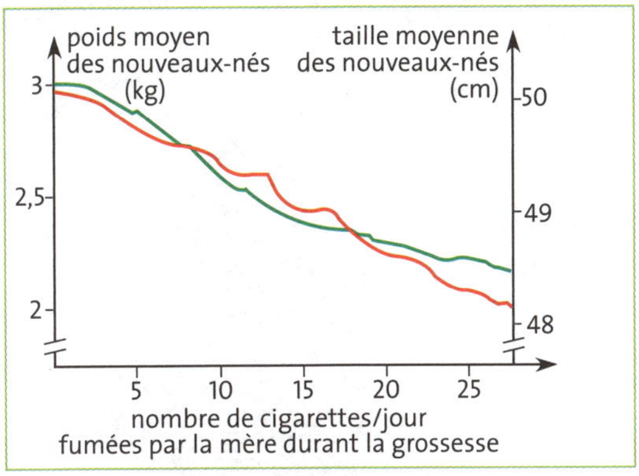

1. Que représente ce graphique ?

....

2. Quels sont les effets du tabac sur le fœtus ?

....

2 ★ Lis le texte suivant et réponds aux questions.

On sait maintenant que les brouillards urbains qui retiennent les particules polluantes portent atteinte à la santé. La combustion des carburants d'origine fossile, comme le pétrole (trafic automobile, chauffage domestique, industrie), libère des composés chimiques et des particules fines. Or, les quantités élevées de poussières très fines, capables de pénétrer dans les poumons lorsque leur diamètre est inférieur à 10 micromètres et d'autres produits toxiques émis par le trafic motorisé, sont responsables d'une augmentation de la mortalité.

1. Quelles sont les idées importantes à dégager de ce texte ?

2. Quelles solutions envisager au problème des pollutions atmosphériques en milieu urbain ?

3 ★★ Observe le graphique suivant et réponds aux questions.

Voici un des effets du tabac sur l'activité cardiaque :

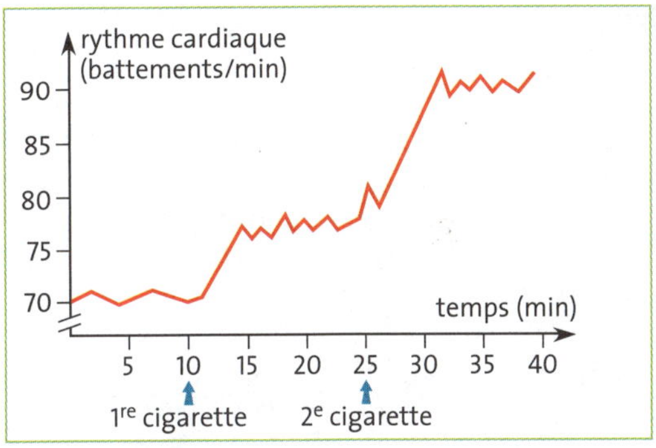

1. Quel effet les cigarettes (en fait la nicotine qu'elles contiennent) ont-elles sur l'activité cardiaque ?

....

....

....

2. Quelles seront les conséquences à long terme pour l'organisme ?

....

....

4 ★★★ Interprète les données du tableau suivant.

		cas de mortalité pour cause respiratoire, pour 100 personnes	cas de consultation pour asthme d'enfants de moins de 14 ans, pour 100 personnes
gaz : dioxyde d'azote	niveau moyen	8 cas	19 cas
	niveau élevé	19 cas	52 cas
particules fines (fumées noires)	niveau moyen		25 cas
	niveau élevé		56 cas

1. Calcule, en pourcentage, la hausse des cas de mortalité et de consultation pour asthme lorsque le niveau de particules et de gaz polluants augmente.
2. Les résultats concernent les périodes d'été. Quelle explication peux-tu avancer ?
3. Pourquoi dit-on que le port d'un masque couvrant la bouche et le nez n'assure pas de réelle protection ?

Corrigés p. 298

Évalue ton travail et coche pour chaque exercice : ☑ réussi ☑ presque réussi ☑ à revoir

Français
Maths
Hist.-Géo. Éd. civique
Anglais
SVT
Physique Chimie
Bilans
Corrigés

7 L'approvisionnement du sang en nutriments

OBJECTIF • Connaître les échanges entre le sang et les organes

Savoir

• L'appareil digestif humain

L'appareil digestif démarre par la bouche. Les aliments passent ensuite par le **pharynx** et l'**œsophage** avant d'atteindre une poche, l'**estomac**, puis un long tube pelotonné, l'**intestin grêle** et un large conduit, le **gros intestin** dont la partie terminale, le **rectum**, s'ouvre à l'extérieur par l'anus assurant le rejet des déchets non digérés.

• La transformation des aliments en nutriments

Les **sucs digestifs** sécrétés par l'estomac, le pancréas et l'intestin grêle transforment les aliments en **nutriments solubles**.

• Le passage des nutriments dans le sang

• L'intestin grêle est un tube de 8 mètres de long, replié et pelotonné sur lui-même. Sa paroi est formée de multiples replis appelés **villosités** repliées en microvillosités. Tous ces replis en augmentent considérablement la surface. La paroi des villosités est très mince et tapissée de **capillaires sanguins**. C'est là que les nutriments passent dans le sang.
• L'organisation de l'intestin grêle (grande surface, paroi très fine, irrigation sanguine très riche) en fait une remarquable **zone d'échanges**.

Savoir faire

• Interpréter une expérience

Dans 4 tubes à essai, on place les produits suivants :
1 : Morceaux de blancs d'œuf + eau
2 : Morceaux de blancs d'œuf + eau + suc gastrique
3 : Blanc d'œuf broyé + eau
4 : Blanc d'œuf broyé + eau + suc gastrique.
Les 4 tubes sont placés à l'étuve à 37° C.

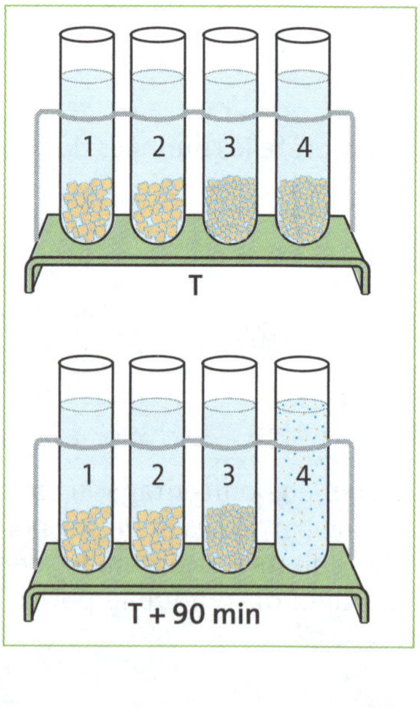

• **Noter l'intérêt des deux tubes « témoins » :** tubes 1 et 3. Ils correspondent à une neutralisation du facteur que l'on expérimente ; ici, le suc gastrique est absent de ces tubes.

• Après 90 minutes, c'est le tube 4 qui change. **Proposer une explication** : le suc gastrique est responsable du changement, mais est-il seul en cause ? Le tube 2 contient aussi du suc gastrique mais rien n'a changé dans ce tube. Le broyage est donc nécessaire.

• **Proposer une interprétation d'ensemble :** le suc gastrique est capable de digérer des aliments préalablement broyés.

1 ★ ☐☐☐

On a réalisé ces radiographies à quelques minutes d'intervalle chez un individu, après ingestion d'une bouillie barytée, opaque aux rayons X.

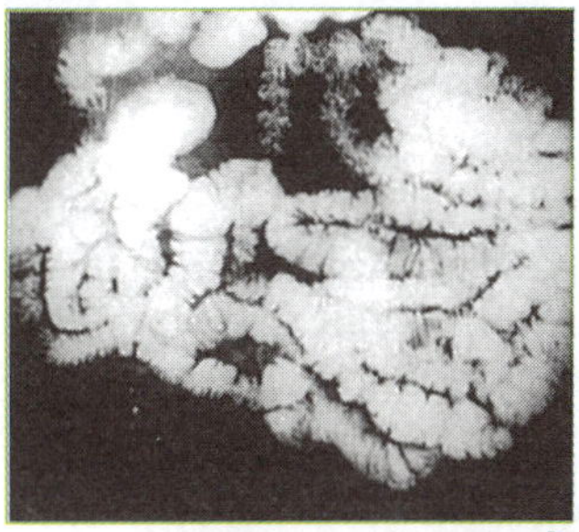

A.

B.

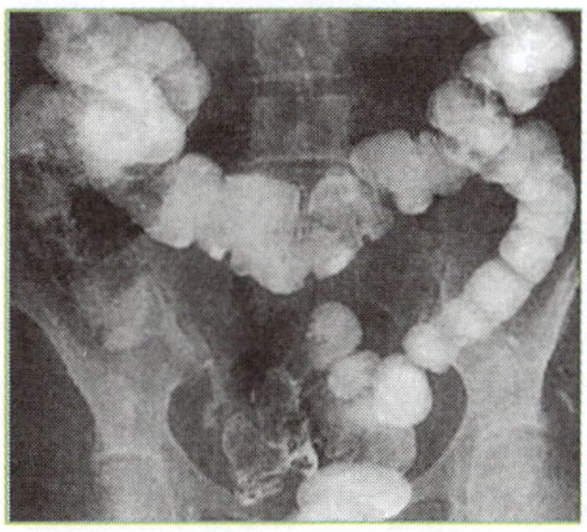

C.

1. Replace les clichés dans l'ordre.

....

2. Indique le nom de l'organe.

A. ....

B. ....

C. ....

3. Pourquoi n'a-t-on pas visualisé le foie et le pancréas sur ces radiographies ?

2 ★★ ☐☐☐ **Réponds aux questions.**

Une villosité a une surface d'environ 0,002 cm². L'intestin grêle en contient environ 10 millions.

1. Quelle surface cela représente-t-il en mètres carrés ?

....

2. En sachant que les microvillosités multiplient encore ce nombre par 20, quelle surface obtient-on ?

....

3. Quelle signification peut-on accorder à ce résultat ?

....

3 ★★ ☐☐☐ **Observe le document suivant.**

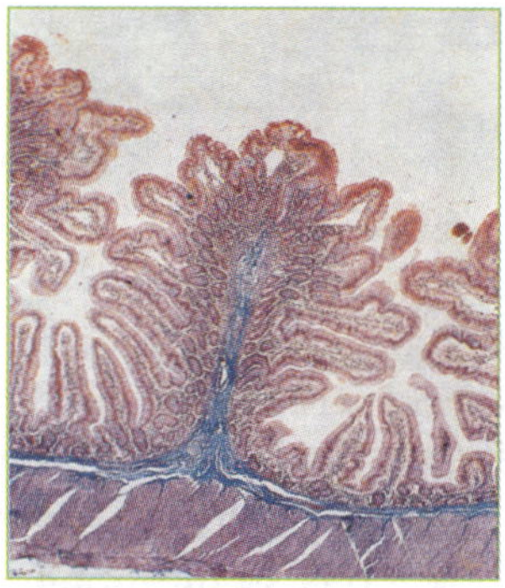

1. Que représente cette microphotographie ?
2. Rédige un court texte de commentaire en utilisant les termes suivants : intestin grêle, forme de doigt, villosités, paroi, capillaires sanguin, nutriments, surface d'échange, sang, absorption.

4 ★★★ ☐☐☐

En 1787, le savant italien Spallanzani étudie la digestion et relate une expérience :

> Ne semblerait-il pas que l'action des sucs gastriques humains sur les aliments est aidée par la compression de l'estomac ? Pour décider de cette question, il fallait mettre les aliments dans de petits tubes parce que si la digestion se faisait mal, c'était une preuve qu'il manquait quelque chose d'utile, et alors il était assez probable que ce serait la force triturante. J'étais donc obligé d'avaler des tubes […] dont les parois étaient couvertes de trous afin que le suc gastrique de mon estomac pût les pénétrer de toutes parts. […] Je n'avalai qu'un seul petit tube où j'avais mis des grains de chair de veau cuite et mâchée : il sortit heureusement au bout de 22 heures mais il ne contenait plus de chair, ni rien du tout.

1. Résume, en quelques phrases, l'expérience de Spallanzani.
2. Combien de facteurs interviendraient dans la digestion au niveau de l'estomac ? Spallanzani tient-il compte de facteurs agissant à d'autres niveaux que l'estomac ?
3. Quels facteurs Spallanzani neutralise-t-il et comment ?
4. Quelle conclusion peux-tu tirer de cette expérience ?
5. Compare l'expérience menée par Spallanzani et le protocole présenté dans le Savoir faire.

Corrigés p. 298

Évalue ton travail et coche pour chaque exercice : ☑ réussi ☑ presque réussi ☑ à revoir

8 Nutriments, dioxygène et énergie

OBJECTIF • Mettre en relation les nutriments et l'énergie

Savoir

• Les nutriments fournissent de l'énergie

• En présence de dioxygène, les cellules dégradent les nutriments : c'est une réaction qui consomme du dioxygène et libère de l'énergie sous forme de chaleur. L'énergie ne peut être ni créée ni détruite, mais seulement transformée. En transformant les aliments, les êtres vivants utilisent une énergie d'origine alimentaire et la transforment en une autre forme : chimique, électrique ou mécanique.

• L'énergie se mesure en une unité appelée le joule : les aliments ont donc un pouvoir calorifique mesuré en **joules**, mais on parle souvent de kilocalories (1 kcal = 4,18 kJ).

• Le dioxygène réagit avec les nutriments

• L'énergie provient de l'oxydation des nutriments : la quantité d'énergie libérée dépend donc de la quantité de nutriments consommés et de la quantité de dioxygène utilisé. La réaction chimique entre nutriments et dioxygène s'écrit :

$$\text{Nutriment} + O_2 \rightarrow CO_2 + \text{eau} + \text{énergie}$$

• Cette énergie suit trois voies possibles : elle est convertie en chaleur, elle sert au fonctionnement des organes et elle peut être mise en réserve.

• La contraction musculaire consomme de l'énergie

Lors d'une course, le corps réalise un effort musculaire au cours duquel il s'échauffe. La contraction musculaire consomme de l'énergie. Le muscle transforme une énergie chimique, issue de nutriments comme le glucose sanguin, en une énergie mécanique (le travail musculaire) et en chaleur. Le bon fonctionnement des muscles nécessite le renouvellement de l'énergie consommée.

Savoir faire

• Réfléchir : attention aux confusions

Les contenus énergétiques des aliments s'expriment en **calorie** qui est une mesure de l'énergie. C'est la quantité de chaleur nécessaire pour augmenter la température de 1 g d'eau de 1° C. C'est une quantité d'énergie très faible et c'est pourquoi on utilise la kilocalorie (1 kcal = 1 000 calories). Les nutritionnistes parlent souvent de **Calorie** (avec un C en capitale) pour la distinguer de la calorie. Un régime à 2 000 Calories par jour veut dire en fait 2 000 kcal par jour ! Mais la tendance actuelle est d'utiliser l'unité officielle de l'énergie qui est le **joule**. Sachant qu'une kcal est équivalente à 4,18 joules, la conversion des Calories ou kcal en joules est facile. Il faut :

- **Repérer les sources de confusion.**
- **Expliquer pourquoi la confusion est entretenue.**
- **S'entraîner à manipuler les notions en sachant à quoi elles correspondent.**
- **Savoir réaliser les conversions d'unités nécessaires.**

1★ Relie correctement les mots aux notions qui leur correspondent.

☐☐☐

nutriment •	• mesure la quantité d'énergie libérée par un aliment
énergie •	• réaction qui consomme du dioxygène
oxydation •	• provient de l'oxydation des nutriments
pouvoir calorifique •	• forme d'énergie libérée par une oxydation
chaleur •	• résulte de la dégradation des aliments
énergie chimique •	• forme d'énergie libérée par les muscles
énergie mécanique •	• forme d'énergie contenue dans les nutriments

2★★ Réponds aux questions suivantes.

☐☐☐

Le maintien de la température corporelle à une valeur constante de 37° C, le rythme cardiaque et la respiration sont des activités biologiques permanentes.

1. En situation de repos complet, comment se manifestent ces activités ?

....

....

2. Quelle est la caractéristique de ce phénomène ?

....

....

3. Que se passe-t-il au cours d'un exercice musculaire ?

....

....

3★★★ Réalise un schéma bilan illustrant le texte du paragraphe intitulé : « La contraction musculaire consomme de l'énergie », dans le Savoir p. 218.

☐☐☐

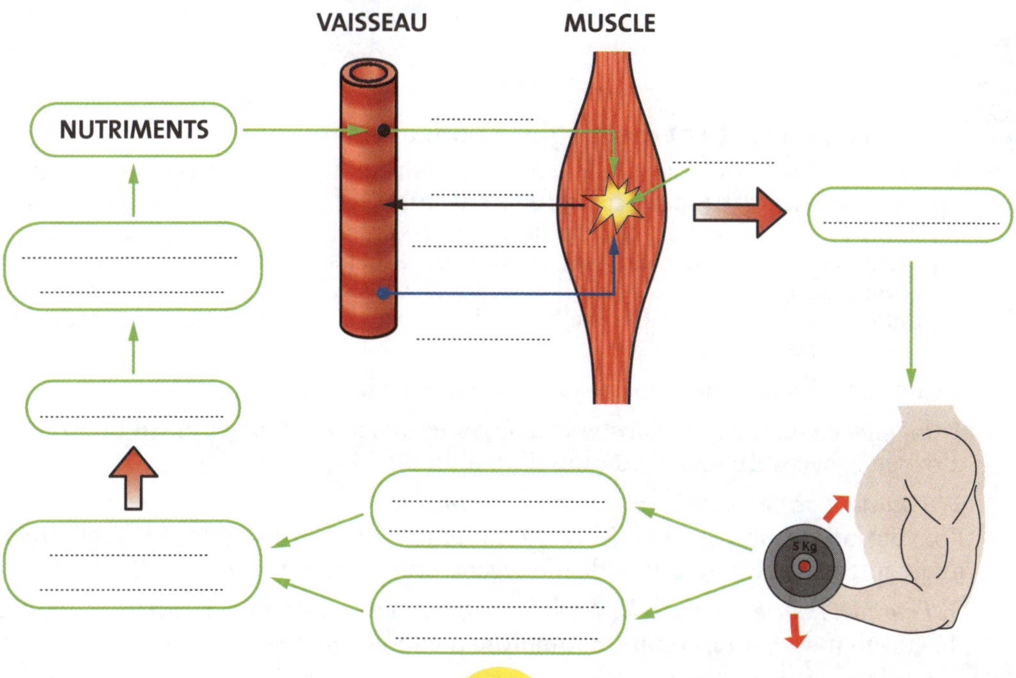

Corrigés p. 298

Évalue ton travail et coche pour chaque exercice :
☑ réussi ☑ presque réussi ☑ à revoir

Français
Maths
Hist.-Géo. Éd. civique
Anglais
SVT
Physique Chimie
Bilans
Corrigés

9 Les besoins énergétiques de l'organisme

OBJECTIF • Comprendre la notion de besoins énergétiques permanents

Savoir

• Les aliments contiennent divers éléments

Les aliments sont répartis en différents groupes en fonction de leurs apports dans la ration alimentaire. Ce sont :

– les aliments riches en **protéines** qui servent à la construction de la matière vivante : produits laitiers, viandes et poissons ;

– les aliments riches en **vitamines**, **sels minéraux** et **fibres végétales** : légumes et fruits ;

– les aliments dits **énergétiques** : sucres ou glucides et matières grasses ou lipides.

• Qu'est-ce qu'un régime alimentaire équilibré ?

C'est un régime dans lequel figurent tous les types d'aliments nécessaires dans des proportions correctes. Celles-ci dépendent de l'âge, de la taille, du sexe et du mode de vie. Un adolescent sportif doit en effet manger beaucoup plus qu'une dame âgée.

• Les besoins énergétiques de l'organisme

Ils représentent les différentes formes d'énergie utilisée : chaleur (60 %), fonctionnement des organes, énergie mise en réserve (sucres, lipides). Ces dépenses énergétiques doivent être couvertes par un apport équivalent : c'est l'**équilibre énergétique de l'organisme**. C'est en évaluant la dépense énergétique que l'on détermine au mieux la ration alimentaire.

Savoir faire

• Analyser un texte et mettre des données en relation

Des techniques permettent de mesurer la quantité de dioxygène nécessaire à l'oxydation d'un nutriment et donc de déterminer la quantité d'énergie libérée par cette réaction. Les données sont enregistrées chez un sujet sain lors d'une épreuve physique et sont traitées par ordinateur en tenant compte de nombreux facteurs : quantités de dioxygène absorbé et de dioxyde de carbone libéré, quantité d'eau produite, rythme cardiaque, travail musculaire effectué, etc. Ces méthodes de mesure simples et très fiables constituent la calorimétrie respiratoire.

• **Comparer les éléments fournis par ce texte avec le graphique p. 210.**

1. *En quoi consiste en fait la calorimétrie respiratoire ?* C'est la mesure d'une quantité d'oxygène nécessaire à l'oxydation d'un aliment.

2. *Pourquoi parle-t-on de calorimétrie respiratoire ?* Parce que l'énergie provient de l'oxydation des nutriments. Si ceux-ci augmentent, la quantité d'énergie libérée augmente et donc la quantité de dioxygène utilisée augmente.

3. *Pourquoi tient-on compte de plusieurs facteurs ?* Parce que ceux-ci varient en fonction du travail musculaire, comme la quantité d'énergie libérée.

Faire

1★ Observe le graphique et réponds à la question.

Les courbes représentent l'évolution de la dépense énergétique journalière.

Comment cette dépense évolue-t-elle ?

....

....

....

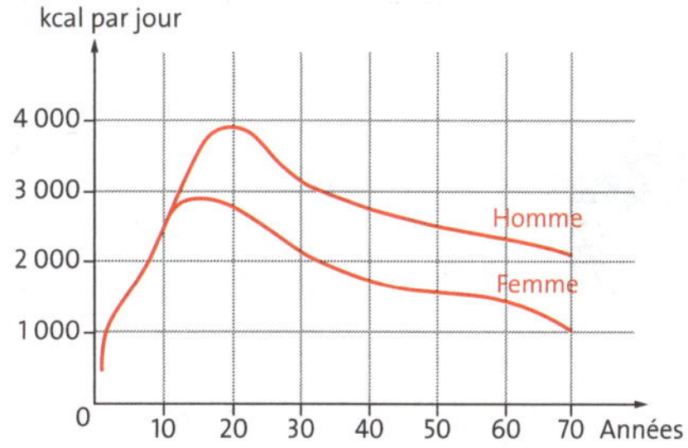

2★★ On a reproduit ci-dessous l'étiquette d'un emballage alimentaire sur laquelle sont énumérés les nutriments essentiels dans les apports journaliers recommandés (AJR).

1. Retrouve l'apport énergétique correspondant à 100 g de produit.

....

2. Quelle est la particularité alimentaire de ce produit ?

....

....

3. Si ces céréales constituent le petit déjeuner, comment faudra-t-il équilibrer le reste de la ration alimentaire journalière ?

....

....

....

	Valeurs nutritionnelles moyennes pour 100 g	Pour 30 g + 125 ml de lait écrémé
Valeur énergétique	373 kcal 1 584 kJ	154 kcal 655 kJ
Protéines	16 g	9 g
Glucides dont sucres amidon	75 g 17 g 58 g	28 g 11 g 17 g
Lipides dont saturés	1 g 0,4 g	0,6 g 0,1 g
Fibres	2,5 g	0,8 g
Sodium	0,85 g	0,3 g
Vitamines	en % des AJR	en % des AJR[1]
B1	2,3 mg (165 %)	55 %
B2	2,7 mg (170 %)	65 %
B6	3,3 mg (165 %)	50 %
PP	30 mg (165 %)	50 %
C	100 mg (165 %)	50 %
B9 (acide folique)	333 µg (165 %)	50 %
B12	1,67 µg (165 %)	80 %
Minéraux		
Calcium	–	20 %
Phosphore	170 mg (20 %)	20 %
Fer	11,7 mg (85 %)	25 %
Magnésium	40 mg (15 %)	10 %

3★★★ On a déterminé les apports énergétiques des nutriments et obtenu les résultats suivants :

Valeurs énergétiques des nutriments		
Glucides	Lipides	Protéines
18 kJ par g	40 kJ par g	17 kJ par g

Les apports quotidiens en nutriments sont par ailleurs les suivants :
Glucides (fruits, légumes, pain, céréales) : 150 à 200 g = 50 à 60 % de l'apport énergétique.
Lipides (viandes, œufs, lait) : 80 à 100 g = environ 30 % de l'apport énergétique.
Protéines (tous les aliments) : 0,8 g par kg de poids (15 %).

1. Sachant que les besoins énergétiques quotidiens d'un homme de 70 kg sont environ de 8 000 kJ, comment équilibrer la ration alimentaire pour satisfaire ces besoins ?

2. Quelle conclusion peux-tu tirer de ce calcul ?

Corrigés p. 299

Évalue ton travail et coche pour chaque exercice : ☑ réussi ☑ presque réussi ☑ à revoir

10 L'élimination des déchets

OBJECTIF • Identifier la fonction d'élimination des poumons et des reins

Savoir

• Le dioxyde de carbone est éliminé dans l'air expiré

• L'organisation des alvéoles pulmonaires facilite des échanges gazeux importants entre l'air et le sang. Lors de ces échanges, le **dioxyde de carbone** contenu dans le sang franchit la barrière constituée par l'air et le sang et passe dans l'**air alvéolaire**.

• En suivant les voies respiratoires (bronchioles → bronches → trachée → artère), il sera expiré par la bouche ou le nez.

• Les autres déchets sont excrétés au niveau des reins

Les déchets de l'alimentation sont récupérés par les **reins** et évacués dans l'urine qu'ils fabriquent. Tout le sang de l'organisme circule à travers les reins qui fonctionnent comme des **filtres** en le débarrassant de ses déchets mais en conservant les substances utiles. L'urine est ensuite stockée dans la vessie avant d'être rejetée à l'extérieur du corps.

Savoir faire

• Commenter un schéma : observation de l'appareil urinaire humain

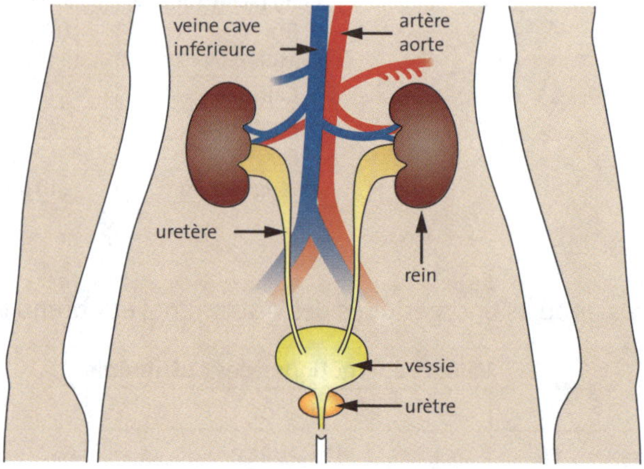

• Les reins sont **des organes pairs** : deux reins de part et d'autre de la colonne vertébrale.

• Une **vascularisation** importante : le sang de tout le corps pénètre dans les reins par une artère rénale directement issue de l'aorte et en ressort par une veine rénale connectée à la veine cave inférieure.

• Chaque rein est **directement relié à la vessie** par deux canaux appelés uretères.

1★ Réponds à la question suivante.

☐☐☐

Sur la quantité de sang reçue par les reins, 11 % sont filtrés chaque jour et les reins ne fabriquent sous forme d'urine que 1 % de cette quantité filtrée.

Quelle est la quantité d'urine fabriquée et rejetée chaque jour ?

....

....

2★★ Observe ce schéma fonctionnel et réponds à la question.

☐☐☐

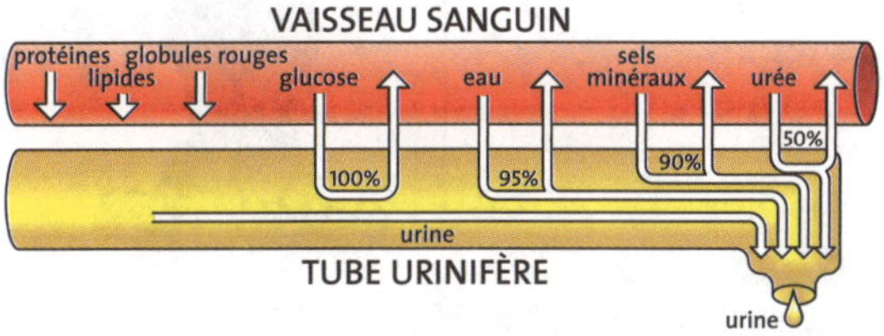

Ce schéma illustre le mécanisme de l'excrétion par les reins. Chaque tube urinifère, ou néphron, joue le même rôle. Le schéma ne représente qu'un seul tube.

D'après ce schéma, comment fonctionne le rein ?

3★★

☐☐☐

Cette photographie montre un fragment de tissu pulmonaire observé au microscope électronique à balayage.
On y voit des vaisseaux sanguins de différents calibres et des sortes de petits sacs qui forment le tissu pulmonaire.

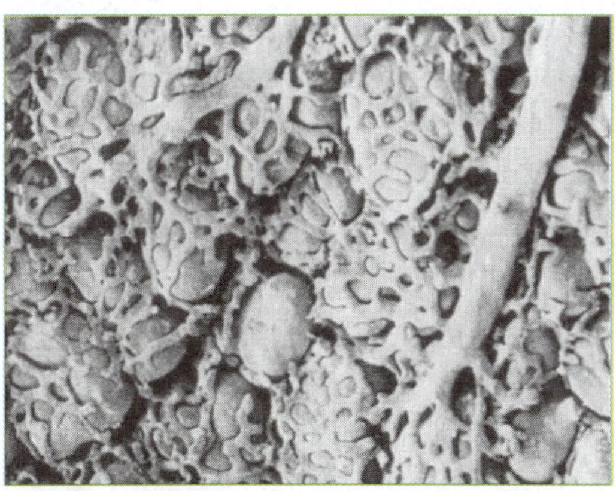

1. Identifie ces structures et indique-les par des légendes sur le schéma.

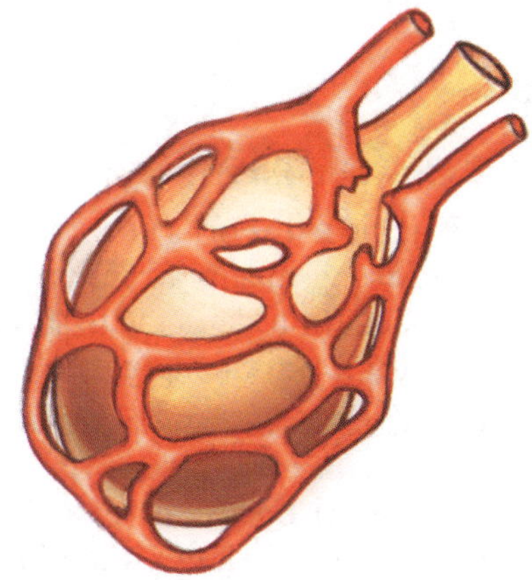

2. Précise, en une phrase simple, les informations que tu tires de ce document.

....

....

....

....

4★★★ Analyse les données chiffrées du texte suivant en répondant aux questions.

☐☐☐

Les alvéoles pulmonaires possèdent une paroi très fine : 0,2 µm (0,0002 m) et leur surface totale est estimée à 70 m² pour chaque poumon. Les reins sont constitués de petits tubes pelotonnés et très vascularisés, les néphrons, au nombre de 1 million par rein. La quantité de sang qui traverse les reins est de 1 600 l par jour. La surface totale des capillaires est de 3 m².

1. Quelles sont les caractéristiques importantes des alvéoles pulmonaires et des reins ?

2. La paroi des alvéoles pulmonaires est très fine. Pourquoi ?

3. Quel est l'intérêt fonctionnel de ces structures ? Comprends-tu pourquoi on les qualifie de surfaces d'échanges ?

4. Comment est réalisée une surface d'une telle ampleur ?

5. Peux-tu préciser la nature des échanges réalisés au niveau de chaque organe ?

Corrigés p. 299

Évalue ton travail et coche pour chaque exercice : ☑ réussi ☑ presque réussi ☑ à revoir

11 Circulation sanguine et continuité des échanges

OBJECTIF • Prendre conscience de la permanence des échanges

Savoir

• Une circulation à sens unique

• L'activité du corps nécessite des échanges permanents avec le sang, au niveau des organes. Apports de matériaux et évacuation de déchets se font par la voie sanguine sans qu'il y ait mélange !

• Le sang circule dans un **réseau de vaisseaux en système de boucle fermée sous pression** (c'est la « tension » mesurée par le médecin). C'est dans les **artères**, en quittant le cœur, que la pression du sang est la plus élevée.

• Le calibre des vaisseaux diminue au niveau des organes : **artérioles**, puis **capillaires artériels**. Le sang repart par des **capillaires veineux**, des **veinules**, puis des **veines** qui le ramènent au cœur.

• Le sang est mis en circulation par le cœur

• Les **battements cardiaques** sont responsables de la circulation du sang. Le cœur est un muscle, le **myocarde**, formé de **quatre cavités communiquant deux à deux** : l'ensemble oreillette et ventricule gauches séparé de l'ensemble oreillette et ventricule droits.

• Les veines font pénétrer le sang dans les oreillettes. Les contractions régulières du muscle cardiaque font passer le sang dans les ventricules avant de l'expulser vers les artères. Des **valvules**, sortes de clapets situés au départ des artères, interdisent le retour du sang en arrière et imposent ainsi son sens à la circulation sanguine.

Savoir faire

• Lire un texte scientifique

> Une cloison étanche divise le cœur en deux moitiés, « cœur droit » et « cœur gauche », comprenant chacune une oreillette en arrière et un ventricule en avant. Le cœur fonctionne par cycles, où se succèdent une systole (contraction) et une diastole (relaxation). Les oreillettes sont un peu en avance sur les ventricules : ainsi, quand elles se contractent, elles complètent le remplissage des ventricules. En revanche, les cycles des moitiés droite et gauche sont synchrones.

Pour comprendre le sens de ce texte, il faut :

• **Souligner en rouge les mots difficiles** et **chercher leur définition** dans le dictionnaire.

• **Souligner en bleu les mots clés et les idées importantes.**

• Pour s'assurer que le sens est compris, **en faire un court résumé.**

Faire

1 ★ Résous le problème suivant.

☐☐☐

Problème : Le sang contenu dans les veines de nos jambes remonte jusqu'au cœur, s'opposant à la force de la pesanteur.

Quelle hypothèse peut-on formuler pour expliquer cette remontée ?

2 ★ Colorie en bleu le sang pauvre en dioxygène et en rouge le sang riche en dioxygène.

☐☐☐

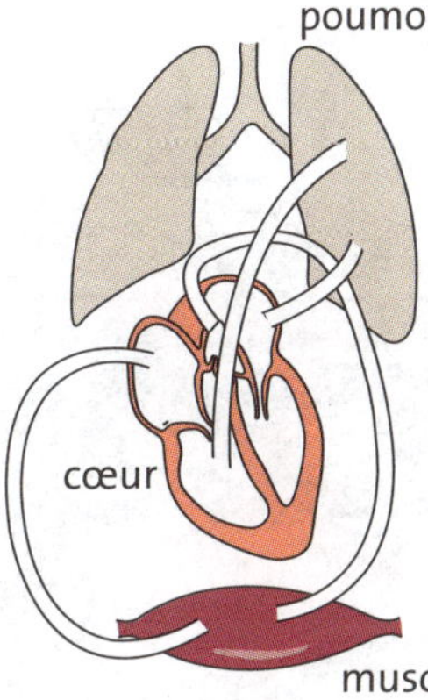

Schéma simplifié de la double circulation

3 ★★

☐☐☐

Voici les schémas de la structure d'une artère à gauche et d'une veine à droite :

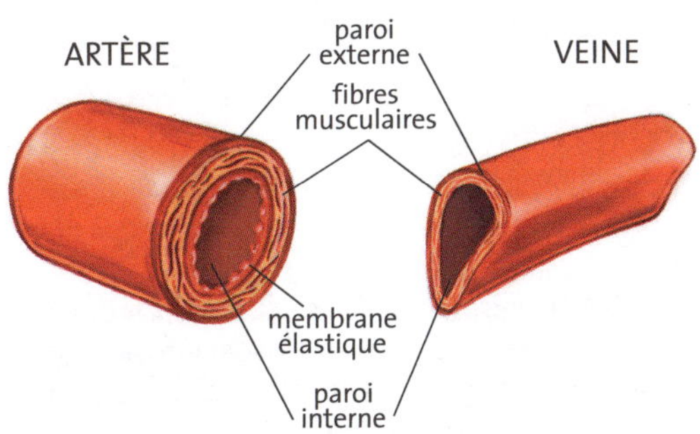

1. Compare ces deux schémas et indique les caractéristiques de la paroi des deux vaisseaux : épaisseur et nature des parois.

2. Quelle relation fais-tu entre la structure des vaisseaux et la pression du sang ?

3. Sur quel type de vaisseaux prend-on le pouls ? Pourquoi ?

4 ★★★

☐☐☐

Voici trois schémas représentant chacun une étape du cycle cardiaque. À l'aide du texte du Savoir faire et de la position des flèches, replace ces schémas dans l'ordre normal du cycle et définis chaque étape par une courte phrase.

Ordre : ....

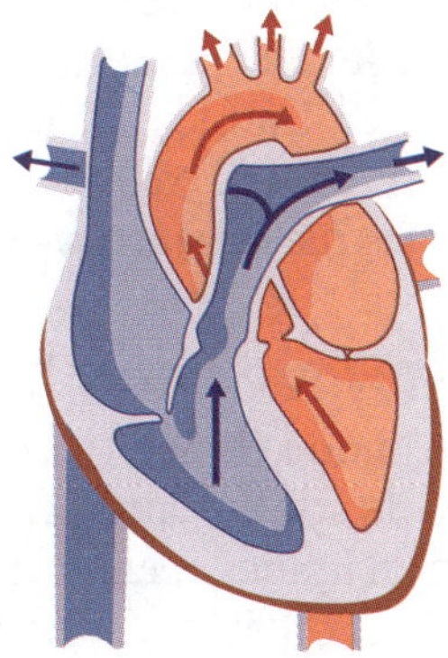

1.

Étape : ....

....

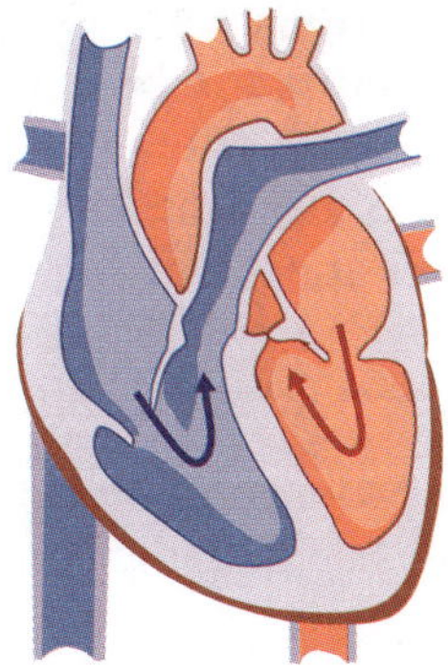

2.

Étape : ....

....

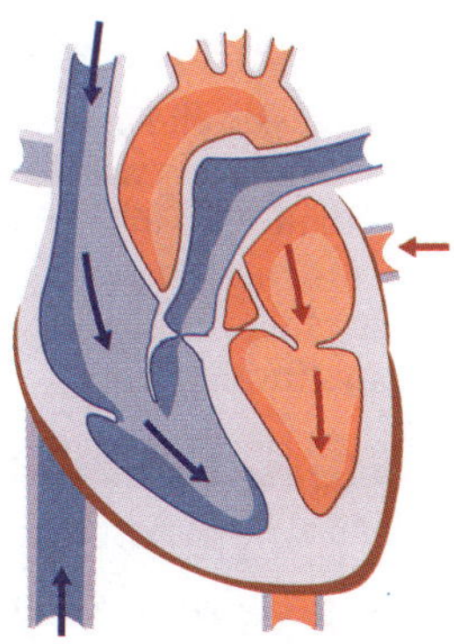

3.

Étape : ....

....

Corrigés p. 299

Évalue ton travail et coche pour chaque exercice : ☑ réussi ☑ presque réussi ☑ à revoir

12 Alimentation et maladies cardio-vasculaires

OBJECTIF • Mettre en relation la santé et le mode de vie

Savoir

• Diverses affections peuvent toucher le système circulatoire

La pression exercée sur les parois peut être trop forte : c'est l'**hypertension artérielle**. La circulation du sang peut être gênée, et même arrêtée, par des dépôts de cholestérol sur les parois des artères. Si ces dépôts se font dans les artères coronaires qui irriguent le cœur, les apports sanguins en dioxygène et nutriments sont réduits : il y a risque d'**infarctus du myocarde**.

• Le mode de vie est important

• Un mode de vie trop sédentaire, un excès de stress et une alimentation trop riche en lipides et en glucides favorisent l'apparition de l'hypertension artérielle et de l'infarctus du myocarde. Ces effets peuvent être aggravés par l'usage du tabac.

• Le cholestérol est une substance nécessaire au bon fonctionnement de l'organisme, seul son excès est néfaste. Ce sont les graisses animales qui en apportent le maximum mais le foie est aussi capable d'en synthétiser d'importantes quantités.

• Une **alimentation équilibrée** et une **activité physique** régulière peuvent limiter les risques de maladie cardio-vasculaire.

Savoir faire

• Analyser un texte scientifique

> L'excès de cholestérol dans le sang est appelé hypercholestérolémie. En s'accumulant dans les parois des vaisseaux, le cholestérol accélère le développement de l'artériosclérose, une maladie des artères caractérisée par l'épaississement des parois pouvant aller jusqu'à l'obstruction du vaisseau. L'hypercholestérolémie est un facteur de risque majeur pour les maladies cardio-vasculaires qui constituent la cause principale des décès dans les pays industrialisés.

• **Souligner les mots difficiles** et **rechercher leur définition** dans un dictionnaire : cholestérol, hypercholestérolémie, artériosclérose.

• **Comprendre la signification de certaines notions :** qu'est-ce qu'un « facteur de risque majeur » ?

• **Comprendre le sens de certaines implications :** pourquoi est-ce une maladie des pays industrialisés ?

Faire

1 ★ Lis le texte suivant et réponds aux questions.

☐☐☐

La consommation actuelle de viande en France est en moyenne un peu plus de 200 g par jour par personne, soit deux fois plus qu'il y a cinquante ans, et celle de pain de 170 g par jour par personne, soit deux fois moins qu'il y a quarante ans. Ce sont plus de 40 % de l'apport énergétique qui sont couverts par les lipides, soit deux fois plus qu'en 1900.

1. Que révèlent ces chiffres ?

....

2. Que penses-tu de cette évolution ?

....

3. Quels remèdes apporter à cette situation ?

....

....

2 ★★ Analyse les données du tableau suivant en répondant aux questions.

☐☐☐

Le tableau suivant présente les apports quotidiens d'une ration alimentaire équilibrée et les conséquences des déséquilibres.

Aliments	Apport quotidien	Conséquences d'un excès	Conséquences d'un manque
Glucides	150 à 200 g	obésité, diabète	amaigrissement, croissance ralentie
Lipides	80 à 100 g	obésité, maladies cardio-vasculaires	
Protéines	0,8 g par kg	obésité	

1. Pour quelles raisons l'adaptation de l'alimentation aux besoins n'est-elle pas toujours assurée ?

....

....

2. Quels types d'apports alimentaires faut-il surtout surveiller pour limiter les risques de maladies ?

....

3 ★★★ Même exercice.

☐☐☐

Le tableau ci-dessous apporte quelques renseignements complémentaires sur les habitudes alimentaires en indiquant la consommation quotidienne de protéines animales dans quatre pays industrialisés.

Japon	Suède	France	États-Unis
23 g par personne	51 g par personne	90 g par personne	115 g par personne

1. En utilisant les valeurs du tableau de l'exercice 2, calcule la quantité de protéines d'une ration équilibrée pour un homme adulte de 70 kg.

....

2. Compare cette valeur à celles indiquées dans le tableau ci-dessus. Quelle conclusion peux-tu en tirer ?

....

....

Corrigés p. 299

Évalue ton travail et coche pour chaque exercice : ☑ réussi ☑ presque réussi ☑ à revoir

13 L'érosion des paysages actuels

OBJECTIF • Comprendre l'évolution actuelle des paysages

Savoir

• Le principal responsable : l'eau

• Au cours du temps, les paysages se transforment, principalement sous l'action de l'eau. Dans les **massifs granitiques** (Bretagne, Limousin), l'eau a une **action surtout mécanique** : les **blocs s'arrondissent** tandis que la **roche s'altère** et se désagrège ; ses constituants forment un sable appelé l'arène granitique.

• Dans les **régions calcaires** (causse du Quercy, du Larzac, gorges de l'Ardèche, du Verdon), l'eau a une **action surtout chimique** : le dioxyde de carbone qu'elle renferme dissout le calcaire et agrandit les fissures ; galeries et grottes souterraines se forment ainsi.

• Transport et érosion

Les matériaux meubles issus du granite peuvent se retrouver dans les eaux. La dissolution du calcaire fournit des éléments qui passent en solution dans l'eau. Tous ces constituants sont transportés par les cours d'eau qui contribuent ainsi au modelé du paysage.

Savoir faire

• Traduire des informations sous la forme d'un tableau

Le granite est une roche entièrement constituée par des minéraux engrenés les uns dans les autres, de forme quelconque et de couleur différente : quartz gris à translucide, feldspath blanchâtre ou rose et mica noir brillant. L'arène granitique, issue de l'altération du granite est presque essentiellement composée de grains de quartz, de grains de feldspaths ternes, d'un blanc sale ou bien ocres et de rares lamelles de mica noir plus ou moins rougeâtres ; l'ensemble est mélangé à une pâte argileuse jaunâtre.

• **Repérer** quels sont les **composants** du granite et ceux de l'arène.

• **Identifier les changements** entre granite et arène.

• **Exprimer ces informations par un tableau.**

granite : des minéraux engrenés les uns dans les autres	**arène: des minéraux mélangés à une pâte argileuse jaunâtre**
quartz gris, translucides	quartz gris, translucides
feldspaths blancs ou roses	feldspaths ocres, ternes
micas noirs brillants	rares micas rougeâtres

Faire

1 ★ Lis le texte suivant et réponds aux questions.

Dans l'est du Bassin parisien, la Champagne humide est une région couverte de lacs et de prairies. Son sous-sol est de nature argileuse.
Dans le midi méditerranéen, la garrigue est un terrain aride, à chênes verts et buissons épineux. Son sous-sol est de nature calcaire.

1. Comment peux-tu expliquer deux paysages si différents ?

2. Quelles hypothèses formulerais-tu ?

3. Quelle expérience proposerais-tu pour éprouver ces hypothèses ?

2 ★ Lis le texte suivant et réponds aux questions en cochant la bonne réponse.

En Croatie, la région du Karst est un plateau caractérisé par de nombreux trous de plus ou moins grande taille, des dépressions circulaires, des cannelures, des rigoles de 1 cm à 1 m de large, des grottes, des rivières souterraines. L'ensemble du paysage présente souvent un aspect ruiniforme.

1. Quelle est la nature des roches constituant la région ?
   - ❑ a. calcaire
   - ❑ b. granite

2. Quelle est la nature de l'érosion ayant créé un tel paysage ?
   - ❑ a. mécanique
   - ❑ b. chimique

3. Sur le causse du Quercy, en France, existe un relief karstique. Quel rapport avec la région du Karst en Croatie ?

3 ★★ Réalise l'expérience suivante.

Dans deux verres, tu places de l'eau pure dans laquelle tu râpes de fines particules de calcaire comme de la craie. Le liquide devient blanchâtre. Dans l'un des deux verres, tu verses une eau gazeuse, riche en dioxyde de carbone.

1. Décris le résultat obtenu et propose une explication.

2. Quel phénomène naturel viens-tu de mettre en évidence ?

....

3. Dans quelle région de France le paysage est-il en grande partie modelé par ce phénomène ?

....

4 ★★ Lis le texte suivant et réponds aux questions.

Les lits des impétueux torrents de montagne sont remplis de blocs rocheux de différentes tailles, certains énormes et anguleux, d'autres plus petits et arrondis.
Dans les bancs de sable de la Loire, vers Nevers, Saumur, Blois, on observe des galets de quelques centimètres et des petits grains de quartz bien arrondis qui sont des minéraux du granite du Massif central.
À l'embouchure des fleuves surnage parfois à la surface de l'eau une « mousse » blanchâtre constituée de microscopiques particules argileuses.

1. Que penses-tu de la taille des matériaux transportés depuis les zones de montagne jusqu'aux embouchures des fleuves ?

2. Quelle hypothèse permet d'expliquer ces observations ?

3. Pourquoi dit-on que les eaux courantes trient les matériaux transportés ?

5 ★★★

1. Classe les minéraux du granite en fonction de leur sensibilité croissante à l'altération.

2. D'où la pâte argileuse peut-elle provenir?

3. Propose un modèle explicatif de l'altération du granite.

Corrigés p. 299

Évalue ton travail et coche pour chaque exercice : ☑ réussi ☑ presque réussi ☑ à revoir

14 Les roches sédimentaires et la reconstitution des paysages anciens

OBJECTIF • Maîtriser le principe de l'actualisme en géologie

Savoir

• La formation actuelle de roches sédimentaires

Tous les matériaux transportés à l'issue de l'**érosion** finissent par se déposer dans des milieux de sédimentation. Les particules forment des **sédiments détritiques** ; les éléments dissous dans l'eau précipitent. Un lent processus de déshydratation et de compaction transforme les sédiments en **roches sédimentaires**.

• La reconstitution des paysages anciens

En appliquant les observations actuelles aux empilements de roches sédimentaires anciennes et à leurs **fossiles**, on peut reconstituer les milieux de vie, les paysages et les événements qui se sont succédés dans le passé géologique.

Savoir faire

• Le principe des causes actuelles : la reconstitution d'un milieu ancien

- **Repérer des traces du passé et les identifier** (fossiles).
- **Comparer ces fossiles à des formes actuelles** semblables ou très proches.
- **Reconstituer le milieu ancien des espèces fossiles**

Le calcaire de Beauce est une formation géologique du Bassin parisien qui affleure en plusieurs carrières, dans la région d'Étampes en particulier. C'est un calcaire riche en fossiles ressemblant à des mollusques gastéropodes actuels qui vivent exclusivement dans des lacs d'eau douce : la planorbe et la limnée. En admettant que les fossiles de planorbe et de limnée retrouvés dans le calcaire de Beauce vivaient dans les mêmes conditions que les formes actuelles, on peut penser que le calcaire de Beauce s'est déposé dans un lac aujourd'hui disparu.

Faire

1★ Réalise l'expérience suivante et réponds aux questions.

☐☐☐

Abandonne une eau salée (mélange d'eau du robinet et de sel de cuisine) dans un verre sur un radiateur chaud.

1. Comment s'appelle un tel mélange ? ....
2. Qu'observes-tu au bout de quelques jours ? ....
3. Quelle explication proposes-tu ? ....
4. Que se passe-t-il dans un marais salant ? ....

2★★ Réponds aux questions à partir des informations suivantes.

☐☐☐

Le calcaire de Beauce constitue une strate surmontant une autre formation géologique riche en fossiles, appelée « sable de Fontainebleau ». Parmi les fossiles récoltés dans le sable de Fontainebleau, on trouve des mollusques bivalves (calliste, huître et cardite) et gastéropodes (cérithe). Ces formes ressemblent beaucoup à des formes actuelles du littoral marin : praire, huître, coque et cérithe.

 praire	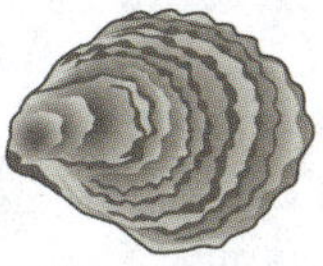 huître	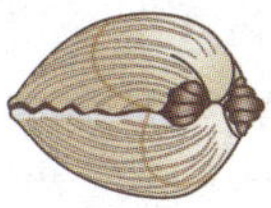 coque	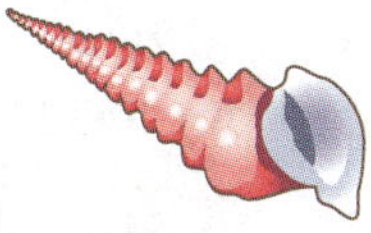 cérithe
bivalve	bivalve	bivalve	gastéropode
enfoncée dans le sable	fixée sur un rocher	enfoncée dans le sable	sur le sable
jusqu'à 100 m de profondeur	jusqu'à 80 m de profondeur	jusqu'à 100 m de profondeur	jusqu'à 10 m de profondeur
eaux tempérées à chaudes	eaux froides à chaudes	eaux tempérées à chaudes	eaux tempérées à chaudes

1. À partir des observations réalisées sur les espèces actuelles proches, comment définis-tu le milieu de vie des espèces fossiles du sable de Fontainebleau ?
2. Le sable de Fontainebleau est une strate située sous le calcaire de Beauce. Quelle est la formation la plus jeune ?
3. Quelles modifications le paysage de cette région a-t-il subies d'une époque de formation à l'autre ?

3★★★ Réponds aux questions à partir des informations suivantes.

☐☐☐

La craie est une roche sédimentaire qui affleure dans les fameuses falaises blanches du nord de la France : Étretat, Cap Blanc Nez. On y trouve de nombreux fossiles, tous marins : oursins, bivalves, éponges. Les éponges actuelles vivent fixées au substrat, à des profondeurs inférieures à 250 m. Oursins et bivalves donnent des indications de même nature.
La craie est essentiellement formée par l'accumulation de très nombreux et minuscules disques calcaires, les coccolithes (jusqu'à 10 millions par mm^3 de craie) provenant de la dissociation d'algues microscopiques : les coccolithophoridés. Ces algues planctoniques vivent en abondance dans les mers tempérées et chaudes actuelles, à faible profondeur (50 à 80 m). Tous ces débris d'organismes sont cimentés par du calcaire résultant d'une précipitation chimique.

1. Dans quel milieu et à quelle profondeur la craie s'est-elle formée ?
2. De quelle façon la craie a-t-elle pu se former à partir d'organismes planctoniques ?

Corrigés p. 300

Évalue ton travail et coche pour chaque exercice : ☑ réussi ☑ presque réussi ☑ à revoir

15 L'homme et les ressources du sous-sol

OBJECTIF • Comprendre la gestion raisonnée des ressources du sous-sol

Savoir

• Les ressources du sous-sol

• Les matériaux extraits du sous-sol sont utilisés par l'homme comme **matériaux de construction** : pierres de taille, ardoises de toitures, graviers et sable de rivière... ; comme **source d'énergie** : charbon, pétrole, uranium ; et comme **matière première** : minerai de fer, d'aluminium, de cuivre, par exemple.

• Certains matériaux sont utilisés directement (pierre de taille, ardoise, charbon), d'autres sont issus de **transformations industrielles** : plâtre à partir du gypse, brique à partir de l'argile, verre à partir du quartz, matières plastiques à partir du pétrole.

• La gestion des ressources

Tous les matériaux du sous-sol ont mis plusieurs dizaines voire centaines de millions d'années pour se former. L'homme doit gérer leur exploitation en gardant à l'esprit que leur stock n'est pas inépuisable et qu'ils ne sont pas renouvelables à l'échelle humaine du temps.

• La qualité de l'environnement

L'érosion et la dégradation des sols peuvent être amplifiées de façon catastrophique par un **ruissellement** trop important conduisant à des inondations. Elles sont freinées par la végétation d'où l'importance des programmes de **reboisement**, souvent à la suite d'erreurs humaines : coupes des forêts d'altitude en montagne, remembrement et abattage des haies dans l'ouest de la France, etc.

Savoir faire

• Comprendre la géologie régionale à partir des matériaux de construction

Les matériaux de construction de quelques monuments en France :
Paris : calcaire grossier ; Clermont-Ferrand : trachy-andésite (pierre de Volvic) ; Toulouse : brique ; Quimper : granite ; Strasbourg : grès rose ; Val-de-Loire : châteaux en craie tuffeau.

• **Localiser sur une carte de France** les exemples retenus.

• **Déduire certains aspects de la géologie régionale** sachant que pour des raisons économiques, les matériaux de construction étaient tirés du sous-sol le plus proche.

• **Comparer avec** des informations tirées de **la lecture de la carte géologique** de la France.

• **Noter** que la brique utilisée dans la construction des monuments toulousains est un matériau transformé. C'est l'argile de la plaine de la Garonne qui a servi de matériau de base.

1 ★

Dans la liste de substances énumérées ci-dessous, certaines ne correspondent pas à la notion de substance énergétique : lesquelles ? Barre les intrus.

charbon – pétrole – calcaire – houille – granite – uranium – tourbe – craie – bois

2 ★★

Interprète les données du tableau suivant.

Le tableau présente la concentration de quelques éléments dans la croûte terrestre et indique à partir de quelle concentration leur exploitation devient rentable.

élément	concentration naturelle dans la croûte terrestre	concentration justifiant une exploitation
aluminium	8 %	24 – 32 %
fer	6 %	40 %
cuivre	0,006 %	0,45 – 0,60 %
uranium	0,00016	0,20
or	0,0000002 %	0,0008 %

1. Pour chaque élément, calcule le facteur d'enrichissement nécessaire pour justifier une exploitation.
2. Recherche dans un dictionnaire la définition d'un minerai.
3. À quel moment une décision d'exploitation est-elle prise ?

3 ★★

En 1966, les géologues estimaient les réserves globales de fer sur la Terre à 5 milliards de tonnes. À cette époque la consommation de fer était environ de 280 millions de tonnes par an.

1. Si la consommation se poursuit à taux constant, au bout de combien d'années les réserves de fer de la Terre auraient-elles dû être épuisées ?
2. Le fer est toujours disponible aujourd'hui et à faible prix. Quelle hypothèse peux-tu formuler pour expliquer les « erreurs » d'estimation des géologues en 1966 ?

4 ★★★

Lis le texte suivant et complète le schéma d'une dorsale ci-dessous.

Des jets d'eau noire appelés « fumeurs noirs » ont été découverts, jaillissant de fractures sous-marines, proches de la dorsale du Pacifique.
L'eau de mer s'infiltre en profondeur et circule à travers la croûte océanique.
Elle se réchauffe au contact des basaltes chauds de la dorsale et dissout différents éléments : sulfures de fer, zinc, cuivre, etc.
Lorsque la solution chaude remonte dans la croûte et jaillit dans l'eau de mer froide, les métaux précipitent sous forme de fines particules colorant l'eau en noir et tapissant le conduit.
Ainsi se forment, au niveau des dorsales, de très importants gisements métalliques sous-marins.

1. Sur le schéma, représente par des flèches le trajet de l'eau de mer dans la croûte océanique.
2. Indique la localisation de fumeurs noirs.
3. Indique par une flèche la localisation des futurs gisements métallifères.
4. Précise le mécanisme qui est à l'origine du dépôt.

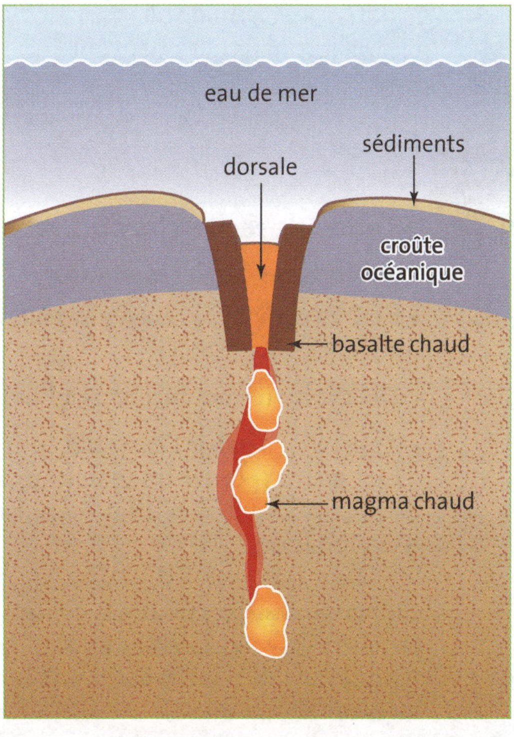

Corrigés p. 300

Évalue ton travail et coche pour chaque exercice : ☑ réussi ☑ presque réussi ☑ à revoir

Français Maths Hist.-Géo. Éd. civique Anglais SVT Physique Chimie Bilans Corrigés

16 L'exploitation des ressources du sous-sol

OBJECTIF • Connaître les règles d'une exploitation géologique en France

Savoir

• L'exploitation de l'environnement

• Depuis les plus anciennes civilisations, l'homme prélève des matériaux dans son environnement. Les silex furent d'abord extraits des couches de craie en surface, puis par des puits et des galeries : ce furent les premières **carrières souterraines** il y a quinze mille ans.

• Minerais de cuivre, or, argent, pierres précieuses sont très tôt exploités pour des raisons commerciales. La métallurgie du fer apparaît vers 1400 ans avant J.-C. Actuellement, l'homme tire de son environnement des matériaux de construction et des substances nécessaires à l'industrie.

• Mines et carrières

• En France, l'exploitation du sous-sol est régie par le **Code minier**. Les **mines** exploitent les substances minérales les plus importantes et de forte valeur économique nécessaires à l'industrie, aux usages domestiques et à l'agriculture. Certaines sont utilisées par les technologies de pointe comme l'électronique, l'aéronautique et l'industrie spatiale.

• L'exploitation des substances qui ne figurent pas dans la liste des mines se fait en **carrières** : ce sont essentiellement les matériaux de construction, les granulats, les matériaux d'empierrement pour les routes et les matériaux de l'industrie céramique. À la différence des mines, les carrières sont souvent à ciel ouvert mais elles peuvent être souterraines.

Savoir faire

• Faire une recherche documentaire

Les mines, les carrières et la loi

• **Rechercher au CDI les règlements** concernant les droits et les durées d'exploitation des mines et carrières.

• **Définir les termes inconnus** à l'aide d'un dictionnaire.

• **Apprendre à saisir l'essentiel** en traitant les questions par étapes.
– Qui peut exploiter les matériaux du sous-sol ? L'exploitation d'une mine ne peut être réalisée que par l'État ou par un acte de concession ou encore par un permis d'exploitation.
– L'acte de concession fixe la durée de l'exploitation qui ne peut excéder cinquante ans. Cependant, la concession peut faire l'objet de prolongations successives, chacune de vingt-cinq au plus.
– En revanche, dans le cas d'une carrière, le droit d'exploiter appartient en principe au propriétaire du sol.

1★ Lis le texte suivant et réponds aux questions.

L'article 2 du Code minier dresse la liste des substances constituant des gîtes considérés comme mines. Parmi elles, on trouve la houille, les hydrocarbures, la bauxite, le fer, le cuivre, le plomb, le nickel, le mercure, l'or, l'argent, le platine, l'uranium, les phosphates.
Le même article précise que des substances n'ayant pas encore d'utilisation dans l'économie peuvent être rajoutées à la liste.

1. Qu'est-ce qu'un gîte ?

....

....

2. Qu'est-ce que la bauxite ? D'où ce nom est-il originaire ?

....

....

3. Pour quelles utilisations ces substances sont-elles exploitées ?

....

....

4. Pour quelle raison majeure une substance est-elle classée dans la catégorie mines ?

....

....

2★★

1. Recherche dans un dictionnaire la définition et la signification des termes suivants :

laiton – azurite – cuprite – bronze – vert-de-gris – bouillie bordelaise

2. Quel facteur commun relie tous ces termes ?

....

....

....

3. L'île de Chypre, en Méditerranée, tire son nom du grec *kupros*, qui donna en latin le mot *cuprum*, racine du mot *cuivre* en français. Que penses-tu de l'origine du terme « cuivre » ?

....

....

....

3★★ Fais une recherche documentaire dans ton CDI.

Actuellement l'homme n'utilise plus – ou très rarement – des matériaux de construction extraits du sous-sol, comme la pierre de taille.

Pour quelles raisons des exploitations de pierres sont-elles encore largement utilisées ?

Recherche quelques exemples d'autres matériaux géologiques utilisés par l'homme.

4★★

L'article 3 du Code minier indique que les gîtes géothermiques sont également considérés comme mines.

1. Pourquoi parle-t-on de gîte géothermique ?

....

2. Documente-toi sur la géothermie et son usage. Dans quelles régions de France est-elle utilisée ? Pour quel usage ?

Recherche dans quelles régions du monde son usage est très commun.

....

5★★★ Lis le texte suivant et réponds aux questions.

Un texte de loi du 14 décembre 1967 dit que « l'exploitation des carrières souterraines de toute nature est interdite dans la ville de Paris et les départements des Hauts-de-Seine, de la Seine-Saint-Denis et du Val-de-Marne, à l'exception, dans le département de la Seine-Saint-Denis, des gisements de gypse situés à l'intérieur du territoire des communes de Gagny, Livry-Gragan, Vaujours, Coubron, Clichy-sous-Bois, Montfermeil et Neuilly-Plaisance. »

1. Qu'est-ce que le gypse ? Recherche sa composition chimique.

....

2. Pour quel usage est-il exploité ?

....

3. Des carrières souterraines furent très activement exploitées dans la ville de Paris. Quelles traces actuelles en subsiste-t-il ?

....

4. Quels dangers présentent ces anciennes exploitations dans la ville ?

....

Corrigés p. 300

Évalue ton travail et coche pour chaque exercice : ☑ réussi ☑ presque réussi ☑ à revoir

17

La gestion de l'environnement

OBJECTIF • Comprendre la notion de risque

Savoir

• Environnement, risque, aléa et vulnérabilité

• Un **risque** est un danger lié à un événement que l'on peut tenter d'analyser, d'évaluer et de prévoir. Le risque présente une probabilité de réalisation selon une certaine intensité : c'est l'**aléa**.

• Si un aléa fort, tel un séisme, se produit dans un désert où la **vulnérabilité** est réduite, le risque est faible. En revanche, si un aléa modeste se produit dans une zone très peuplée où la vulnérabilité est forte, le risque devient majeur.

• Les glissements de terrain

L'**érosion** est le principal phénomène responsable des **mouvements de terrain**. Aux mouvements naturels dus à la gravité, il faut ajouter ceux qui sont aggravés ou déclenchés par l'homme par le **déboisement** (augmentation du ruissellement), par les **creusements** (routes, fondations, mines et carrières), par la **modification de l'écoulement des eaux** et par les **surcharges** (constructions). Après les inondations, c'est le deuxième risque naturel majeur en France.

• L'eau des nappes souterraines

C'est la **ressource principale en eau**. Le captage des nappes se fait par **puits** lorsque les eaux sont proches de la surface ou par **forage** si les eaux sont à plus de 50 m de profondeur. Les nappes sont alimentées par les **pluies** et les **rivières** : l'eau est une **ressource renouvelable**. Cependant les réserves ne sont pas inépuisables.

Savoir faire

• Réaliser et interpréter une expérimentation simple

• **Verser de l'eau sur du sable.** Le sable imbibe la roche puis la traverse.

• **Verser de l'eau sur une argile sèche.** La roche s'imprègne mais dès qu'elle est mouillée, l'eau ne pénètre plus.

• **Verser de l'eau sur un morceau de calcaire.** L'eau stagne en surface.

Ces manipulations permettent d'étudier deux propriétés des roches : la **porosité** et la **perméabilité.** Le calcaire est non poreux. Le sable est très poreux et perméable. L'argile est peu poreuse et imperméable.

1★ Colorie et légende le schéma suivant d'après les explications données dans l'exercice 4.

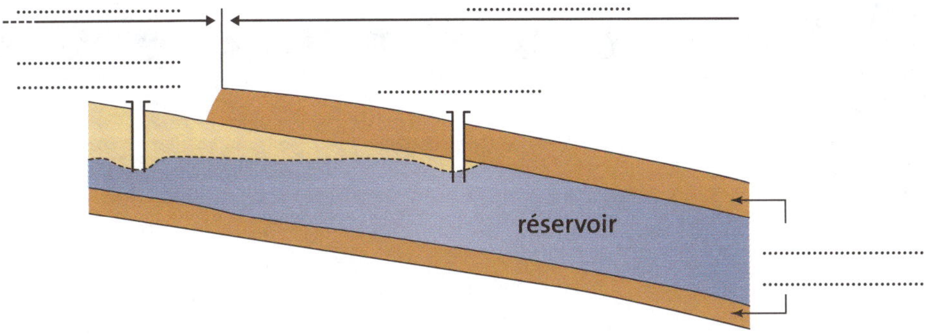

2★★ Fais une recherche en CDI pour répondre aux questions suivantes.

La France puise plus de sept milliards de m³ d'eau dans ses ressources souterraines, dont 50 % pour l'alimentation en eau de sa population, 20 % pour les besoins de l'irrigation et 26 % pour l'industrie. Le puisage est assuré par quelque 30 000 captages relativement anciens, qui devront être renouvelés.

Afin de garantir la qualité de l'eau la loi prévoit d'installer des périmètres de protection autour des captages d'eau potables.

1. Quels sont les plus grands risques qui menacent les captages d'eau potables ?

....

....

2. Quel est le but des périmètres de protection autour des zones de captage ?

....

....

3★★ Lis le texte suivant et réponds aux questions.

L'exploitation minière des charbons, du sel, des minerais comme le fer de Lorraine entraîne la création de vides dans le sous-sol. Si elles ne sont pas remblayées rapidement, ces cavités peuvent s'effondrer, formant des dépressions en surface. De même l'exploitation pétrolière et celle des eaux souterraines par pompage, entraînent les mêmes conséquences, qui peuvent être désastreuses. Le remblaiement se fait par injonction de sables saturés en eau mais cette technique ne peut être appliquée aux anciennes mines de sel comme les mines de potasse en Alsace. Des situations identiques sont liées aux anciennes exploitations souterraines de matériaux de construction tels que calcaire, craie et argiles.

1. Pourquoi ces anciennes exploitations posent-elles de graves problèmes environnementaux ?

2. Quels problèmes pose la gestion de ces anciennes exploitations ?

3. Pourquoi ne peut-on combler les anciennes mines de potasse d'Alsace par injection de sables saturés en eau ?

4★★★ Réponds aux questions suivantes.

Les nappes d'eau souterraines s'accumulent dans des roches réservoirs et constituent des aquifères.

1. D'après l'expérimentation réalisée dans le Savoir faire, quelle propriété des roches permettent la réalisation d'un aquifère ? Quelle roche sera la plus apte à former un aquifère ?

2. Que faudra-t-il pour permettre l'accumulation de l'eau ?

3. Dans certains cas, la nappe affleure par toute sa surface : on dit qu'elle est libre. Mais, dans d'autres cas, la nappe est dite captive parce qu'elle est emprisonnée. Comment expliques-tu ce phénomène ?

4. Par où se fera l'alimentation de la nappe ?

Corrigés p. 301

Évalue ton travail et coche pour chaque exercice : ☑ réussi ☑ presque réussi ☑ à revoir

Physique-Chimie

Chimie

Physique

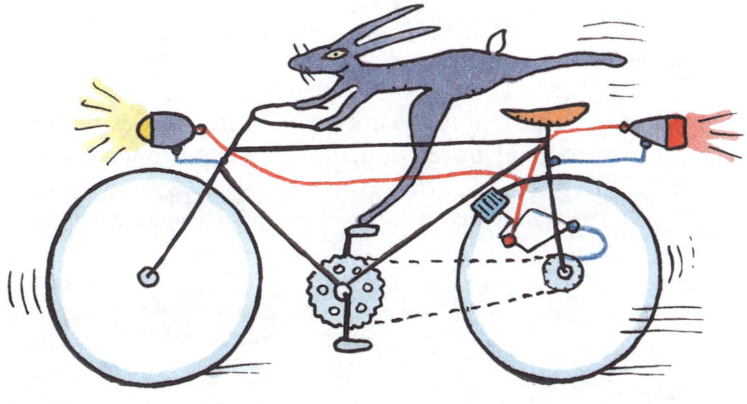

1 L'eau dans notre environnement

OBJECTIF • Prendre conscience de l'importance de l'eau dans l'environnement

Savoir

• L'eau sur la Terre

Depuis des milliers d'années, l'eau est présente sur la Terre et recouvre les trois quarts de sa surface. On la rencontre partout dans notre environnement et elle ne cesse de circuler entre les océans, l'atmosphère et les continents.

• L'eau et les organismes vivants

L'eau est le constituant essentiel de tous les organismes vivants. Elle représente environ 63 % de la masse de l'homme adulte. Ce sont les boissons et les aliments qui renouvellent l'eau éliminée (urine, sueur, vapeur d'eau de la respiration) dans la plupart des organismes vivants.

Savoir faire

• Reconnaître la présence de l'eau

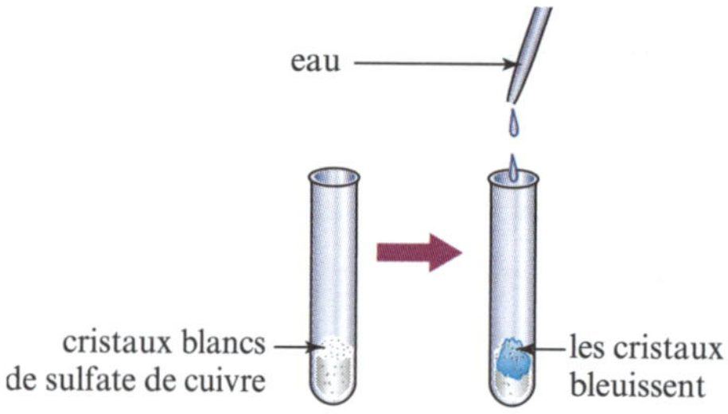

• **Principe du test :** le sulfate de cuivre anhydre blanc devient bleu en présence d'eau.

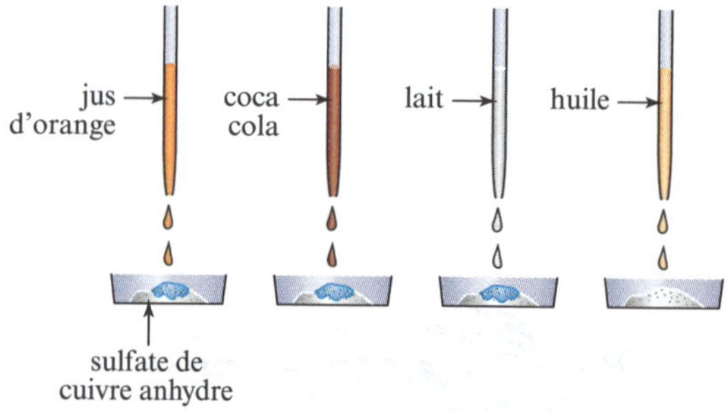

• **Le protocole :**
Verser quelques gouttes de chacune des boissons à analyser, sur un peu de sulfate de cuivre anhydre.

Déposer un peu de sulfate de cuivre anhydre sur des petits échantillons d'aliment à tester. Observer et noter pour chaque expérience les couleurs obtenues, puis conclure.

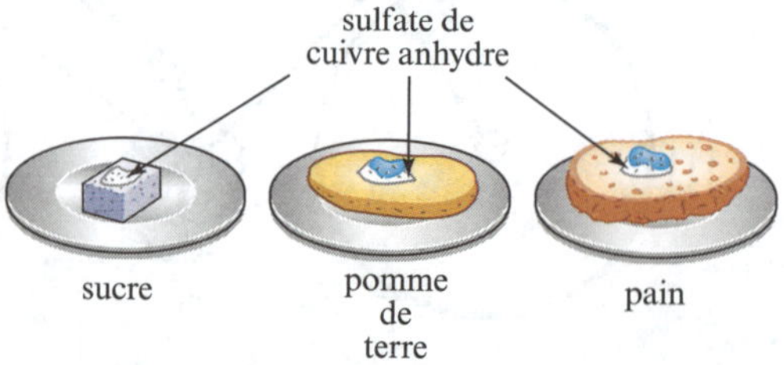

Faire

1★ Les affirmations suivantes sont-elles vraies ou fausses ? Coche la bonne réponse.

	Vrai	Faux
1. Un sportif peut perdre 2,5 litres d'eau en une heure d'efforts intenses.		
2. Il ne faut pas attendre d'avoir soif pour boire.		
3. Boire coupe les jambes.		
4. L'eau des sources dans la nature est la meilleure des boissons.		
5. L'eau gazeuse est plus légère.		
6. Il faut boire selon sa soif.		

2★★

La Terre est appelée « planète bleue » car les trois quarts de sa surface sont recouverts par les océans.
Quelle est la surface recouverte par les eaux, sachant que la surface de la Terre est de 550 000 000 km^2 environ ?

Réponse : ....

3★★ Réponds aux questions suivantes.

Si l'on chauffe du sulfate de cuivre bleu, on observe de la buée sur la paroi du tube à essais et la poudre devient blanche.

1. Quel est le nom de cette poudre blanche ?

....

2. De quoi la buée est-elle constituée ?

....

3. Du sulfate de cuivre anhydre blanc laissé à l'air devient bleu au bout de quelques jours. Justifie cette constatation.

4★★

Deux bouteilles sans étiquette renferment deux liquides incolores ; l'une du cyclohexane et l'autre de l'eau.

Comment peut-on reconnaître sans dangers, ces deux liquides ?

5★★

L'eau est un constituant essentiel du corps humain. Si un élève pèse 45 kg, son corps contient 32 kg d'eau environ.

1. Exprime cette proportion en pourcentage.

2. Calcule la masse d'eau contenue dans un corps humain de 56 kg.

6★★★

L'eau se trouve sur la Terre dans différents grands « réservoirs ». Le tableau suivant indique, pour chacun d'eux, leur « contenance ».

Mers et océans	97,2 %
Glaciers et calottes polaires	2,1 %
Eaux souterraines	0,6 %
Lacs et rivières	0,01 %
Atmosphères	0,001 %

1. Trace un histogramme représentant la répartition de l'eau dans les trois plus grands réservoirs.

(Un histogramme est un graphique constitué par des rectangles de même base, placés les uns à côté des autres, dont la hauteur est proportionnelle à la valeur à représenter.)

2. La quantité d'eau douce sur la Terre est-elle plus grande que la quantité d'eau salée ? Justifie ta réponse.

7★★★

Les aliments contiennent de l'eau.

Aliments	Teneur en eau
Pain	35 %
Poulet	70 %
Haricots verts	89 %
Fraises	81 %
Gruyère	35 %
Raisin	75 %

Au cours de son repas, Olivier a mangé :

150 g de poulet, 220 g d'haricots verts, 100 g de fraises et 50 g de pain.

Quelle masse d'eau a-t-il absorbée au cours de son déjeuner ?

Corrigés p. 301

Évalue ton travail et coche pour chaque exercice : ☑ réussi ☑ presque réussi ☑ à revoir

2 Les états physiques de la matière

OBJECTIF • Connaître les trois états différents de la matière

Savoir

• Distinctions entre les solides, les liquides et les gaz

• Un **solide** a une forme qui lui est propre ; on peut le saisir avec les doigts.

• Un **liquide**, au contraire, ne peut être saisi, il coule et prend la forme du récipient qui le contient.

• La surface libre d'un liquide au repos est plane et horizontale.

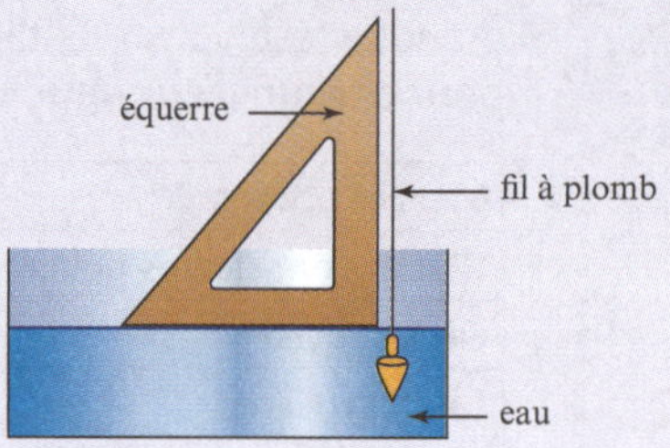

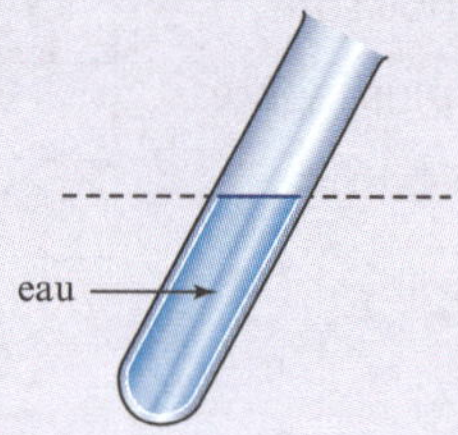

• Les gaz sont souvent incolores, comme l'air qui nous entoure.

• Ils occupent tout le volume qu'on leur offre.

• Ils sont, de plus, facilement compressibles ou expansibles.

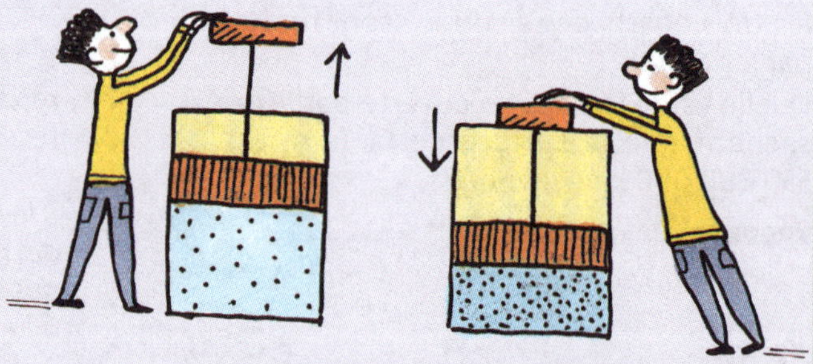

• Les différents états de l'eau

Dans la nature, on trouve l'eau le plus souvent à l'état liquide (océans, fleuves, lacs…), mais elle existe aussi à l'état solide (neige, glace) et à l'état gazeux (vapeur d'eau dans l'air).

Savoir faire

• Transvaser un gaz d'un récipient dans un autre

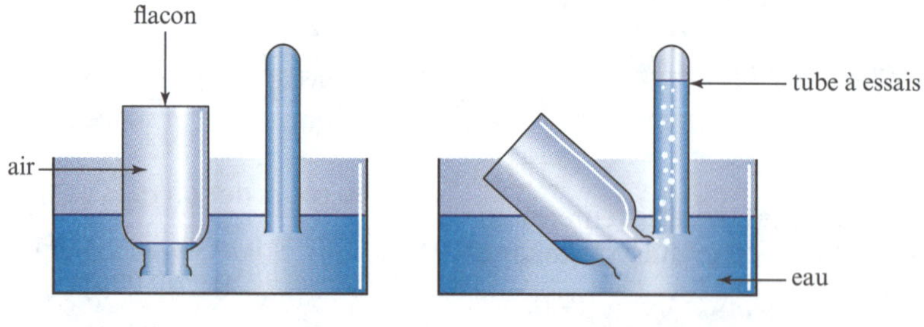

• **Le protocole :** incliner doucement le flacon contenant de l'air sous le tube à essais rempli d'eau, et tenu bien verticalement.

1★

On verse de l'eau dans ces récipients jusqu'au niveau indiqué par la flèche.

Dessine la surface libre du liquide.

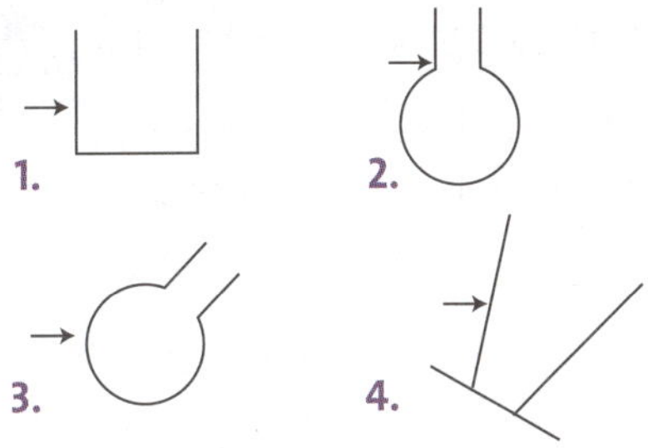

2★★

1. Par temps sec, l'air qui nous entoure contient de l'eau. Sous quel état se trouve cette eau ? Avec quel appareil mesure-t-on sa quantité ?

2. Propose une expérience qui permettrait de prouver que l'air contient de l'eau.

3★★

1. Complète le tableau suivant en indiquant par une croix s'il s'agit de solide, de liquide ou de gaz.

	Solide	Liquide	Gazeux
Nuage			
Neige			
Brouillard			
Givre			
Rosée			

2. Recherche comment se forment les nuages, le brouillard, le givre et la rosée.

4★★

1. Tu descends un verre, ouverture en bas, dans de l'eau, en le maintenant bien vertical ; qu'observes-tu ? Explique et fais un schéma de ton expérience.

2. Recherche le principe des premières « cloches à plongeur ».

5★★

Prends une seringue et vérifie que le piston peut se déplacer. En laissant l'orifice ouvert, tire le piston, puis bouche l'orifice **a.**

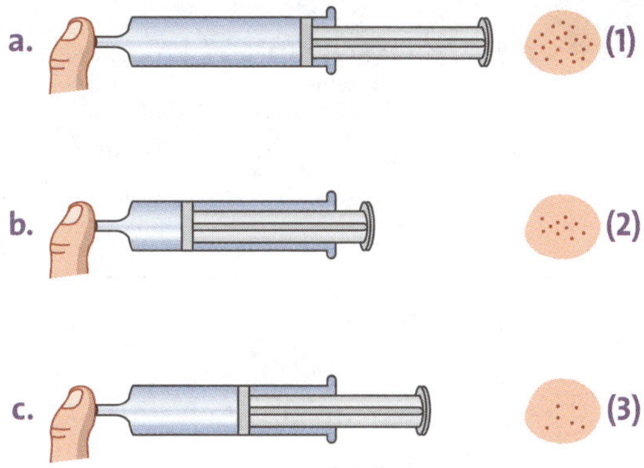

1. Enfonce **b.**, puis tire le piston **c.** Qu'observes-tu ?

....

Quelles sont les propriétés mises en évidence ?

....

....

2. Si on imagine qu'un gaz est constitué d'un grand nombre de petites particules éloignées les unes des autres, complète chaque schéma ci-dessus en représentant l'air à l'intérieur des seringues.

6★★★

1. Complète les phrases suivantes avec les mots : liquides, solides ou gaz.

– Les .... peuvent être saisis avec les doigts, tandis que les .... ou les .... ne peuvent pas l'être.

– Les .... s'échappent d'un récipient ouvert, tandis que les .... restent au fond du récipient.

2. Cite le nom d'un solide dur et cassant, d'un solide pulvérisé, d'un gaz incolore et transparent.

....

....

....

Corrigés p. 301

Évalue ton travail et coche pour chaque exercice : ☑ réussi ☑ presque réussi ☑ à revoir

3 La masse et le volume

OBJECTIF • Appréhender la densité ou la masse volumique d'un corps ou d'une matière

Savoir

• La masse d'un « corps »

La masse d'un corps est une grandeur qui caractérise la quantité (ou l'abondance) de matière. Elle se mesure avec une balance et s'exprime en kilogramme (kg), en gramme (g) ou en tonne (t).

1 kg = 1 000 g ; 1 000 kg = 1 t.

• Le volume

• Le volume est la grandeur qui caractérise l'espace occupé par un objet. L'unité légale de volume est le mètre cube (m^3).

• On utilise également le décimètre cube (dm^3) et le centimètre cube (cm^3).

$1\ m^3 = 1\ 000\ dm^3$; $1\ dm^3 = 1\ 000\ cm^3$.

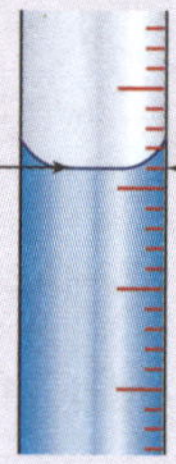

• Le volume d'un liquide peut se mesurer en utilisant une éprouvette graduée.

• On exprime le volume d'un liquide en litre (L) ou en millilitre (mL).

$1\ L = 1\ dm^3$; $1\ L = 1\ 000\ mL$; $1 mL = 1\ cm^3$.

• Précision des mesures

Lorsque l'on mesure la masse ou le volume d'un corps, le résultat est toujours entaché d'erreurs dues à l'expérimentateur et à l'appareil utilisé.

Savoir faire

• Déterminer la masse d'un litre d'eau

• **Le principe :** mesurer la masse (m) d'un volume (x) d'eau ; calculer ensuite la masse (M) d'un litre d'eau ($1\ L = 1\ 000\ cm^3$).

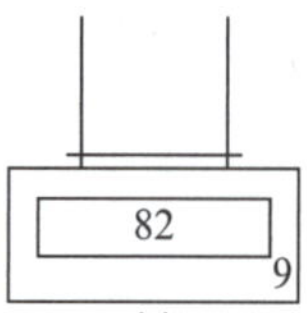

(a)

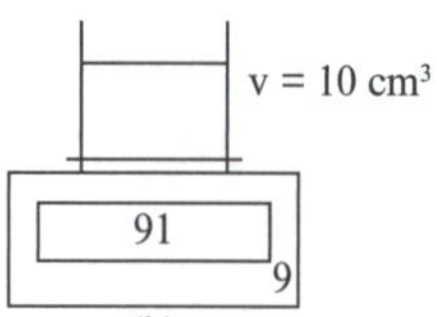

(b)

• **Le protocole :** on mesure la masse (m_1) de l'éprouvette vide, puis on verse dedans $x\ cm^3$ d'eau. On mesure alors la masse (m_2) de l'éprouvette et de l'eau.

$x\ cm^3$ d'eau ont une masse $m = m_2 - m_1$

On calcule alors la masse d'un litre d'eau.

$$M = \frac{m}{x} \cdot 1\ 000$$

Remarque Pour diminuer les erreurs dues aux appareils de mesures, il faut utiliser le plus grand volume d'eau possible.

En effet, un volume de $200\ cm^3$ est relativement plus « précis » qu'un volume de $10\ cm^3$ si les deux mesures se font à $1\ cm^3$ près ; de même, une masse de 200 g est relativement plus « précise » qu'une masse de 10 g si les deux pesées se font au gramme près.

1★ □□□
Pour faire une bonne mesure à l'aide d'une éprouvette graduée, il faut :
– faire attention à la graduation ;
– placer son œil à la base du ménisque et lire la valeur approchée correspondante.

Quelles lectures fais-tu sur chacune des éprouvettes suivantes ?

....

2★★ □□□
Observe les dessins suivants et réponds aux questions.

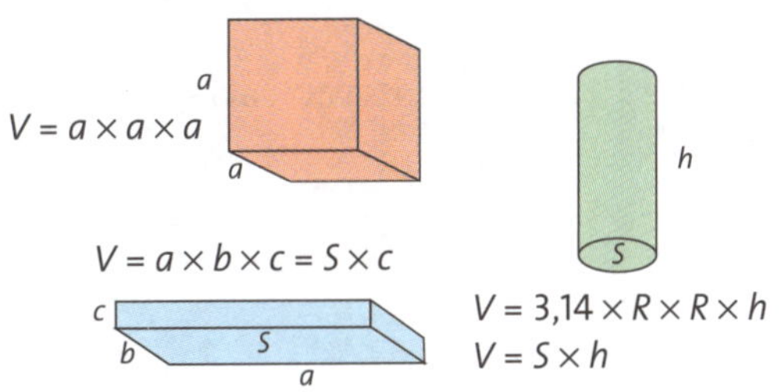

1. Quelle méthode imaginerais-tu pour mesurer le volume d'eau contenu dans une piscine ?

2. Comment peut-on mesurer la contenance d'un verre ordinaire ?

3. Comment peut-on mesurer le volume de son propre corps ?

3★★ □□□
1. On réalise la suite d'expériences décrites sur la figure ci-dessous. Quelles propriétés du volume d'un liquide met-on en évidence ?

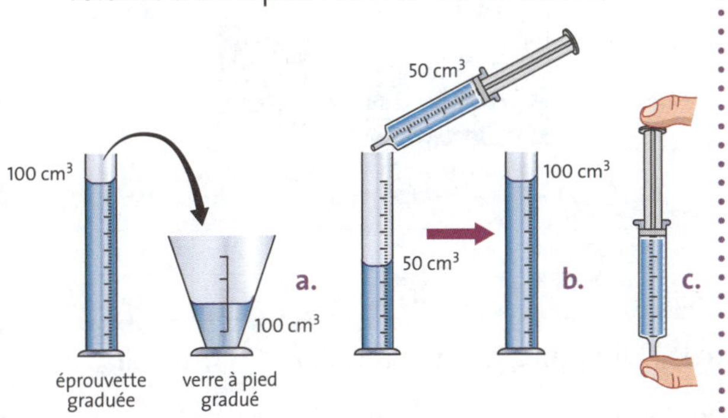

2. On détermine deux fois le volume (V) d'un même morceau de pâte à modeler, en modifiant sa forme.

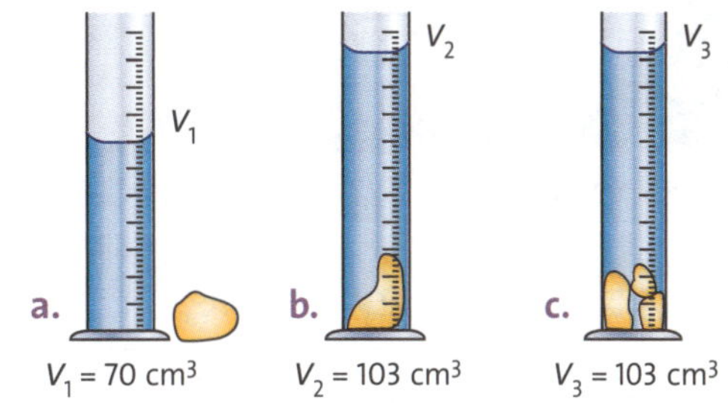

Calcule les volumes V_2 et V_3. Que peut-on en déduire ?

4★★ □□□
Une statuette, taillée dans un bois précieux, a une masse de 69 g et un volume de 60 cm³.

1. Calcule la masse (m) de 1 cm³ de cette matière.

2. Quelle est la masse (M) de 1 m³ de ce bois (exprime la réponse en kilogrammes) ?

5★★★ □□□
Tu disposes du matériel suivant : éprouvette graduée de 25 mL, compte-gouttes, bécher, balance ou balance électronique.

Imagine des astuces expérimentales pour répondre aux deux questions suivantes.

1. Comment déterminer le volume d'une goutte d'eau ?

2. Comment déterminer la masse d'une goutte d'eau ?

6★★★ □□□
On a pesé différents volumes d'un liquide ; les résultats des mesures figurent dans le tableau suivant :

V (cm³)	10	20	30	40	50
m (g)	10,3	20,6	30,9	41,2	51,5

1. Représente graphiquement la variation de la masse (m) en fonction du volume (V) (on représentera 10 cm³ par 2 cm et 10 g par 1 cm).

2. Comment varient les deux grandeurs, masse et volume ?

3. Détermine, en utilisant le graphique, la masse de 35 cm³ de liquide.

Corrigés p. 301

Évalue ton travail et coche pour chaque exercice : ☑ réussi ☑ presque réussi ☑ à revoir

Français Maths Hist.-Géo. Éd. civique Anglais SVT Chimie Bilans Corrigés

4

Les changements d'état de l'eau

OBJECTIF • Comprendre le cycle de l'eau

Savoir

• Le cycle de l'eau

Dans la nature, des changements d'état s'effectuent constamment selon les conditions atmosphériques. Ainsi, la glace fond si on la chauffe et l'eau gèle si on la refroidit ou s'évapore sous l'effet du soleil et du vent.

	Fusion		Vaporisation	
État solide (glace)	⟶	**État liquide** (eau)	⟶	**État gazeux** (vapeur d'eau)
	⟵		⟵	
	Solidification		Liquéfaction (ou condensation)	

• Propriétés des changements d'état

• La glace fond (ou l'eau gèle) à la température de 0° C. La vaporisation de l'eau peut se produire, soit en surface (évaporation), soit dans tout le liquide (ébullition). L'eau bout à 100° C.

• Les changements d'état de l'eau se font avec variation de volume, mais sans variation de masse.

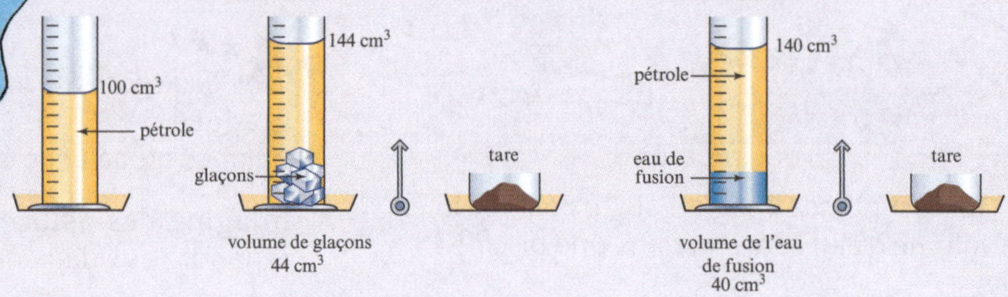

Savoir faire

• Étudier la solidification de l'eau pure

• **Le principe :** observer la variation de la température d'une eau pure que l'on refroidit.

• **Le protocole :** placer un tube à essais contenant de l'eau pure dans un mélange réfrigérant, composé de glace pilée et de sel. Agiter constamment la sonde du thermomètre jusqu'à la solidification, tout en notant les températures toutes les minutes.

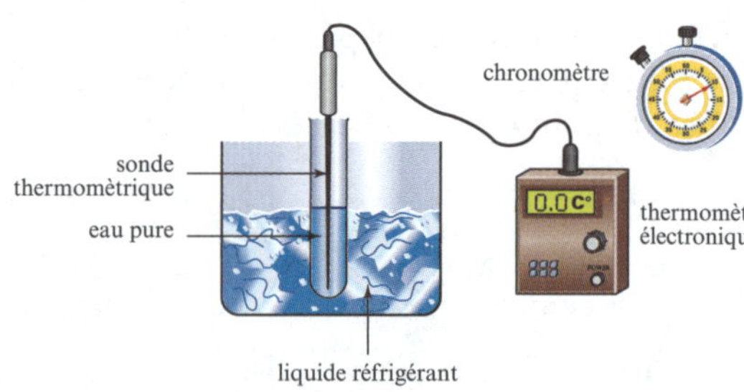

Durée (min)	0	1	2	3	4	5	6	7	8	9
Température (°C)	12	7	3	0	0	0	0	– 1	– 3	– 6

• **Conclusion :** au cours de la solidification de l'eau pure, la température reste constante et égale à 0° C.

1 ★

En t'aidant de tous les mots en *italique* du texte suivant, complète la figure en indiquant dans chaque rectangle les changements d'état concernés.

L'eau des océans s'*évapore* grâce à la chaleur du soleil. La vapeur d'eau formée s'élève, se refroidit et se *condense* pour donner naissance aux nuages. Les gouttelettes d'eau retombent sur le sommet des montagnes sous forme de pluie ou se *solidifient* sous forme de neige. Les glaciers redescendent dans les vallées, *fondent* et l'eau rejoint les fleuves et les lacs. Elle s'infiltre dans le sous-sol et retourne à l'océan.

2 ★★

Si l'on chauffe modérément des cristaux d'iode, ils émettent un gaz violet. La vapeur obtenue dépose des cristaux sur le tube froid.

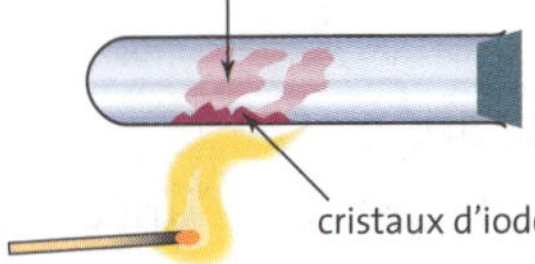

Compléte le texte suivant avec les mots : subliment, solide, condensation, gazeux.

Chauffés, les cristaux d'iode passent directement de l'état ...., à l'état ....

On dit qu'ils se .... La vapeur obtenue se .... sur le tube froid, et forme des cristaux à l'état ....

3 ★★

Place un gros glaçon dans un bécher rempli d'eau à ras bord.

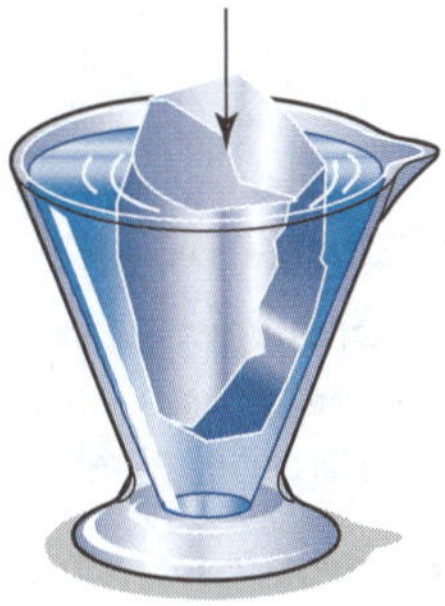

Après quelques heures, la glace fond, mais le bécher ne déborde pas !

Explique cette constatation plutôt surprenante.

4 ★★★

On chauffe 125 cm^3 d'eau contenue dans un ballon et l'on relève sa température toutes les minutes. Les résultats obtenus figurent dans le tableau suivant :

Durée (min)	0	1	2	3	4	5	6	7	8	9	10	11	12
Température (°C)	20	28	36	44	52	60	68	76	84	92	100	100	100

1. Trace la courbe représentant la variation de la température en fonction de la durée de l'expérience (on représentera 10° C par 2 cm et 1 min par 1 cm).

2. Quelles conclusions peux-tu tirer de l'aspect de cette courbe ?

Corrigés p. 302

Évalue ton travail et coche pour chaque exercice : ☑ réussi ☑ presque réussi ☑ à revoir

5 Les mélanges avec l'eau

OBJECTIF • Savoir différencier les mélanges à base d'eau

Savoir

• Les mélanges hétérogènes

• Un mélange est hétérogène lorsqu'il est possible, à l'œil nu, de distinguer les constituants qui le composent.

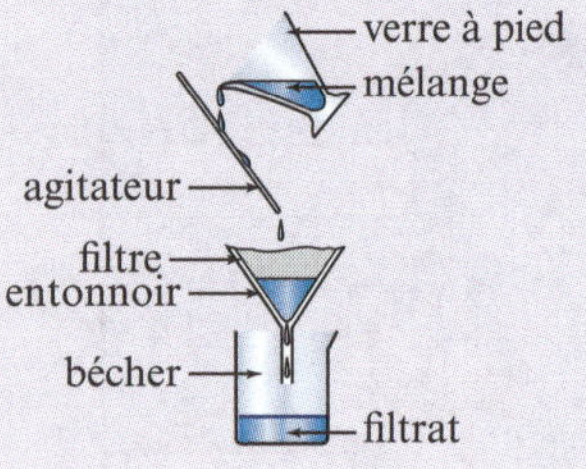

• Les constituants peuvent être séparés par deux techniques : la décantation et la filtration.

• Il peut être nécessaire dans certains cas d'effectuer la filtration sous vide.

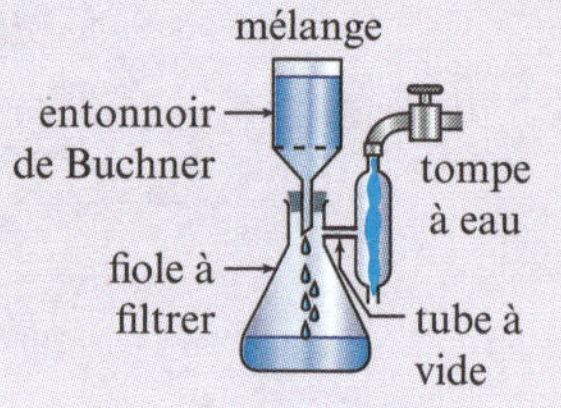

• Les mélanges homogènes

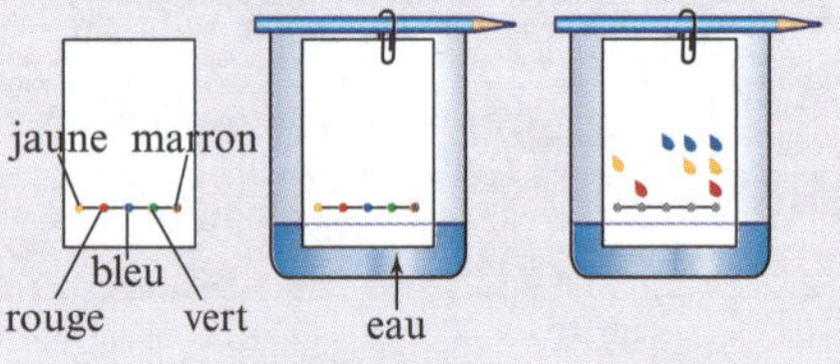

• Un mélange est homogène lorsqu'il est impossible à l'œil nu de distinguer ses constituants.

• On peut les séparer par distillation ou par chromatographie.

• L'éluant monte dans le papier à chromatographie et entraîne les différents constituants du mélange à des vitesses différentes ; ils sont ainsi séparés.

Savoir faire

• Obtenir de l'eau pure par distillation de jus d'orange

• **Le principe :** on peut séparer les constituants d'un mélange en chauffant ce mélange, puis en refroidissant les vapeurs de liquides homogènes obtenues par un courant d'eau froide.

• **Le protocole :** placer le jus d'orange dans le ballon et chauffez le mélange jusqu'à ébullition. Au bout de quelques minutes, recueillir le distillat dans le bécher. Faire le test avec le sulfate de cuivre anhydre et conclure.

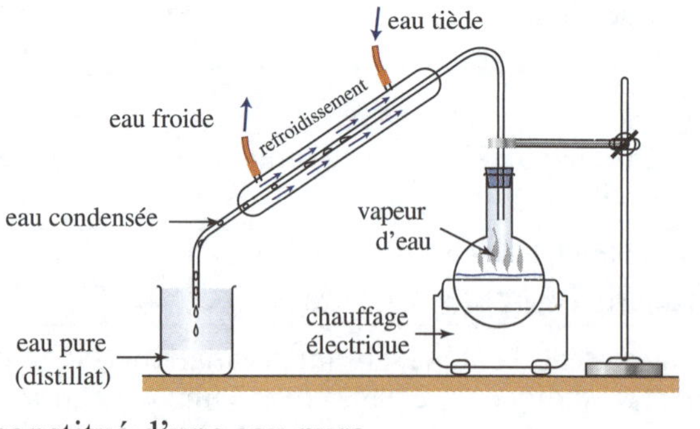

• **Conclusion :** le distillat recueilli est constitué d'une eau pure.

Faire

1★ □□□

Léa joue sur la plage. Elle remplit son seau avec de l'eau de mer.

1. Quels sont les constituants du mélange qui se trouve dans le seau ?

....

2. Ce mélange est-il homogène ou hétérogène ?

....

3. Imagine une méthode pour séparer le sable de l'eau salée.

....

4. Comment sépare-t-on le sel de l'eau de mer ?

....

2★ □□□

Un liquide est miscible avec l'eau s'il forme avec elle un mélange homogène. Deux liquides non miscibles entre eux forment une émulsion.
Dans le tableau suivant, indique par une croix les liquides qui sont miscibles avec l'eau.

Liquide	Miscible avec l'eau
Vinaigre	
White spirit	
Pétrole	
Alcool	
Vin	
Lait	
Huile	

3★★ □□□

On a réalisé la chromatographie d'un sirop de menthe (voir dessin ci-contre).

Le sirop de menthe est incolore ; les fabricants ajoutent des colorants (E 102 et E 131) pour donner au produit un aspect agréable.

1. Explique le principe de la chromatographie.

2. Quelles couleurs le vert contient-il ?

3. La chromatographie est très utilisée pour identifier les constituants d'un mélange. Recherche une de ces applications.

4★★ □□□

Un tube à essais contient un mélange d'huile et de vinaigre.

1. Si l'on agite fortement le mélange, qu'observe-t-on ? L'huile et le vinaigre sont-ils miscibles entre eux ?

2. Imagine comment récupérer le vinaigre.

3. Au laboratoire, on peut séparer deux liquides non miscibles en utilisant une ampoule à décanter. Fais un schéma de ce matériel et indique comment on l'utilise.

5★★★ □□□

Observe les dessins ci-dessous et réponds aux questions.

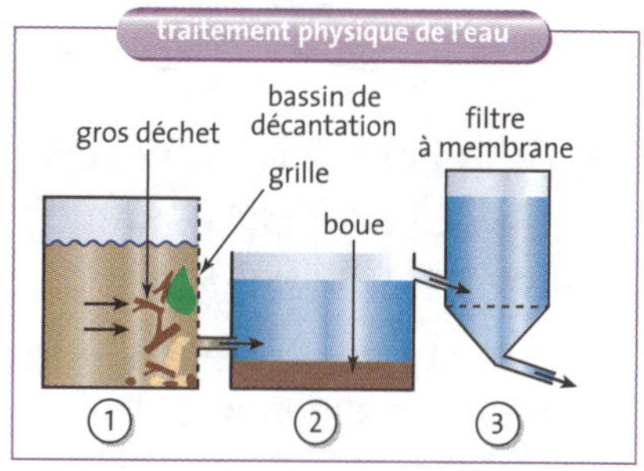

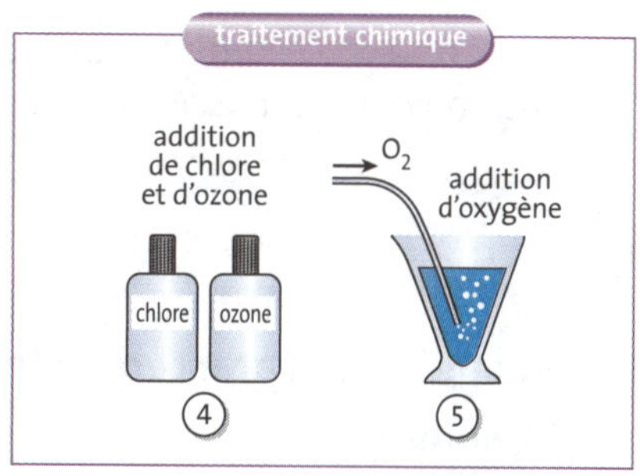

Dans une station d'épuration des eaux usées, l'eau subit différents traitements tels que : une décantation (2), une filtration (3), une addition de produits chimiques afin de détruire les bactéries indésirables (4) et une réoxygénation (5) : l'eau est redevenue potable.

1. Qu'est-ce qu'une décantation ?

2. À quoi sert la grille à l'entrée de l'usine ?

3. Qu'est-ce qu'une filtration ?

4. Qu'est-ce qu'une eau potable ?

5. Cherche ce qu'est l'ozone. Quelles sont ses propriétés ?

6. Cite un produit dérivé du chlore, très utile à la maison. À quoi sert-il ?

Corrigés p. 302

Évalue ton travail et coche pour chaque exercice : ☑ réussi ☑ presque réussi ☑ à revoir

Français
Maths
Hist.-Géo. Éd. civique
Anglais
SVT
Chimie
Bilans
Corrigés

6 L'eau, un excellent solvant

OBJECTIF • Savoir que l'eau est le solvant le plus répandu dans la nature

Savoir

• L'eau peut dissoudre certains gaz

• L'eau peut dissoudre des gaz comme l'oxygène ou le dioxyde de carbone.

• Le dioxyde de carbone est un gaz incolore et non toxique. Il est pesant : 1 litre de « gaz carbonique » a une masse de 1,96 gramme.

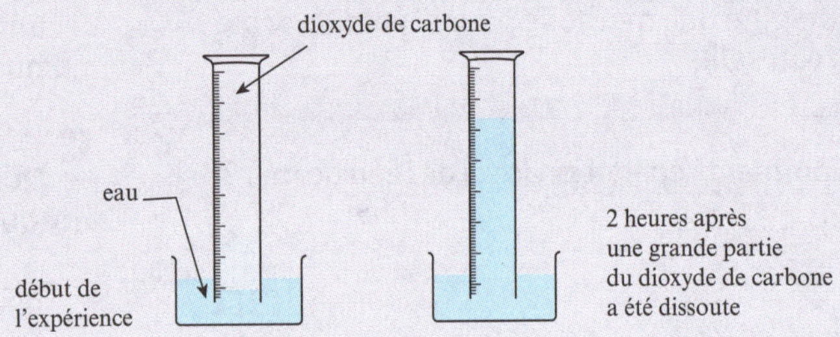

• L'eau peut dissoudre certains solides

• L'eau (solvant) dissout certains solides (solutés) et forme un mélange homogène (solution).

• Il n'est pas possible de dissoudre n'importe quelle masse de soluté dans un volume d'eau donné ; lorsque le soluté ne « disparaît » plus, on dit que la solution est saturée.

• Lors d'une dissolution, la masse de la solution est égale à la masse du solvant augmentée de la masse du soluté.

Savoir faire

• Recueillir et caractériser le gaz dissous dans une eau minérale

• **Le protocole :**
Chauffer modérément le ballon d'eau gazeuse ; des bulles apparaissent. Un gaz incolore s'échappe par le tube à dégagement et vient remplir le tube à essais sur la cuve à eau.

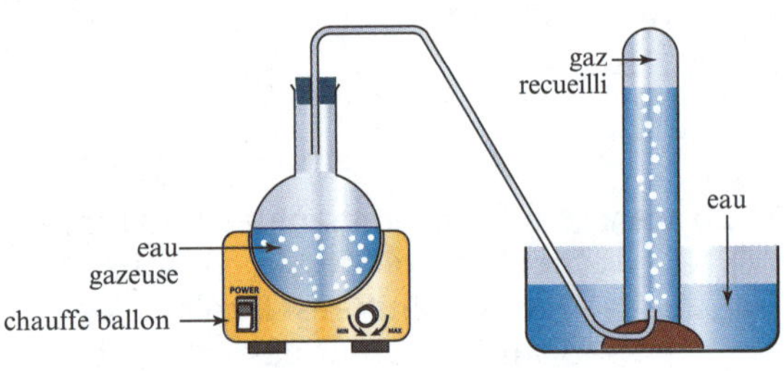

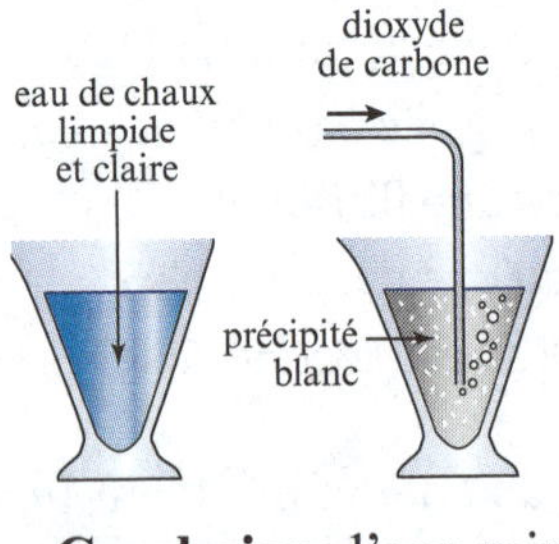

Verser un peu d'eau de chaux dans le tube à essais ; elle se trouble.

• **Conclusion :** l'eau minérale contient du dioxyde de carbone.

1 ★ ☐☐☐
On recueille le gaz dissous dans une eau minérale.

Calcule le volume qui se dégage d'une bouteille d'eau de Perrier dont la masse diminue de 1,2 g lors du dégazage, sachant que dans les mêmes conditions, 1 L de dioxyde de carbone a une masse de 1,9 g.

2 ★ ☐☐☐
Complète le texte suivant avec les mots : solvant, soluté, solution, dissolution.

Pour son petit déjeuner, Léa verse du chocolat en poudre dans un bol de lait, puis elle mélange à l'aide d'une cuillère.

Elle réalise ainsi une .... Le lait est le ...., et le chocolat, le ....
Lorsqu'elle a bu le liquide, elle constate qu'il reste du chocolat au fond du bol.
La .... n'a pas été totale.

3 ★ ☐☐☐
On dissout 20 g de sel dans 100 mL (soit 100 g) d'eau.

1. Quelle est la masse de soluté ? Quelle est la masse de solvant ?

....

....

2. Quelle est la masse de la solution ?

....

4 ★★ ☐☐☐
La concentration (*c*) d'une solution correspond à la masse de soluté (*m*) contenue dans un litre de solution. Elle s'exprime en g/L.

Pour la calculer, on utilise la formule : $c = \frac{m}{V}$.

1. Calcule, dans la question 1, de l'exercice 5, la concentration en sel de la solution.

2. Calcule, dans la question 1, de l'exercice 6, la concentration en sucre de la solution.

5 ★★★ ☐☐☐
La température influence fortement la solubilité du sucre : elle est de 2 000 g/L à 20° C, et de 4 000 g/L à 80° C.

1. On dissout 60 grammes de sucre dans 20 mL d'eau à 80 °C. La solution obtenue est-elle saturée ?

....

2. On laisse refroidir le mélange jusqu'à ce que sa température atteigne 20 °C ; qu'observe-t-on ? Explique. Quelle masse de sucre peut-on récupérer au fond du tube ?

....

....

....

6 ★★★ ☐☐☐
Le tableau indique la solubilité (masse maximale de soluté que l'on peut dissoudre dans 1 L d'eau) de quelques substances.

Substances	Solubilité (g/L)
Calcaire	0,06
Sel de cuisine	360
Sucre	2 000

Réalise l'expérience suivante :

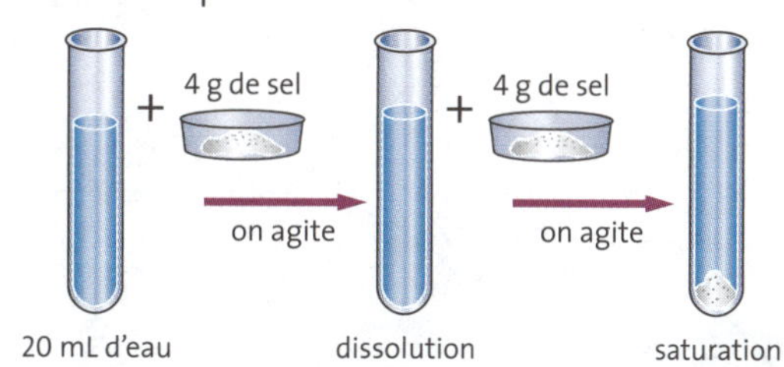

1. On verse 4 grammes de sel dans un tube à essais contenant 20 mL d'eau ; le sel se dissout-il totalement ? Justifie ta réponse.

2. Si on rajoute à nouveau 4 grammes de sel, explique pourquoi la solution se sature.

3. Calcule la masse de sel restée au fond du tube.

7 ★★★ ☐☐☐
Recherche au centre de documentation de ton collège ou sur l'Internet comment fonctionne un marais salant.

Tu définiras soigneusement les mots inconnus que tu rencontreras comme par exemple : paludier, partènement, mulon, fleur de sel, étier, œillet...

Puis tu rédigeras un petit dossier qui présentera tes recherches.

Corrigés p. 302

Français
Maths
Hist.-Géo. Éd. civique
Anglais
SVT
Chimie
Bilans
Corrigés

7 Qu'est ce qu'un circuit électrique ?

OBJECTIF • Prendre conscience de la notion de circuit

Savoir

• Composition d'un circuit

• Un circuit électrique est constitué par une chaîne fermée de dipôles conducteurs, comprenant au moins un générateur.

• Les **dipôles**, composants à deux bornes, peuvent se classer en trois groupes :
– les générateurs qui sont à l'origine du courant électrique (piles, batteries…) ;
– les récepteurs qui utilisent le courant électrique pour produire différents effets (lampes, moteurs…) ;
– les conducteurs qui conduisent le courant (fils de connexions…).

• Représentation d'un circuit

Elle se fait à l'aide de symboles normalisés.

Générateur		Lampe	Interrupteur		Résistance	DEL	Moteur
Pile	G		Ouvert	Fermé			M

Savoir faire

• Schématiser un circuit électrique

Montage de deux lampes en série

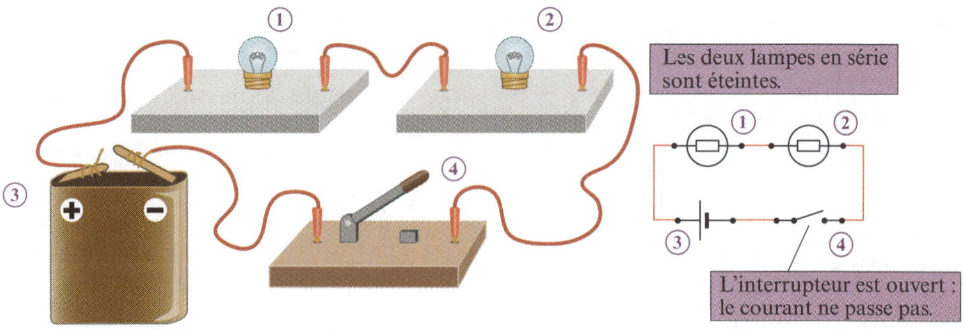

Remarque

• L'interrupteur est ouvert, il se comporte comme un isolant : le courant ne passe pas (on dit que le circuit est ouvert).

• Si on ferme l'interrupteur, il se comporte alors comme un conducteur : le courant passe (on dit que le circuit est fermé).

1★ Complète les dessins en représentant le fil qui est nécessaire pour que la lampe brille.

□□□

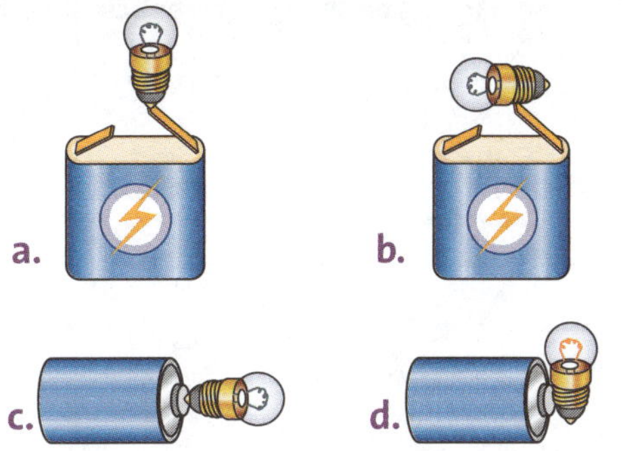

2★ Représente le montage ci-dessous en utilisant les schémas normalisés des composants.

□□□

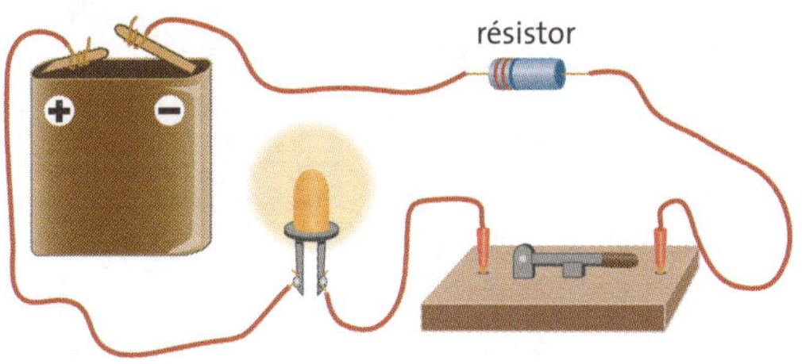

3★ Certaines punaises sont reliées entre elles sous le carton par un fil conducteur.

□□□

En utilisant une pile, une lampe et deux fils, on a réalisé les circuits de la figure ci-dessous.

Sachant qu'il y a deux fils sous le carton, découvre leurs positions. Schématise toutes les solutions possibles.

4★★ Quelles sont les lampes allumées dans le montage suivant ?

□□□

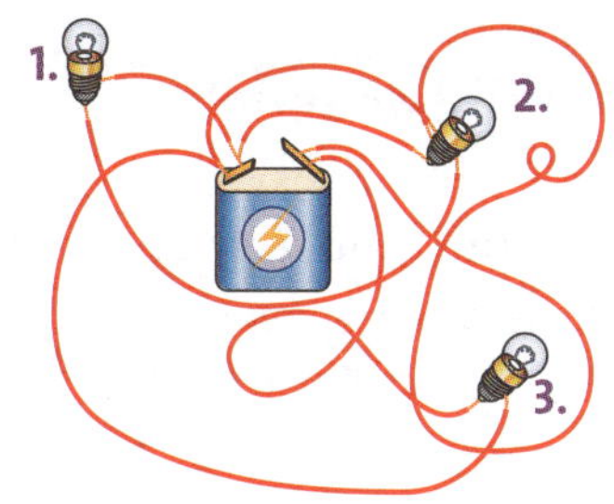

Réponse : ....

5★★ Tu disposes de deux piles A et B, et de deux lampes 1 et 2. Fais les essais représentés sur la figure.

□□□

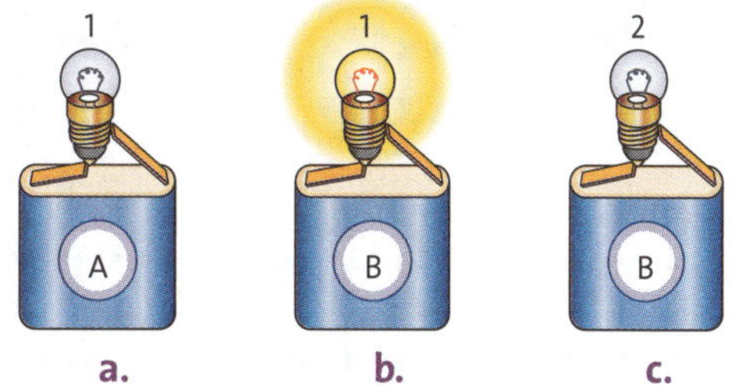

1. Peux-tu en déduire que l'une des deux piles est usée ? Si oui, laquelle et pourquoi ?

2. Peux-tu en déduire que l'une des deux lampes est grillée ? Si oui, laquelle et pourquoi ?

6★★★ Certains matériaux laissent passer le courant ; ils sont conducteurs. D'autres au contraire ne le permettent pas ; ils sont isolants.

□□□

1. Imagine un circuit qui permette de trier différents matériaux selon cette propriété. Fais un schéma de ton montage.

2. Recopie la liste des matériaux suivants, et encadre ceux qui sont conducteurs : acier, verre, fer, graphite (mine de crayon), caoutchouc, matière plastique, aluminium.

3. Comment testerais-tu de l'eau, de l'eau salée, de l'huile ? Quels seraient les résultats des tests ?

Corrigés p. 302

Évalue ton travail et coche pour chaque exercice :
☑ réussi ☑ presque réussi ☑ à revoir

8 Les circuits électriques en boucle simple

OBJECTIF • Connaître les propriétés des circuits en série (ou en boucle simple)

Savoir

• Circuit en série

Les dipôles constituant un circuit en série ne forment qu'une seule boucle. Ils sont tous reliés les uns à la suite des autres.

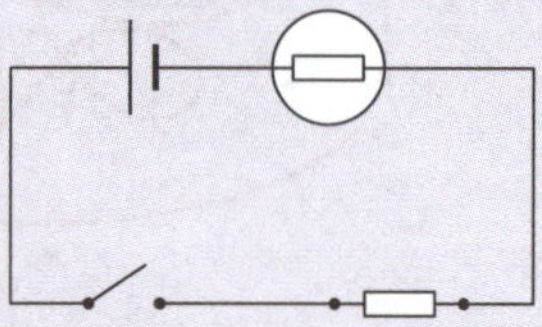

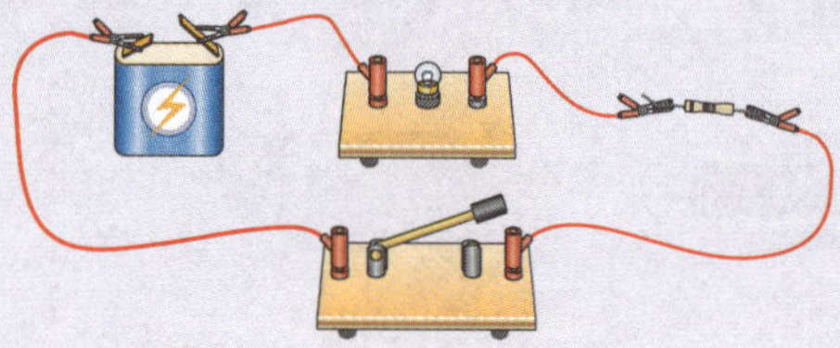

• Propriétés des circuits en « série »

• Si dans un montage en série, l'un des composants se détériore (lampe grillée ou dévissée par exemple), alors le circuit est ouvert ; le courant ne circule plus.
• Le montage de plusieurs lampes en série affaiblit leur éclat.

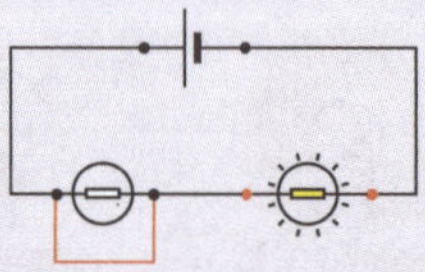

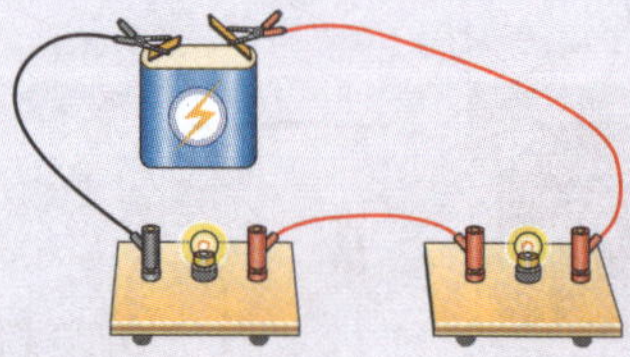

• La place des composants dans un circuit série n'a pas d'importance.
• Si l'on court-circuite l'une des lampes en réunissant ses deux bornes à l'aide d'un fil conducteur, elle s'éteint et les autres éclairent davantage.

Savoir faire

• Reconnaître le sens du courant dans un circuit

Le courant électrique a un sens de circulation : par convention, il va dans le circuit de la borne positive du générateur vers sa borne négative.

• **Le principe :** une diode ne se laisse traverser par le courant électrique que dans un seul sens ; ce sens correspondant au sens de la flèche de son symbole.

• **Le protocole :** on branche une diode en série dans le circuit et on ferme l'interrupteur.
Selon l'état de la lampe (brille ou ne brille pas), on peut en déduire le sens de branchement de la diode (sens passant ou sens bloquant) et connaître alors le sens du courant dans le circuit.

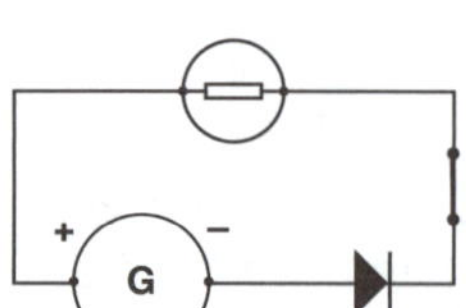

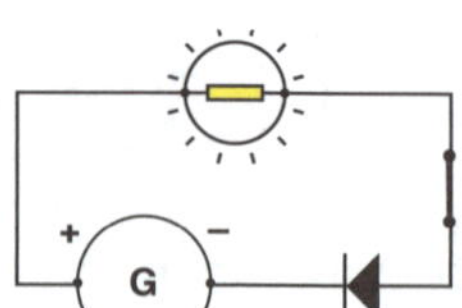

1 ★

□□□

1. Indique les composants du circuit représenté ci-dessous.

2. Si tu disposes du matériel nécessaire, réalise ce circuit.

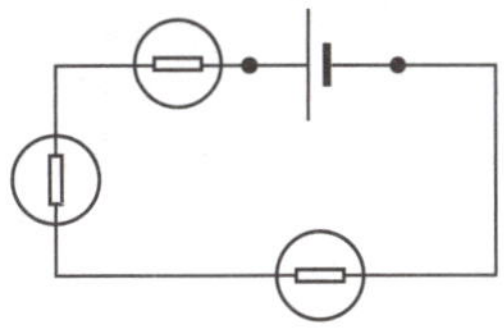

2 ★

□□□

L'interrupteur de la figure est un commutateur à deux directions.

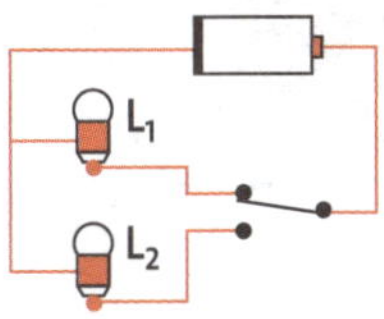

Schématise deux fois ce montage, d'abord pour que la lampe L_1 soit allumée, puis la lampe L_2.

3 ★★

□□□

Dans le circuit suivant, les trois lampes sont identiques et brillent faiblement.

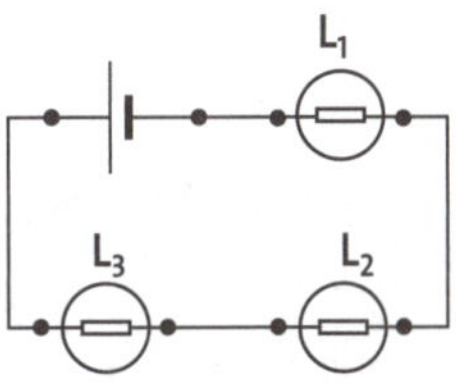

1. Reproduis le schéma précédent en ajoutant un interrupteur au circuit.

2. Si l'on court-circuite la lampe L_3, que constate-t-on ? Fais un schéma.

3. Si la lampe L_2 grille, L_1 et L_3 brillent-elles ?

4 ★★

□□□

Observe le montage suivant et réponds aux questions.

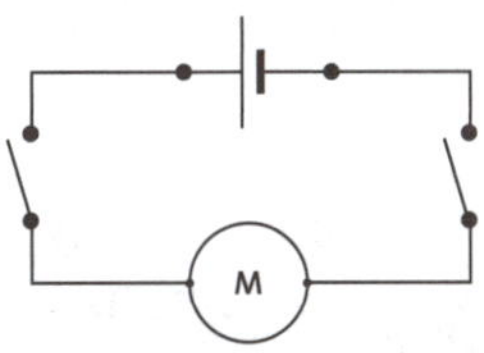

1. Quelle est la condition pour que le moteur fonctionne ?

2. Quel est l'appareil électrique, utilisé au jardin, qui possède deux interrupteurs ?

3. Quel est l'intérêt de ce montage ?

5 ★★

□□□

Le schéma ci-dessous représente un montage qui permet de commander une lampe à partir de deux endroits différents.

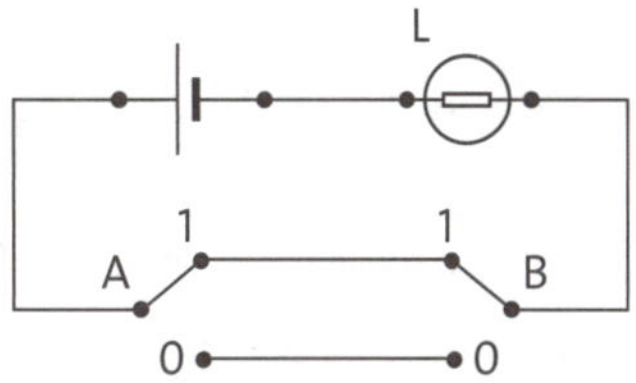

1. Complète la table de vérité de ce montage en indiquant 0 ou 1 pour l'état de la lampe (lampe éteinte : état 0 ; lampe allumée : état 1), selon la position des deux commutateurs A et B.

A	B	Lampe
0	0	
1	0	
1	1	
0	1	

2. Explique pourquoi ce montage est appelé « va-et-vient ».

6 ★★★

□□□

Regarde le montage en boucle. Lorsque l'interrupteur est fermé, la lampe ne s'allume pas. Pour trouver les causes de la panne, on relie successivement, interrupteur fermé, les deux bornes A et B d'une lampe « test » avec différents points du circuit.

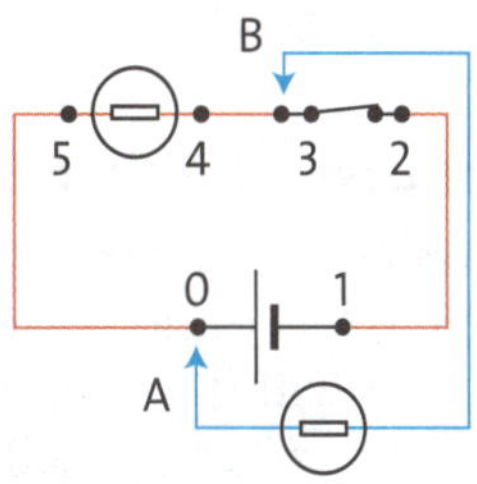

Les résultats sont donnés sur le tableau suivant. Dis où se trouvent les pannes et explique ta réponse.

Contacts réalisés	Lampe « test »
0-1	allumée
0-2	allumée
0-3	allumée
0-4	éteinte
1-5	allumée
1-4	éteinte

Corrigés p. 303

Évalue ton travail et coche pour chaque exercice : ☑ réussi ☑ presque réussi ☑ à revoir

9 Les circuits électriques comportant des dérivations

OBJECTIF • Connaître les propriétés des circuits en dérivation (ou en parallèle)

Savoir

• Circuit électrique avec des dérivations

• Deux dipôles sont reliés en dérivation (on dit encore en parallèle), lorsque leurs deux bornes sont reliées directement aux deux bornes de la pile.

• Le circuit comporte alors plusieurs boucles.

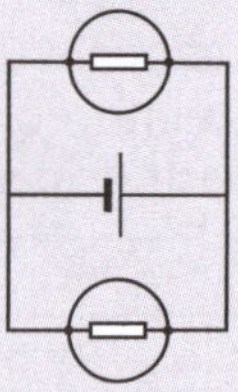

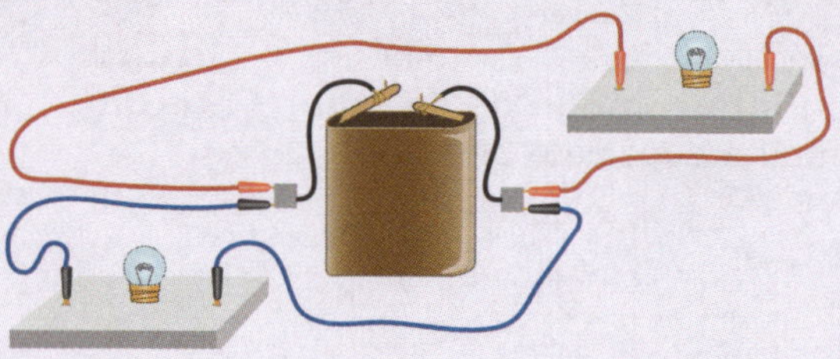

• Propriétés d'un montage de deux, ou plusieurs lampes en dérivations

• Dans ce montage, la tension du générateur se retrouve aux bornes de chaque lampe : elles brillent normalement.

• Si l'une des lampes grille, les autres continuent d'éclairer.

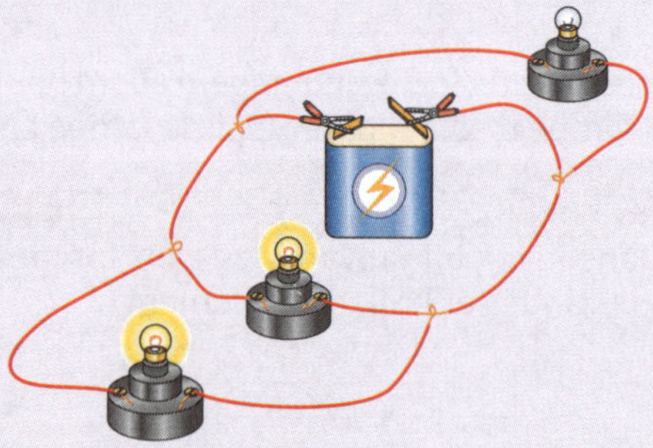

• Si on court-circuite l'une des lampes, toutes s'éteignent. Cela équivaut à court-circuiter le générateur qui risque rapidement de se détériorer.

Savoir faire

• Concevoir un circuit électrique

• **Problème à résoudre :** Mon grand père, qui est fort âgé, oublie tout le temps d'éteindre la lampe de son grenier ! Pour éviter ce gaspillage, il faudrait qu'à coté de l'interrupteur qui commande la lampe du grenier, un voyant lumineux reste allumé en même temps que celle-ci. Ce voyant lumineux devrait également fonctionner si la lampe du grenier était grillée.

• **Trois propositions de montages :**

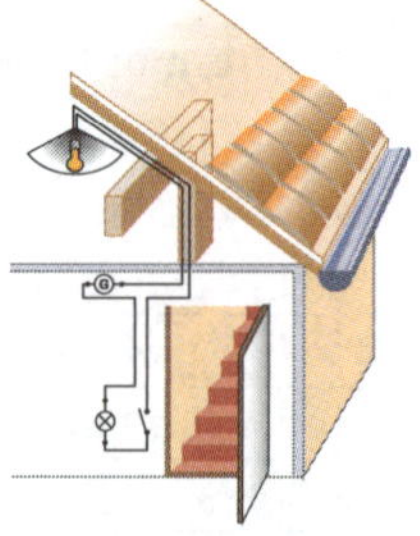

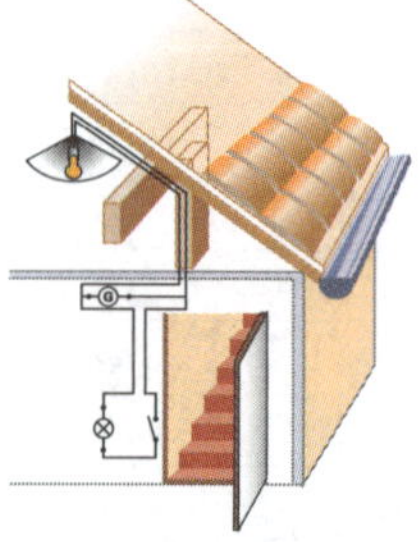

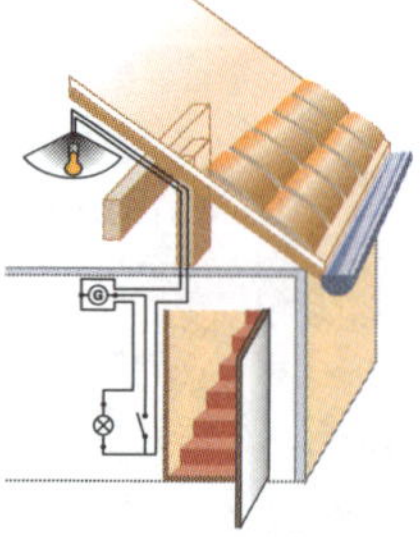

• Fais un schéma normalisé de chaque montage.

• Choisis, en justifiant ton choix, celui qui correspond à la solution du problème.

Faire

1★ Schématise le montage ci-dessous.

☐☐☐

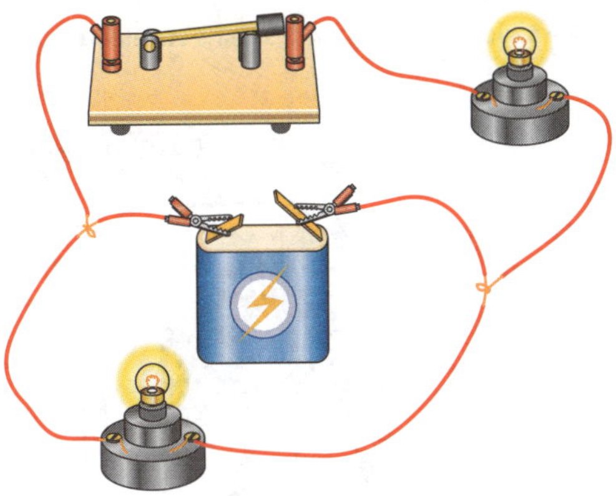

2★★

☐☐☐

1. Les circuits électriques de la maison
Dans ta maison, les lampes du lustre de la salle à manger sont-elles montées en série ou en dérivation ?
Justifie ta réponse.

2. Le circuit électrique de la voiture
Quelle est la constatation qui te permet de déduire que les différents appareils électriques dans la voiture sont reliés en dérivation avec la batterie ?

3. La guirlande de Noël
Dans certaines guirlandes électriques, si une seule lampe grille, tout s'éteint. Pourquoi ? Comment peux-tu retrouver la lampe défectueuse ?

3★★

☐☐☐

Le circuit ci-dessous est celui d'un sèche-cheveux. Selon les états des deux interrupteurs A et B, l'air pulsé est froid ou chaud.

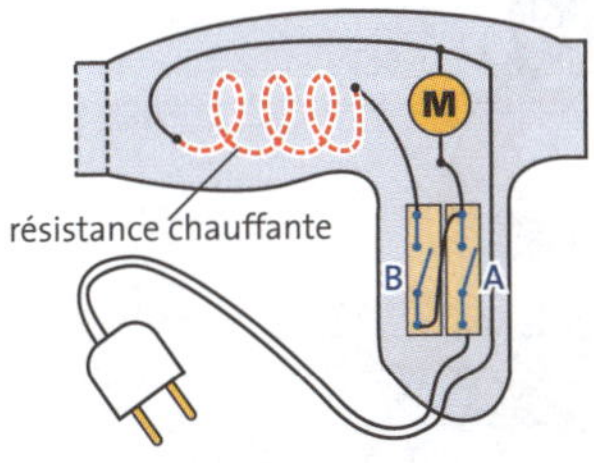

1. Schématise le circuit électrique de cet appareil.

2. La résistance peut-elle chauffer si le moteur ne tourne pas ?

4★★★ Pour chacun des circuits représentés, indique l'état des lampes (brille normalement ; brille faiblement ; éteinte). Justifie ta réponse.

☐☐☐

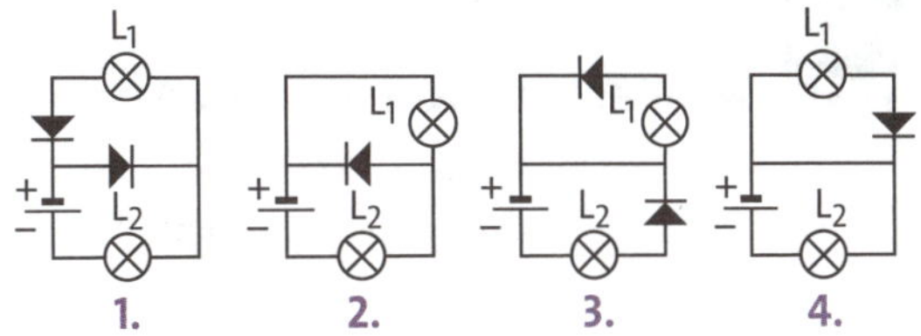

1. ....
2. ....
3. ....
4. ....

5★★★

☐☐☐

Le circuit électrique d'une bicyclette est composé d'un alternateur, de deux lampes et de seulement deux fils (voir le schéma page 254).

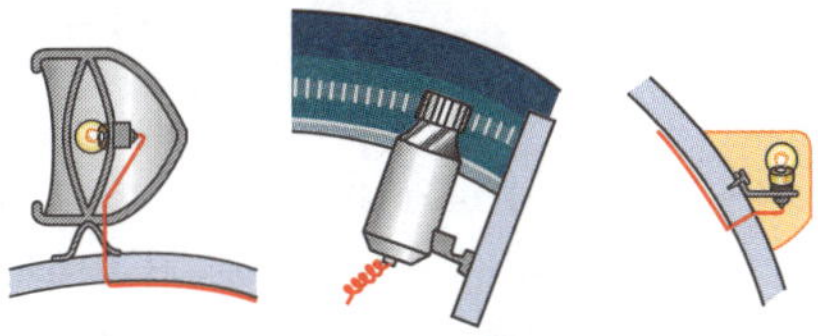

1. Les lampes sont-elles reliées en série ou en dérivation ? Justifie ta réponse.

2. Complète le schéma en dessinant les deux fils manquants.

3. Explique le fonctionnement de ce circuit très particulier.

6★★★ Observe le montage suivant et réponds aux questions.

☐☐☐

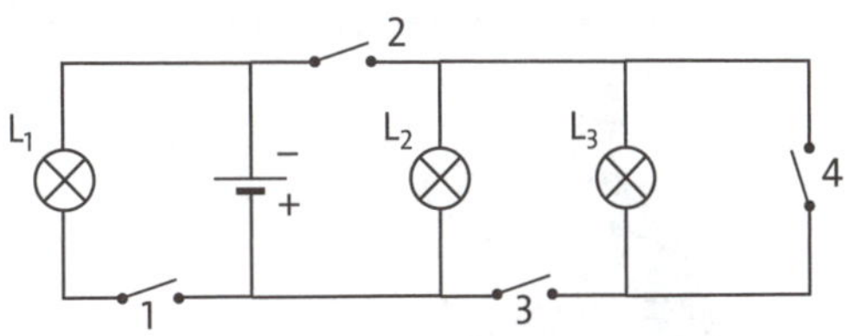

1. Indique l'état des lampes si l'on ferme successivement chaque interrupteur.

2. Peut-on allumer la lampe L_3 seule ?

3. Où faudrait-il placer l'interrupteur 2 pour pouvoir commander la lampe L_3 seule ?

Corrigés p. 303

Évalue ton travail et coche pour chaque exercice : ☑ réussi ☑ presque réussi ☑ à revoir

10

Électricité, danger !

OBJECTIF • Savoir se protéger des dangers électriques

Savoir

• L'électrisation et l'électrocution

• Le corps humain est conducteur ; il peut être traversé par un courant électrique qui provoque des brûlures et des lésions plus ou moins graves : c'est l'**électrisation**.

• La mort peut survenir rapidement par blocage de la cage thoracique (asphyxie) ou par paralysie du cœur (crise cardiaque) : c'est l'**électrocution**.

• Les effets du courant sur les installations

• Court-circuiter un dipôle, c'est réunir ses deux bornes par un fil conducteur. Le courant ne le traverse plus et passe par le fil de court-circuit qui lui offre un chemin « plus facile ».

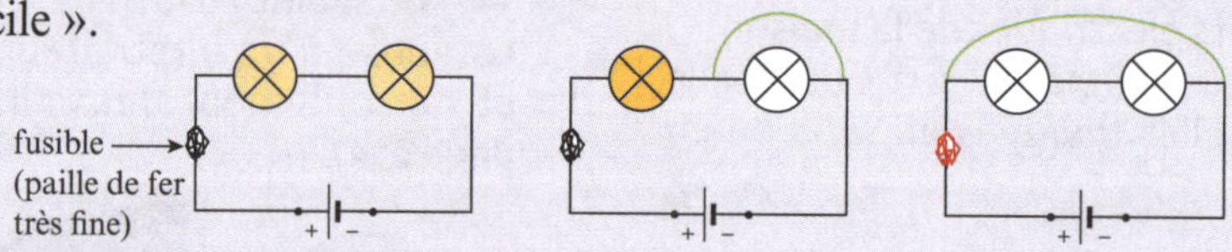

a. **b.** **c.**

• Si on court-circuite le générateur (schéma **c.**), le courant devient très intense et produit un échauffement important des conducteurs. Les risques d'incendie sont très grands.

• Un fusible bien adapté et un disjoncteur sont indispensables pour assurer la protection des installations électriques.

Savoir faire

• Éviter les dangers électriques à la maison

Retrouve, dans chaque situation représentée, les règles simples qu'il faut respecter pour assurer ta sécurité.

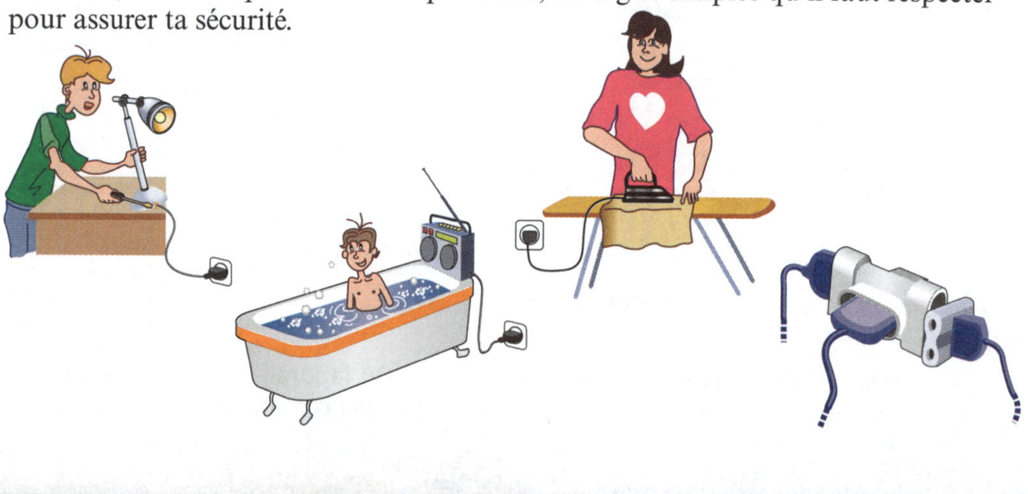

1★ Observe le dessin et réponds aux questions.

Il est facile de coincer une petite lampe entre les deux languettes d'une pile plate.

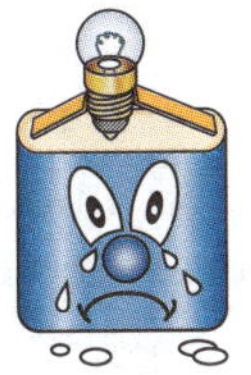

1. L'ampoule s'allume-t-elle ?

....

2. La pile s'échauffe rapidement, pourquoi ?

....

....

2★ Schématise le montage de la figure ci-dessous et explique pourquoi la lampe ne brille pas.

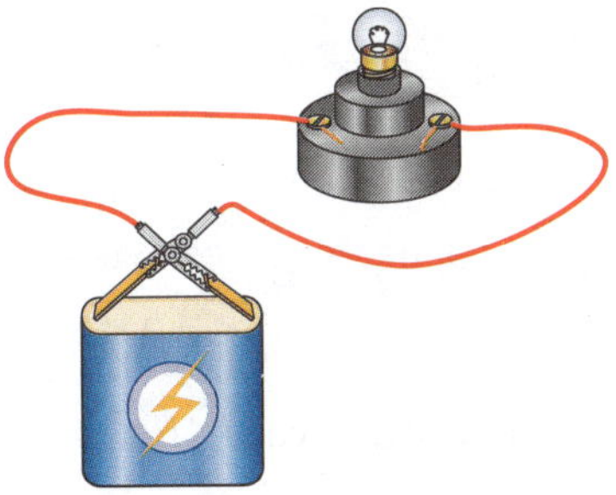

3★★

Cherche dans la presse le récit d'un incident dû à l'électricité.

Fais un compte-rendu du texte en expliquant les causes de l'accident. Dis comment cet accident aurait pu être évité.

4★★

Il existe des prises de courant à éclipses. Recherche comment elles sont constituées et quel est leur intérêt.

5★★ Observe le dessin suivant.

Le courant électrique arrive en 220 volts au compteur. Il est ensuite distribué dans les différentes pièces.

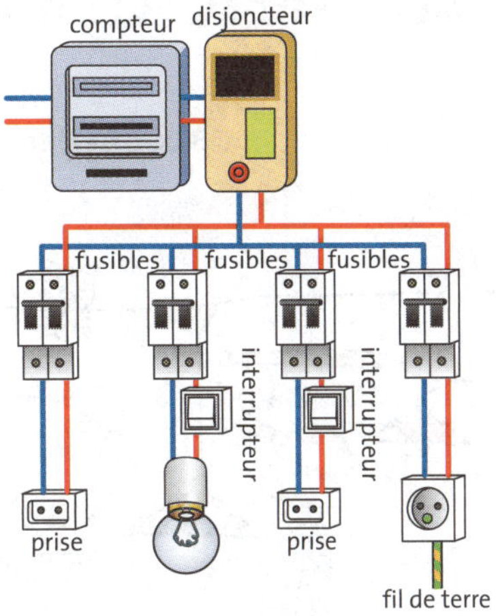

1. Cite les appareils qui assurent la sécurité des installations et des personnes.

2. Comment sont branchés les différents appareils utilisés dans la maison ?

3. Les récepteurs électriques utilisés dans la maison sont très nombreux. Cite quelques exemples en complétant le tableau suivant.

Utilisation domestique	Récepteur
Éclairage	....
Chauffage	....
Télécommunication	....
Moteur	....

6★★★ Lis cet extrait d'une enquête réalisée dans la région parisienne et réponds aux questions.

Les cordons souples, les prolongateurs et les lustres détiennent la responsabilité de 36 % des accidents. En ce qui concerne les appareils domestiques, les téléviseurs viennent largement en tête (15 % des électrisations, 15 % des tués) avec, en plus, le record des incendies d'appartement.

D'après cette enquête, sur 1 224 accidents d'origine électrique ayant fait 126 morts :

1. Combien d'accidents sont dus à un téléviseur ? ....

2. Combien d'accidents sont dus à des prolongateurs, ou à des lustres ?

....

3. Combien de personnes ont été tuées par leur téléviseur ?

....

Corrigés p. 303

Évalue ton travail et coche pour chaque exercice : ☑ réussi ☑ presque réussi ☑ à revoir

11

Lumière et vision

OBJECTIF • Différencier les objets lumineux des objets qui réfléchissent la lumière

Savoir

• Sources de lumière

• On voit les objets parce qu'ils sont lumineux.

• On distingue les sources de lumière **primaires**, qui émettent leur propre lumière (Soleil, lampe...), et les sources secondaires qui diffusent la lumière reçue d'une source primaire (Lune, satellite artificiel...).

• Diffusion de la lumière

Un **corps transparent** se laisse traverser par la lumière, tandis qu'un **corps opaque** l'absorbe ou la rediffuse dans toutes les directions.

• Voir un objet

Pour voir un objet, il faut nécessairement que celui-ci soit éclairé, et que la lumière diffusée puisse parvenir jusqu'à l'œil.

Savoir faire

• Mener à bien une recherche documentaire

Le sujet

Réaliser un dossier qui présentera les travaux de quelques savants qui se sont intéressés à la lumière.

Le travail de recherche

• **Rechercher** dans un manuel les noms de quelques physiciens dont les travaux ont un rapport certain avec le sujet à traiter.

• **Sélectionner** dans un dictionnaire, ou dans une encyclopédie, les articles intéressants.

Par exemple :

Copernic (1473-1543) prouve que le Soleil est au centre de notre Univers.
Newton (1642-1727) montre que la lumière blanche est composée de lumières colorées.
Fizeau (1819-1906) mesure la vitesse de la lumière.

La rédaction du dossier

• **Établir** un plan.

• **Rédiger** des textes courts sans reproduire intégralement les articles sélectionnés.

• **Expliquer** les mots nouveaux.

• **Présenter** le travail en lui ajoutant un sommaire et en l'illustrant par quelques schémas ou figures.

1★ Il est d'usage de distinguer la lumière naturelle (lumière solaire) des lumières artificielles (lampe).

Explique pourquoi, dans une autre classification, on pourrait mettre le Soleil avec le filament d'une lampe, et la Lune avec un globe diffusant.

2★ Pourquoi, étant sur la plage, voit-on la lumière du phare, alors que le faisceau lumineux est manifestement dirigé vers la mer ?

3★★ La lumière peut être produite de différentes façons.

1. Recherche la signification des mots suivants : luminescence, phosphorescence, incandescence, fluorescence.

2. Compléte le tableau en proposant des exemples.

luminescence	....
phosphorescence	....
incandescence	....
fluorescence	....

4★★ La matière se laisse plus ou moins traverser par la lumière. Explique la signification des adjectifs *transparent, translucide* et *opaque*, et donne quelques exemples de matériaux possédant ces propriétés.

Imagine une expérience pour montrer que la propriété d'un matériau d'être transparent ou opaque dépend avant tout de son épaisseur.

5★★ Fais un dossier sur l'histoire de l'éclairage. Utilise pour ta recherche les mots suivants : lampes à huile, chandelles et bougies, lampes à incandescence, tubes fluorescents.

Pars également des noms d'inventeurs ou de physiciens suivants : Chevreul, Philippe Lebon, Edison.

6★★★ Complète cette grille à l'aide des définitions ci-dessous.

1. Émission de lumière à basse température sous l'effet d'une décharge électrique.

2. Émission de lumière par certains corps chauds.

3. Émission de lumière par certains corps éclairés.

4. Émission de lumière par certains corps après avoir été éclairés.

Corrigés p. 303

Évalue ton travail et coche pour chaque exercice : ☑ réussi ☑ presque réussi ☑ à revoir

Français
Maths
Hist.-Géo. Éd. civique
Anglais
SVT
Physique
Bilans
Corrigés

12 La propagation rectiligne de la lumière

OBJECTIF • Connaître les propriétés de la propagation rectiligne de la lumière

Savoir

• Propagation rectiligne

• Dans un milieu transparent et homogène, la lumière se propage en ligne droite appelée rayon de lumière. On le représente par un trait repéré par une flèche indiquant le sens de la propagation.

• Un faisceau de lumière, ensemble de rayons provenant d'une même source, peut être cylindrique, divergent ou convergent.

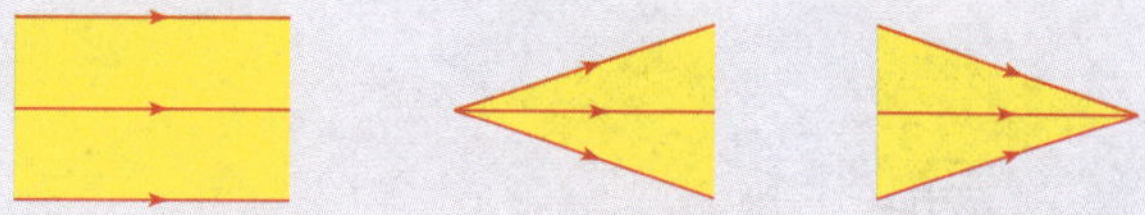

Faisceau cylindrique **Faisceau divergent** **Faisceau convergent**

• Interpréter les ombres

La propagation rectiligne de la lumière explique la formation des ombres. Si on place un objet opaque entre une source lumineuse et un écran, on observe une ombre propre, qui est la partie non éclairée de l'objet, et une ombre portée, qui est la zone sombre projetée sur l'écran.

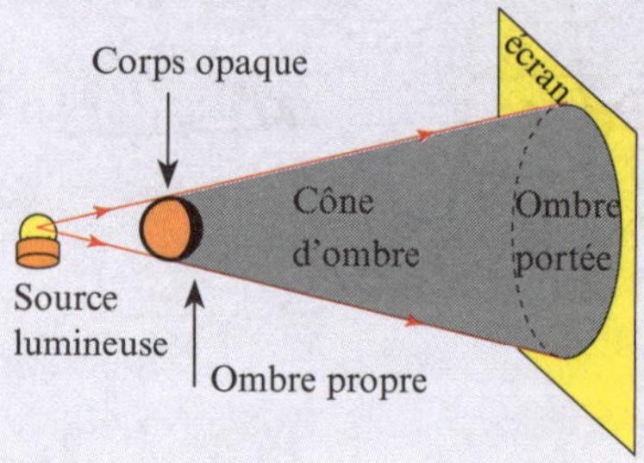

Savoir faire

• Fabriquer et utiliser une chambre noire

La chambre noire a été utilisée dès le XVIe siècle pour reproduire des dessins. Elle est le précurseur de l'appareil photographique.

Fabrication

Une chambre noire est une boîte fermée. L'une des faces est percée d'un petit trou (diamètre de 1 à 2 mm) laissant entrer la lumière. La face opposée est constituée d'une feuille de papier calque servant d'écran.

Utilisation

Si on place un objet lumineux devant la face trouée de la chambre noire, on observe, sur le papier calque, sa reproduction à l'envers, colorée et lumineuse.

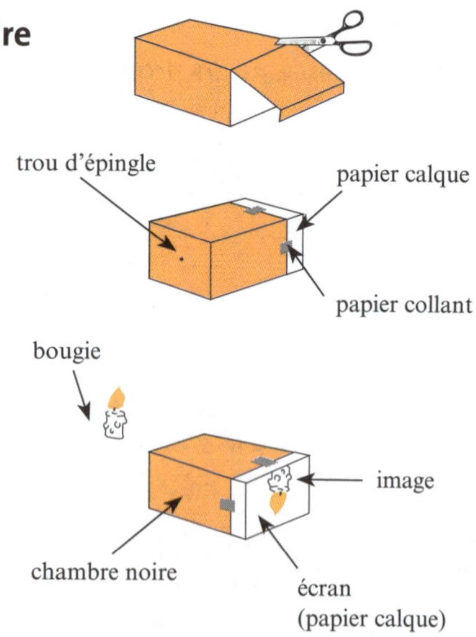

1 ★

Réponds aux questions suivantes en traçant des lignes sur les schémas.

Trois écrans sont placés verticalement, et les uns derrière les autres à distances égales.

L'écran E1 porte trois taches : une rouge, une verte et une bleue. Les deux écrans E_2 et E_3 sont percés de trois trous.

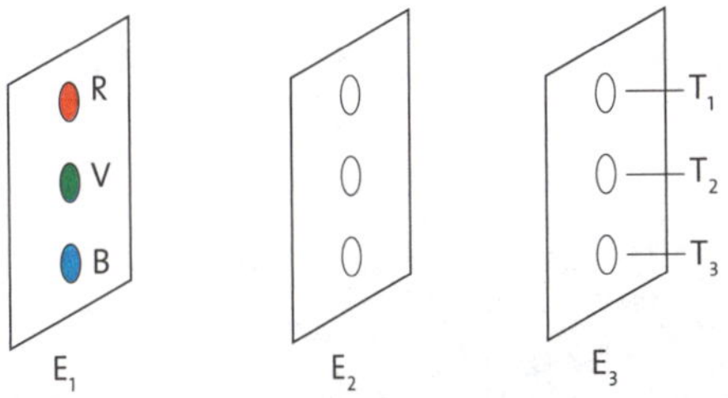

1. Que voit-on lorsque l'on regarde successivement et horizontalement par chacun des trous T_1, T_2 et T_3 ?

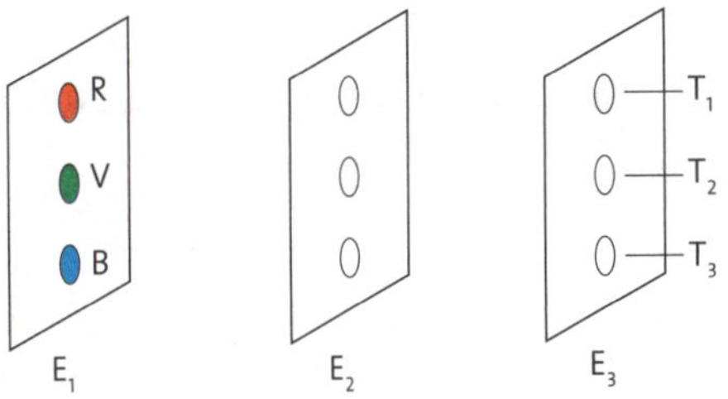

2. Que voit-on lorsque l'on regarde vers le haut par le trou T_3 ?

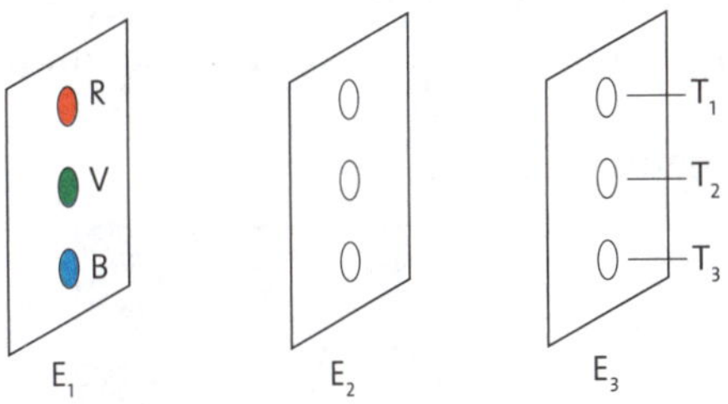

3. Que voit-on lorsque l'on regarde vers le bas par le trou T_1 ?

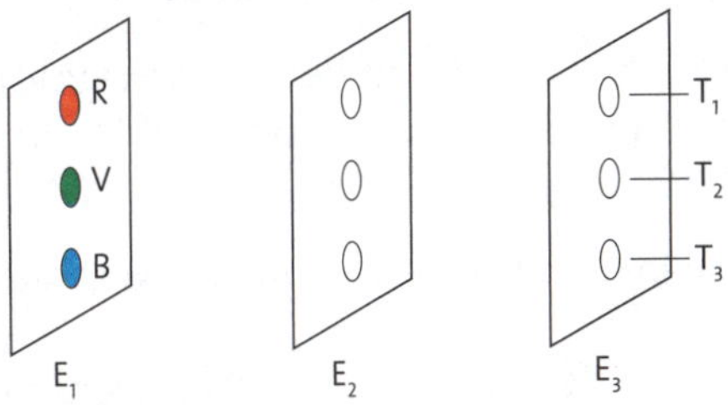

2 ★

La lumière parcourt 300 000 km chaque seconde. Le son ne parcourt que 340 m pendant ce même temps.

En utilisant ces données, il est facile, en mesurant le temps qui sépare l'instant où l'on voit l'éclair et celui où l'on entend le tonnerre, de savoir si l'orage est proche ou non.

Explique ta méthode.

On suppose que 4 secondes séparent l'éclair et le tonnerre ; calcule la distance qui te sépare de l'orage.

3 ★★

Construis une chambre noire réglable pour améliorer les performances selon le modèle ci-dessous et réponds aux questions.

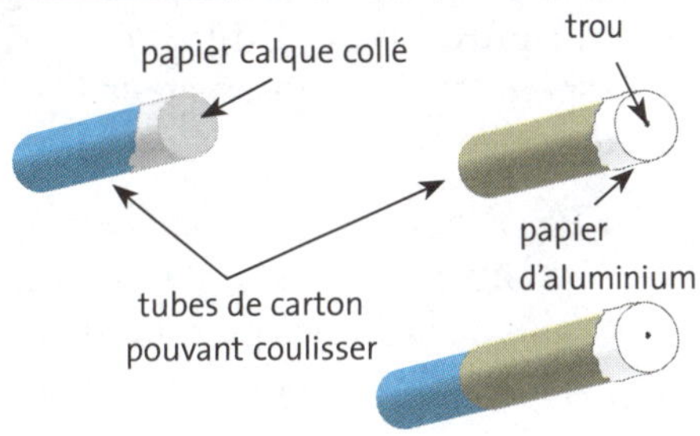

Observe, un jour bien ensoleillé, le monde extérieur.

1. Quelles sont les caractéristiques de « l'image » observée sur le papier calque de la chambre noire ?

2. Comment varie « l'image » si on augmente le diamètre du trou ?

3. Comment varie « l'image » si on augmente la distance entre le trou et l'écran sans rien changer d'autre ?

4 ★★★

Une flèche lumineuse (AB), de hauteur h = 2,5 cm, est placée à 4 cm devant le trou d'une chambre noire.

Représentez le dispositif à l'échelle 1.

Trace les rayons lumineux qui déterminent l'image observée.

Mesure la hauteur de l'image obtenue sur le dessin, puis retrouve cette valeur par un calcul.

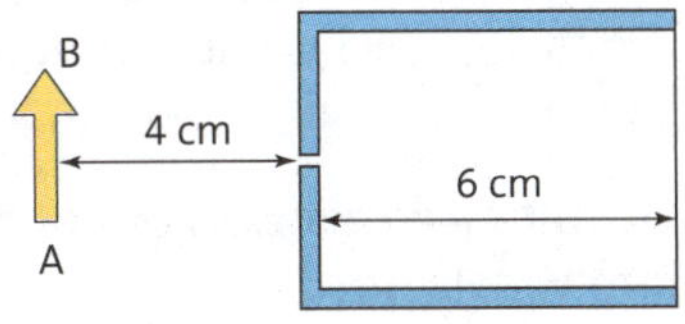

Corrigés p. 304

Évalue ton travail et coche pour chaque exercice : ☑ réussi ☑ presque réussi ☑ à revoir

13

Le système Soleil-Terre-Lune

OBJECTIF • Interpréter les différentes phases de la Lune

Savoir

• Les mouvements de la Terre et de la Lune

• La Terre tourne autour du Soleil à une distance de 150 millions de kilomètres environ en une année. Le plan de sa trajectoire est le plan de l'écliptique. Elle tourne également sur elle-même et effectue un tour complet en 24 heures.

• La Lune tourne autour de la Terre à environ 380 000 km en 27 j 7 h 43 min.

• Interpréter les phases de la Lune

• Puisque la Lune tourne autour de la Terre, sa face éclairée par le Soleil se présente sous différents aspects pour un observateur terrestre.

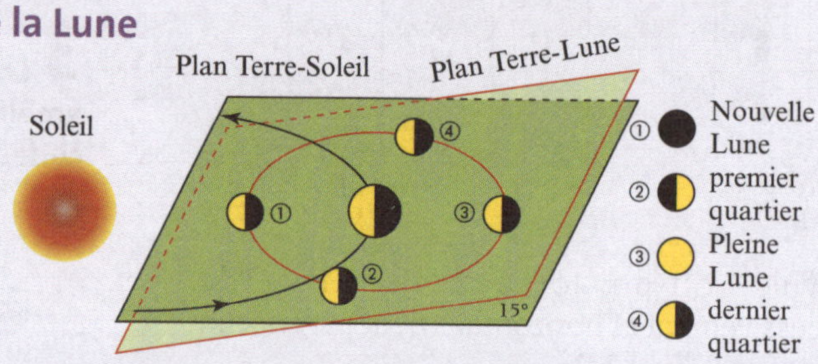

• Par exemple :
– quand la Lune est dans la position ②, un observateur terrestre ne voit que la partie droite de la Lune (premier quartier) ;
– quand elle est dans la position ③, l'observateur la voit toute entière (Pleine Lune).

Savoir faire

• Construire un cadran solaire équatorial

• **Matériel à utiliser :** feuille de carton ; une aiguille (aiguille à tricoter) ; deux planchettes (l'une pour la table et l'autre pour le support).

• **Construction :** un cadran solaire équatorial est constitué d'une table sur laquelle sont dessinées des lignes horaires séparées par un angle de 15°, et d'un style qui lui est perpendiculaire.
L'ombre portée du style sur la table indique l'heure solaire.

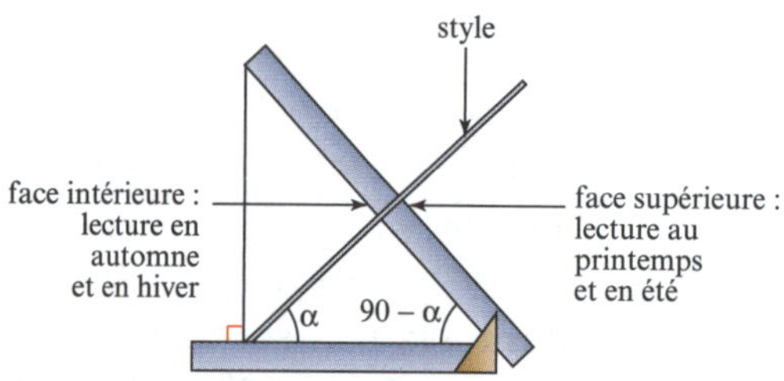

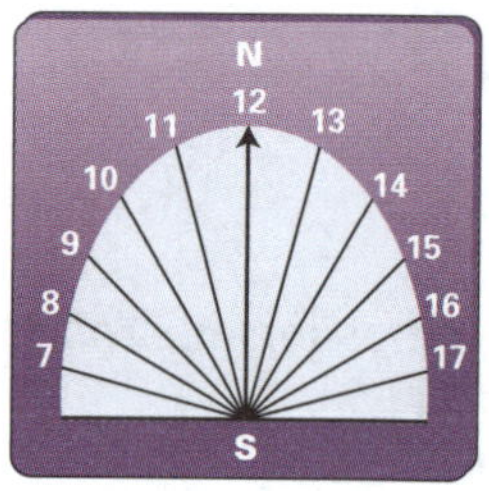

Pour réaliser ce cadran solaire, tu dois connaître la latitude du lieu d'observation pour déterminer l'angle α afin de régler correctement l'inclinaison de la table (voir la figure).

• **Orientation du cadran :** orienter le cadran selon la direction nord-sud, le style étant orienté vers le nord.

Faire

1★ Indique le nom des trois phases lunaires représentées.

□□□

Réponses proposées : Pleine Lune – premier quartier – dernier quartier – croissant – Nouvelle Lune – premier croissant – gibbeuse.

1. .... 2. .... 3. ....

2★

□□□

Pour mesurer très précisément la distance qui sépare la Terre de la Lune, on envoie un rayon LASER sur un miroir installé sur la Lune lors d'une mission Apollo de la NASA. Le rayon met 2,6 s pour revenir sur la Terre. Calcule la distance Terre-Lune.

3★★

□□□

Une éclipse de Lune se produit quand la Lune rencontre le cône d'ombre de la Terre. On observe une éclipse de Soleil quand le cône d'ombre de la Lune rencontre la Terre.

1. Explique pourquoi une éclipse de Lune se produit toujours à la Pleine Lune.

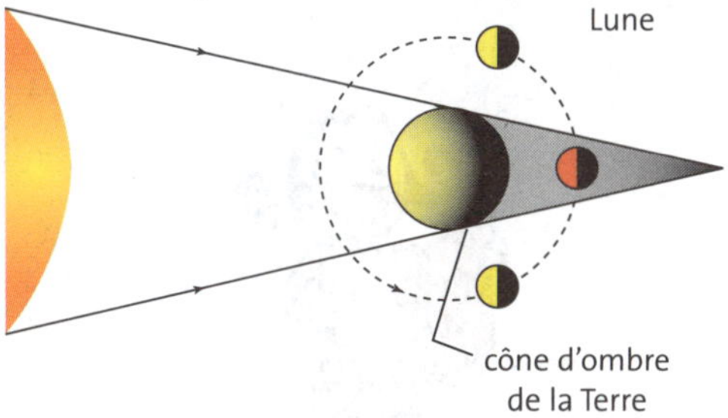

2. Explique pourquoi une éclipse de Soleil se produit toujours à la Nouvelle Lune.

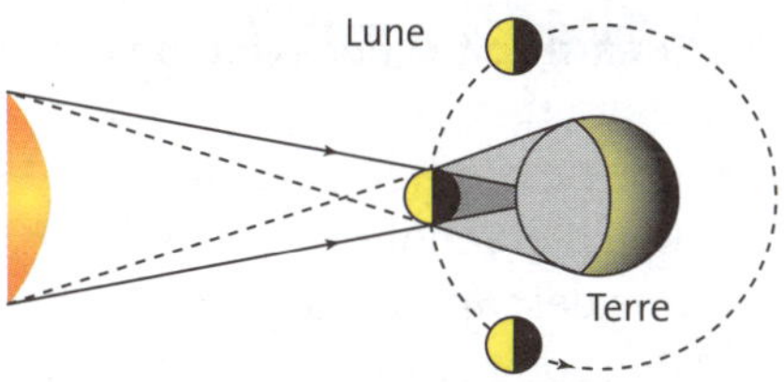

4★★★

□□□

Observe attentivement la figure ci-dessous qui représente la rotation de la Terre autour du Soleil.

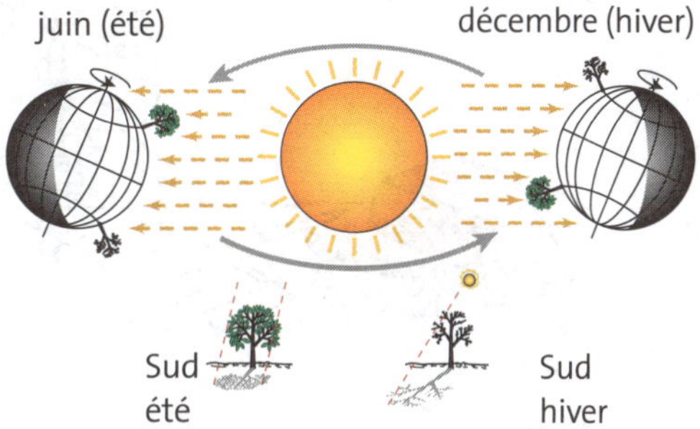

Explique pourquoi la combinaison des deux mouvements de la Terre, rotation autour de son axe et rotation autour du Soleil, justifie la succession de l'été et de l'hiver et leurs caractéristiques.

5★★★

□□□

Le cadran solaire sert à mesurer le temps en repérant, au cours de la journée, la course de l'ombre d'un bâton sur un plan gradué appelé cadran.

1. Cite quelques modèles de cadrans solaires.

....

....

2. Ératosthène, savant grec, vers l'an 250 av. J.C., mesura le méridien terrestre avec un gnomon, avec une précision étonnante. Qu'est-ce que cet instrument rudimentaire ?

....

....

Corrigés p. 304

Évalue ton travail et coche pour chaque exercice : ☑ réussi ☑ presque réussi ☑ à revoir

Français

Pour chaque question, il peut y avoir plusieurs réponses exactes !

1. Le synonyme d'un mot est un mot :
- ❑ **a.** de sens contraire
- ❑ **b.** de même sens
- ❑ **c.** de sonorités proches

... | 1

2. L'énonciation renvoie à :
- ❑ **a.** l'origine des mots
- ❑ **b.** l'histoire des mots
- ❑ **c.** une situation de communication
- ❑ **d.** la construction d'un verbe

... | 1

3. Où est placé « multiplication », dans le dictionnaire ?
- ❑ **a.** avant « multiplier »
- ❑ **b.** avant « multipliable »
- ❑ **c.** après « multiplicateur »

... | 1

4. Tous les mots ont :
- ❑ **a.** un préfixe
- ❑ **b.** un préfixe, un suffixe et un radical
- ❑ **c.** un préfixe et un radical
- ❑ **d.** un radical

... | 1

5. L'étymologie indique :
- ❑ **a.** l'origine d'un mot
- ❑ **b.** la prononciation d'un mot
- ❑ **c.** l'histoire d'un mot
- ❑ **d.** l'orthographe d'un mot

... | 1

6. La phrase « Le temps dévore la vie » est :
- ❑ **a.** une comparaison
- ❑ **b.** un alexandrin
- ❑ **c.** une métaphore

... | 1

7. Le sujet d'un verbe est :
- ❑ **a.** toujours placé avant le verbe
- ❑ **b.** toujours placé après le verbe
- ❑ **c.** placé avant ou après le verbe

... | 1

8. Une phrase sans verbe s'appelle :
- ❑ **a.** une proposition subordonnée
- ❑ **b.** une phrase nominale
- ❑ **c.** une proposition juxtaposée

... | 1

9. Dans la phrase « La rose est la plus belle de toutes les fleurs », l'élément souligné est :
- ❑ **a.** un comparatif de supériorité
- ❑ **b.** un superlatif relatif de supériorité
- ❑ **c.** un superlatif absolu

... | 1

10. Jules Renard voit la puce comme « un grain de tabac à ressort » :
- ❑ **a.** c'est une description objective
- ❑ **b.** c'est une métaphore
- ❑ **c.** c'est une description subjective
- ❑ **d.** c'est une comparaison

... | 1

11. Le plus-que-parfait se construit toujours avec :

❑ a. l'imparfait
❑ b. le futur
❑ c. le présent ... | 1

12. Un verbe intransitif :

❑ a. peut avoir un COD mais pas de COI
❑ b. peut avoir un COD et un COI
❑ c. ne peut avoir ni COD, ni COI ... | 1

13. Un verbe pronominal se conjugue :

❑ a. toujours avec l'auxiliaire *avoir*
❑ b. toujours avec l'auxiliaire *être*
❑ c. tantôt avec l'un, tantôt avec l'autre ... | 1

14. Combien existe-t-il de registres de langue ?

❑ a. deux
❑ b. trois
❑ c. quatre ... | 1

15. Le verbe d'une phrase impérative peut être à :

❑ a. l'imparfait
❑ b. l'infinitif
❑ c. l'impératif ... | 1

16. Un portrait en pied représente :

❑ a. un gros plan sur les pieds
❑ b. un personnage un entier
❑ c. un personnage sans les pieds ... | 1

17. Dans la phrase « J'espère qu'il fera beau demain », la proposition en rouge est une subordonnée :

❑ a. complétive
❑ b. relative
❑ c. circonstancielle ... | 1

18. Le plan américain est :

❑ a. un gros plan
❑ b. un très gros plan
❑ c. un plan moyen ... | 1

19. Dans la phrase « Les conifères ne sont pas des arbres à feuilles caduques », le verbe *sont* est :

❑ a. un présent de narration
❑ b. un présent d'actualité
❑ c. un présent de vérité générale ... | 1

20. Dans la phrase « Il promit qu'il serait présent dès l'aurore », le conditionnel exprime :

❑ a. un futur dans le passé
❑ b. une demande polie
❑ c. une information incertaine
❑ d. une action dont la réalisation est soumise à une condition ... | 1

Corrigés p. 304

TOTAL : ...... | 20

BILANS

Maths

Pour chaque question, il peut y avoir plusieurs réponses exactes !

1. $\frac{8+6}{6}=$

- ❑ **a.** $(8+6) \div 6$
- ❑ **b.** $8+6 \div 6$
- ❑ **c.** 2,33333333333333
- ❑ **d.** $\frac{7}{3}$

… / 1

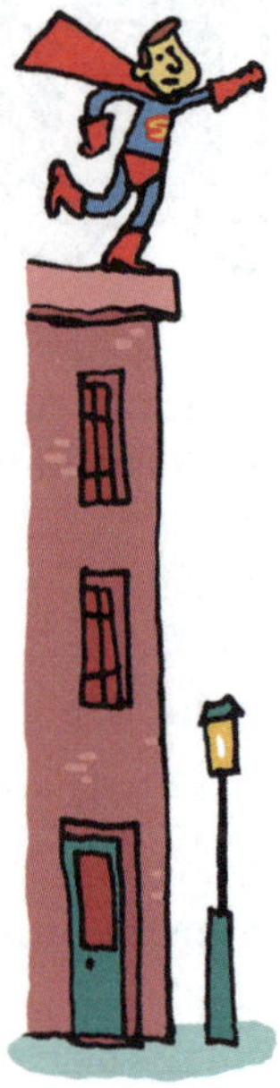

2. $9 \times 7 - 3 \times 7 =$

- ❑ **a.** $7 \times (9-3)$
- ❑ **b.** 42
- ❑ **c.** $9 \times 4 \times 7$
- ❑ **d.** 7×6

… / 1

3. $7(x-2) =$

- ❑ **a.** $7x-2$
- ❑ **b.** $5x$
- ❑ **c.** $7x-14$
- ❑ **d.** $7 \times x - 7 \times 2$

… / 1

4. $\frac{28}{35}$ **est :**

- ❑ **a.** inférieure à 1
- ❑ **b.** inférieure à $\frac{28}{36}$
- ❑ **c.** égale à $\frac{8}{10}$
- ❑ **d.** supérieure à $\frac{29}{35}$

… / 1

5. $1-[1+(1-[1-1]-1)-1]-1=$

- ❑ **a.** 0
- ❑ **b.** 1
- ❑ **c.** 3
- ❑ **d.** 2

… / 1

6. $\frac{5}{9} \times \frac{2}{9} =$

- ❑ **a.** $\frac{7}{9}$
- ❑ **b.** $\frac{10}{9}$
- ❑ **c.** $\frac{10}{81}$
- ❑ **d.** $\frac{10}{18}$

… / 1

7. Ils sont dans l'ordre croissant :

- ❑ **a.** – 10 ; – 11 ; – 12
- ❑ **b.** – 0,1 ; – 0,01 ; – 0,001
- ❑ **c.** – 2,3 ; – 2,2 ; – 2,1
- ❑ **d.** – 2,10 ; – 2,11 ; – 2,12

… / 1

8. $a = (-5) - (-7)$, $b = (+5) + (+7)$

- ❑ **a.** a et b sont opposés
- ❑ **b.** $a + b = 0$
- ❑ **c.** $a = -12$, $b = 12$
- ❑ **d.** $a = 2$, $b = 12$

9. L'égalité $4x - 5 = 2x + 3$ **est vraie pour :**

- ❑ **a.** $x = 0$
- ❑ **b.** aucun nombre
- ❑ **c.** tous les nombres
- ❑ **d.** $x = 4$

… / 1

10. Quelles sont les figures symétriques par rapport à O ?

❑ **a.**

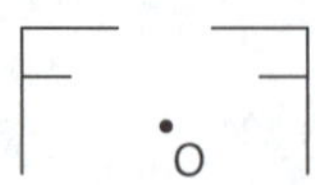

❑ **b.**

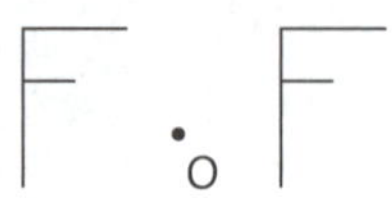

❑ **c.**

❑ **d.**

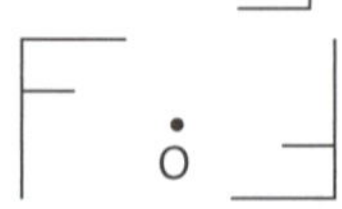

… / 1

11. **Quelles lettres ont un centre de symétrie ?**

- ❑ **a.** C
- ❑ **b.** A
- ❑ **c.** N
- ❑ **d.** H

... | 1

12. **ABCD est un carré. Alors...**

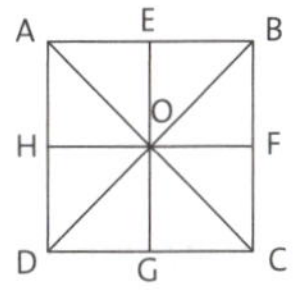

- ❑ **a.** $\widehat{AOB}$ et $\widehat{DOC}$ sont supplémentaires.
- ❑ **b.** $\widehat{AOE}$ et $\widehat{FOC}$ sont complémentaires.
- ❑ **c.** $\widehat{AOB}$ et $\widehat{DOC}$ sont adjacents.
- ❑ **d.** $\widehat{BDC}$ et $\widehat{CAB}$ sont alterne-internes.

13. **Dans ce triangle dessiné à main levée, $\hat{c}$ = 110°. Donc...**

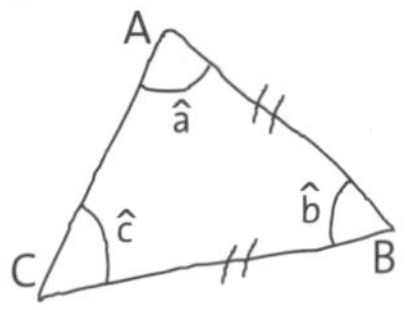

- ❑ **a.** $\hat{a} = \hat{b}$
- ❑ **b.** $\hat{b} = 180° - 110°$
- ❑ **c.** $\hat{a} + \hat{b} = 110°$
- ❑ **d.** Le triangle est impossible à tracer.

14. **Le triangle RAS tel que RA = AS = 5 cm et RS = 11 cm est :**

- ❑ **a.** isocèle
- ❑ **b.** rectangle
- ❑ **c.** impossible à tracer
- ❑ **d.** équilatéral

... | 1

15. **Si RIME est un parallélogramme de centre O, alors :**

- ❑ **a.** $\widehat{RMI}$ et $\widehat{ERM}$ sont alternes internes
- ❑ **b.** $\widehat{RMI} = \widehat{ERM}$
- ❑ **c.** $\widehat{ERI}$ et $\widehat{RIM}$ sont supplémentaires
- ❑ **d.** $\widehat{RMI}$ et $\widehat{ERM}$ sont symétriques par rapport à O

... | 1

16. **Si MATH est un rectangle, alors :**

- ❑ **a.** MA = AT
- ❑ **b.** MA = TH
- ❑ **c.** MT = AH
- ❑ **d.** MT = MH

... | 1

17. **Dans quels cas est-on sûr que le quadrilatère PALE est un parallélogramme ?**

❑ **a.**

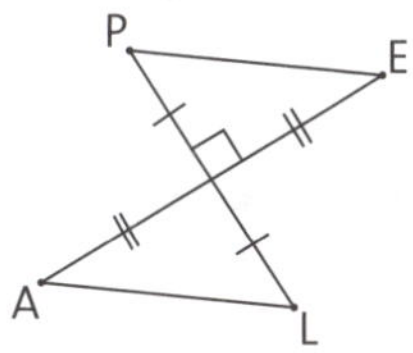

❑ **b.**

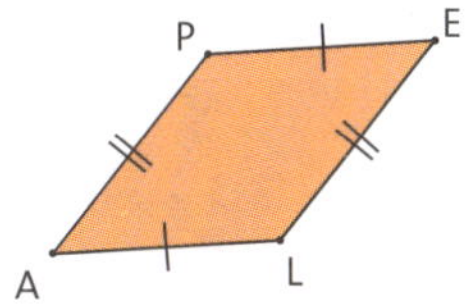

❑ **c.**

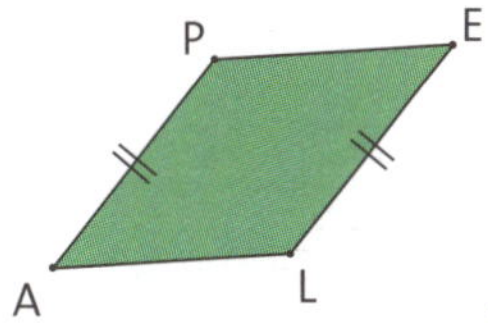

❑ **d.**

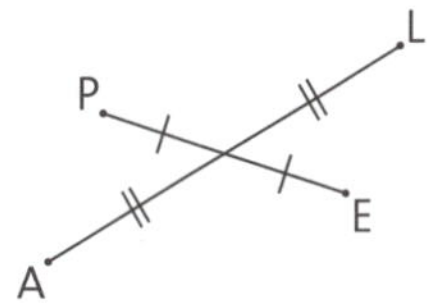

... | 1

18. **L'échelle d'un plan sur lequel 15 m sont représentés par 6 cm est :**

- ❑ **a.** $\frac{15}{6}$
- ❑ **b.** $\frac{6}{15}$
- ❑ **c.** $\frac{6}{1500}$
- ❑ **d.** $\frac{1}{250}$

... | 1

19. **La figure ABCD est un parallélogramme. L'aire de ABCD en cm² s'obtient en calculant :**

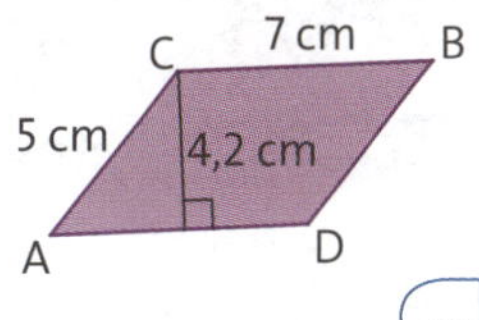

- ❑ **a.** 5×7
- ❑ **b.** $7 \times 4,2$
- ❑ **c.** $5 \times 4,2$
- ❑ **d.** $(5 + 7) \times 2$

... | 1

20. **Dans ce réservoir, on peut verser sans risque de débordement :**

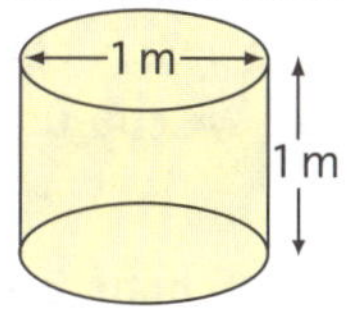

- ❑ **a.** 700 litres d'eau
- ❑ **b.** 750 litres d'eau
- ❑ **c.** 775 litres d'eau
- ❑ **d.** 800 litres d'eau

... | 1

Corrigés p. 304

TOTAL : ...... | 20

BILANS

Histoire-Géographie – Éducation civique

1. Comment s'appelle la tour placée à l'entrée de la mosquée ?

- ❑ a. le clocher
- ❑ b. la ziggourat
- ❑ c. le donjon
- ❑ d. le minaret

... | 1

2. Un vilain est :

- ❑ a. un paysan libre
- ❑ b. un paysan laid
- ❑ c. un paysan violent
- ❑ d. un esclave

... | 1

3. La guerre de Cent Ans oppose :

- ❑ a. la France et l'Angleterre
- ❑ b. la France et l'Allemagne
- ❑ c. la France et l'Espagne

... | 1

4. Comment s'appelle la partie de l'église où officie le prêtre ?

- ❑ a. la nef
- ❑ b. le bas-côté
- ❑ c. le chœur

... | 1

5. Un bourgeois est un homme :

- ❑ a. qui possède un château
- ❑ b. qui habite en ville
- ❑ c. qui se déplace souvent

... | 1

6. L'empire Songhaï était situé autour du fleuve :

- ❑ a. Niger
- ❑ b. Danube
- ❑ c. Gange

... | 1

7. Luther est à l'origine de :

- ❑ a. la Renaissance
- ❑ b. l'humanisme
- ❑ c. la Réforme protestante

... | 1

8. Christophe Colomb a :

- ❑ a. découvert les Indes
- ❑ b. découvert l'Amérique
- ❑ c. fait le premier tour du monde de l'Histoire

... | 1

9. Par l'Édit de Nantes, Henri IV :

- ❑ a. instaure la tolérance religieuse
- ❑ b. impose à tous ses sujets la religion catholique
- ❑ c. interdit le protestantisme

... | 1

10. Le développement durable concilie :

- ❑ a. la famille, l'environnement, l'économie
- ❑ b. la politique, l'environnement, l'économie
- ❑ c. les aspects sociaux, l'environnement, l'économie

... | 1

11. **Un de ces pays n'a pas développé de front pionnier au xxe siècle. Lequel ?**

❑ a. la France
❑ b. le Canada
❑ c. le Brésil (... | 1)

12. **Les inégalités devant la santé sont dues :**

❑ a. à la diversité des reliefs
❑ b. à la diversité des climats
❑ c. à la diversité des niveaux de développement
❑ d. à la diversité des régimes alimentaires (... | 1)

13. **Le pourcentage mondial de population adulte analphabète est de :**

❑ a. 10 %
❑ b. 20 %
❑ c. 30 %
❑ d. 40 % (... | 1)

14. **Le développement d'un pays est étudié à partir :**

❑ a. du PNB
❑ b. de l'IDH
❑ c. du PIB
❑ d. des PDEM (... | 1)

15. **Le pourcentage mondial de population manquant d'eau potable est de :**

❑ a. 47 %
❑ b. 37 %
❑ c. 17 % (... | 1)

16. **Lequel de ces aménagements permet de transporter le pétrole ?**

❑ a. un aqueduc
❑ b. un gazoduc
❑ c. un oléoduc (... | 1)

17. **L'égalité est seulement possible dans une société :**

❑ a. esclavagiste
❑ b. de clans
❑ c. démocratique (... | 1)

18. **Avoir une attitude discriminatoire, c'est :**

❑ a. donner plus à ceux qui en ont le moins
❑ b. reconnaître les distinctions entre les hommes
❑ c. installer une inégalité entre les hommes (... | 1)

19. **Être citoyen du monde, c'est :**

❑ a. avoir un domicile dans plusieurs pays
❑ b. posséder un passeport international
❑ c. se sentir concerné par les affaires du monde (... | 1)

20. **Prendre des mesures préventives consiste à :**

❑ a. réparer les dégâts
❑ b. prédire les catastrophes
❑ c. prévenir les risques naturels (... | 1)

Corrigés p. 304

TOTAL : ...... | 20

Anglais

1. .... **tea or coffee after lunch?**
- ❑ **a.** Do he like
- ❑ **b.** Does he like
- ❑ **c.** Has he like
- ❑ **d.** He likes

... | 1

2. She .... **watching TV at the moment.**
- ❑ **a.** does
- ❑ **b.** is
- ❑ **c.** was
- ❑ **d.** has

... | 1

3. Too many .... **work in factories in poor countries.**
- ❑ **a.** child
- ❑ **b.** childs
- ❑ **c.** children

... | 1

4. .... **you visit NY when you were in the States?**
- ❑ **a.** Do
- ❑ **b.** Were
- ❑ **c.** Did
- ❑ **d.** Had

... | 1

5. Paul smokes too .... **cigarettes.**
- ❑ **a.** the
- ❑ **b.** much
- ❑ **c.** many

... | 1

6. Is this Mary's coat ? – Yes, it's ....
- ❑ **a.** hers
- ❑ **b.** her
- ❑ **c.** his

... | 1

7. How .... **is the bus stop ? – One kilometre.**
- ❑ **a.** much
- ❑ **b.** long
- ❑ **c.** many
- ❑ **d.** far

... | 1

8. The sky is grey, it's .... **to rain.**
- ❑ **a.** will
- ❑ **b.** going
- ❑ **c.** will go
- ❑ **d.** won't

... | 1

9. .... **visit Ireland this summer.**
- ❑ **a.** Let's
- ❑ **b.** Let
- ❑ **c.** Let's have
- ❑ **d.** To

... | 1

10. This is the key .... **opens the door.**
- ❑ **a.** ∅
- ❑ **b.** which
- ❑ **c.** whom
- ❑ **d.** who

... | 1

11. **We were .... TV yesterday when Paul phoned.**

- ❑ a. watch
- ❑ b. watched
- ❑ c. watching

... 1

12. **She said she .... do it.**

- ❑ a. couldn't
- ❑ b. can't
- ❑ c. could to
- ❑ d. have

... 1

13. **I .... go to Hong Kong next year, I haven't decided yet.**

- ❑ a. may not to
- ❑ b. may
- ❑ c. may to

... 1

14. **Ken isn't here today, he .... be ill.**

- ❑ a. must
- ❑ b. can
- ❑ c. mustn't
- ❑ d. can't

... 1

15. **There's .... left in the fridge.**

- ❑ a. anything
- ❑ b. nothing
- ❑ c. somebody
- ❑ d. somewhere

... 1

16. **Rain, snow, wind: the .... weather we've had for years!**

- ❑ a. worst
- ❑ b. worse
- ❑ c. more bad

... 1

17. **Luciano .... a musician, wasn't he?**

- ❑ a. has
- ❑ b. is
- ❑ c. was
- ❑ d. wasn't

... 1

18. **.............. horrible man Dracula is!**

- ❑ a. how
- ❑ b. who
- ❑ c. what
- ❑ d. what a

... 1

19. **He .... just .... a new car.**

- ❑ a. has / bought
- ❑ b. is / bought
- ❑ c. has / buy
- ❑ d. is / buy

... 1

20. **I didn't know petrol .... so much.**

- ❑ a. cost
- ❑ b. costed
- ❑ c. came
- ❑ d. paid

... 1

Corrigés p. 304

TOTAL : 20

SVT

Pour chaque question, il peut y avoir plusieurs réponses exactes !

1. À volume égal, l'eau contient :
- ❑ a. moins de dioxygène que l'air
- ❑ b. plus de dioxygène que l'air
- ❑ c. autant de dioxygène que l'air (... 1)

2. La respiration est dite aérienne :
- ❑ a. chez les oiseaux
- ❑ b. lorsque les échanges se font avec l'atmosphère
- ❑ c. chez les seuls animaux pourvus de poumons (... 1)

3. Les trachées sont les organes respiratoires :
- ❑ a. des mollusques
- ❑ b. des insectes
- ❑ c. des mammifères
- ❑ d. des vertébrés (... 1)

4. Tous les animaux aquatiques possèdent un appareil respiratoire uniquement :
- ❑ a. fait de branchies
- ❑ b. fait de branchies ou bien de poumons
- ❑ c. fait de branchies et de poumons ou de trachées (... 1)

5. Les alvéoles pulmonaires :
- ❑ a. sont le lieu d'échange entre l'air et le sang
- ❑ b. servent à stocker de l'air inspiré
- ❑ c. accumulent les déchets contenus dans l'air (... 1)

6. Au cours d'un exercice, l'augmentation des besoins musculaires :
- ❑ a. entraîne une accélération du rythme cardiaque
- ❑ b. entraîne une accélération du rythme respiratoire
- ❑ c. entraîne une diminution du rythme respiratoire
- ❑ d. correspond à une augmentation des besoins en énergie de l'organisme (... 1)

7. Les nutriments passent dans le sang au niveau :
- ❑ a. du gros intestin
- ❑ b. de l'intestin grêle
- ❑ c. de l'estomac
- ❑ d. de l'œsophage (... 1)

8. Pour faciliter l'irrigation des organes :
- ❑ a. le calibre des vaisseaux augmente
- ❑ b. les vaisseaux se ramifient en très petits capillaires
- ❑ c. les vaisseaux se ramifient sans changer de diamètre (... 1)

9. La pollution urbaine :
- ❑ a. provoque des troubles respiratoires graves
- ❑ b. n'a aucune incidence sur la santé
- ❑ c. n'a qu'une incidence mineure sur la santé (... 1)

10. L'énergie dont l'organisme a besoin :

- ❑ a. provient de l'oxydation des nutriments
- ❑ b. est fournie par le dioxygène
- ❑ c. est créée par l'organisme

… / 1

11. La contraction musculaire :

- ❑ a. consomme de l'énergie
- ❑ b. transforme une énergie chimique en énergie mécanique et en chaleur
- ❑ c. créé de l'énergie libérée sous forme de chaleur

… / 1

12. L'élimination des déchets de l'organisme :

- ❑ a. se fait au niveau des poumons et des reins
- ❑ b. se fait uniquement au niveau des reins
- ❑ c. se fait au niveau des intestins

… / 1

13. La circulation du sang :

- ❑ a. se fait à sens unique dans l'organisme
- ❑ b. se fait à double sens dans les mêmes vaisseaux, entre le cœur et les organes
- ❑ c. est entretenue par les battements cardiaques

… / 1

14. L'hypertension artérielle :

- ❑ a. est une trop forte pression exercée sur les parois des artères
- ❑ b. est totalement indépendante du mode de vie du sujet
- ❑ c. est due à une trop grande activité physique

… / 1

15. L'érosion due à l'eau :

- ❑ a. est purement mécanique
- ❑ b. est purement chimique
- ❑ c. est mécanique et chimique

… / 1

16. Le granite est une roche :

- ❑ a. très dure, insensible à l'érosion
- ❑ b. qui résiste bien à l'action chimique de l'eau
- ❑ c. qui se décompose facilement en libérant ses minéraux constitutifs

… / 1

17. Les roches sédimentaires :

- ❑ a. sont formés dans des bassins de sédimentation
- ❑ b. sont formées dans les profondeurs de la Terre
- ❑ c. sont formées à partir des matériaux issus de l'érosion

… / 1

18. Les « fumeurs noirs » :

- ❑ a. sont des volcans d'un type particulier
- ❑ b. sont des jets d'eaux chaudes sous-marins chargés de métaux
- ❑ c. sont des nuages de cendres volcaniques

… / 1

19. Les matériaux extraits du sous-sol :

- ❑ a. servent uniquement à la construction
- ❑ b. peuvent servir de source d'énergie
- ❑ c. sont toujours utilisés par l'homme après transformation industrielle

… / 1

20. Le gypse sert à :

- ❑ a. fabriquer le plâtre
- ❑ b. fabriquer les tuiles
- ❑ c. fabriquer le ciment
- ❑ d. fabriquer le béton

… / 1

Corrigés p. 304

TOTAL : …… / 20

Physique-Chimie

Pour chaque question, il peut y avoir plusieurs réponses exactes !

1. Parmi les sources de lumière suivantes, lesquelles sont primaires ?

- ❑ **a.** le Soleil
- ❑ **b.** la Lune
- ❑ **c.** les étoiles
- ❑ **d.** Vénus

... | 1

2. Parmi les matières suivantes, lesquelles sont d'excellents isolants ?

- ❑ **a.** le cuivre
- ❑ **b.** le bois
- ❑ **c.** le verre
- ❑ **d.** le métal

... | 1

3. Un interrupteur de type « Va et vient » est :

- ❑ **a.** un commutateur
- ❑ **b.** un disjoncteur
- ❑ **c.** un dipôle polarisé

... | 1

4. L'ampoule de verre d'une lampe à incandescence est :

- ❑ **a.** complètement vide
- ❑ **b.** remplie d'un gaz neutre à demi-pression atmosphérique
- ❑ **c.** remplie d'air à pression atmosphérique

... | 1

5. La vitesse de la lumière est :

- ❑ **a.** 300 000 km par heure
- ❑ **b.** 300 m par seconde
- ❑ **c.** 30 000 km par seconde
- ❑ **d.** 300 000 km par seconde

... | 1

6. Comment appelle-t-on le passage direct de la glace en vapeur d'eau ?

- ❑ **a.** la condensation
- ❑ **b.** l'évaporation
- ❑ **c.** la cristallisation
- ❑ **d.** la sublimation

... | 1

7. La surface des mers représente :

- ❑ **a.** 50 % de le surface de la Terre
- ❑ **b.** environ 20 % de la surface de la Terre
- ❑ **c.** environ 80 % de la surface de la Terre

... | 1

8. Dans 1 cm^3, il y a :

- ❑ **a.** 1 centilitre
- ❑ **b.** 0,1 centilitre
- ❑ **c.** 10 centilitres
- ❑ **d.** 100 centilitres

... | 1

9. L'ébullition de l'eau se fait (à la pression atmosphérique normale) :

- ❑ **a.** à 100° C
- ❑ **b.** à 90° C
- ❑ **c.** à 212° C
- ❑ **d.** à 150° C

... | 1

10. La masse d'1 m^3 d'eau est :

- ❑ **a.** 100 kg
- ❑ **b.** 1 000 kg
- ❑ **c.** 10 000 kg
- ❑ **d.** 100 000 kg

... | 1

11. **Un générateur électrique peut être schématisé par :**

- ❑ **a.** un aimant tournant devant une bobine électrique
- ❑ **b.** une bobine électrique fixe devant un aimant fixe
- ❑ **c.** un aimant tournant devant un aimant fixe

... / 1

12. **Lorsqu'un mélange est homogène, on peut séparer ses constituants par :**

- ❑ **a.** distillation
- ❑ **b.** décantation
- ❑ **c.** chromatographie

... / 1

13. **Parmi ces propositions, laquelle est vraie ?**

- ❑ **a.** La Lune ressemble à un C lorsqu'elle décroît.
- ❑ **b.** La Lune ressemble à un D lorsqu'elle croît.
- ❑ **c.** La Lune ressemble à un C lorsqu'elle croît.
- ❑ **d.** La Lune ressemble à un D lorsqu'elle décroît.

... / 1

14. **Un mélange d'huile et de vinaigre fortement secoué est :**

- ❑ **a.** un mélange homogène
- ❑ **b.** un mélange hétérogène
- ❑ **c.** une émulsion

... / 1

15. **1 litre d'eau à 20° C peut dissoudre :**

- ❑ **a.** jusqu'à 2 kg de sucre
- ❑ **b.** jusqu'à 4 000 g de sucre
- ❑ **c.** jusqu'à 10 kg de sucre
- ❑ **d.** à peine 500 g de sucre

... / 1

16. **Dans une maison, les différents appareils électriques d'éclairage sont montés :**

- ❑ **a.** en série
- ❑ **b.** en dérivation
- ❑ **c.** en parallèle
- ❑ **d.** en va-et-vient

... / 1

17. **Les accidents mortels d'origine électrique sont en majorité causés par :**

- ❑ **a.** les téléviseurs
- ❑ **b.** les lustres
- ❑ **c.** les cordons souples
- ❑ **d.** les prolongateurs

... / 1

18. **La distance de la Terre à la Lune est d'environ :**

- ❑ **a.** 390 000 km
- ❑ **b.** 150 000 000 km
- ❑ **c.** 70 000 km
- ❑ **d.** 10 000 km

... / 1

19. **Pendant un orage, si 4 secondes séparent l'éclair du tonnerre, on conclut que :**

- ❑ **a.** l'orage est à 1 km
- ❑ **b.** l'orage est environ à 1 400 m
- ❑ **c.** l'orage est à 3,4 km

... / 1

20. **Dans la maison, la sécurité électrique est assurée par :**

- ❑ **a.** les commutateurs
- ❑ **b.** les disjoncteurs
- ❑ **c.** les interrupteurs
- ❑ **d.** les générateurs

... / 1

Corrigés p. 304

TOTAL : ...... / 20

Français

1 page 7

1. **1.** : 3 tâches – **2.** : 1 tâche – **3.** : 2 tâches – **4.** : 1 tâche – **5.** : 2 tâches.

2. **a.** ① [Relevez dans le texte suivant les verbes conjugués.] ② [Tracez une flèche entre le verbe et son sujet] avant de ③ [reporter les infinitifs dans un tableau selon leur groupe.] – **b.** ② [Soulignez en rouge les propositions subordonnées] ① [après avoir encadré leur subordonnant.] – **c.** ② [Employez dans une phrase où il sera sujet, chaque GN] ① [que vous aurez préalablement enrichi.] – **d.** ① [Soulignez les procédés comiques] ② [que vous classerez dans un tableau selon qu'ils appartiennent au comique de situation ou au comique de mots]. – **e.** ② [Remplissez le tableau suivant] ① [après avoir souligné les mots ou expressions décrivant le caractère et le physique de Cosette.]

3. Soulignez les GN et classez-les dans un tableau selon leur fonction. L'élève a bien répondu.

2 page 9

1. **1.** étranger, loyer – **2.** ameublement.

2. **1.** Scientifique : nom ; savoir : nom – **2.** marche : nom – **3.** scientifique : adj. – **4.** marche : verbe ; parcours : verbe – **5.** parcours : nom – **6.** fort : adv. – **7.** tâche : nom – **8.** fort : adj. – **9.** Tâche : verbe.

3. Noms : laboureur, hurlement – Verbes : mange, regarder – Noms et verbes : demande, savoir, cours – Adjectifs : vert – Adjectif et nom : rose, peureux – Adverbes : généreusement – Adjectifs, adverbe ou noms : fort.

3 page 11

1. **1. a. Des** fleurs… **dès** l'arrivée du printemps… **des** fruits **dès** qu'ils ... – **b.** Il jeta les **dés**… **Dès** qu'il entendit **des** camarades… les 4 **dés**. – **2. Sûr** de son bon droit… posa **sur** lui… **sur** le sol…, Il était **sûr**… – **3. a. As**-tu remarqué… **a** maigri… Elle n'**a** plus… – **b. à** Marrakech… Elle **a** été… nous **a** accueillis **à** bras ouverts – **4. a. près** du trou… **prêt** à attraper… – **b.** Es-tu **prêt**… je t'attends **près**… – **5.** je viendrai **plus tôt**… Vers 15 heures **plutôt**… – **6. a. Les** as-tu… Je **les** ai laissées… – **b.** Je **l'ai** surpris… **les** cubes…

2. **1. a. N'y** va pas… **ni** Papy, **ni** Mamie… de **n'y** trouver qu'un **nid** de vipères… **n'y** seront pas… – **b. N'y** a-t-il pas… **ni** réponse, **ni** aucun bruit – **c.** Tu **n'y** peux… **Ni** toi, **ni** ta sœur **n'y** pouvez rien – **2. a.** C'**en** est fait… **sans** une égratignure… **s'en** félicita. – **b. sans** regarder… il **s'en** repentit… – **3. a. s'y** accroupit… **ci-gît**… Il fut **si** étonné… il ne **s'y** était – **b. Si** tu rentres… **si** fatigué… – **4. On** a frappé… **on n'**a entendu… **on** a poussé… **On n'**avait pas… **on** avait juste…

3. Farid aperçut un **peu** de **sang sur ses** baskets. « **C'en est** fini de mes belles baskets, **se** lamenta-t-il. **Et** maman va me gronder. » Il **se** demanda **où** il avait bien pu **se** tacher. Il était **sûr** de ne pas avoir saigné. Tout **à** coup, il comprit : **ce** n'était pas du **sang** ! **C'est** en cueillant des **mûres** qu'il **s'était** taché !

4 page 13

1. **Pronom relatif :** 2., 3., 4. – **Conjonction de subordination :** 1., 5.

2. **1.** [Il se demanda toute la journée] [comment il avait pu se perdre malgré son sens de l'orientation]. – **2.** [Il soupira d'aise] : [son cousin [que l'ambition dévorait] s'en allait enfin] ! – **3.** [Céline ne savait vraiment pas] [pourquoi Franck ne lui parlait plus]. – **4.** [Marie n'avait jamais imaginé] [que sa sœur bouderait aussi longtemps]. – **5.** [Quand elle aura fini de déménager], [tout ira mieux].

3. **1.** Quand le soir tombe, … – **2.** Lorsque le réveil sonne, … – **3.** … parce qu'un violent orage a eu lieu – **4.** Bien qu'il soit vieux, …

4. **1.** … qu'il peut réussir – **2.** … que la pluie claque sur le toit de la voiture – **3.** …que les prix seront augmentés – **4.** … que leur chanteur préféré sorte.

5 page 15

1. **1.** quatre cent vingt-sept – **2.** soixante et onze – **3.** huit cents – **4.** sept cent vingt-deux – **5.** quatre-vingt-dix-sept – **6.** mille neuf cents – **7.** six cent douze.

2. **1.** une belle robe longue – **2.** un bruit de tonnerre – **3.** surpris, l'enfant a sursauté – **4.** un ancien navire qui a disparu – **5.** le vieux manteau de mon oncle – **6.** captivés par la comédienne, les nombreux spectateurs qui étaient au premier rang.

3. **1.** Irritée – **2.** Assommés ; ombragée – **3.** Attentifs ; tendu ; bandés – **4.** Endormie – **5.** Arrivés.

4. Noms : **1.** chien – **2.** vase. – **3.** Femme, balustrade – **4.** Homme, rue.
Expansions du groupe nominal : **1.** qui gardait la propriété : prop. sub. relative – **2.** de Chine : compl. de détermination – **3.** Appuyée : participe passé ou adj. épithète détachée de son balcon : compl. de détermination ; jeune : adj. qualificatif épithète ; qui fumait : prop. sub. relative – **4.** dont le chapeau était rabaissé sur le front : prop. sub. relative – Sombre : adj. qual. épithète.

6 page 17

1. **1.** deux chemises **blanches** à pois **rose vif** – **2.** chaussettes **marron**, paire **bleue** – **3.** robe **blanc cassé** – **4.** jupes **noires**, chemises **rouge écarlate** – **4.** meubles **orange** – **6.** vestes **crème** – **7.** yeux **émeraude** – **8.** voiture **bleu foncé**.

2. **1.** un **bel** édifice, de **belles** statues, de **beaux** parterres – **2.** Ce **vieil** homme, sa **vieille** femme, un **vieux** couple – **3.** La **nouvelle** année, de **nouvelles** résolutions, de **nouveaux** projets, une **nouvelle** vie, du **Nouvel** An.

3. Couleurs **vives** ou **sombres** – quelques gilets **noirs** – une robe **bleue** – des chemises **fleuries** – un chapeau **gris** (ou **noir**) – un ruban **noir** (ou **gris**).

4. Souligner : nouveaux, bleu, gaies, anxieuses, grand, carré, théâtral, joyeux, attentifs, timides, excités, barbu.

5. **1.** un vase arrondi – **2.** un enfant palot – **3.** un gâteau mou – **4.** un sens interdit – **5.** un pantalon sali – **6.** un sucre dissout – **7.** un cheveu roux – **8.** un pelage doux – **9.** un travail public – **10.** un sens unique – **11.** un goût amer – **12.** un chandail vert.

6. Homme : habile ; efficace ; célèbre ; public ; énergique – Femme : habile ; efficace ; glaciale ; célèbre ; énergique.

7 page 19

1. **1.** aussi turbulents – **2.** plus amers – **3.** moins acides – **4.** plus agréable – **5.** plus heureux – **6.** moins froid.

2. **Ordre :** 2. – 3. – 4. – 1.

3. Par exemple : **1.** La cigale est plus insouciante que la fourmi. – **2.** Le roseau est moins fort que le chêne. – **3.** La rose est aussi belle que la tulipe. – **4.** Le chien est moins indépendant que le chat.

4. **1.** Parmi les musiciens, Mozart n'est-il pas **le plus connu** ? – **2.** Certains airs qu'il a composés sont parmi **les plus célèbres** qui existent. – **3.** L'araignée fait partie des insectes **les moins appréciés**. – **4.** Il est déjà arrivé ! C'est le coureur **le plus rapide** du groupe. – **5.** Antoine est **le moins paresseux** de la classe.

5. Par exemple : **1.** Ton gâteau est absolument délicieux. – **2.** Paul est plus grand que son père. – **3.** Elle n'est pas la plus avare, elle a au moins donné quelque chose. – **4.** Ces deux acteurs sont aussi célèbres l'un que l'autre. – **5.** Le guépard est l'animal le plus féroce du zoo. – **6.** Ce clown est extrêmement drôle. – **7.** Cet exercice est moins facile que les précédents.

8 page 21

1. **CCL :** 1., 6. – **CC de manière :** 3. – **Complément d'agent :** 2., 4. – **COI :** 5.

2. **1.** En raison du mauvais temps : CC de cause – **2.** afin de finir ses exercices de mathématiques : CC de but – **3.** en glissant sur une plaque de verglas : CC de manière – **4.** De la lucarne du grenier : CCL – **5.** Puisque tu es de mauvaise humeur : CC cause – **6.** tellement il avait soif : CC de cause – **7.** que tout son jardin en est recouvert : CC de conséquence.

3. **Cause :** 1., 4. – **Conséquence :** 2., 3.

4. **1.** Cause : Comme il a neigé, il a descendu la butte en luge. Conséquence : Il a beaucoup neigé si bien qu'il a descendu la butte en luge. – **2.** Cause : Je suis patient car je suis de bonne humeur. Conséquence : Je suis de bonne humeur donc je suis patient. – **3.** Cause : Il se dépêche parce qu'il est en retard. Conséquence : Il est tellement en retard qu'il se dépêche.

9 page 23

1. **1.** Quand il **eut rangé** sa chambre – **2.** Dès que ma moto **sera réparée** – **3.** dès qu'il **s'était** levé – **4.** quand il **a fini** sa journée – **5.** Dès qu'il **aura** terminé.

2. **1.** Il **aura achevé** ses devoirs – **2.** quand il **était revenu** du bureau – **3.** Quand le valet **aura entendu** – **4.** lorsque j'**ai obtenu** de bons résultats – **5.** Il n'**aura** pas **fini** les travaux.

3. **1.** Quand il a fini son année scolaire, il part en vacances ; avait fini/partait ; eut fini/partit ; aura fini/partira. – **2.** Quand il a mal travaillé, sa mère le punit ; avait mal travaillé/punissait ; eut travaillé/punit ; aura travaillé/punira. – **3.** Il se lève quand il a éteint son réveil ; se levait/avait éteint ; se leva/eut éteint ; se lèvera/ aura éteint. – **4.** Quand Mardi Gras est arrivé, ils se déguisent ; était arrivé/déguisaient ; fut arrivé/déguisèrent ; sera arrivé/déguiseront.

10 page 25

1. Les gâteaux que tu as **confectionnés** pour la boum de samedi étaient très **réussis**. En revanche, la viande que j'ai **cuisinée** était complètement **ratée**, je l'ai **laissée** trop longtemps au four. J'ai mieux **réussi** ma charlotte aux fraises. Heureusement !

2. **1.** Elles sont arrivé**es** tôt ce matin et ont réveillé leurs parents qui les ont accueilli**es**… Elles ont répond**u** de bon cœur. – **2.** Je rangerai les assiettes et les couverts qu'elles auront lav**és**. – **3.** Elle était arrivé**e**… elle avait été émerveillé**e**… – **4.** Les enfants que j'ai surveill**és** étaient turbulents. – **5.** Ma sœur a regard**é** la télévision. – **6.** Le match qu'ils ont remporté était palpitant. Ils ont admirablement joué. Ils ont mérité leur victoire.

3. **1.** Elle s'est levée et s'est lavé les mains. – **2.** Ils se sont blessés en bricolant une moto: ils se sont brûlé les mains et le visage. – **3.** Elle s'est effondrée en apprenant la triste nouvelle. – **4.** Karim et Fatima se sont perdus dans la forêt. – **5.** Le prisonnier s'est échappé. – **6.** Les élèves se sont réunis… – **7.** Un coup de feu a retenti, les oiseaux se sont envolés. – **8.** Les deux guenons se sont cherché des poux.

11 page 27

1. tiendra – arrivera – serai – verrai – bondira – parcourra – sépareront – sourirai – jetterai – nouerai – pourrai – essuiera – appuierai – quitterons.

2. Le médecin **déclara** qu'il **repasserait** plus tard et qu'il **verrait** à ce moment… Je lui **dis** que je **serais** certainement absente mais que le père du malade **pourrait**… Il m'**indiqua** aussi qu'il **faudrait**… **devrait** boire régulièrement.

4. **1.** accompagnerai, verras, aimeras – **2.** voudrais – **3.** verrait – **4.** sera, choisira, permettra.

5. **Futur dans le passé:** pourrait, ferait, prendrait – **Action soumise à une condition/souhait:** J'accepterais, voudrait – **Information non certaine:** cheminerait – **Demande polie:** pourriez.

12 page 29

1. **Présent de l'indicatif :** il chante, vous chantiez – tu finis, ils finissent – je joue, nous jouons – nous venons, ils viennent – il meurt, ils meurent – je crois, vous croyez – nous sommes, ils sont – tu entends, il entend. – **Présent du subjonctif :** qu'il chante, que vous chantiez – que tu finisses, qu'ils finissent – que je joue, que nous jouions – que nous venions, qu'ils viennent – qu'il meure, qu'ils meurent – que je croie, que vous croyiez – que nous soyons, qu'ils soient – que tu entendes, qu'il entende.

2. **1.** que tu **écrives** – **2.** que tu **t'appliques** – **3.** que tu **fasses**, que tu **progresses** – **4.** que les chiens **soient** inquiets, que Papa et toi **alliez** – **5.** sans que leurs parents **connaissent** – **6.** Bien que les parents en **veuillent**, **soient** vexés – **7.** Afin que je **puisse**, il faut que tu **nettoies** – **8.** qu'elle lui **dise**.

3. **Présent de l'indicatif:** 3., 4. – **Présent du subjonctif:** 1., 2., 5., 6., 7.

13 page 31

1. **Phrases à la voix passive :** 2., 4., 5., 8.

2. **1.** sera dévoré : futur – **2.** avait été surpris : plus-que-parfait – **3.** était brisée : imparfait – **4.** fut intrigué : passé simple – **5.** a été agacée : passé composé – **6.** n'aura pas été suivi : futur antérieur – **7.** eut été interpellé : passé antérieur – **8.** est apprécié : présent.

3. Souligner : **2.** par l'averse – **4.** par un ruisseau bordé de fleurs multicolores – **6.** par Vincent.

4. **1.** La voiture avait défoncé le muret. – **2.** Amélie et son petit frère ont préparé cette succulente salade de fruits. – **3.** Il a composé quelques contes.

5. **1.** Tous les documents demandés par la mairie ont été envoyés par moi ce matin. – **2.** De la patience et de l'obstination auront été demandées par ce projet. – **3.** Il a bon appétit, tout ce qui lui est présenté est englouti par lui. – **4.** Des fleurs avaient été envoyées par Paul à sa mère.

14 page 33

1. **1.** N'ayant retrouvé – **2.** Portant peu d'argent – **3.** une Espagnole s'appelant Paloma – **4.** Ne l'ayant vue qu'une fois – **5.** Parmi les arbres poussant – **6.** La cueillette ayant eu lieu – **7.** S'étant aspergées d'eau – **8.** La citerne contenant.

2. **1.** une soirée dansante – **2.** des eaux dormantes – **3.** l'eau courante – **4.** L'horloge parlante – **5.** film amusant.

3. **1.** En chaussant ses skis – **2.** En rentrant chez elle – **3.** En regardant souvent des films en VO – **4.** En confrontant différents témoignages – **5.** En mettant sa main dans le sac – **6.** En nous installant sur la terrasse.

4. **Part. présent :** 1., 3., 4. – **Adj. verbal :** 2., 5.

15 page 35

1. **1.** feu – **2.** bouche – **3.** froide – **4.** feu – **5.** bouche – **6.** froide – **7.** feu – **8.** froide – **9.** froid.

2. Anglais: 5, 11 – arabe: 1, 6, 8 – italien: 10 – grec : 7 – latin: 2, 3 – espagnol: 4.

3. Certainement/assurément – étreindre/embrasser – insolence/impertinence – angoisse/peur – manœuvrer/actionner – peureux/craintif – contrôler/surveiller – clair/limpide.

4. **1.** L'amour rend aveugle. – **2.** Tu tombes bien, j'ai quelque chose à te demander. – **3.** Cette bonne odeur aiguise mon appétit. – **4.** Paul dévore des livres durant toutes ses vacances.

5.	**synonyme**	**antonyme**
habile	adroit	gauche, maladroit
paix	calme, tranquillité	guerre, conflit
pareil	semblable, identique	différent
mouiller	humidifier	sécher, essuyer
courage	témérité, bravoure	peur, lâcheté, couardise
violemment	brutalement	calmement, avec douceur

16 page 37

1. Paresser : ne rien faire ; se laisser aller à la paresse – Paresse : absence d'effort ; manque de goût pour le travail – Paresseux : dont le goût pour le travail n'est pas la qualité principale ; qui n'aime pas travailler ; fainéant – Paresseusement : avec lenteur – lentement.

2. Nuire : D = 6 ; E = 2. – Rouillé : D = 4 et 9 ; E = 8 et 12. – Désespoir : D = 3 ; E = 10 et 13. – Conter : D = 1 ; E = 5. – Lien : D = 11 ; E = 7.

3. **a.** RÉSOUDRE – **b.** EXALTÉES – **c.** PILE – **d.** OLÉ ; IRA – **e.** SE ; TRAC – **f.** ÈRE ; AÉRÉ – **g.** RASÉ ; REZ – **1.** REPOSER – **2.** EXILERA – **3.** SALE ; ES – **4.** OLÉ – **5.** UT ; TA – **6.** DÉSIRER – **7.** RÉ ; RARE – **8.** ESPACEZ.

17 page 39

1. r/envoi – at/tendr/issement – franç/ais – héli/coptère – jaun/âtre – héro/ïque – désert/ique – dés/espéré/ment.

2. La bonté – la générosité – la hauteur – la liberté – la musique – la bassesse – la gourmandise – la politesse.

3. Une agrafe – un déménagement – un assemblage – un ski – une pendaison – une chamaillerie.

4. Mensuel – équestre – manuel – scolaire – infernal – pédestre.

5. **Fleur :** 1er radical fleur, fleurir, fleuriste, effleurer, fleurette – 2e radical flor, floraison, flore.
Enfant : 1er radical enfant, enfance, enfantin, enfantement, enfanter – 2e radical infant, infanticide, infantilisme, infantile.

18 page 41

1. Port – jetée – navire – jeter l'ancre – plage – sable – coquillage – mer – marin – barque – baignade.

2. **Champ lexical de la fête :** champagne – musique – danser – serpentin – confetti – rires – gaieté – masques. – **Champ lexical de la peur :** frayeur – chair de poule – frissonner – terrifié – ombre inquiétante – ruelle sombre. – **Champ lexical de la pauvreté :** indigent – guenilles – mendiant – charité – faim – pauvre – sans-abris.

3. **Mots appartenant au champ lexical de la nature :** verdure – rivière – herbes – soleil – montagne – luit – val – rayon – jeune – cresson – herbe – vert glaïeul – souriant – nature – parfums. – **Mots appartenant au champ lexical de la mort :** pâle – malade – il a froid – ne font pas frissonner – deux trous rouges.

19 page 43

1.

	Récit	Description	Dialogue	Je	Il
Sujet 1	✗		✗	✗	
Sujet 2	✗	✗		✗	
Sujet 3	✗		✗		✗

2. **1.** Vous êtes un billet de banque. Racontez quelques épisodes de votre vie. – **2.** C'est la rentrée. Imaginez le dialogue de deux élèves de 6e.

3. Vous faites un voyage en bateau, la tempête fait rage. Faites le récit de cette aventure et décrivez la violence de la tempête.

20 page 45

1. Simultanéité de deux actions : 1, 5, 7. – Antériorité d'une action par rapport à l'autre : 2, 3, 4, 6.

2. **1.** soudain elle s'aperçut qu'elle avait été cambriolée. – **2.** brusquement les lions se mirent à rugir et s'échappèrent de la scène. – **3.** tout à coup il ressentit une forte crampe dans la jambe.

3. L'homme marchait tranquillement dans la rue en lisant son journal lorsque les lacets de ses chaussures se défirent brusquement. Il trébucha et entra en collision avec un passant.

4. **1.** Il lit tout en mangeant. Pendant qu'il lit, il mange. – **2.** Il mange, puis il lit. Quand il a fini de manger, il lit.

21 page 47

1. **Verbes à l'imparfait :** s'ennuyait (durée) – rendait (répétition) – trouvait (répétition) – éclairaient (description) – permettait (condition) – tombait (durée) – tendait (durée).

2. **1.** Les nuages **assombrissaient** le ciel, soudain un rayon de soleil **déchira** la masse nuageuse. – **2.** À chacune de ses visites, il **apportait** … car grand-mère **adorait** ces fleurs. Ce jour-là, il **arriva** les mains vides. – **3.** Il s'**apprêtait** à… quand le téléphone **sonna**.

3. Il **était** sept heures, par un soir très chaud, … Père Loup **s'éveilla**…, **se gratta**, **bâilla** et **détendit** ses pattes… qui **raidissait**… Mère Louve **était** étendue… qui **se culbutaient** en riant, et la lune **luisait**… où ils **vivaient** tous.

4. Les voyageurs **montèrent** dans l'autobus. On **était** serré. Un jeune monsieur **portait** sur sa tête un chapeau qui **était** entouré d'une tresse […] Il **avait** un long cou. Il se plaignit auprès de son voisin des heurts que ce dernier lui **infligeait**. Dès qu'il **aperçut** une place libre, il se **précipita** vers elle et s'y **assit**. Je l'**aperçus** plus tard, devant la gare Saint Lazare […] et un camarade qui se **trouvait** là lui **fit** cette remarque : il **fallait** mettre un bouton supplémentaire [à son pardessus].

CORRIGÉS

22 page 49

1. Cet homme était un bandit [...].
Il s'approcha de Fortunato et lui dit :
« Tu es le fils de Mateo Falcone ?
– Oui.
– Moi, je suis Gianetto Sanpiero. Je suis poursuivi par les collets jaunes. Cache-moi car je ne puis aller plus loin.
– Et que dira mon père si je te cache sans sa permission ?
– Il dira que tu as bien fait.
– Qui sait ?
– Cache-moi vite ; ils viennent.
– Attends que mon père soit revenu.
– Que j'attende ? Malédiction ! Ils seront là dans cinq minutes. Allez cache-moi ou je te tue. »
Fortunato lui répondit avec le plus grand sang froid :
« Ton fusil est déchargé et il n'y a plus de cartouche dans ta carchera.
– J'ai mon stylet.
– Mais courras-tu plus vite que moi ? »
Il fit un saut et se mit hors d'atteinte.

2. Il arriva épuisé mais radieux :
« Maman, je suis embauché, je pars dans trois semaines en Corée ! »
La mère le regarda d'un air songeur. Elle était heureuse que son fils ait la possibilité de mener sa vie comme il l'entendait mais son cœur se déchirait à l'idée de perdre son seul fils.
« En Corée, murmura-t-elle.
– Oui, il riait comme un enfant, je n'y crois pas encore, j'ai l'impression de rêver.
– La Corée, c'est loin. »
La joie disparut du visage du jeune homme.
« Oui mère, je sais, c'est très loin. Nous nous manquerons. »

3. C'est toi Julie ? – Ah ! Comment vas-tu ? – Je m'ennuie un peu. – Quoi donc ? – Avec plaisir ! On pourrait proposer à Lucas. – D'accord. On y va avec ta voiture ?

4. Je l'attendais avec inquiétude. Il m'avait promis d'être là dès le coucher du soleil. Or la nuit était tombée depuis longtemps. Je tendais l'oreille à chaque bruit de moteur.
– Te voilà enfin ! m'écriais-je en courant vers lui.
– Je suis tombé en panne.
– Tu aurais dû m'appeler pour me prévenir, protestai-je. J'étais folle d'inquiétude.
Il se laissa tomber dans un fauteuil. Il me regarda d'un air las :
« J'ai voulu t'appeler mais la batterie de mon téléphone était déchargée. »
Je me décidai à lui sourire et lui proposai de passer à table.

5. « Veux-tu retourner là-bas ?, lui demandai-je.
– Mais je ne peux pas nager jusque là-bas, répondit-il en souriant.
– Je te fabriquerai un canot, promis, lui dis-je.
– C'est génial ! s'exclama-t-il enchanté, je suis d'accord mais il faut que tu viennes aussi. Tu verras, mes frères ne te mangeront pas, au contraire quand je leur aurais raconté que tu m'as sauvé la vie et que tu as tué mes ennemis, ils feront grand cas de toi. »

23 page 51

1. **1.** Robinson répondit que c'était Tenn, **leur** bon chien qu'**il** avait reconnu aussitôt avec **son** poil fauve, **son** aboiement, **sa** fidélité, **ses** crocs aigus et **ses** yeux noisette.
2. Robinson s'écria que c'était bien la première fois depuis **son** arrivée qu'**il** était gêné par des bruits de voix.

2. Je lui dis de n'avoir aucun doute, que j'**étais** réellement un homme, que je n'**avais** avec moi qu'un esclave mais que nous **disposions** d'armes.

3. **1.** Elle se demandait où elle **avait mis** le beurre.
2. Nous apprîmes qu'il **était** arrivé depuis trois jours.
3. Elle leur demanda pourquoi **ils étaient** en retard.
4. Ils lui demandèrent si leur voiture **était** réparée.

4. « Pierre dit à Sophie qu'il te détestait, qu'il te trouvait prétentieuse. Il prétendit que tu prenais toujours ton petit air supérieur pour lui parler et qu'il ne le supportait pas. Il ajouta que tu l'avais invité à ton anniversaire, mais qu'il ne viendrait pas et qu'il te dirait le lendemain qu'il refusait d'être l'ami d'une crâneuse comme toi.
Sophie lui répondit qu'il n'avait pas tort, mais qu'elle ne te connaissait pas encore assez bien pour savoir si elle acceptait ou si elle refusait d'être ton amie et qu'elle irait à ton anniversaire. Elle dit aussi que, de toutes façons, elle aimait les fêtes et qu'aller chez toi lui permettrait de mieux savoir qui tu étais. »

24 page 53

1. m'a ordonné, gémit – s'exclama Paul, racontes-tu – bredouilla – s'exclaffa-t-il. – hurla-t-elle – supplia – insista – jura – annonça – l'interrompit.

2.

Situation 1	Situation 2	Situation 3	Situation 4	Situation 5
s'écrier ordonner exiger s'exclamer tonner crier	s'écrier se rebeller protester s'offusquer se défendre s'exclamer s'écrier	s'informer demander s'enquérir	se plaindre souffler murmurer gémir geindre	répliquer rétorquer

3.

Petit enfant	Timide	Lecteur débutant	Lecteur appliqué	Amoureux
gazouiller balbutier babiller	bégayer bredouiller bafouiller	anonner épeler	prononcer articuler	murmurer susurrer chuchoter

25 page 55

1. KNOCK – LE TAMBOUR

KNOCK. De quoi souffrez-vous?
LE TAMBOUR. Attendez que je réfléchisse. Il rit. Voilà. Quand j'ai dîné, il y a des fois que je sens une démangeaison ici. Il montre le haut de son épigastre. Ça me chatouille. Ou plutôt ça me gratouille.
KNOCK, d'un air de profonde concentration. Attention ne confondons pas. Est-ce que ça vous chatouille ou est-ce que ça vous gratouille?
LE TAMBOUR. Ça me gratouille. Il médite. Mais ça me chatouille bien un peu aussi.

3. **1.** Panisse vient demander à Honorine la main de sa fille Fanny, mais la mère croit que la demande en mariage est adressée à elle-même !
2. Le *vous* de la première réplique désigne, dans l'esprit de Panisse, Fanny et sa mère. Honorine, quant à elle, croit que Panisse ne s'adresse qu'à elle puisque les deux personnages se vouvoient.
3. « HONORINE. – Oui… dimanche… Justement Fanny doit aller passer la journée à Aix, chez ma sœur, et elle ne reviendra que le soir… Je n'aurai même pas besoin de lui dire où je suis allée.
PANISSE (*surpris*). – Elle ne viendra pas avec nous ? »

26 page 57

1. **1. Forme:** bombée – courbe – renflée…
2. Couleur: transparence: translucide – limpide – limpidité – claire… brillance: briller – scintiller – luire – luisante – étinceler…
3. Comparaisons selon la forme: une goutte d'eau est arrondie comme une larme, une perle, une graine…; **selon la couleur:** une goutte d'eau brille comme un diamant, du verre, un ver luisant…

2. **1.** glisser, couler, courir, filer, dévaler, descendre – **2.** suspendre, osciller, se balancer, pendre – **3.** s'allonger, s'étirer, se tendre – **4.** se détacher, tomber, s'échapper – **5.** éclater, s'écraser, s'éparpiller, se briser.

3. **En face** de la porte d'entrée est installé le lit **au pied** duquel se trouve une descente de lit. **Tout au fond**, **adossée** au mur **recouvert** de posters, la chaîne Hi-Fi, **devant** laquelle gisent **pêle-mêle** quelques disques, fait entendre une musique rythmée. **De part et d'autre** de la chaîne Hi-Fi, les fleurs rouges des géraniums égaient la chambre. **À droite**, les deux fenêtres laissent généreusement pénétrer la lumière. Et **faisant face** aux fenêtres, disposé légèrement **en biais**, trône un bureau **surmonté** d'une lampe.

27 page 59

1. **1.** leurs tiges – **2.** ses vagues – **3.** ses créneaux – **4.** leur sommet / leurs cimes – **5.** ses virages / ses méandres – **6.** leurs épis de blé – **7.** ses rues / ses constructions – **8.** leurs feuilles / leurs troncs. – **9.** ses étagères.

2. Les rayonnages de la bibliothèque **couraient** le long des murs, ne **s'arrêtaient** que quand ils **rencontraient** l'encadrement d'une porte, et **reprenaient leur course** sitôt qu'ils **avaient franchi** l'ouverture de la porte.

3. **1.** Dans le jardin, **pousse** un hêtre. – **2.** Sur la place de l'hôtel, **se trouve** la mairie. – **3.** Deux tasses **sont posées** sur le guéridon. – **4.** Un grand tapis **couvre** le milieu de la pièce. – **5.** Dans l'entrée, **on aperçoit** une tête de sanglier – **6.** Au milieu de la pièce, **trône** une colossale table en chêne massif. – **7.** Devant moi **s'étend** la mer. – **8.** Sur le sol de sa chambre **sont éparpillés** des vêtements en désordre.

28 page 61

1. 1. d – 2. c – 3. a – 4. e – 5. f – 6. b.
2. **Description objective:** 2. ; 4. – **Description subjective:** 1. ; 3. ; 5.

29 page 63

1.

Champ lexical de la grosseur	Champ lexical de la maigreur
replet – graisse – ventripotent – potelé – trapu – dodu – gros – bouffi – joufflu – obèse – ventru – boursouflé – bourrelet – corpulent – embonpoint	gracile – sec – malingre – rachitique – décharné – émacié – maigreur – squelettique – grêle – fluet – efflanqué – sveltesse – mince

2. 1. f – 2. h – 3. i – 4. d – 5. b – 6. c – 7. e – 8. a – 9. g.
3. 1. d – 2. b – 3. e – 4. a – 5. c.
4. **1.** gourmandise – **2.** politesse – **3.** orgueil – **4.** spontanéité – **5.** sincérité – **6.** hypocrisie – **7.** sérénité – **8.** pudeur – **9.** audace – **10.** générosité.
5. **1.** vengeance – **2.** vexation – **3.** pardon – **4.** amélioration – **5.** convoitise – **6.** envie – **7.** reproche – **8.** dissimulation.

30 page 65

1. **1.** une enluminure – **2.** historique – **3.** médiévale – **4.** un plan d'ensemble mettant en scène plusieurs personnages – **5.** l'esprit saint – **6.** descriptive.

2. **1.** Raconter : il s'agit d'une illustration d'une fable de La Fontaine (« Le Corbeau et le Renard »). – **2.** Faire réfléchir : par opposition à la violence de la guerre, une jeune femme seule tient une fleur devant la masse de soldats armés. – **3.** Vendre : l'image fait rêver (piscine, hôtel), on peut comprendre que la photo vend un voyage.

3. 1. Contre-plongée, puisque le personnage présent lève les yeux et regarde « le plafond » depuis le bas – **2.** Zoom, puisqu'on passe d'un plan large sur « la petite vallée de Verrière » à un plan rétréci concernant l'entrée de la ville, puis la « grande rue » avant d'aboutir à un gros plan sur « un grand homme » – **3.** Plongée, car les éléments (« toits », « cheminées »...) sont vus de très haut : de la « plate forme » sur laquelle débouche l'escalier en colimaçon du « clocher ».

31 page 67

1. 1. Le/ Loup/ re/prit/ : « Que/ me/ fau/dra/-t-il/ faire ? »
2. – Pres/que/ rien/, dit/ le/ Chien,/ don/ner/ la/ chas/ se aux/gens
3. Por/tants/ bâ/tons/, et/ men/di/ants ;
4. Flat/ter/ ceux/ du/ lo/gis,/ à/ son/ Maî/tre/ com/ plaire :
5. Moy/en/nant/ quoi/ vo/tre/ sa/laire
6. Se/ra/ for/ce/ re/liefs/ de/ tou/tes/ les/ fa/çons. [= de nombreux restes variés]

Vers	Nombre de syllabes	Nom du vers
1	10	décasyllabe
2	12	alexandrin
3	8	octosyllabe
4	12	alexandrin
5	8	octosyllabe
6	12	alexandrin

2. Fin de chaque vers :
– Strophe 1 : blême, glaçons, thème, saisons.
– Strophe 2 : sûre, chevrotants, mesure, temps.
– Strophe 3 : perruque, tremblant, nuque, blanc.

3. Baladins – jardins – grises – églises – devant – rêvant – résigne – signe – carrés – dorés – sages – passage.

4. Alors – beaux – si – minuscules – enfin – très (car « inquiet » compte trois syllabes : in/qui/et).

32 page 69

2. [...] avait l'air d'une princesse [...].
[...] mon étoile du matin.
[...] flammes [...].
[...] Comme l'abeille fait son miel.
Doux anges [...]
Comme l'ombre et comme le vent.

3. 1. Tête – Caillou. Points communs : forme arrondie, aspect lisse, couleur claire.
2. Homme – Lion. Points communs : force puissance, majestuosité.
3. Tête – Cafetière. Points communs : forme arrondie, fait que la cafetière est un contenant (la cafetière contient du café, la tête contient le cerveau).
4. Raccourcit – Mange. Points communs : diminution.

Maths

1 page 73

1. A = 28,9 ; B = 58,5 ; C = 12,8.

2. A = 422 ; B = 77 ; C = 140,5.

3. A = 14,3 ; B = 90,65 ; C = 6,2.

4. $5 \times 4 - 10 + 7 = 17$; $12 - 3 + 7 \times 9 = 72$; $8 + 4 \times 10 - 15 = 33$.

5. $8 \times (5 + 3) - 2 = 62$; $240 - 8 \times (12 + 8) = 80$; $2 \times [17 + (15 - 2)] = 60$.

6. A = 20 ; B = 20 ; C = 5,6 ; D = 0,625 ; E = 1,6 ; F = 4 ; G = 19 ; H = 9,1 ; I = 1 ; J = 1 ; K = 0,8 ; L = 3,25 ; M = 6,3 ; N = 17,5.

7. Vrai : **2** – **4** – **8**. Faux : les autres !

8. Une pelle.

9. 1. $3 \times (18 + 5) = 69$; **2.** $3 \times 18 + 5 = 59$; **3.** $3 + 18 \times 5 = 93$; **4.** $(3 + 18) \times (18 - 3) = 315$; **5.** $3 \times 18 + 3 \times 5 = 69$.

2 page 75

1. $(3,2 + 1,2) \times 1,5 = 3,2 \times 1,5 + 1,2 \times 1,5 = 6,6$ (cm²) ; $7,3 \times (3,6 + 1,5) = 7,3 \times 3,6 + 7,3 \times 1,5 = 37,23$ (cm²).

2. 1. $7 \times 0,8 + 7 \times 1,2$ ou $7 \times (0,8 + 1,2)$.
2. Calcul immédiat avec la seconde expression : $7 \times 2 = 14$.

3. $A = 7,5 \times (0,2 + 0,8) = 7,5 \times 1 = 7,5$;
$B = 10 \times 51 = 510$;
$C = 10 \times 2,7 = 27$;
$D = 0 \times 5,21 = 0$.

4. $A = 17 \times (10 + 1) = 170 + 17 = 187$...
Voir Savoir faire.

5. Oui !
$4 \times 0,52 + 4 \times 0,48 + 4 \times 0,62 = 4\,(0,52 + 0,48 + 0,62)$
$\neq (4 + 4 + 4) \times (0,52 + 0,48 + 0,62)$.

6. $4 \times (4 + 3 + 2 + 1) = 40$ (cm²) : les marches ont 1 cm de haut.

7. 96 m³ ; 336 m³.

8. **1.** $8{,}2 \times 5{,}5 + 8{,}2 \times \mathbf{4{,}5} = 82$;
2. $17 \times 5{,}5 - \mathbf{7} \times 5{,}5 = 55$;
3. $15 \times 101 = 15 \times 100 + \mathbf{15}$;
4. $15 \times 98 = 15 \times 100 - \mathbf{15} \times \mathbf{2}$.

9. **1.** $7a + \mathbf{56} = 7\,(\boldsymbol{a} + 8)$; **2.** $9\boldsymbol{b} + 9 = 9\,(b + \mathbf{1})$; **3.** $(6 + \boldsymbol{c}) \times \mathbf{9} = 54 + 9\boldsymbol{c}$; **4.** $3\,(d - \mathbf{4}) = 3d - 12$.

3 page 77

1. $a = \frac{8}{16}\left(\frac{1}{2}\right)$; $b = \frac{3}{16}$; $c = \frac{5}{16}$;
$d = \frac{7}{16}$; $\frac{3}{16} < \frac{5}{16} < \frac{7}{16} < \frac{8}{16}$.

2. 1 ; 3 ; $\frac{14}{12}$ ou $\frac{7}{6}$.

3. **1.** Fractions < 1 : $\frac{12}{13}$; $\frac{17}{19}$
(le numérateur est inférieur au dénominateur).
Fractions = 1 : $\frac{15}{15}$; $\frac{14}{14}$.
Fractions > 1 : $\frac{17}{15}$; $\frac{23}{22}$; $\frac{15}{14}$.
2. $\frac{23}{22} > 1 > \frac{17}{19}$.

4. **1.** $\frac{37}{10}$; $\frac{102}{10}$; $\frac{1}{10}$; $\frac{53}{12}$; $\frac{1}{55}$; $\frac{1\,721}{450}$; $\frac{104}{140}$; $\frac{70}{25}$. **2.** $\frac{3}{7}$; $\frac{3}{1}$; $\frac{1}{2}$; $\frac{6}{5}$; $\frac{1}{4}$; $\frac{2}{3}$; $\frac{4}{3}$; $\frac{2}{5}$.

5. $\frac{111}{100}$; $\frac{850}{100}$; $\frac{6}{100}$; $\frac{225}{100}$; $\frac{84}{100}$.

6. **1.** $\frac{1}{4} < \frac{3}{4} < \frac{5}{4} < \frac{7}{4} < \frac{9}{4}$.
2. $\frac{17}{34} < \frac{21}{34} < \frac{15}{12} < \frac{18}{12}$.
3. $\frac{3}{8} < \frac{3}{7} < \frac{3}{5} < \frac{3}{2} < \frac{3}{1}$.
4. $\frac{3}{4} < \frac{5}{6} < \frac{7}{8} < \frac{11}{12} < \frac{23}{24}$ (écrire toutes ces fractions avec le dénominateur 24).

7. **1.** $\frac{9}{7} = \frac{54}{42}$; $\frac{28}{24} = \frac{7}{6}$; $\frac{3}{27} = \frac{1}{9}$; $\frac{5}{6} = \frac{35}{42}$.
2. $\frac{11}{0{,}27} = \frac{1100}{27}$; $\frac{12}{25} = \frac{48}{100}$; $\frac{78}{65} = \frac{6}{5}$; $\frac{4}{0{,}1} = \frac{40}{1}$.

8. **1.** $128 \times 0{,}1 = \mathbf{12{,}8}$; **2.** $128 \div 0{,}1 = 128 \times 0{,}1 = \mathbf{1\,280}$; **3.** $0{,}61 \times \mathbf{1\,000} = 610$; **4.** $7{,}8 \div \mathbf{0{,}001} = 7{,}8 \times 1\,000 = 7\,800$.

9. **1.** 10 ; **2.** 31,5 ; 3. 2,25 ; **4.** 20,38.

10.
1. $\frac{\left(\frac{9}{15}\right)}{6} = 0{,}1$ et $\frac{9}{\left(\frac{15}{6}\right)} = 3{,}6$.

2. $a = \frac{10}{\left(\frac{4}{4}\right)} = 10$; $b = \frac{\left(\frac{10}{4}\right)}{4} = 0{,}625$;

$c = 4 + \frac{7}{\left(\frac{5}{4}\right)} = 4 + 5{,}6 = 9{,}6$;

$d = 3 - \frac{\left(\frac{7}{5}\right)}{4} = 3 - 0{,}35 = 2{,}65$.

4 page 79

1. $a = \frac{2}{1}$; $b = \frac{7}{17}$; $c = \frac{26}{25}$;
$d = \frac{4 \times 4}{3 \times 4} + \frac{7}{12} = \frac{16}{12} + \frac{7}{12} = \frac{23}{12}$;
$e = \frac{5}{9}$; $f = \frac{9}{5}$.

2. **1.** $\frac{6}{4} = \frac{3}{2}$; **2.** $\frac{3}{10} + \frac{7}{10} = 1$;
3. 2 ; **4.** 3 ; **5.** $\frac{3}{4}$; **6.** 15.

3. **1.** $\frac{12}{10} + 0{,}05 = \frac{120}{100} + \frac{5}{100} = \frac{125}{100} = 1{,}25$;
2. 0,87 ; **3.** 1 ; **4.** 14,75.

4. Tout le monde a tort : Lucas fait une erreur de virgule dans la multiplication, Laura et Julien font une erreur dans la multiplication d'un nombre par une fraction.

5. $\frac{2}{5} + \frac{15}{100} + \frac{1}{4} = \frac{40}{100} + \frac{15}{100} + \frac{25}{100} = \frac{80}{100}$.
Paul reçoit 20 % ou un cinquième de la somme.

6. L'aire du rectangle est $\frac{5}{8}$ dm² et son périmètre est $\left(\frac{3}{4}+\frac{5}{6}\right)\times 2 = \left(\frac{9}{12}+\frac{10}{12}\right)\times 2 = \frac{19}{12} \times 2 = \frac{19}{6}$ dm.

7. **1.** 1 ; **2.** $\frac{10}{7}$; **3.** 0 ; **4.** $\frac{50}{9}$; **5.** $\frac{1}{4}$.

8.

	$\frac{1}{2}$	$\frac{1}{5}$	$\frac{3}{4}$	0	2	5	$\frac{3}{10}$	$\frac{5}{8}$
$\frac{1}{2}$	$\frac{1}{4}$	$\frac{1}{10}$	$\frac{3}{8}$	0	1	$\frac{5}{2}$	$\frac{3}{20}$	$\frac{5}{16}$
$\frac{1}{5}$	$\frac{1}{10}$	$\frac{1}{25}$	$\frac{3}{20}$	0	$\frac{2}{5}$	1	$\frac{3}{50}$	$\frac{1}{8}$
$\frac{3}{4}$	$\frac{3}{8}$	$\frac{3}{20}$	$\frac{9}{16}$	0	$\frac{3}{2}$	$\frac{15}{4}$	$\frac{9}{40}$	$\frac{15}{32}$
0	0	0	0	0	0	0	0	0
2	1	$\frac{2}{5}$	$\frac{3}{2}$	0	4	10	$\frac{3}{5}$	$\frac{5}{4}$
5	$\frac{5}{2}$	1	$\frac{15}{4}$	0	10	25	$\frac{3}{2}$	$\frac{25}{8}$
$\frac{3}{10}$	$\frac{3}{20}$	$\frac{3}{50}$	$\frac{9}{40}$	0	$\frac{3}{5}$	$\frac{3}{2}$	$\frac{9}{100}$	$\frac{3}{16}$
$\frac{5}{8}$	$\frac{5}{16}$	$\frac{1}{8}$	$\frac{15}{32}$	0	$\frac{5}{4}$	$\frac{25}{8}$	$\frac{3}{16}$	$\frac{25}{64}$

9. Lise a bu exactement $\frac{2}{3}\times\frac{3}{4}=\frac{1}{2}$ litre de jus.

5 page 81

1. $-2{,}11 < -2{,}1 < -2{,}01 < -2 < -1{,}21 < -1{,}20 < -1{,}02 < 1{,}02 < 1{,}2 < 1{,}21 < 2{,}01 < 2{,}10$.

2.

	... < –1,2	–1,2 < ... < –1,1	–1,1 < ...
–1,15		✗	
–0,08			✗
–1,201	✗		
–1,097			✗
–1,101		✗	

3. Sur son nez !

4.

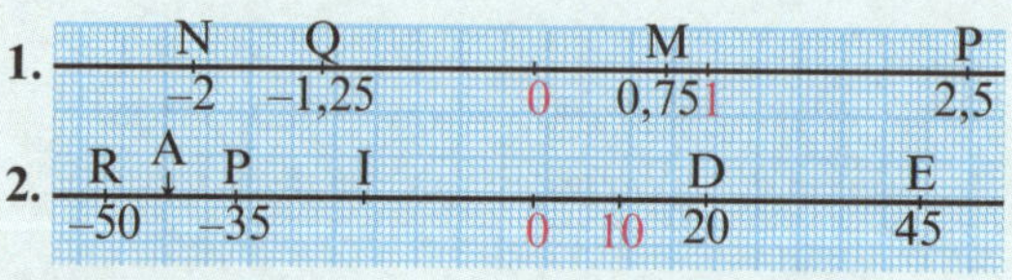

On lit RAPIDE.

5. Première droite : M(–3,5) ; N(–1,5) ; P(3).
Deuxième droite : M(–7) ; N(–3) ; P(6).
Troisième droite : M(–14) ; N(–6) ; P(12).
Quatrième droite : M(–1,4) ; N(–0,6) ; P(1,2).

6. G(3 ; 1) ; H(–2,5 ; 0) ; I(–3 ; –2) ; J(1,3 ; –1,5) ; K(0 ; –1) ; L(–2 ; 1,8).

7.

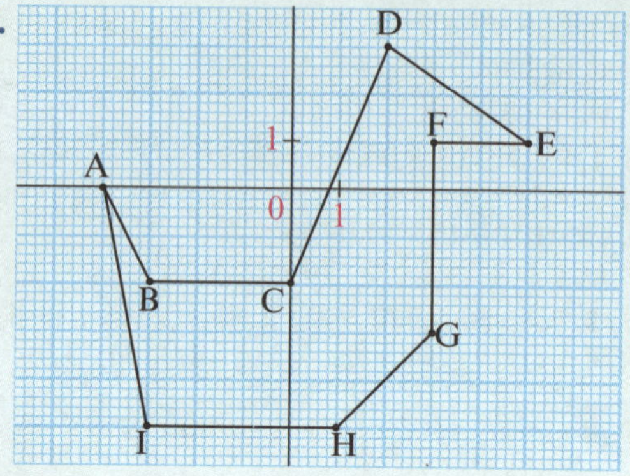

6 page 83

1. A = 11 ; B = – 5 ; C = 9 ; D = – 15.

2. A = 10,9 ; B = –2,5 ; C = 3,3 ; D = –16,3.

3.

+	– 3	2	1,5	– 2,7	– 5	1,2
– 5	– 8	– 3	– 3,5	– 7,7	– 10	– 3,8
– 2,3	– 5,3	– 0,3	– 0,8	– 5	– 7,3	– 1,1
1,3	– 1,7	3,3	2,8	– 1,4	– 3,7	2,5
– 3	– 6	– 1	– 1,5	– 5,7	– 8	– 1,8
– 1,5	– 4,5	0,5	0	– 4,2	– 6,5	–0,3
10	7	12	11,5	7,3	5	11,2

4.

–	– 3	2	1,5	– 2,7	– 5	1,2
– 5	– 2	– 7	– 6,5	– 2,3	0	– 6,2
– 2,3	0,7	– 4,3	– 3,8	0,4	2,7	– 3,5
1,3	4,3	– 0,7	– 0,2	4	6,3	0,1
– 3	0	– 5	– 4,5	– 0,3	2	– 4,2
– 1,5	1,5	– 3,5	– 3	1,2	3,5	– 2,7
10	13	8	8,5	12,7	15	8,8

5. **1.** $a + b = -2$; $a - b = 8$;
$-a + b = -8$; $-a - b = 2$.

2. $a + b = 0$; $a - b = -11$;
$-a + b = 11$; $-a - b = 0$.

3. $a + b = -18{,}2$; $a - b = 0$;
$-a + b = 0$; $-a - b = 18{,}2$.

4. $a + b = -14$; $a - b = -20$;
$-a + b = 20$; $-a - b = 14$.

6. A = C ; B = E ; D = F.

7. 5 – (– 4) = 9 ; –3 – (– 3) = 0 ; 5 + (– 14) = – 9 ; (– 3) – 4 = – 7.

8. **1.** et **2. a.** AB = 4 et l'abscisse du milieu est $\frac{7+3}{2} = 5$. **b.** AB = 5 – (– 2) = 7 et l'abscisse du milieu est $\frac{-2+5}{2} = 1{,}5$.

c. AB = 7 et l'abscisse du milieu est – 0,5.
d. AB = 6 et l'abscisse du milieu est 4.
e. AB = 5 et l'abscisse du milieu est – 1,5.
f. AB = 10 et l'abscisse du milieu est 2.
g. AB = – 1 – (– 4) = – 1 + 4 = 3 et l'abscisse du milieu est $\frac{-1+(-4)}{2} = -2{,}5$.

9. Laura aura 5/10. Réponses fausses : **1.**, **3.**, **4.**, **7.**, **9.** En effet : 5 + (– 8) = –3 ; – 50 + 17 = –33 ; (– 7) + (– 9) = – 16 ; 20 – (– 20) = 20 + 20 = 40 ; – 9 – (– 11) = – 9 + 11 = 2.

10. x = – 505 : AB = – 505 – (– 2 020) = – 505 + 2 020 = 1 515.

7 page 85

1. A = 12 – 9 + 7 ; B = 12 + 9 – 7 ; C = 12 – 9 – 7 ; D = 12 + 9 + 7.

2. A = – 8,9 ; B = 7,6 ; C = 0,9.

3. A = 12,1 ; B = 22 ; C = – 36.

4. **1.** Si $x = -3$, $-x = 3$ donc dans ce cas $-x$ est positif. **2.** (– 2) + (– 3) = (– 5).
3. (– 5) + 3 = (– 2). **4.** (– 5) – (– 9) = – 5 + 9 = 4.

5.

x	y	z	$x+y-z$	$x-y+z$	$-x+y+z$	$-x-y-z$
1	– 5	– 2	– 2	4	– 8	6
– 3	– 2	2	– 7	1	3	3
5	5	– 3	13	– 3	– 3	– 7
– 2	– 5	– 7	0	– 4	– 10	14
– 3	– 11	– 4	– 10	4	– 12	18
7	– 7	0	0	14	– 14	0
3	– 16	– 5	– 8	14	– 24	18

6. **1.** (– 5) + (+ 8) – (– 4) = (+ 7) ;
2. (+ 3,7) – (– 15,3) – (– 9,1) = (+ 28,1) ;
3. (– 3,5) – (– 5,5) + (– 9,5) = (– 7,5).

7. Il a oublié son bateau.

8. Quand il y a des + et des –, on ne peut associer les termes n'importe comment. Mieux vaut d'abord transformer les soustractions en additions.
Ainsi A = (– 7) + 3 + 4 + 2 + 3 = 5
et B = 5 + 7+ (– 4) + 3 + (– 2) + 1 = 10.

9. A = – 4 ; B = – 22 ; C = 3 ; D = – 3.

8 page 87

1. **1.** $3x$; **2.** $x \div 4$; **3.** $2x + 3$.

2. $(x – 4) \times 7 = 7(x – 4)$.

3. **1.** $x + 7$; **2.** $x \times 6 = 6x$; **3.** $x \times 6 + 7 = 6x + 7$;
4. $6 \times 7 + x$; **5.** $6 \times (x + 7) = 6(x + 7)$.

4. **1.** non ; non ; oui car 7 × 1,6 – 5 = 6,2 et 2 × 1,6 + 3 = 6,2. **2.** non ; oui ; non.

5. Multiples de 7 : 63 ; 1 225 ; $7n$; $7n + 7$.

6. **1.** $4 \times (y + 7) = 4y + \mathbf{28}$; $5 \times (\mathbf{2}a – \mathbf{1}) = 10\,a – 5$;
2. $6 \times (x + 8) = 6x + 48$; $5(3x – 4) = 15x – 20$.

7. **1.** $4 \times a + 4 \times b = \mathbf{4} \times (a + b)$; $7x – 7y = 7(\boldsymbol{x} – \boldsymbol{y})$;
6a + 4b = 2 × 3a + 2 × 2b = 2 × (3a + 2b)
= 2 (3a + 2b).
2. $9\boldsymbol{x} + 9y = 9\,(\boldsymbol{x} + \boldsymbol{y})$; $4 \times \boldsymbol{x} + 4 \times 3 = 4 \times (\boldsymbol{x} + 3)$.

8. Une pipe.

9. **1.** $\pi \times 4{,}5^2 \approx 63{,}59$ cm².
2. $2 \times \pi \times r = 628$ donc $r \approx 100$ dm.

10. Périmètre : **b.** ; **c.** et **e.** Aire : **d.**

9 page 89

1. Je suis un singe, j'habite au zoo.

2. **1.** Parallélogramme ; **2.** losange ; **3.** carré ; **4.** rectangle.

3. Nœud papillon.

4.

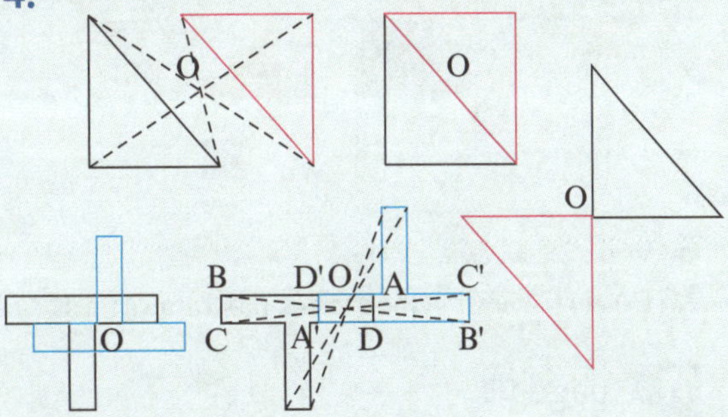

5. Achille et la tortue.

6. Vrai : **1. 2. 4. 6. 8.**

10 page 91

1. **2.** Oui.

2. **1.** ACETW. **2.** OHI. **3.** SZNOHI. **4.** L.

3. **2.** Oui.

4.

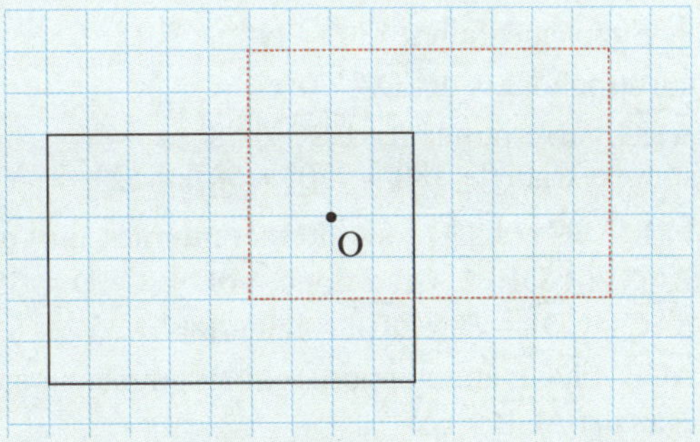

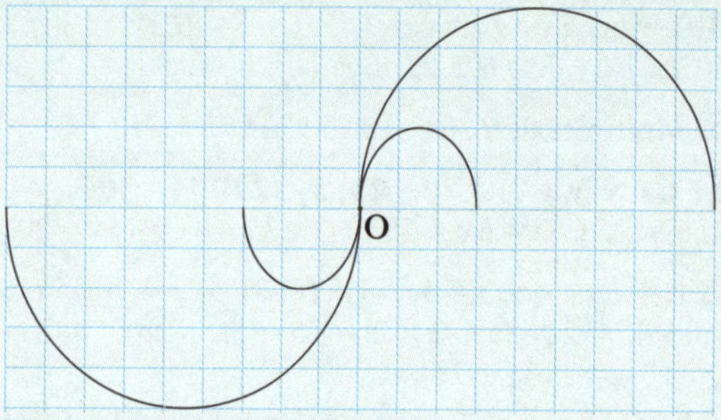

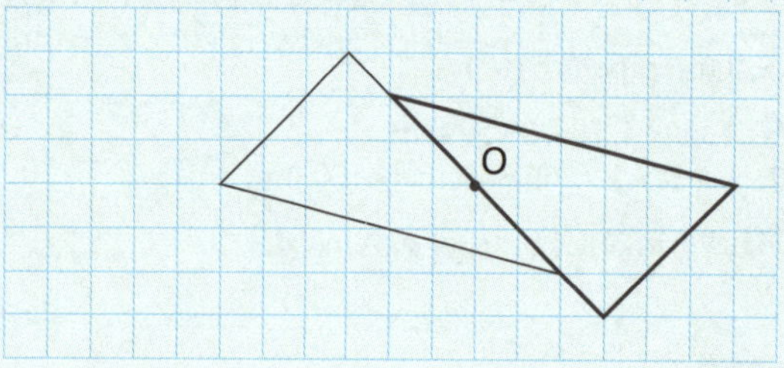

5.

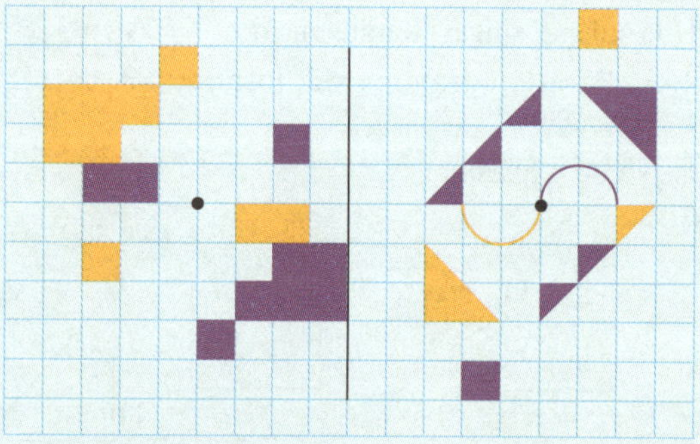

6. Vrai : **2.**, **3.**, **5.**

7. (F_1) et (F_2) sont symétriques par rapport à K.

11 page 93

1. Dans l'ordre : complémentaires ; opposés par le sommet ; supplémentaires ; opposés par le sommet ; complémentaires.

2. Dans l'ordre : alternes internes ; correspondants ; correspondants ; alternes internes ; correspondants ; alternes internes.

3. **1.** Vrai : **b.**, **c.**, **f.**, **g.**, **h.**, et **i.**
2. $\widehat{a} = 130°$; $\widehat{b} = 50°$; $\widehat{c} = 130°$; $\widehat{d} = 50°$; $\widehat{e} = 40°$; $\widehat{f} = 140°$; $\widehat{g} = 40°$.

4. Supplémentaires, 180° – 110° = 70° ;
correspondants, $\widehat{BCD} = 70°$;
$\widehat{AED}$, correspondants, $\widehat{EBC} = 58°$;
somme, triangle, 180° – (70° + 58°) = 52°.

5. **1.** $\widehat{ABC}$ et $\widehat{CED}$ sont alternes internes ainsi que $\widehat{BAC}$ et $\widehat{CDE}$. **2.** On a donc $\widehat{ABC} = \widehat{CED} = 35°$; $\widehat{BAC} = \widehat{CDE} = 80°$; $\widehat{DCE} = 180° - (80° + 35°) = 65°$; $\widehat{ACB}$ et $\widehat{DCE}$ étant opposés par le sommet, ils sont égaux et $\widehat{ACB} = 65°$.

12 page 95

1. 2. 3. 4. 5. Voir Savoir faire et ne pas oublier que la somme des angles d'un triangle est 180°. Ainsi dans le **4**, connaissant $\widehat{P} = 50°$ et $\widehat{F} = 80°$, on a $\widehat{I} = 180° - (80° + 50°) = 50°$.

6. Suivre le programme : on trouve deux triangles non superposables.

7. Première figure : tracer un triangle ABC rectangle en B tel que AB = 5 cm et BC = 3 cm. Tracer un angle mesurant 35° de sommet C dont un côté est [AC]. Reporter au compas, à partir de C, la longueur CA sur le deuxième côté de cet angle pour obtenir le point D (CD = CA).
Deuxième figure : Tracer un triangle ABC tel que AB = 4 cm, $\widehat{ABC} = 40°$ et $\widehat{BAC} = 70°$. Tracer un arc de cercle de centre B et de rayon 4 cm et un arc de cercle de centre A et de rayon AC ; ouvrir le compas de A à C : F est à l'intersection de ces deux arcs de cercle.

8. **2.** Non réalisable (9 + 7 < 18). **1. 3. 4.** : voir Savoir faire.

9. Vrai : **1.**, **3.**, **6.**

10. **1. 2. 3. 4.** facile ; C_4 est le milieu de [AB].

13 page 97

1. $\widehat{P} = 100°$; $\widehat{G} = 35°$; $\widehat{A} = \widehat{M} = 67{,}5°$;
SM = 7 cm ; $\widehat{B} = 60°$; BC = 8 cm ; $\widehat{F} = \widehat{L} = 60°$;
FL = 4 cm ; $\widehat{A} = 50°$; $\widehat{R} = 80°$.

2. Il est rectangle.

3. Il n'existe pas.

4. Calculer d'abord $\widehat{A}$.

5. $\widehat{b} = 30°$; $\widehat{c} = 80°$; $\widehat{f} = 50°$; $\widehat{g} = 30°$; $\widehat{k} = 40°$; $\widehat{d} = 50°$.

6. $\widehat{b} = 60°$; $\widehat{a} = 30°$; $\widehat{e} = 45°$; $\widehat{d} = 45°$; $\widehat{g} = 45°$; $\widehat{f} = 67{,}5°$; $\widehat{k} = 45°$; $\widehat{l} = 22{,}5°$.

7. **1.** Se servir du rapporteur, du compas, de l'équerre : on trace un segment [AB] de 5 cm, une demi-droite d'origine B faisant un angle de 30° avec [AB] qui coupe la perpendiculaire à [AB] passant par A en F ; puis une demi-droite d'origine B faisant un angle de 80° avec [BF]…
2. Se fait uniquement à la règle, compas, équerre. Tracer un triangle équilatéral ABC de côté 5 cm. Tracer la hauteur issue de A, elle coupe [BC] en E. Tracer la perpendiculaire à (AE) passant sur A et placer sur cette droite le point D (du côté de C par rapport à (AE)) tel que AD = AE (se servir du compas). Tracer [DE]. Tracer la perpendiculaire à (AD) passant par D. Terminer le dessin à l'aide du compas.

8. Le triangle est rectangle et isocèle. Tracer un segment de 8 cm puis un demi-cercle de diamètre ce segment. Tracer un point sur le demi-cercle équidistant des extrémités du segment.

9. Voir Savoir faire n° 2.

10. ACB isocèle en C donc $\widehat{CBA} = 60°$ et $\widehat{ACB} = 180 - 60 \times 2 = 180 - 120 = 60$ et ABC est donc un triangle équilatéral et AB = 3 cm. On trace donc d'abord un triangle équilatéral ABC de 3 cm de côté. ABD est isocèle en D :
on a donc $\widehat{DAB} = \widehat{ABD} = (180° - 40°)/2 = 70°$. On trace donc un angle de sommet A, de côté [AB] mesurant 70° puis un angle de sommet B et de côté [AB] mesurant aussi 70°. D est à l'intersection des côtés de ces deux angles.

14 page 99

1. Voir Savoir faire n° 1.

2. On sait que ces 2 diagonales ont même milieu.

3. Tracer dans les deux cas le milieu de [AC], puis le symétrique D de B par rapport à ce milieu.

4. Tracer le point C tel que I soit milieu de [AC]. Tracer la parallèle à d_2 passant par C : elle coupe d_1 en B. Tracer la parallèle à d_1 passant par C : elle coupe d_2 en D.

5. 1.

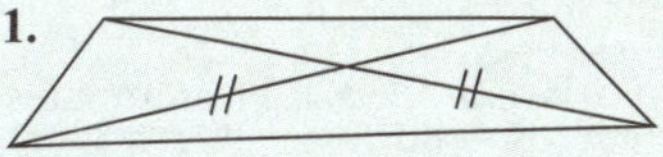

2.

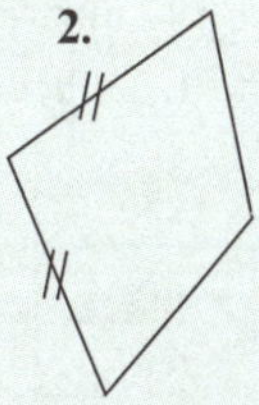

3.

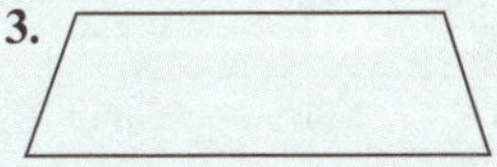

6. **1.** Tracer le triangle RST tel que RS = 5 cm ; ST = 2,5 cm et RT = 4 cm (compas !). Tracer, de l'autre côté de [RT] par rapport à S, un arc de cercle de centre R et de rayon 2,5 cm et un arc de cercle de centre T et de rayon 5 cm. D est à l'intersection des deux arcs.
2. Tracer le triangle AOB tel que AB = 5,4 cm ; AO = 4 cm et OB = 3 cm. Tracer le symétrique C de A par rapport à O et le symétrique D de B par rapport à O.

7. **1.** RN = 8 cm. (MN) // (RP) : $\widehat{MNR}$ et $\widehat{NRP}$ alternes internes donc $\widehat{MNR} = 32°$. De même $\widehat{MRN} = 91°$.
2. Tracer le triangle RNP tel que RN = 8 cm ; $\widehat{R} = 32°$ et $\widehat{N} = 91°$ (voir constructions de triangles). M est le symétrique de P par rapport à O.

8. BC = 21 – (4 + 6,5 × 2) = 21 – (4 + 13)
= 21 – 17 = 4 cm.
Le quadrilatère non croisé ABCD a ses côtés opposés égaux. C'est donc un parallélogramme.

9. **1.** Facile. **2.** et **3.** Il y a confusion entre une propriété et sa réciproque. Il faut dire : si les diagonales d'un quadrilatère ont le même milieu, alors ce quadrilatère est un parallélogramme, donc ACBD est un parallélogramme.

15 page 101

1. Construire le triangle FLI tel que FL = 7,5 cm et FI = IL = 4,2 cm puis O symétrique de F par rapport à I et P symétrique de L par rapport à I.

2. Facile, déjà fait en 6e.

3. Construire le segment [LJ] et son milieu O. Tracer la perpendiculaire à [LJ] passant par O. Sur cette perpendiculaire, placer I à 2,4 cm de O, puis construire le symétrique K de I par rapport à O.

4. Tracer un segment [AB] de 7 cm puis, avec le compas, 2 points situés à 5 cm de A et de B.

5. **1.** Facile. **2.** Tracer un cercle de rayon 2 cm et deux diamètres perpendiculaires.

6. Voir Savoir faire n° 1.

7. ABCD est un losange (4 côtés égaux). On trace [AB] mesurant 5 cm, puis une demi-droite d'origine A faisant 40° avec [AB]. On place sur cette demi-droite D tel que AD = 5 cm et on termine le dessin au compas.

8. **1.** $\widehat{AOB}$ est un triangle isocèle en O donc AO = OB et donc AC = BD. Les diagonales du parallélogramme ABCD ont la même longueur, donc ABCD est un rectangle.
2. $\widehat{AOB} = 180° - 30° - 60° = 90°$. Les diagonales du parallélogramme ABCD sont perpendiculaires donc ABCD est un losange.

9. Placer R à 2 cm de A sur le cercle à l'aide du compas. Tracer (AI) et (RI).

10.

1.

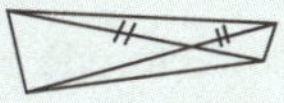

2.

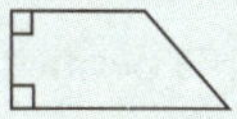

3.

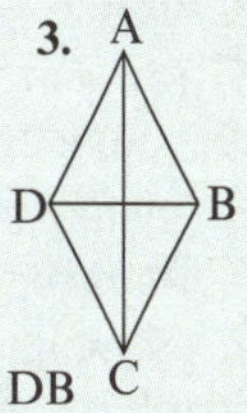

4.

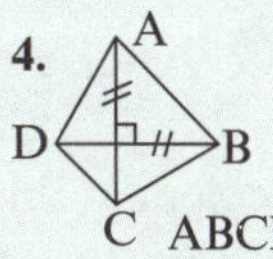

ABCD non carré

5.

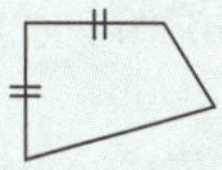

AC π DB

11. **1.** ABD = 180° – (80° + 50°) = 50° ; **2.** ABD est isocèle en A ; **3.** AD = AB = 5 cm ; **4.** ABCD est un parallélogramme qui a deux côtés consécutifs égaux, c'est donc un losange.

16 page 103

1. Voir Savoir faire.

2. C'est A car AB = AC = AF donc A est équidistant de B, F et C.

3. Figure **4.**

4. Elles sont concourantes (elles se coupent en un même point).

5. Au milieu de l'hypoténuse [AC].

6. Tracer le triangle puis les médiatrices de deux côtés (voir Savoir faire).

7. (d_1) est la médiatrice du segment [AC]. (d_2) est la médiane issue de D du triangle ADC (ou issue de B du triangle ABC). (d_3) est la hauteur issue de B du triangle ABC. (d_1) et (d_3) sont parallèles car elles sont perpendiculaires à une même droite.

8. Pour construire la hauteur, il faut prolonger [AB].

9. Tracer un cercle de rayon 4 cm, placer un point E sur le cercle. À l'aide du compas, placer un point F sur le cercle à 5 cm de E, puis un point G sur le cercle à 7 cm de F.

10. Voir Savoir faire n° 2.

11. **1.** Facile. **2.** Les 3 hauteurs sont (HT), (RT) et (TS) : elles se coupent en T.

12. T est facile à tracer. Tracer ensuite le cercle de centre M et de rayon MT et le cercle de centre O passant par M et T. A est à l'intersection des deux.

13. Toutes les droites sont confondues.

17 page 105

1. L'aire du triangle rectangle est 30 cm², du parallélogramme ABCD 19,2 cm², du triangle EFG 18,7 cm², du losange RSTU 19,2 cm², du rectangle SUTV 7,5 cm², du carré MONP 8 cm².

2. Le côté du carré est 7 cm et son aire 49 cm².

3. Le côté du carré est 8 cm (8 × 8 = 64) et son périmètre est 32 cm.

4. **1.** BC × AH = DC × AE. **2.** 21 cm².
3. BC = 21 ÷ 7 = 3 cm.

5. 144 ÷ 16 = 9 : le périmètre de ce rectangle est (9 + 16) × 2 = 50 cm.

6. Faux : $\widehat{D} = 90°$ donc l'aire de ABC est : (CD × AB) ÷ 2 = 10 cm².

7. 1re colonne : 19,2 cm² ; 9,6 cm². 2e colonne : 8 m ; 56 m². 3e colonne : 4 dm ; 24 dm².

8. **1.** Côtés de l'angle droit (par exemple) : 5 cm et 8 cm ou 10 cm et 4 cm.
2. Tracer un segment [AB] de 7 cm et une parallèle à ce segment située à 4 cm. Tout point C de cette parallèle sera tel que l'aire de ABC vaut 14 cm².

9. Aire de ABM = (BM × **AH**) ÷ **2**.
Aire de AMC = (**CM** × **AH**) ÷ **2**.
Or M est le milieu de [BC]. Donc BM = CM et les aires des triangles ABM et AMC sont égales.
La médiane [AM] du triangle ABC le partage donc en deux triangles de même aire.

18 page 107

1. 50 % ; 25 % ; 75 % ; 10 % ; 40 % ; 5 %.

2. 6/12 soit 50 % ; 7/16 soit 43,75 %.

3. **1.** 50 % ; **2.** 25 % ; **3.** 20 % ; **4.** 100 %.

4. Le premier tableau est un tableau de proportionnalité mais pas le second.

5. P = 2 × (15 + x). P n'est pas proportionnel à x.

6.

12,5	25	10	1
5	10	4	0,4

6	27	36	33
4	18	2,4	22

7. **1.** 0 € 90 ; **2.** 1 € 80 ; **3.** 9 € ; **4.** 3 € 24.

8. **1.** 48 % ; **2.** 39 ; **3.** 52 %.

9. 18 % de 700, c'est 126 et 20 % de 620 c'est 124. Romain a raison.

10. **1.** 55 euros ; **2.** 60,50 euros ; **3.** 10,50 euros ; **4.** 10,5/50 soit 21 % ; **5.** Non, il augmente de 21 %.

11. Vrai : **1.**, **3.**

19 page 109

1. Dimensions réelles de l'araignée : 0,5 cm, du dinosaure : 6,24 m de haut et 4,2 m de large.

2. **1.** 85 min et 128 min. **2.** 1 h 39 min et 3 h 32 min.
3. 30 min = 0,5 h ; 15 min = 0,25 h ; 6 min = 0,1 h ; 1 h 30 min = 1,5 h ; 1 h 15 min = 1,25 h ; 1 h 12 min = 1,2 h.

3. **1.** Le lièvre est arrivé le 1er (à 1,5 minute près !).

	Trajet parcouru par le lièvre	**Temps mis pour le parcourir**
Course 1	0,9 km	3 min
Arrêt 1	0 km	60 min
Marche	0,9 km	18 min
Course 2	0,75 km	3 min
Arrêt 2	0 km	30 min
Course 3	3 – (0,9 + 0,9 + 0,75) = 0,45 km	4,5 min
Total	**3 km**	**118,5 min**

2. Un peu plus de 1,5 km/h.

4. **1.**

Durée du parcours en min	60	45	125
Distance parcourue en km	48	36	100

2. 10 h 20 min.

5. **1.** 20 km. **b.** 8 cm

6. Le plan est à l'échelle 1 ÷ 10 000

7. chambre : 2,25 m × 3,75 m ;
cuisine : 1,5 m × 3,45 m ;
salle de bain : 1,5 m × 3,75 m ;
séjour : AB = 6 m ; AD = 3,75 m ; DE = 1,5 m ; EF = 0,75 m ; FG = 4,5 m ; BG = 3 m.

20 page 111

1.

	Prisme A				Prisme B			
	1	2	3	4	1	2	3	4
Sommet	×					×		
Arête				×				
Base		×					×	
Face latérale			×		×			×

2. **3., 6.**

3. **1.** $v = (3 \times 5) \times 2 = 15 \times 2 = \mathbf{30\ cm^3}$.

2. $v = \left(\dfrac{3 \times 2}{2}\right) \times 12 = 3 \times 12 = \mathbf{36\ cm^3}$.

3. $v = 3 \times 3 \times 3 = \mathbf{27\ cm^3}$.

4.

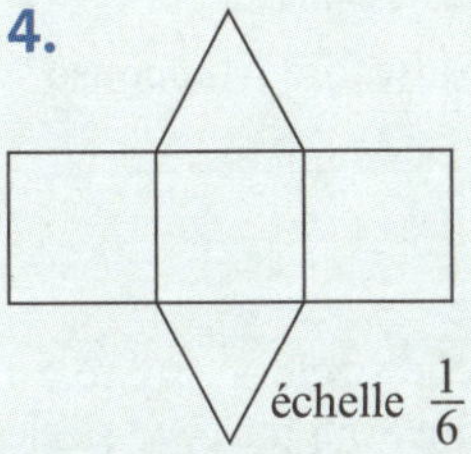

échelle $\frac{1}{6}$

5.

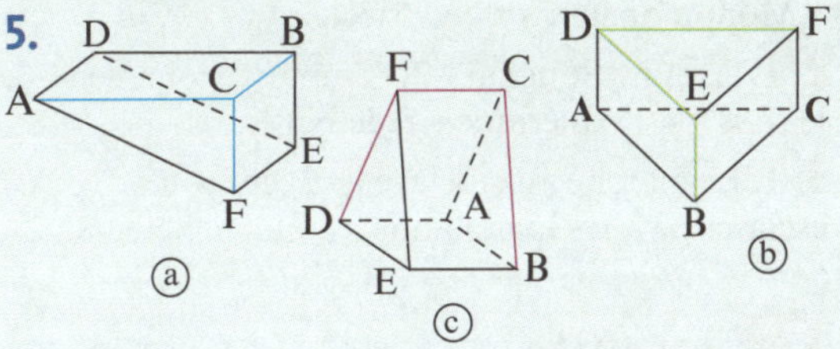

6.

a (en cm)	h (en cm)	H (en cm)	aire de la base (en cm²)	volume (en cm³)
7	4	9	14	126
8	3	5	12	60
6	3,5	4	10,5	42
3,2	5	10	8	80

21 page 113

1. **b. d. h. i.**

2. $D_1 : \mathcal{A} \approx 153{,}86\ \text{cm}^2$; $D_2 : \mathcal{A} \approx 3{,}14\ \text{m}^2$;
$D_3 : \mathcal{A} \approx 9{,}812\ \text{cm}^2$; $D_4 : \mathcal{A} \approx 78{,}5\ \text{cm}^2$.

3. **1.** $v = 4 \times \pi \times 1{,}5^2 \approx \mathbf{28{,}3\ cm^3}$;
2. $v = 15 \times v \times 1{,}5^2 \approx \mathbf{106\ m^3}$;
3. $v = 1 \times \pi \times 2{,}5^2 \approx \mathbf{19{,}6\ m^3}$.

4. **1.** $\mathcal{A} = 4 \times 2\ \text{cm}^2$ (on comble les « trous » du rectangle de longueur 4 cm et de largeur 2 cm par deux quarts de cercles de rayon 2 cm).
2. $\mathcal{A} = 2 \times 2 + (\pi \times 2^2) \div 2 = 4 + 2\pi \approx 10\ \text{cm}^2$ (aire d'un carré de côté 2 cm plus aire d'un demi-cercle de rayon 2 cm).
3. $\mathcal{A} = 4 \times 4 - \pi \times 2^2 = 16 - 4\pi \approx 4\ \text{cm}^2$ (aire d'un carré de côté 4 cm moins aire d'un cercle de rayon 2 cm).

5. **1.** $v = \pi \times 12{,}5^2 \times 30 + \pi \times 20^2 \times 20$
$\approx 39\,838{,}75\ \text{cm}^3$.
2. $v = \dfrac{1}{2}\ \pi \times 20^2 \times 45 \approx 28\,260\ \text{cm}^3$.

6. Indication : la surface latérale est un rectangle de dimensions 5 cm et 18,85 cm.

7. Les deux volumes possibles sont :
$v_1 \approx 1575\ \text{cm}^3$ (hauteur du cylindre : 21 cm ; rayon du cercle de base : $30 \div 2\pi \approx 5$ cm).
$v_2 \approx 1102{,}5\ \text{cm}^3$ (hauteur du cylindre : 30 cm ; rayon du cercle de base : $21 \div 2\pi \approx 3{,}5$ cm).
On choisit donc v_1.

8. La tête : $a_1 \approx 3{,}14\ \text{cm}^2$; les 2 bras : $a_2 = 3{,}5\ \text{cm}^2$;
les 2 mains : $a_3 \approx 1{,}57\ \text{cm}^2$;
le tronc : $a_4 \approx 8{,}75\ \text{cm}^2$;
les 2 jambes : $a_5 \approx 3{,}75\ \text{cm}^2$;
les 2 pieds : $a_2 = 1{,}25\ \text{cm}^2$.
Aire de la figure totale $\mathcal{A} = a_1 + a_2 + a_3 + a_4 + a_5 + a_6$
$\mathcal{A} \approx 3{,}14 + 3{,}5 + 1{,}57 + 8{,}75 + 3{,}75 + 1{,}25$
$\mathcal{A} \approx \mathbf{21{,}96\ cm^2}$.

22 page 115

1. **1.** 32 ; **2.** 5 ; **3.** 0 à 4 ; 6 ; 17 ; 19 ; 20 ;
4. 20 ; **5.** 12,09 ; **6.** 18 ;
7. 5 et 8 : 3 % ; 11 : 12,5 % ; 12 : 15,6 % ;
13 : 18,75 % ; 14 : 9,4 % ; les autres : 6,25 %.

2. **1.** 0,08 pour 0, 1, 5 et 7 ; 0,12 pour 2 et 8 ; 0,11 pour 3 ; 0,1 pour 4 ; 0,09 pour 6 et 0,14 pour 9.
2. pair : 0,51 ; impair : 0,49.

3. **1.** Voir Savoir faire. Pour trouver les mesures des angles du diagramme circulaire, multiplier les fréquences par 360 (par 180 pour semi-circulaire).
2. c. 0,06 ; 0,364 ; 0,464 ; 0,088 ; 0,024.
d. 0,416 ; 0,252 ; 0,276 ; 0,056.

4. **1.** Voir Savoir faire.
L'histogramme rouge « dépasse » le bleu… mais :
2. a. Hugo : 20 ; 16 ; 16 ; 17 ; 10
et Proust : 20 ; 9 ; 24 ; 6 ; 27.
b. Voir Savoir faire.
c. Hugo : 112 élèves, dont 79 passages : 70,5 % de réussite.
Proust : 112 élèves, dont 86 passages : 76,8 % de réussite.
d. Bien sûr !

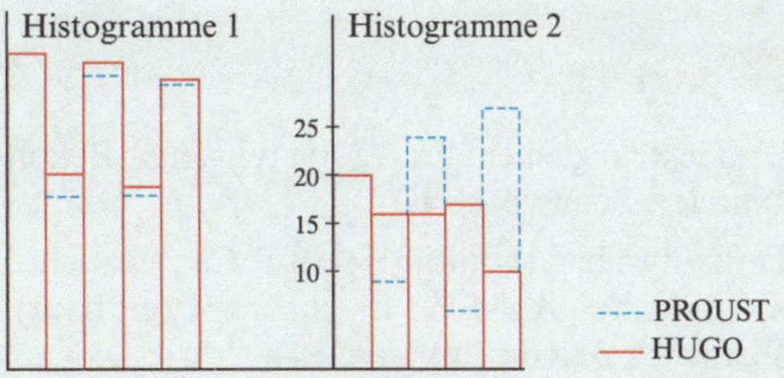

Histoire

1 page 119

1.

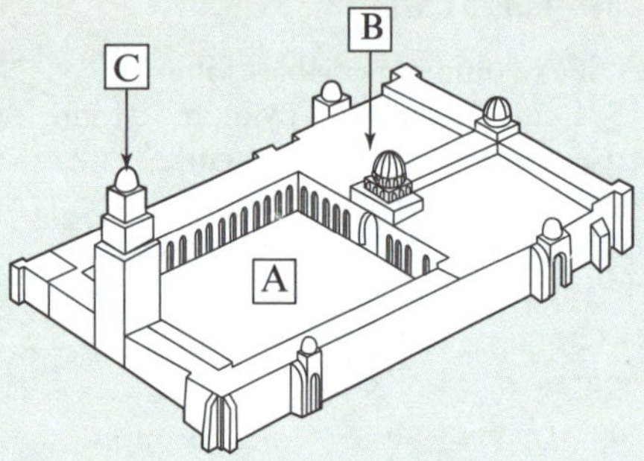

2. Faux : **1.**, **5.** – Vrai : **2.**, **3.**, **4.**, **6.**

3. La profession de foi : **2** – l'aumône : **3** – le pèlerinage : **5** – le jeûne : **1** – la prière : **4**.

4. Caravanes – caravansérail – soie – épices – pierres précieuses – esclaves – ivoire – bazars – souks.

2 page 121

1. Serf : **1.** et **4.** – Vilain : **2.** et **3.**

3. **A :** le donjon – **B :** les machicoulis – **C :** les créneaux – **D :** les meurtrières – **E :** la tour d'angle – **F :** la courtine.

4. Seigneur : la protection contre les ennemis, le don du fief. – Vassal : le service militaire pendant 40 jours, l'aide en argent, le conseil.

5. Payer des redevances : **2.**, **3.**, **5.** – Se soumettre aux banalités : **7.** – Faire des corvées : **1.**, **4.**, **6.**

3 page 123

1. **1.** B – **2.** A – **3.** C.

2. **Hugues Capet :** fondateur de la dynastie capétienne. – **Philippe Auguste :** vainqueur à Bouvines. – **saint Louis :** mort de la peste à Carthage. – **Philippe le Bel :** a fait brûler le grand maître des Templiers.

3. Souligner en rouge : 1229, 1235, 1258.
Souligner en vert : 1249, 1270.
Souligner en bleu : 1258, 1262.

4 page 125

1. **1.** un texte réglementaire – **2.** un religieux : Benoît de Nurcie – **3.** au VIe siècle.

2. De haut en bas, les initiales sont **P, Ca** ; à gauche : **E, C** ; à droite : **A, M** ; et les chiffres **1** (en haut), **2** (à gauche), **3** (à droite).

3. **1.** bas-côté : **3** – nef : **4** – chœur : **2** – abside : **1.** – **2.** Partie de l'église où se tiennent les fidèles : nef.
Partie de l'église où officie le prêtre : chœur.
Partie de l'église qui donne la forme en croix latine : transept.

5 page 127

1. **1.** Les métiers sont des associations de membres d'une même profession. – **2.** Les foires sont des marchés. – **3.** Les franchises sont des libertés urbaines. – **4.** Les échevins sont les membres d'une corporation d'artisans.

2. **A :** *Valencenis* – **B :** les remparts – **C :** l'étendard – **D :** *sigilum* – **E :** les tours du château.

3. **1.** Pitro Mancouso – **2.** Salvatore Mancouso – **3.** Leonardo de Sessino.

6 page 129

1. Empire du Ghana : VIIIe-XIIe siècle – empire du Mali : XIIIe-XIVe siècle – empire Songhaï : XVe siècle – Monomopata : XVe-XVIe siècle.

2. **1.** l'empire Songhaï – **2.** l'empire carolingien – **3.** le café – **4.** l'Amérique – **5.** le Niger.

3. **1.** Le marché aux esclaves – **2.** des souks – **3.** les esclaves : 3 – les marchands : 1 – les acheteurs : 2.

7 page 131

1. **1.** histoire – **2.** hébreu – **3.** musique – **4.** arithmétique – **5.** anatomie – **6.** latin – **7.** astronomie – **8.** géométrie – **9.** grec. Mot surligné : Humaniste.

2. **1.** Supprimer : Château-Gaillard, Versailles, Montségur.

2. Amboise – Blois – Chambord – Chaumont – Azay.

Amboise	Blois	Chambord	Chaumont	Azay
C	D	E	B	A

3. **1.** statue – **2.** religieux – **3.** italien.

4. **Religion catholique :** les sept sacrements – le pape – église – prêtre – le culte des saints. **Religion protestante :** Calvin – pasteur – Luther – temple – le salut par la foi seule.

8 page 133

1. Désormais, l'Europe domine le monde.

2. Christophe Colomb, espagnol, 1492 – Jacques Cartier, français, 1534 – Jean Cabot, anglais, 1497 – Cabral, portugais, 1500 – Magellan, portugais, 1519-1521 – Vasco de Gama, portugais, 1498.

3. **1.** 69 jours – **2.** 97 jours – **3.** 47 jours.

4. **1.** boussole – **2.** portulan – **3.** astrolabe – **4.** caravelle.

9 page 135

1. 1. d – 2. a – 3. f – 4. b – 5. c – 6. e.

2. 1. Henri IV – 2. Louis XIV – 3. François Ier.

3.

	1. Henri IV	2. Louis XIV	3. François Ier
symbole	le panache blanc	le soleil	la salamandre
événement	assassinat par Ravaillac (1610)	révocation de l'édit de Nantes (1685)	bataille de Marignan (1515)
personnage	Sully	Colbert	Léonard de Vinci

Géographie

11 page 139

1. **1.** économiser l'eau – **2.** bâtir avec des matériaux naturels – **3.** trier les déchets – **4.** utiliser des ampoules à basse consommation – **5.** consommer des aliments issus de l'agriculture biologique – **6.** privilégier les moyens de transport non polluants – **7.** recycler le verre.

2. En faveur du développement présent : construction d'un barrage – En faveur de la préservation du futur : culture de semences collectées aux environs du barrage pour être ensuite replantées.

3. Argument écologique : **1.** Argument social : **3.** – Arguments économiques : **2.**, **4.**

12 page 141

1. **1.** EMPLOI – **2.** DÉMOGRAPHIE – **3.** SANTÉ – **4.** FÉCONDITÉ – **5.** MALNUTRITION – **A.** INVESTISSEMENT – **B.** ÉDUCATION – **C.** RESSOURCES.

2. **1.** un dessin et un texte – **2.** une famille de quatre personnes : un père, une mère, un fils et une fille.

3. Cette affiche indienne, composée d'un slogan et d'un dessin représentant une famille de quatre personnes a pour vocation d'inciter la population à limiter le nombre d'enfants par foyer.

13 page 143

1. Pandémies : choléra, grippe aviaire, sida – Endémies : paludisme, fièvre jaune, bilharziose.

2. Réponses **a.** (coqueluche), **b.** (diphtérie), **f.** (tétanos).

4. **1.** 1 : les risques nucléaires – 2 : les inondations – 3 : le paludisme – 4 : le sida. – **2.** Réponse **b.** : la sécurité sanitaire à l'échelle internationale.

14 page 145

1. BRÉSIL : 86 % – INDE : 66 % – MALI : 23 % – SUÈDE : 100 %.

2.

	Une classe en France	Une école en Inde
Dans quel lieu se déroule la leçon ?	une salle de classe	une pièce quelconque très sombre
Quel est le mobilier de la salle ?	des tables et chaises pour chaque élève	aucun mobilier visible, les enfants et l'enseignante sont assis sur le sol
Quel matériel scolaire est utilisé ?	des cahiers et des trousses pour les élèves, un tableau blanc, un vidéo-projecteur	seulement un cahier et quelques papiers
Qui assiste à la leçon ?	des garçons et des filles	uniquement des filles

3. **1.** Les deux cartes sont des planisphères. Celui de la page 137 présente l'IDH par pays et celui de l'exercice le pourcentage de femmes alphabétisées dans le monde. – **2.** Dans les pays où l'IDH est élevé ou très élevé, les femmes sont bien alphabétisées. Alors que tous les pays (sauf le Maroc) où moins de 50 % des femmes sont alphabétisées ont un IDH très faible. – **3.** Dans les pays où l'IDH est moyen, le taux d'alphabétisation est très variable. Il peut être un élément d'explication de l'évolution économique de certains pays. L'éducation est donc un enjeu important du développement.

15 page 147

1. Le **réchauffement climatique**.

2. Abruzzes – **Italie** – 2009 – tremblement de terre – 150 – **naturel**. Bhopal – Inde – 1984 – explosion dans une usine – 30 000 – **technologique**. Toulouse – **France** – 2001 – **explosion de l'usine AZF** – 30 – technologique. Izmit – Turquie – 1999 – **tremblement de terre** – **plus de 17 000 morts** – naturel. – **1.** Abruzzes et Izmit : risque naturel – Bhopal et Toulouse : risque technologique. – **2.** Face à des catastrophes de même nature, les pertes humaines sont beaucoup moins importantes dans les pays riches que dans les pays plus démunis. Les sociétés sont inégales face aux risques.

3. Dans l'ordre : risques – pauvreté – développement – climatiques – sécurité – planète. – **1.** Ban Ki-Moon est le secrétaire général des Nations unies. – **c.** Parce qu'il exprime l'idée de répondre à des besoins présents tout en préservant les besoins à venir.

4. **1.** Catastrophes citées : inondations, cyclones, séismes, sécheresse. – **2.** Le Japon est un pays développé : il dispose de davantage de moyens pour prévenir et gérer les catastrophes.

16 page 149

1. Dimensions : maisons de très petite taille – Ouvertures : une seule porte, absence de fenêtres – Matériaux utilisés : planches de bois pour les murs, tôle ondulée pour le toit – Commodités : installations électriques rudimentaires – Proximité avec le voisinage : entassement des maisons, aucune intimité.

2. Colorier en vert : Norvège, Suède, Canada, Belgique, Australie, États-Unis, Islande, Pays-Bas, Japon, Finlande – Colorier en rouge : Mali, Centrafrique, Tchad, Guinée Bissau, Éthiopie, Burkina Faso, Mozambique, Burundi, Niger, Sierra Leone.

3. **1. G. – 2. H. – 3. F. – 4. A. – 5. E. – 6. B. – 7. D. – 8. C.**

17 page 151

1. **1.** agriculture vivrière – **2.** agriculture commerciale – **3.** plantation – **4.** famine – **5.** disette.

2. Barrer : betterave – cacao – café – colza.

3. Cocher : **d., e., g.**

4. À vérifier à l'aide d'un atlas.

18 page 153

1. Dans l'ordre : puits – douce – usées – maladies – potable – économiser – irrigation – douche – planète.

2. aqueduc → transport à distance de l'eau – barrage → canalisation des réserves d'eaux – digue → protection contre les crues – station d'épuration → traitement des eaux usées – usine de dessalement → transformation de l'eau salée.

3. **1.** Lieux les plus exposés aux pénuries : tout le continent africain, le Moyen Orient, les régions désertiques d'Asie, d'Australie et d'Amérique centrale. – **2.** Pays en situation critique : Côte d'Ivoire, Nigeria, Soudan, RDC, Angola, Éthiopie, Kenya, Vietnam.

19 page 155

1. Principaux pays producteurs : Moyen Orient, Russie, Amérique centrale – Principaux pays importateurs : Europe, États-Unis, Asie du Sud et du Sud-Est.

2. **1.** éolienne (renouvelable) – **2.** pétrole (fossile) – **3.** panneaux solaires (renouvelable) – **4.** charbon (fossile).

3. Dans l'ordre : épuisement – énergies fossiles – demande énergétique – environnement – nouvelles routes d'approvisionnement – changement climatique – gaz à effet de serre – stockage du carbone – pays en développement.

Éducation civique

20 page 157

1. Première photo : **3.** les Juifs.
Deuxième photo : **1.** les Noirs.

2. Prise en compte de la différence : **1., 3., 4.** – Discrimination : **2., 5., 6., 7.**

3. La première photographie a été prise en France pendant la Seconde Guerre mondiale. Elle représente des enfants devant l'entrée d'un parc à jeux. Sur la grille du parc est accrochée une pancarte précisant : « Interdit aux Juifs ».
La deuxième photographie a été prise en Afrique du Sud pendant l'Apartheid. Elle représente des toilettes publiques : les unes sont réservées aux Blancs, les autres sont réservées aux Noirs. Ces populations sont exclues à cause de leur origine ou de leur couleur de peau. Exemples contemporains : ségrégation dans les États du sud des États-Unis jusque dans les années 1960, atteintes aux droits des femmes aujourd'hui encore dans beaucoup de pays (Afghanistan, Iran…).

21 page 159

1. **1.** Mlle Juste paie moins d'impôts que M. Pareil parce qu'elle gagne moins d'argent. – **2.** M. et Mme Semblable paient moins d'impôts que M. Pareil parce qu'ils ont deux enfants.

2. 1B – 2A – 3D – 4C.

3. **1.** Article 1 : liberté, égalité – Article 2 : fraternité. **2.** L'égalité n'est pas respectée dans l'article de presse.

22 page 161

1. **1.** b – **2.** c – **3.** e – **4.** h.

2. Oui : **3., 4., 5.** – Non : **1., 2.**

3. Catastrophes naturelles : **1., 2., 4.** – Catastrophes provoquées par l'homme : **3., 5., 6.**

23 page 163

1. Réponses **2.**, et **3.**

2. Un citoyen du monde.

3. 1D – 2C – 3A – 4B.

4. Cocher : **1., 3., 5., 6., 7., 8.**

Anglais

1 page 167

1. **1.** are – **2.** do – **3.** are – **4.** is – **5.** don't – **6.** does.

2. **1.** She's phoning – **2.** She's smiling – **3.** He's running – **4.** The sun's shining.

3. **1.** right – **2.** right – **3.** wrong – **4.** right – **5.** right – **6.** right.

4. **1.** to drive – **2.** newspaper – **3.** he is driving.

5. **1.** drives – **2.** speaks – **3.** doesn't walk – **4.** doesn't leave – **5.** takes.

2 page 169

1. **1.** jam – **2.** butter – **3.** coffee – **4.** bread – **5.** milk.

2. Down : **A.** ladies – **B.** glasses – **C.** leaves – **D.** teeth. Across : **1.** children – **2.** cars – **3.** feet – **4.** days – **5.** men – **6.** knives – **7.** boxes – **8.** tea-pots.

3. **1.** an apple – **2.** some tea – **3.** a sandwich – **4.** a hamburger – **5.** some milk – **6.** an egg.

4. **1.** luggage – **2.** furniture – **3.** sugar – **4.** car.

3 page 171

1. **1.** played – **2.** danced – **3.** walked – **4.** climbed. Ils sont au prétérit parce que l'action est passée.

2. **1.** Was – **2.** Are – **3.** These – **4.** Sad – **5.** One – **6.** No. Réponse : WATSON.

3. **1.** started – **2.** played – **3.** arrived – **4.** was.

4. A3 – B6 – C2 – D5 – E4 – F1.

5. **1.** plane – **2.** customs – **3.** officer – **4.** cases – **5.** beach.

6. Did you enjoy your holiday in Scotland?
– Yes, I was very happy there.

4 page 173

1. D – K – T – W. (found, drank, kept, threw, wrote).

2. bring-brought – come-came – cut-cut – get-got – have-had – leave-left.

3. a few – much – many – many – a few.

4. too many – too many – too much – too much.

5. **1.** a – **2.** b – **3.** a.

6. **1.** she felt great… she loved people – **2.** she didn't like kids… she found people stupid.

5 page 175

1. **1.** down ou up – **2.** the middle – **3.** from… to – **4.** under – **5.** over.

2. **B** = boots – **C** = cardigan – cap – **S** = shoes, socks, scarf, shirt – **T** = trousers.

3. **1.** b – **2.** a – **3.** b – **4.** c – **5.** b – **6.** a – **7.** c.

4. A5 – B1 – C2 – D3 – E4 – F6. Le pays est : India.

5. Sur **1** = mine → Sur **4** = ourselves → Sur **7** = from → Sur **6** = our ← Sur **D** = near ↓ Sur **I** = up. ↑

6 page 177

1. **1.** brother – **2.** sister – **3.** mother – **4.** father – **5.** grandfather – **6.** grandmother – **7.** uncle – **8.** aunt – **9.** grandson – **10.** granddaughter.

2. Whose carrots are these?

3. être = **1, 3, 5, 7, 8** – avoir = **4** – cas possessif = **2, 6, 9.**

4. **1.** James's – **2.** Mr. Brown's – **3.** Mrs Delvin's – **4.** the Harissons'.

5. A6 – B5 – C1 – D2 – E4 – F3.

7 page 179

1. **1.** Shall we play tennis? – **2.** Shall we go to the swimming-pool? – **3.** Shall we play Monopoly?

2. **A.** airport – **B.** camera – **C.** passenger – **D.** happy – **E.** travel – **F.** luggage – **G.** postcard.

3. **1.** wrong – **2.** right – **3.** right – **4.** wrong.

4. A2 – B4 – C1 – D3 – E6 – F5.

5. **1.** a – **2.** c – **3.** b – **4.** b.

8 page 181

1. **1.** cooking – **2.** dancing – **3.** cycling – **4.** fishing – **5.** drawing.

2. Tony likes skiing – skating – climbing – swimming. Cynthia enjoys reading – watching TV – stamp-collecting – painting.

3. A3 – B1 – C2 – D4.

4. Roller-skating and windsurfing.

5. **1.** b – **2.** a – **3.** c – **4.** c – **5.** a.

6. 1B – 2A – 3C et D – 4E.

9 page 183

1. **1.** No – **2.** End – **3.** Verb – **4.** England – **5.** Refuse.

2. **1.** b – **2.** a – **3.** d – **4.** b – **5.** b.

3. A3 – B1 – C4 – D5 – E2.

4. Sur **1** = beginning → Sur **3** = win ↗ Sur **4** = often ← Sur **5** = lose → Sur **B** : end ↓ Sur **F** = never ↓.

5. **1. 2. 3.** rien – **4.** which – **5.** who.

6. **1.** your age – **2.** a horse – **3.** a pea in a lift.

10 page 185

1. **1.** D – **2.** K – **3.** G – **4.** L – **5.** lettre R – **6.** lettre E.

2. **1.** was listening – **2.** were playing – **3.** was watching – **4.** was hoovering – **5.** was playing.

3. **1.** finishing – **2.** leaving – **3.** laughing – **4.** losing – **5.** opening.

4. **1.** c – **2.** b – **3.** c – **4.** b – **5.** a – **6.** c.

5. **1.** were – **2.** did – **3.** was – **4.** did – **5.** were.

11 page 187

1. **1.** No, I can't – **2.** Yes, It can – **3.** No, I can't – **4.** No, I can't – **5.** No, I can't.

2. **1.** can swim – **2.** can't ski – **3.** can't run – **4.** can dance.

3. **A.** crown – **B.** peace – **C.** soldier – **D.** war – **E.** elect – REIGN = 83 547.

4. **1.** right – **2.** right – **3.** wrong – **4.** right.

5. «I said that… » **1.** …Mum could do the shopping for you – **2.** …I couldn't leave after 6 – **3.** …Dad could drive you to the park – **4.** …We could take you to the theatre.

12 page 189

1. **1.** He mustn't eat chips – **2.** cakes – **3.** ice-cream – **4.** he must eat salad – **5.** fruit.

2. **2.** be dangerous – **3.** be crazy – **4.** like chips.

3. **1.** Tony needn't take a coat, an umbrella, a scarf. – **2.** Tony must take T shirts, sunglasses.

4.

C	H	I	P	S			C				
O				U	M	B	R	E	L	L	A
A				N			Y				T
T		F	I	G	H	T					
				L							
			W	A	T	E	R				
				S							
				S							
				E	A	T					
				S							

5. A3 – B1 – C5 – D2 – E4.

13 page 191

1. **1.** S – **2.** U – **3.** P – **4.** E – **5.** R.

2. **1.** something – **2.** somewhere – **3.** something – **4.** something.

3. **1.** pillar-box – **2.** tin – **3.** old – **4.** arm – **5.** BBC – **6.** axe.

4. **2.** I'm not going anywhere – **3.** I don't want anything – **4.** I didn't speak to anybody – **5.** I mustn't say anything.

5. **1.** Shakespeare – **2.** King Henri VIII – **3.** Glasgow – **4.** a pillar-box – **5.** the British flag – **6.** Folkestone.

14 page 193

1. **1.** D – **2.** H – **3.** L – **4.** K.

2. **2.** big, the biggest – **3.** difficult, more difficult – **4.** good, better – **5.** faster, the fastest – **6.** bad, the worst – **7.** interesting, more interesting – **8.** higher, the highest – **9.** more terrible, the most terrible – **10.** quick, the quickest – **11.** cold, colder – **12.** small, the smallest.

3. **B.** as black as coal – **C.** as light as a feather – **D.** as brave as a lion – **E.** as blue as the sky – **F.** as cold as ice.

4. **1.** the smallest woman – **2.** the heaviest man – **3.** the oldest man – **4.** the longest snake – **5.** the most expensive.

5. **1.** Washington isn't so populated as New York – **2.** The Amazon is the longest river in the world – **3.** Peter is as tall as his cousin John – **4.** She would like a better map.

15 page 195

1. **1.** Yes, it is – **2.** Yes, it can – **3.** Yes, it does – **4.** No, it didn't.

2. **2.** I can – **3.** My wife is – **4.** I wasn't – **5.** I didn't.

3. 1b. – 2a. – 3c. – 4a. – 5c. – 6a.

4. **1.** Do – **2.** Are – **3.** Can – **4.** Are. (*Dracula*, par Bram Stoker.)

5. **1.** You like tennis, don't you? – **2.** She bought tennis shoes, didn't she? – **3.** They won't come, will they? et They will come, won't they? – **4.** We are leaving at 8, aren't we? et We aren't leaving at 8, are we? – **5.** You wrote to her, didn't you?

16 page 197

1. **2.** How interesting it is! – **3.** How deep it is! – **4.** How typical it is! – **5.** How high it is! – **6.** How good it is!

2. **1.** How happy I am! – **2.** What a horrible animal! – **3.** How mysterious it is! – **4.** How beautiful you are! – **5.** What good food!

3. **2.** What a big nose ... – **3.** What big teeth ... – **4.** What big ears ...

4. NOSE.

17 page 199

1. find, found – work, worked – break, broken – make, made – leave, left – eat, eaten – come, came.

2. A4 – B1 – C5 – D2 – E3.

3. **1.** break – **2.** hair – **3.** glasses – **4.** library – **5.** leave – **6.** find – Réponse : **BIG BEN.**

4. A4 – B5 – C1 – D2 – E3.

SVT

1 page 205

1. **1.** C'est un témoin qui sert de référence. – **2.** On élimine le CO_2 produit par le muscle car on veut mesurer les variations du dioxygène. – **3.** En A, le niveau du liquide coloré s'est déplacé. Ceci s'explique par une absorption de gaz par le muscle. Il est constitué de cellules. – **4.** Le muscle utilise le dioxygène car ses cellules réalisent la respiration cellulaire.

2. **1.** L'expérience montre que les végétaux sont capables de rejeter du dioxyde de carbone, donc qu'ils respirent. – **2.** Le phénomène est bien visible si la plante est maintenue dans l'obscurité, c'est-à-dire que le dioxyde de carbone n'est maintenu dans le milieu qu'en l'absence de lumière. – **3.** On est obligé d'admettre que la respiration existe tant à la lumière que dans l'obscurité. Il faut alors supposer qu'à la lumière, un autre phénomène masque les effets de la respiration en faisant disparaître le dioxyde de carbone.

3. **1.** Récapituler les points connus sur la respiration des êtres vivants : pour les animaux, pour les végétaux. – **2.** Concevoir des montages expérimentaux selon un protocole précis. – **3.** Mettre en évidence des échanges gazeux dont il faudra préciser la nature. Pour cela il faut pouvoir répondre à plusieurs questions : Quel matériel utiliser ? Pourquoi ? Quels sont les gaz respiratoires ? Comment les identifier ? Comment les êtres vivants les utilisent-ils ? Lesquels entrent dans l'organisme, lesquels en sortent ? – **4.** Établir des comparaisons : c'est le but de l'expérience témoin.

2 page 207

1. **1.** Ce sont des mouvements rythmés. – **2.** À des entrées et des sorties d'air : ce sont des mouvements d'expiration et d'inspiration.

2. **1.** Ce sont des mouvements de même nature. Ils caractérisent le même phénomène. – **2.** Pour respirer : ce sont des animaux à respiration aérienne. – **3.** Les animaux vivant en permanence dans l'eau présentent les mêmes mouvements rythmés. Tous les animaux réalisent les mêmes mouvements respiratoires.

3. **1.** Eau → bouche → opercule → sortie.

2.

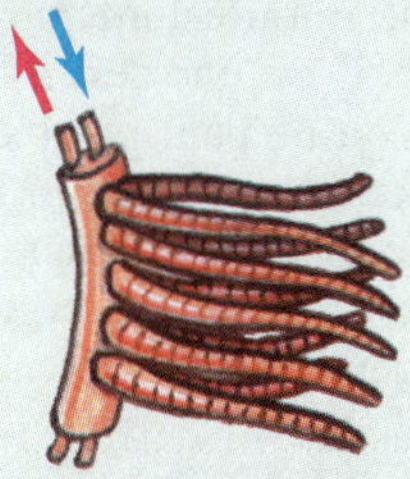

3 page 209

1. **1.** Elle diminue. – **2.** Placer la température en abscisse et la quantité de dioxygène en ordonnée.

2. **1.** Tableau à double entrée : températures sur l'horizontale et battements operculaires sur la verticale.
2. L'augmentation du nombre de battements operculaires par minute traduit l'augmentation de la fréquence respiratoire du poisson.

3. **1.** *Rouge.* Diffusion : passage à travers. Métabolisme : ensemble des réactions d'un organisme produisant de l'énergie.
2. *Bleu.* 13 paires de touffes branchiales externes, passage du dioxygène à travers la peau, activité d'irrigation continue et stockage de dioxygène à marée haute, pas d'activité et rejet du dioxyde de carbone et des déchets à marée basse.
3. L'arénicole possède des branchies externes mais absorbe aussi de l'oxygène par les téguments. Enfouie dans un terrier, elle stocke l'oxygène dans le sang à marée haute. À marée basse, en l'absence de dioxygène, elle vit au ralenti et libère le dioxyde de carbone dans le sang.
4. Branchial et cutané. Beaucoup de branchies en touffes et surface du tégument. Séparation en 2 temps : stockage du dioxygène (marée haute), puis évacuation du dioxyde de carbone (marée basse).

4 page 211

1. **1.** Lors d'un exercice physique, le rythme respiratoire et le rythme cardiaque augmentent.
2. Au cours d'un effort physique, les besoins en énergie de l'organisme augmentent, nécessitant des échanges avec le sang.
3. Le muscle puise du dioxygène dans le sang des capillaires et y rejette du dioxyde de carbone.

2. **1.** Les muscles en activité nécessitent une consommation accrue en dioxygène pour satisfaire leurs besoins en énergie.
2. La composition du sang traversant les muscles en activité est modifiée par les échanges avec le muscle : absorption de dioxygène, et des nutriments (glucose), rejet du dioxyde de carbone.

3. **1.** Mouvements respiratoires : le volume d'air augmente par minute. Battements cardiaques : le volume du sang traversant le cœur augmente par minute.
2. Stabilisation du rythme pendant l'effort ; temps de récupération après.

4. Eau de chaux troublée ; niveau des liquides différents dans le tube. Le muscle a dégagé du dioxyde de carbone fixé par l'eau de chaux d'où son trouble et l'aspiration du liquide dans le tube.

5 page 213

1. **2.**

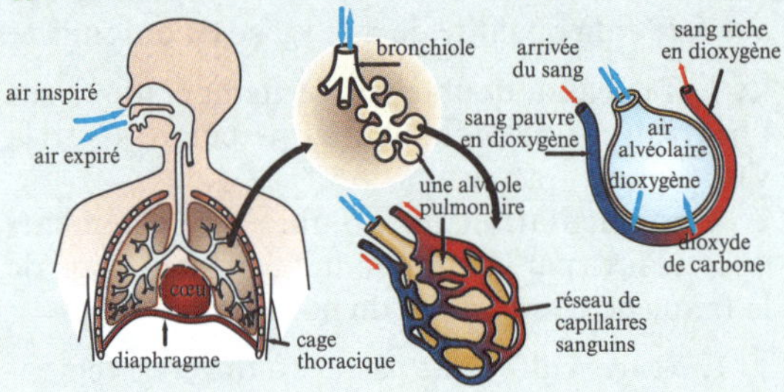

3.

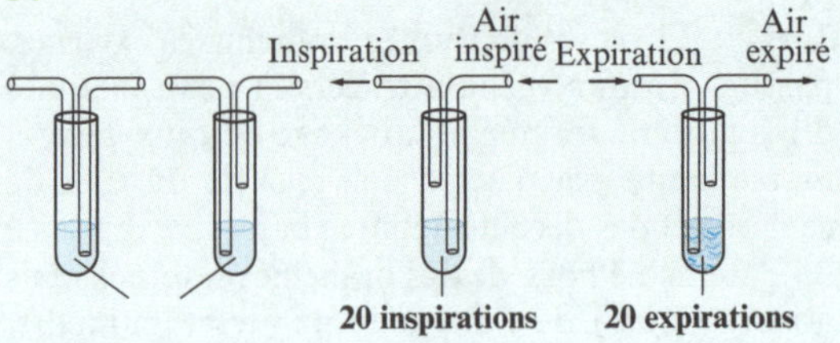

6 page 215

1. 1. Évolution du poids et de la taille de nouveau-nés en fonction du nombre de cigarettes consommées par la mère pendant la grossesse. – **2.** Le tabac provoque une baisse de la taille et du poids du fœtus. Il perturbe donc sa croissance. Ces substances sont passées du sang de la mère à celui de l'enfant, *via* le placenta, zone d'échanges entre le fœtus et la mère.

2. Deux points importants et une solution possible:
– Quels sont les facteurs de pollution en milieu urbain? Essentiellement la combustion des carburants: circulation automobile, chauffage en hiver, industrie.
– Mise en évidence d'une relation nette entre qualité de l'air et santé.
– Nécessité de réduire les facteurs de pollution: réduction de la circulation, réglage des moteurs, réduction des émissions de particules (diesel en particulier).

3. 1. La nicotine provoque une augmentation du rythme cardiaque. – **2.** À long terme, une fatigue du cœur est à craindre ainsi qu'une hypertension artérielle.

4. 1. Pourcentage de la hausse de mortalité pour cause respiratoire: (11/8) × 100 = 137 %; cas de consultation, gaz: (33/19) × 100 = 173 %; particules: (31/25) × 100 = 124 %. – **2.** Absence de vent et stabilité de la couche d'air par forte chaleur. – **3.** Le masque n'arrête que les particules de grosse taille.

7 page 217

1. B – A – C – estomac (B) – intestin grêle (A) – colon (C). Les aliments ne transitent pas par le foie ou le pancréas.

2. 1. Surface: 0,002 cm^2 × 10000000 = 20 m^2.
2. Total: 20 m^2 × 20 = 400 m^2.
3. Une telle surface favorise une absorption intestinale de grande ampleur.

3. Microphotographie de villosités intestinales. La paroi de l'intestin grêle est repliée en d'innombrables villosités ayant la forme d'un doigt. Chaque villosité contient de nombreux capillaires sanguins. Leur paroi, très fine sépare le sang du contenu de l'intestin. La surface de cette paroi constitue une surface d'échange au niveau de laquelle se fait l'absorption des nutriments par le sang.

4. 1. Spallanzani cherche à comprendre le rôle des sucs digestifs et celui des mouvements mécaniques dans la digestion. Il avale un petit tube fermé et perforé contenant des grains de veau mâchés. Au bout de 22 heures, le tube est rejeté. Il ne contient plus rien. – **2.** Deux facteurs: suc gastrique et mouvements de contraction. Oui, la mastication. – **3.** La mastication en utilisant des morceaux mâchés; les contractions de l'estomac en isolant les aliments dans un tube. – **4.** Le suc gastrique a liquéfié les aliments à l'intérieur du tube qui s'est ainsi vidé. – **5.** Le protocole Savoir faire teste le rôle du suc gastrique mais rien ne permet de tester celui des contractions de l'estomac.

8 page 219

1. nutriment → résulte de la dégradation des aliments ; énergie → provient de l'oxydation des nutriments ; oxydation → réaction qui consomme du dioxygène ; pouvoir calorifique → mesure la quantité d'énergie libérée par un aliment ; chaleur → forme d'énergie libérée par une oxydation ; énergie chimique → forme d'énergie contenue dans les nutriments ; énergie mécanique → forme d'énergie libérée par les muscles.

2. 1. Comme toute activité biologique, ces activités se manifestent par une dépense énergétique. – **2.** C'est une dépense énergétique inévitable et que l'on ne peut pas réduire. Elle vaut environ 1 800 kcal/jour pour un homme adulte et 1 500 kcal/jour pour une femme adulte. – **3.** Le travail musculaire produit une énergie mécanique entraînant une dépense supplémentaire qui s'ajoute à la dépense de base.

3.

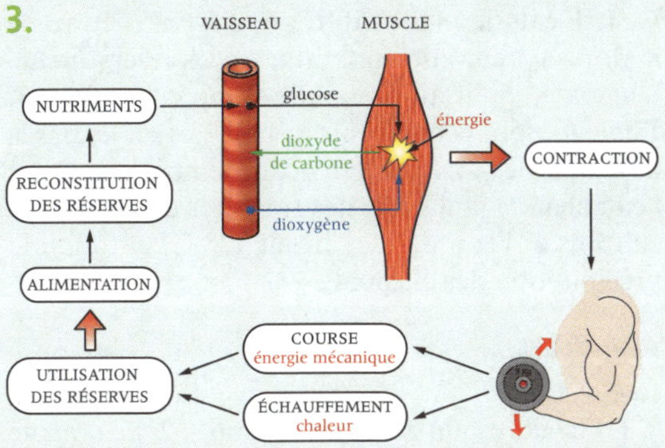

9 page 221

1. Alors qu'elle est identique chez les enfants des deux sexes de moins de 10 ans, la dépense énergétique varie ensuite en fonction de l'âge et du sexe du sujet. À partir de l'âge adulte et à âge égal, elle est toujours plus importante chez un sujet masculin.

2. **1.** Protéines : 16 g × 17 = 272 kJ.
Glucides : 75 g × 18 = 1350 kJ.
Lipides : 1 g = 40 kJ.
Soit pour 100 g de céréales, un apport énergétique de 272 + 1350 + 40 = 1662 kJ environ. – **2.** La pauvreté en lipides (1 g pour 100 g) – **3.** Essentiellement en complétant par un apport de lipides.

3. **1.** La ration de protéines sera d'environ : 0,8 × 70 = 56 g. Si les glucides représentent 50 % de l'apport énergétique, on a : 8 000 × 50/100 = 4 000 kJ, soit en quantité : 4 000/18 = 220 g de glucides environ. Même calcul pour les lipides : 8 000 × 30/100 = 2 400 kJ, soit : 2 400/40 = 60 g de lipides environ. – **2.** Puisque les aliments ont des valeurs nutritives variées, il faut veiller à des apports équilibrés des nutriments, correspondant à un bilan énergétique équilibré.

10 page 223

1. Quantité de sang filtrée :
(1 600 × 11)/100 = 176 l de sang.
Quantité d'urine fabriquée et rejetée :
176/100 = 1,76 l.

2. Le rein filtre le sang, réabsorbe des substances utiles comme le glucose et sécrète un liquide qui élimine les déchets : l'urine.

3. **1.** Alvéoles pulmonaires ; vaisseau sanguin ; capillaire sanguin. – **2.** La grande densité des capillaires au contact direct des alvéoles facilite les échanges entre le sang et l'air alvéolaire.

4. **1.** Des parois très fines, une très grande surface totale, une vascularisation très riche. – **2.** Afin de faciliter au mieux la rapidité des échanges entre l'air alvéolaire et le sang. – **3.** La possibilité de réaliser des échanges très efficaces entre le sang et le milieu extérieur. Leur nom de « surface d'échanges » exprime la manière dont elles sont organisées : pour être efficaces elles doivent présenter une surface d'étalement maximum. – **4.** Par une organisation anatomique faite de multiples replis à différentes échelles. – **5.** Échanges de gaz au niveau des alvéoles pulmonaires et de substances diverses (eau et matières solides) au niveau des néphrons.

11 page 225

1. Les veines contiennent des membranes appelées valvules en « nid de pigeon ». Elles empêchent le sang de repartir en arrière, facilitant son ascension vers le cœur, contre la pesanteur. En fait, d'autres mécanismes interviennent aussi : aspiration cardiaque, muscles qui compressent les veines…

2. La veine cave, l'oreillette droite, le ventricule droit et l'artère pulmonaire sont en bleu. Le reste est en rouge.

3. **1.** L'artère a une paroi épaisse, élastique et circulaire. La veine a une paroi plus mince, non élastique et déformable. – **2.** Une paroi épaisse et élastique supportera des pressions élevées. – **3.** Les artères parce que le sang y circule à pression élevée.

4. Ordre : **3** Le sang remplit les cavités du cœur (diastole). **2** La systole (contraction) est d'abord auriculaire. **1** La contraction des ventricules expulse le sang.

12 page 227

1. **1.** Un changement très net des habitudes alimentaires dans la société. – **2.** Cette évolution, caractéristique de tous les pays industrialisés, est néfaste en termes de santé publique. Elle est responsable d'une obésité de plus en plus présente et de risques cardio-vasculaires de plus en plus forts.– **3.** L'éducation à la santé est le meilleur remède. Il faut être conscient de ce que l'on mange et apprendre à composer des repas variés et équilibrés.

2. **1.** L'homme doit faire face soit à des situations de famine ou à des déficits chroniques en certains aliments, soit à des habitudes alimentaires néfastes qui conduisent à des excès. – **2.** Lipides et glucides.

3. **1.** 0,8 × 70 = 56 g. – **2.** En France et aux États-Unis, l'alimentation est trop chargée en protéines.

13 page 229

1. **1.** La nature du sous-sol est responsable du paysage. – **2.** Champagne : sous-sol argileux imperméable. Midi méditerranéen : sous-sol calcaire très perméable sur de grandes surfaces. – **3.** De l'argile placée au fond d'un entonnoir retient l'eau.

2. **1.** Région calcaire. – **2.** Érosion chimique par dissolution du calcaire sous l'action des eaux de pluie. – **3.** Le Quercy est aussi un plateau calcaire, présentant le même type d'érosion que la région du Karst. Le terme est utilisé pour désigner ce type d'érosion en pays calcaire, où qu'il soit.

3. **1.** Le liquide blanchâtre devient limpide. Le dioxyde de carbone acidifie l'eau gazeuse qui dissout alors le calcaire. – **2.** Le rôle des eaux de pluie chargées en dioxyde de carbone. – **3.** Les Causses dans le sud-est du Massif central.

4. **1.** Taille décroissante des matériaux depuis les zones de montagne jusqu'aux embouchures. – **2.** Le transport et le dépôt des matériaux dépendent de leur taille et de la vitesse des courants. – **3.** Les matériaux vont se déposer dans des parties différentes des rivières en fonction de leur taille.

5. **1.** Quartz → feldspaths → micas noirs. – **2.** Transformation des feldspaths et des micas. – **3.** Sous l'action de l'eau, feldspaths et micas se transforment en argile. Des parties du granite se désagrègent en sable. Les blocs du massif granitique s'arrondissent en boules et forment des chaos.

14 page 231

1. **1.** Une solution. – **2.** Disparition de l'eau et présence de cristaux de sel. – **3.** Évaporation de l'eau ; le sel qui était dissous dans l'eau a précipité et cristallisé. – **4.** L'évaporation de l'eau provoque une concentration très forte de la solution en sel d'où son dépôt.

2. **1.** Milieu marin, peu profond, tempéré à chaud. – **2.** Le calcaire de Beauce. – **3.** Passage d'un paysage de littoral à un paysage de lac. La mer s'est retirée.

3. **1.** Dans des mers tempérées à chaudes, à une profondeur n'excédant pas 250-300 mètres. – **2.** Des animaux planctoniques fabriquent une coquille à partir du calcaire dissous dans l'eau de mer. À leur mort, les coquilles s'accumulent en quantité énorme sur les fonds des mers.

15 page 233

1. Barrer : calcaire, granite, craie.

2. **1.** Aluminium : 3-4 ; fer : 6-7 ; cuivre : 75-100 ; uranium : 1 250 ; or : 4 000. – **2.** Roche contenant un élément en proportion suffisante pour être exploitée. – **3.** Lorsque les coûts d'exploitation et de traitement sont inférieurs au prix de vente.

3. **1.** Environ 18 ans. – **2.** Des gisements non rentables à l'époque sont actuellement devenus, du fait des progrès techniques, exploitables à faible coût, donc rentables.

4. **1.** L'eau de mer s'infiltre de part et d'autre de la dorsale, remonte au voisinage des réservoirs de magma et jaillit au niveau de la dorsale. – **2.** et **3.** Fumeurs noirs et gisements métallifères sur les bords de la dorsale. – **4.** La différence de température entre l'eau chaude jaillissant des fractures et chargée en sulfures et l'eau de mer froide (2° C) entraîne la précipitation des éléments.

16 page 235

1. **1.** Un gîte est un dépôt de minerai. – **2.** La bauxite est un minerai d'aluminium dont le nom vient des Baux-de-Provence. – **3.** Substances énergétiques : houille, hydrocarbures, uranium. Métallurgie, production de métaux : aluminium, fer, cuivre, plomb. Aciers inoxydables : nickel. Batteries, piles : mercure. Monnaie, bijouterie, électronique : or, argent, platine. Engrais : phosphates. – **4.** Raison économique.

2. **1.** Laiton : alliage de cuivre et de zinc. Azurite : carbonate naturel de cuivre. Cuprite : oxyde naturel de cuivre. Bronze : alliage de cuivre et d'étain. Vert-de-gris : oxydation naturelle du cuivre à l'air. Bouillie bordelaise : liquide de traitement des végétaux, à base de sulfate de cuivre. – **2.** Tous ces termes désignent des substances à base de cuivre, qu'elles soient naturelles ou fabriquées. – **3.** Chypre est un lieu connu pour ces très gros gisements de cuivre, exploités depuis l'âge du Bronze (IIe mill. av. J.-C.).

3. Pour la fabrication de granulats utilisés comme matériaux d'empierrement (routes) et la fabrication des ciments industriels, à base d'argiles et de calcaire. Exemples : argile (fabrication des briques et des tuiles, céramiques), sable (fabrication des bétons et mortiers), ardoise, marbre. De nombreux éléments chimiques naturels (zinc, aluminium, plomb, cuivre, lithium, or, etc.) sont utilisés par l'industrie.

4. **1.** Dans ce cas, c'est un gîte particulier puisqu'on peut en extraire directement de l'énergie sous forme de chaleur grâce aux eaux chaudes qu'il contient. C'est une source d'énergie naturelle. – **2.** La géothermie peut être utilisée pour la production d'électricité (centrales géothermiques en Italie, en Nouvelle-Zélande, au Japon, en Guadeloupe) et pour le chauffage urbain. Ceci est le cas de certaines communes du Bassin parisien comme la ville de Melun, et du Bassin d'Aquitaine comme Bordeaux. Des villes entières sont ainsi chauffées en Islande.

5. **1.** Le gypse est un minéral. C'est un sulfate de calcium hydraté. – **2.** Le gypse est utilisé pour la fabrication du plâtre de Paris. Déshydraté par chauffage à 120° C, il donne du plâtre. – **3.** Une des plus célèbres fut réalisée dans le quartier Montmartre, dans le 20e arrondissement. Une partie des carrières a été utilisée pour aménager la grotte des Buttes-Chaumont. – **4.** Les problèmes les plus dangereux sont dus aux effondrements des anciennes cavités de carrières souterraines, provoqués en particulier par de fortes pluies.

17 page 237

1.

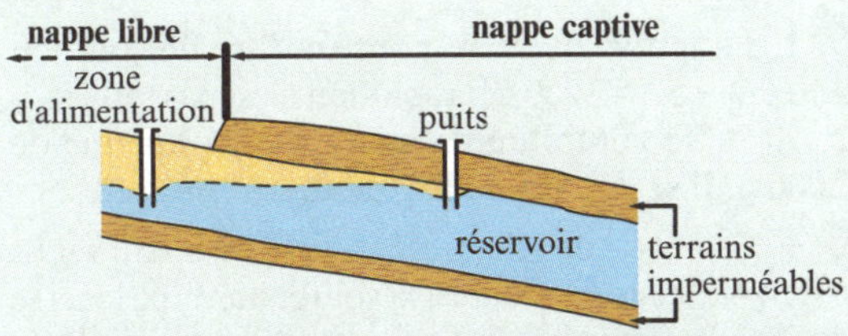

2. **1.** La pollution, due essentiellement au développement des activités humaines : urbanisation, agriculture (engrais), croissance industrielle. – **2.** Interdire l'installation d'activités polluantes : élevages industriels, stockage de déchets, limitation des engrais chimiques.

3. **1.** En raison de la relation très souvent fréquente entre les sites de ces anciennes exploitations et les zones urbanisées actuelles. Certaines villes de France sont bâties sur ces sites puisque les matériaux nécessaires étaient extraits sur place. – **2.** Ces sites doivent être traités rapidement pour éviter les risques d'effondrement. Mais cela pose parfois de graves problèmes économiques. – **3.** En raison de la solubilité des sels dans l'eau.

4. **1.** Porosité et perméabilité. Le sable sera le plus apte à former un aquifère. – **2.** Un terrain imperméable doit être situé sous la nappe aquifère : de l'argile par exemple. – **3.** Par la présence d'un terrain imperméable qui recouvre le terrain perméable formant l'aquifère. – **4.** Par la zone de nappe libre, puisqu'elle n'est pas recouverte par un terrain imperméable.

Physique-Chimie

1 page 241

1. **1.** vrai – **2.** vrai – **3.** faux – **4.** faux – **5.** faux – **6.** faux.

2. 412 500 000 km^2.

3. **1.** sulfate de cuivre – **2.** eau – **3.** L'air contient de la vapeur d'eau.

4. Le cyclohexane ne contient pas d'eau ; on fait le test avec le sulfate de cuivre anhydre.

5. **1.** 71 % – **2.** 39,8 kg.

6. **1.**

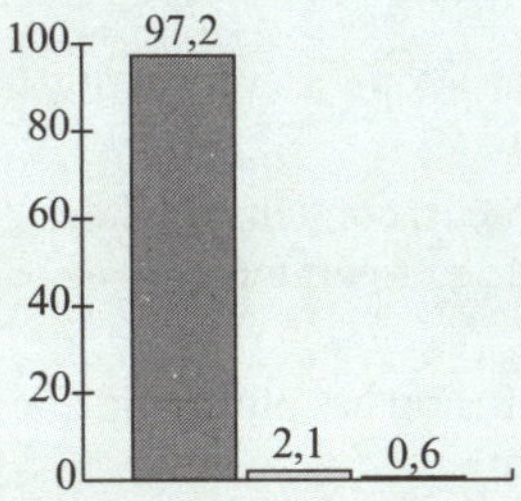

2. eau salée : 97,2 % ; eau douce : 2,7 %.

7. 105 + 195,8 + 81 + 17,5 = 399,3 g.

2 page 243

1.

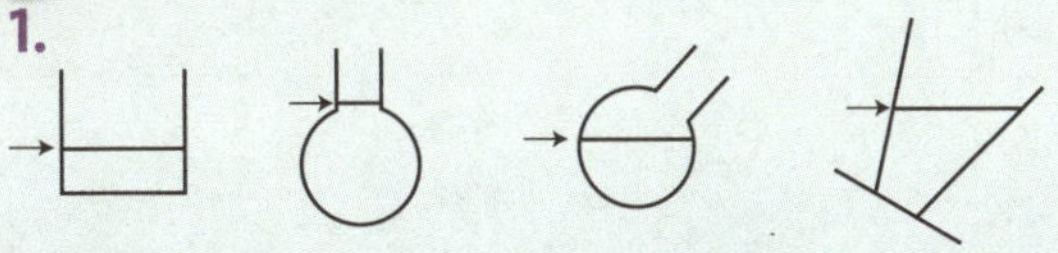

2. **1.** Sous forme de vapeur. Un hygromètre.

3. **1.** Nuage : liquide et solide ; neige, givre : solide ; brouillard, rosée : liquide. – **2.** Les nuages, le brouillard et la rosée se forment par condensation de la vapeur d'eau ; le givre par congélation de la vapeur d'eau.

4. L'air contenu dans le vase, empêche l'eau de pénétrer à l'intérieur.

5. **1. a.** 3 – **b.** 1 – **c.** 2.

6. **1.** Solides ; liquides ; gaz ; gaz ; liquides.
2. Verre ; sable ; air.

3 page 245

1. $V_1 = 7{,}3$ cm^3 ; $V_2 = 25$ cm^3.

2. **1.** Volume d'un pavé. – **2.** On remplit le verre avec de l'eau et on mesure le volume de l'eau avec une éprouvette graduée. – **3.** À l'aide d'une baignoire.

3. **1.** Le volume d'un liquide ne dépend pas de la forme du récipient qui le contient. Les volumes de deux liquides s'ajoutent. Un liquide est incompressible. – **2.** Le volume de la pâte à modeler ne dépend pas de sa forme ; v = 33 cm^3.

4. **1.** $m = \frac{69}{60} = 1{,}15$ g.
2. 1 m^3 = 1 000 dm^3 = 1 000 000 cm^3 ; M = 1 150 kg.

5. On mesure le volume et la masse d'un grand nombre connu de gouttes.

6. **1.**

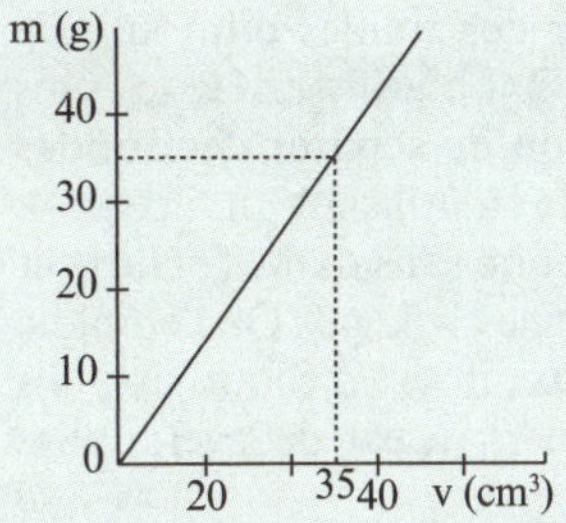

2. La masse et le volume sont proportionnels.
3. 35 cm^3 pèsent 36 g.

4 page 247

1. **1.** évaporation – **2.** condensation – **3.** évaporation – **4.** solidification – **5.** fusion.

2. **1.** solide, gazeux, subliment, condense, solide. – **2.** La vapeur d'eau dans le réfrigérateur forme le givre ; bloc déodorisant.

3. Le volume de l'eau de fusion est plus petit que le volume de la glace.

4. **1.** chauffe ballon ; thermomètre ; chronomètre ; ballon.

2.

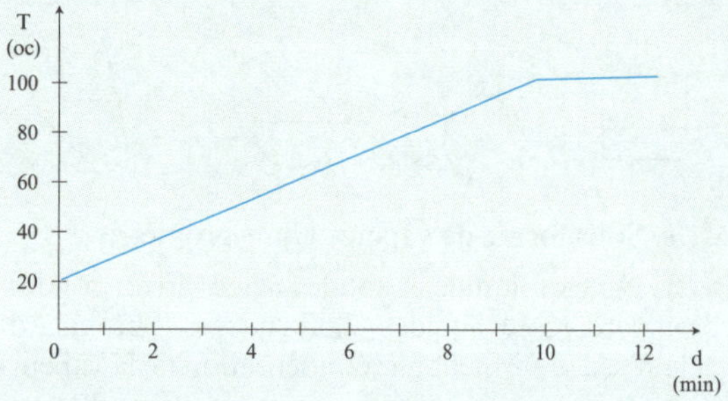

3. La température reste constante au cours de l'ébullition.

5 page 249

1. **1.** mélange eau de mer et sable. – **2.** hétérogène. – **3.** On utilise un filtre. – **4.** On laisse évaporer l'eau, il reste donc le sel.

2. vinaigre – alcool – vin – lait.

3. **1.** L'éluant monte dans le papier à chromatographie et entraîne les différents constituants à des vitesses différentes. – **2.** bleu et jaune. – **3.** Recherche des produits dopants chez les sportifs.

4. **1.** L'huile et le vinaigre ne sont pas miscibles entre eux ; il se forme une émulsion. – **2.** À l'aide d'une seringue.

3.

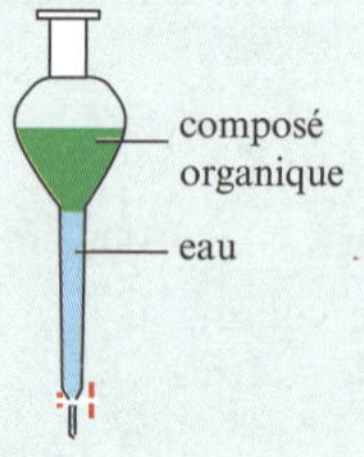

5. **1.** Action de séparer des solides d'un liquide en le laissant reposer. – **2.** La grille arrête les plus gros déchets. – **3.** Action de séparer des solides contenus dans un liquide en utilisant un filtre. – **4.** Une eau que l'on peut boire sans danger ; elle doit répondre à certaines normes. – **5.** gaz. On l'emploie à la stérilisation des eaux ; il sert d'écran vis-à-vis du rayonnement ultraviolet. – **6.** eau de Javel ; utilisé comme désinfectant.

6 page 251

1. $\frac{1,2}{1,9} = 0,631$ litre de gaz (CO_2).

2. Solution ; solvant ; soluté ; dissolution.

3. **1.** Soluté : 20 g – solvant : 100 g. – **2.** 120 g.

4. **1.** $\frac{4}{0,020} = 200$ g/L. – **2.** $\frac{60}{0,020} = 3\,000$ g/L.

5. **1.** La masse de sucre pour un litre de solution serait 60 x 50 = 3 000 g ; la solution n'est pas saturée. – **2.** 20 °C la solubilité du sucre n'est plus que de 2 000 g. Il se dépose 1 000 g de sucre.

6. **1.** La masse de sel ajoutée à un litre d'eau serait $50 \times 4 = 200$ g ; inférieure à la solubilité, donc le sel se dissout totalement. – **2.** La masse de sel ajoutée à un litre d'eau serait de 400 g ; supérieure à la solubilité du sel. – **3.** Il se dépose 400 – 360 = 40 g de sel.

7. **Paludier** : personne qui travaille dans les marais salants. **Partènement** : bassin dans lequel se concentre l'eau de mer avant de pénétrer dans les cristallisoirs d'un marais salant. – **Mulon** : tas de sel recouvert d'argile pour assurer sa conservation. – **Fleur de sel** : la fleur de sel est la mince couche de cristaux blancs qui se forme à la surface des marais salants. – **Étier** : canal qui amène l'eau de mer dans les marais salants. – **Œillet** : endroit où l'on fait cristalliser le sel.

7 page 253

1.

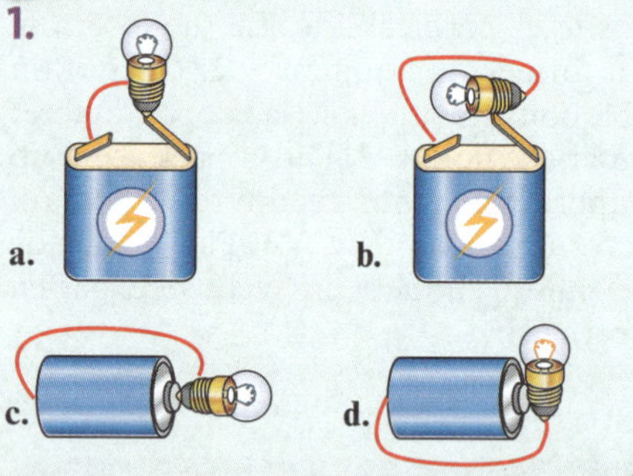

2.

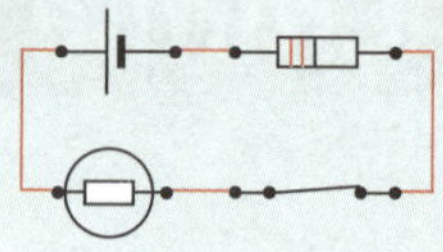

3.

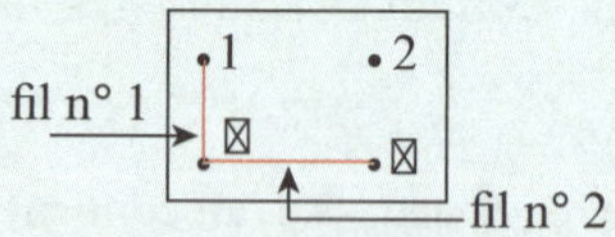

4. La lampe 3 brille.

5. Test 2 : lampe 1 non grillée et pile B non usée ; test 1 : pile A usée (puisque la lampe 1 est bonne) ; test 3 : lampe 2 grillée (puisque la pile B est bonne).

6. **1.**

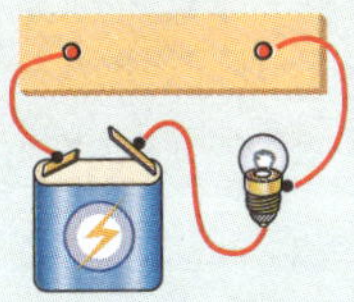

2. Conducteurs : acier ; fer ; graphite ; aluminium. – **3.** L'eau apparaît comme isolante ; l'eau salée est conductrice.

8 page 255

1. Une pile, lampe, lampe, lampe.

2.

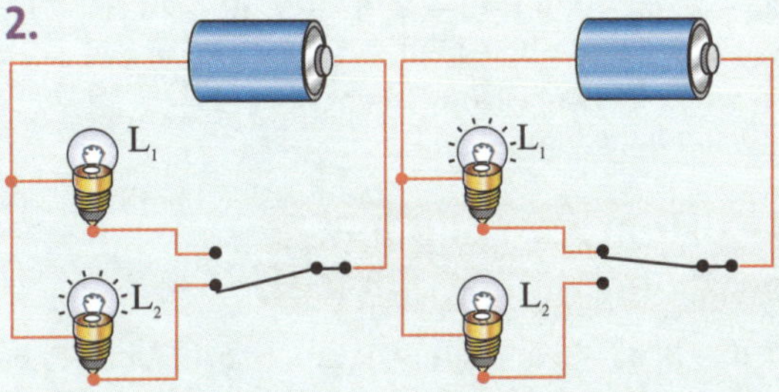

3. **1.**

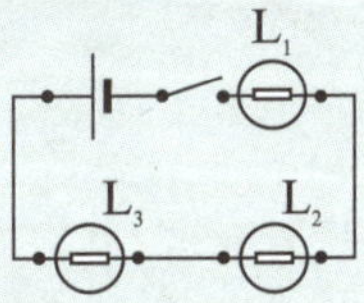

2.

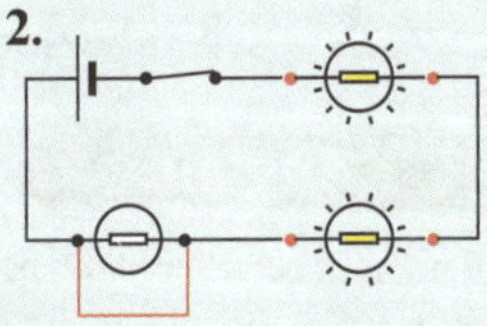

L3 s'éteint et L1 et L2 brillent plus fort. – **3.** Non.

4. **1.** Les deux interrupteurs doivent être fermés. – **2.** Le taille haie. – **3.** Il assure la sécurité de l'utilisateur.

5.

A	B	lampe
0	0	1
1	0	0
1	1	1
0	1	0

La lampe est commandée à partir de l'un quelconque des deux interrupteurs.

6. Conducteur 3-4 coupé et lampe grillée.

9 page 257

1.

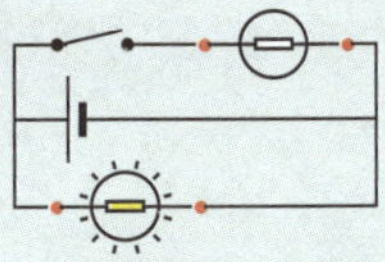

2. **1.** et **2.** Les lampes sont branchées en dérivation, en dévissant une lampe ; les autres continuent de briller. – **3.** Les lampes sont reliées en série ; il faut les court-circuiter les unes après les autres.

3. **1.** **2.** Non.

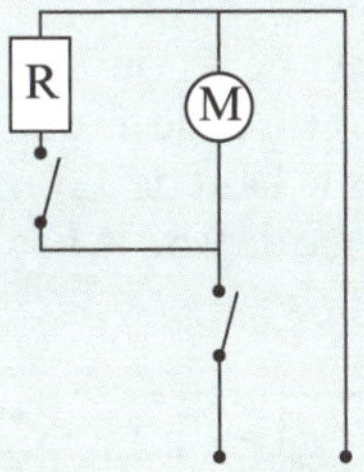

4. **1.** L_1 et L_2 brillent.
2. L1 est court-circuitée ; L2 brille.
3. L1 est court-circuitée ; L2 brille.
4. L1 est éteinte (diode en sens bloquant) ; L2 brille.

5. **1.** dérivation (si l'une grille l'autre continue de briller).
2.

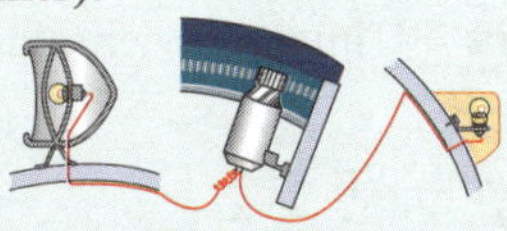

Le circuit électrique se referme par le cadre de la bicyclette.

6. **1.** Si l'on ferme les interrupteurs 1, 2, 3, les lampes L1, L2, L3 s'allument successivement. Si on ferme l'interrupteur 4 toutes les lampes sont court-circuitées et s'éteignent. – **2.** Non. – **3.** À coté de la lampe L2.

10 page 259

1. **1.** Non – **2.** La pile est court-circuitée.

2.

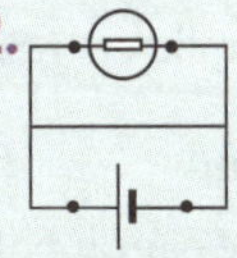

La pile est en court-circuit.

4. Les éclipses empêchent l'introduction de corps étrangers (aiguilles, ciseaux) dans la prise.

5. **1.** Disjoncteur ; fusibles. – **2.** En dérivation. – **3.** éclairage : lustre ; chauffage : radiateur ; télécommunication : téléphone ; moteur : lave-linge.

6. **1.** 184. – **2.** 440. – **3.** 19.

11 page 261

1. Le Soleil et la lampe sont des objets lumineux par eux-mêmes, alors que la Lune et le globe ne font que rediffuser la lumière qui les éclaire.

2. Des particules solides (poussières…) présentes dans l'air diffusent la lumière du phare.

3. Luminescence : un ver luisant. – phosphorescence : les aiguilles d'une montre. – incandescence : le filament d'une lampe. – fluorescence : un tube néon.

4. Transparent : laisse passer la lumière, et on voit à travers. – translucide : laisse passer la lumière, mais on ne voit pas à travers. – opaque : ne laisse pas passer la lumière.

6. **1.** luminescence – **2.** incandescence – **3.** fluorescence – **4.** phosphorescence.

12 page 263

1. 1. On regarde horizontalement : de T_1 on voit une tache rouge ; de T_2 une tache verte et de T_3 une tache bleue. – **2.** Si on regarde vers le haut de T_3 on voit une tache rouge. – **3.** Si on regarde vers le bas de T_1 on voit une tache bleue.

2. La distance qui nous sépare de l'orage est de $340 \times 4 - 1\,360$ m $= 1{,}36$ km.

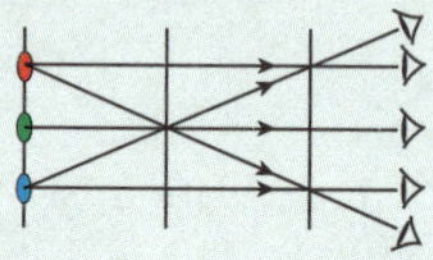

3. L'image est à l'envers. – L'image devient floue. – L'image grossit.

4. Pour le calcul, faire $ab = AB \times (\frac{h}{H})$.

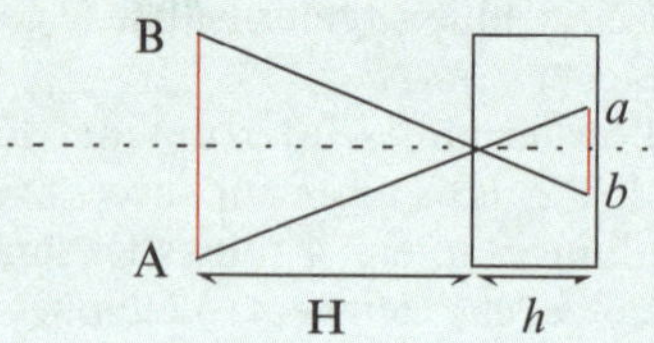

13 page 265

1. Pleine Lune – premier quartier – dernier quartier.

2. La distance Terre-Lune est accomplie en 1,3 s soit :

$$300\,000 \times 1{,}3 = 390\,000 \text{ km.}$$

3. 1. La Lune est située derrière la Terre par rapport au Soleil. – **2.** Elle est située entre le Soleil et la Terre.

4. En été, les rayons du Soleil arrivent verticalement sur la Terre et sont très chauds alors qu'ils y arrivent de façon oblique l'hiver, et chauffent moins.

5. 1. Cadran horizontal ; cadran vertical ; cadran équatorial ; cadran polaire ; cadran analemmatique. – **2.** un gnomon est le nom du plus simple cadran solaire : un bâton planté verticalement dans le sol. Il est connu depuis l'Antiquité. L'heure peut se déterminer soit en fonction de la longueur de l'ombre, soit en fonction de son orientation.

Bilans

Français

1. b. – 2. c. – 3. c. – 4. d. – 5. a. – 6. c. – 7. c. – 8. b. – 9. b. – 10. b. ; c. – 11. a. – 12. c. – 13. b. – 14. b. – 15. b. ; c. – 16. b. – 17. a. – 18. c. – 19. c. – 20. a.

Maths

1. a. ; d. – 2. a. ; b. ; d. – 3. c. ; d. – 4. a. ; c. – 5. a. – 6. c. – 7. b. ; c. – 8. d. – 9. d. – 10. b. – 11. c. ; d. – 12. a. ; b. – 13. d. – 14. c. – 15. a. ; b. ; c. ; d. – 16. b. ; c. – 17. a. ; b. – 18. c. ; d. – 19. b. – 20. a. ; b. ; c.

Histoire – Géographie Éducation civique

1. d. – 2. a. – 3. a. – 4. c. – 5. a. – 6. a. – 7. c. – 8. b. – 9. a. – 10. c. – 11. a. – 12. c. – 13. b. – 14. a. – 15. c. – 16. c. – 17. b. – 18. c. – 19. c. – 20. c.

Anglais

1. a. – 2. b. – 3. c. – 4. c. – 5. c. – 6. a. – 7. d. – 8. b. – 9. a. – 10. b. – 11. c. – 12. a. – 13. a. – 14. a. – 15. a. – 16. a. – 17. c. – 18. d. – 19. a. – 20. b.

SVT

1. a. – 2. b. – 3. b. – 4. c. – 5. a. – 6. c. ; d. – 7. b. – 8. b. – 9. a. – 10. a. – 11. a. ; b. – 12. a. – 13. a. ; c. – 14. a. – 15. c. – 16. c. – 17 a. ; c. – 18. b. – 19. b. – 20. a.

Physique-Chimie

1. a. ; c. – 2. b. ; c. – 3. a. – 4. b. – 5. d. – 6. d. – 7. c. – 8. b. – 9. a. – 10. b. – 11. a. – 12. a. ; c. – 13. a. ; b. – 14. c. – 15. a. – 16. b. ; c. – 17. c. ; d. – 18. a. – 19. b. – 20. b. ; c.

FSC www.fsc.org MIXTE Papier issu de sources responsables FSC® C022030

N° projet : 10182403
Dépôt légal : octobre 2011
Imprimé en France
par LOIRE OFFSET TITOULET

L'Union européenne

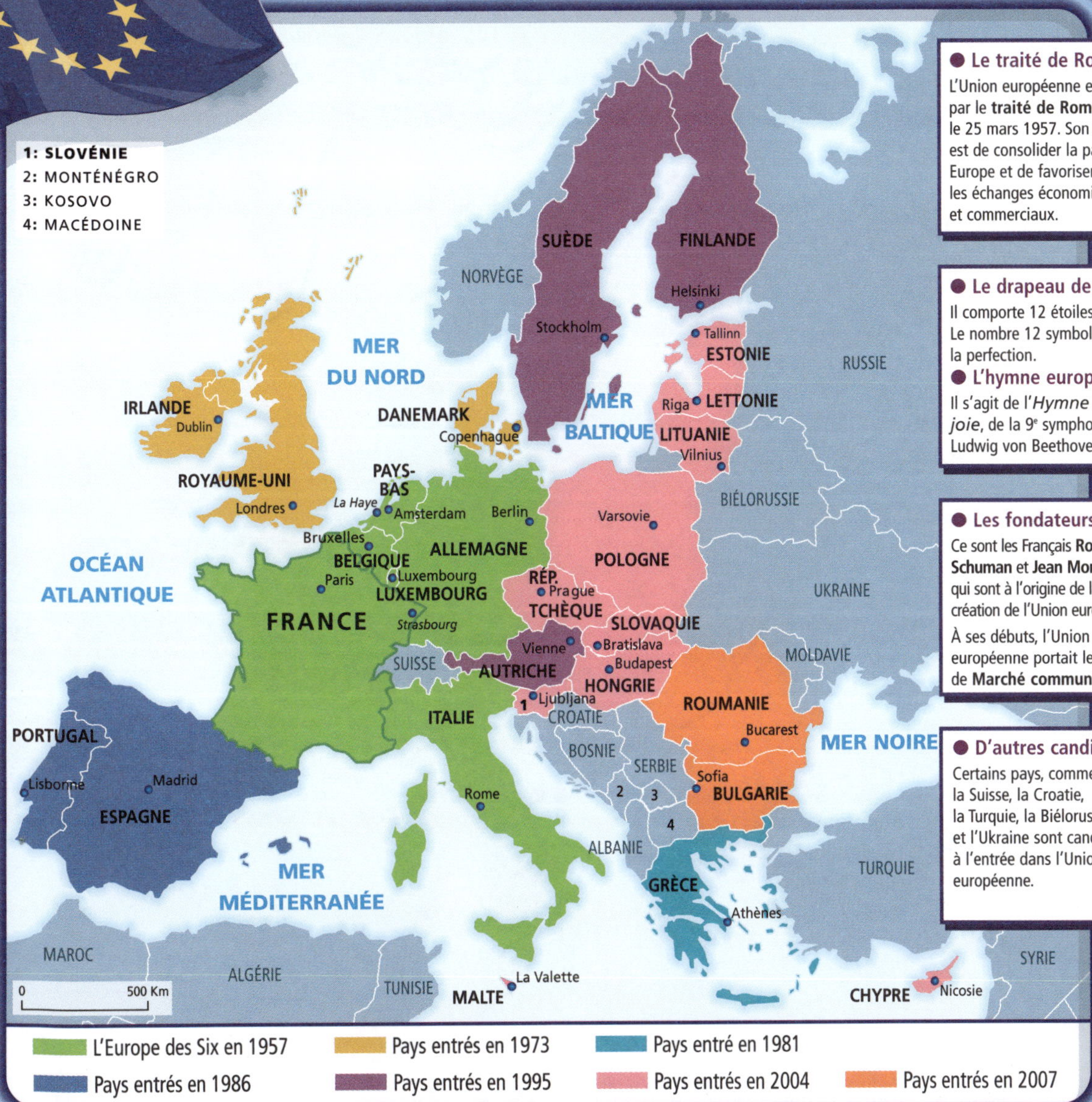

Cartographie : Didier Marandin

● Le traité de Rome

L'Union européenne est créée par le **traité de Rome** signé le 25 mars 1957. Son but est de consolider la paix en Europe et de favoriser les échanges économiques et commerciaux.

● Le drapeau de l'U.E.

Il comporte 12 étoiles. Le nombre 12 symbolise la perfection.

● L'hymne européen

Il s'agit de l'*Hymne à la joie*, de la 9e symphonie de Ludwig von Beethoven.

● Les fondateurs

Ce sont les Français **Robert Schuman** et **Jean Monnet** qui sont à l'origine de la création de l'Union européenne. À ses débuts, l'Union européenne portait le nom de **Marché commun.**

● D'autres candidats

Certains pays, comme la Suisse, la Croatie, la Turquie, la Biélorussie et l'Ukraine sont candidats à l'entrée dans l'Union européenne.

LES INSTITUTIONS

La Commission européenne
- propose des lois ;
- s'assure que les lois sont bien appliquées ;
- représente l'U.E. devant les autres pays.

Le Conseil de l'Union européenne
- vote les lois proposées par la Commission ;
- vote certaines lois avec le Parlement de Strasbourg.

siègent à **Bruxelles** (Belgique)

Le Parlement
- vote le budget et certaines lois en accord avec le Conseil ;
- approuve la nomination des membres de la Commission.

siège à **Strasbourg** (France)

La Cour de Justice
- veille au respect des lois à l'intérieur de l'U.E. ;
- protège les citoyens de l'U.E. en faisant valoir leurs droits.

siège à **La Haye** (Pays-Bas)

La zone euro
- créée en 1999 ;
- regroupe 16 États :

– Allemagne	– Irlande
– Autriche	– Italie
– Belgique	– Luxembourg
– Chypre	– Malte
– Espagne	– Pays-Bas
– Finlande	– Portugal
– France	– Slovaquie
– Grèce	– Slovénie

AMÉRIQUE DU NORD
AMÉRIQUE DU SUD
EUROPE
Océan Atlantique
Océan Pacifique
Océan Anta
Tropique du Cancer
Équateur
Tropique du Capricorne
GROENLAND (DANEMARK)
ISLANDE
ALASKA (ÉTATS-UNIS)
CANADA
QUÉBEC
ÉTATS-UNIS
SAINT-PIERRE-ET-MIQUELON
MEXIQUE
BAHAMAS
CUBA
RÉP. DOMINICAINE
PORTO RICO
HAÏTI
GUADELOUPE
MARTINIQUE
JAMAÏQUE
BELIZE
HONDURAS
GUATEMALA
SALVADOR
NICARAGUA
COSTA RICA
PANAMÁ
VENEZUELA
GUYANA
SURINAME
GUYANE FRANCAISE
COLOMBIE
ÉQUATEUR
PÉROU
BRÉSIL
BOLIVIE
PARAGUAY
CHILI
ARGENTINE
URUGUAY
ÎLES FALKLAND (R.U.)
WALLIS ET FUTUNA
POLYNÉSIE FRANÇAISE
SAMOA
TONGA
SAINTE-HÉLÈNE (R.U.)
ROYAUME-UNI
IRLANDE
DANE
FRAN
PORTUGAL
ESPAGNE
MAROC
ALGÉ
MAURITANIE
MALI
SÉNÉGAL
GAMBIE
GUINÉE-BISSAU
GUINÉE
SIERRA LÉONE
LIBÉRIA
CÔTE-D'IVOIRE
GHANA
BURKINA
GUINÉE ÉQUATORI
39
37
38
4
1 BELGIQUE
2 PAYS-BAS
3 LUXEMBOURG
4 ANDORRE
5 MONACO
6 SUISSE
7 LIECHTENSTEIN
8 RÉP. TCHÈQUE
9 SLOVAQUIE
10 AUTRICHE
11 HONGRIE
12 SAINT-MARIN
13 VATICAN
14 SLOVÉNIE
15 CROATIE
16 BOSNIE-HERZÉGOVINE
17 SERBIE
18 KOSOVO
19 MONTÉNÉGRO
20 ALBANIE
21 MACÉDOINE
22 MOLDAVIE
23 ARMÉNIE
24 AZERBAÏDJAN
25 LIBAN
26 ISRAËL
27 JORDANIE
28 KOWEÏT
29 BAHREÏN
30 QATAR
31 ÉMIRATS ARABES UNIS
32 DJIBOUTI
33 RWANDA
34 BURUNDI
35 MALAWI
36 SÃO TOMÉ-ET-PRÍNCIPE
37 BÉNIN
38 TOGO
39 CAP-VERT
40 CAMBODGE
41 SINGAPOUR
42 BRUNEI
43 TIMOR ORIENTAL
du Nord au Sud :
ANTIGUA-ET-BARBUDA
SAINT-KITTS-ET-NEVIS
DOMINIQUE
SAINTE-LUCIE
ST-VINCENT-ET-LES-GRENADINES
BARBADE
GRENADE
TRINITÉ-ET-TOBAGO
FRANCE
et départements, régions ou collectivités d'outre-mer